स्त्रियाँ : पर्दे से प्रजातंत्र तक

स्त्रियाँ : पर्दे से प्रजातंत्र तक

दुष्यन्त

राजकमल प्रकाशन

ISBN : 978-81-267-2290-7

मूल्य : ₹695

पहला संस्करण : 2012
दूसरा संस्करण : 2019

प्रकाशक : राजकमल प्रकाशन प्रा. लि.
1-बी, नेताजी सुभाष मार्ग, दरियागंज
नई दिल्ली-110 002

शाखाएँ : अशोक राजपथ, साइंस कॉलेज के सामने, पटना-800 006
पहली मंजिल, दरबारी बिल्डिंग, महात्मा गांधी मार्ग, इलाहाबाद-211 001
36 ए, शेक्सपियर सरणी, कोलकाता-700 017

वेबसाइट : www.rajkamalprakashan.com
ई-मेल : info@rajkamalprakashan.com

मुद्रक : बी.के. ऑफसेट
नवीन शाहदरा, दिल्ली-110 032

STRIYAN : PARDE SE PRAJATANTRA TAK
Thesis by Dushyant

रंजीता साव के लिए
जिसने अतीत से निकलकर
वर्तमान में जीना सिखाया...

प्राक्कथन

इतिहास-लेखन के लिए मेरा सोच है कि इतिहास रेखीय विकास करता है, यानी मेरी नजर में इतिहास के क्रम में दोहराव नहीं होता, सब कुछ नया ही होता है, जो बीत गया है, वक्त की शाख पर उसके निशाँ रहते हैं। मेरे इसी खयाल के आसपास मशहूर शाइर इब्ने इंशा ने कहा है–

झूठ है सब तारीख हमेशा अपने को दोहराती है,
अच्छा मेरा ख्वाबे जवानी थोड़ा सा दोहराएँ तो।

इस किताब पर कुछ कहूँ तो, यह एक दुःखद और अजीब सी बात है कि राजस्थान के इतिहास को एक ओर शौर्य एवं वीरता के लिए जाना जाता है तो वहीं इसके सामाजिक इतिहास का काला पक्ष यह है कि स्त्रियों को आजीवन कुप्रथाओं एवं समस्याओं से घिरा रहना पड़ता है। इसके साथ यह एक विरोधाभास भी हमें दिखता है कि जहाँ एक ओर स्त्री से उसके वीर प्रसूता होने और आन-बान-शान के अनुरूप कठोर हृदय करके पति या पुत्र को रणभूमि में मुस्कराते हुए विदा करने तथा आपद्काल में जौहर करने की अपेक्षा की जाती है, वहीं दूसरी ओर उसे घर, जनानी ड्योढ़ी के भीतर अनेक नियमों एवं प्रतिबंधों की जकड़न में त्रस्त जीवन जीना पड़ता है।

यह पुस्तक 'स्त्रियाँ : पर्दे से प्रजातंत्र तक' मेरे डॉक्टरल शोध–बीसवीं सदी के राजस्थान में महिलाओं की सामाजिक स्थिति एवं समाधान का संशोधित एवं परिवर्धित रूप है। इस पुस्तक का उद्देश्य राजस्थान की स्त्री के इसी विरोधाभासी जीवन में सामाजिक समस्याओं का समग्रता से मूल्यांकन करना है जिसमें पारंपरिक स्रोतों के साथ-साथ समाचार-पत्रों एवं हिंदी व राजस्थानी साहित्य का प्रचुर मात्रा में उपयोग किया गया है। इस पुस्तक की अध्ययन परिधि

को जैसलमेर एवं बीकानेर के विशेष संदर्भ में बीसवीं शताब्दी के पूर्वार्द्ध तक सीमित किया गया है। क्योंकि इस क्षेत्र का स्त्रीविषयक अध्ययन बहुत कम हुआ है। इस अध्ययन में सायास रजवाड़ों, ठिकानों से इतर सामान्य महिलाओं की स्थिति पर ध्यान केंद्रित किया गया है। यह अध्ययन सात अध्यायों में विभक्त है। यह पुस्तक प्रविधि के स्तर पर अनिवार्यतः ऐतिहासिक विश्लेषणात्मक परीक्षण है जो कि विविध प्राथमिक स्त्रोतों– अभिलेखागारीय सामग्री, समकालीन समाचार–पत्र, समकालीन साहित्य, साक्षात्कार, अप्रकाशित शोध प्रबन्ध, विभिन्न संस्थाओं की रिपोर्ट्स, स्मारिकाएँ आदि तथा द्वितीयक स्त्रोतों–विविध पुस्तकालयों में उपलब्ध प्रकाशित पुस्तकों आदि पर आधारित है।

इस पुस्तक के लिए किए गए शोध हेतु सर्वप्रथम अपनी शोध निर्देशिका डॉ. प्रतिभा जैन (पूर्व विभागाध्यक्ष, इतिहास एवं भारतीय संस्कृति विभाग एवं पूर्व निदेशक, महिला अध्ययन केंद्र, राजस्थान विश्वविद्यालय, जयपुर) के प्रति हृदय से श्रद्धावनत् हूँ, जिनकी प्रेरणा, सहयोग एवं मार्गदर्शन के बिना इस कार्य का न तो प्रारम्भ संभव था और न पूर्ण होना। अपनी अकादमिक एवं सामाजिक गतिविधियों की व्यस्ततम दिनचर्या में से इस शोध के निमित्त लम्बे विचार–विमर्शों के लिए उनके द्वारा दिया गया समय वस्तुतः इस शोध के लिए संजीवनी सदृश्य है। शोध का प्रस्तुत रूप उनके मार्गदर्शन का ही सुफल है। उनके निर्देशन में की गई मेहनत का ही नतीजा था कि पी–एच.डी. के इस शोध की मौखिकी लेने जेएनयू से आए प्रो. दिलबाग सिंह के इस शोध को लेकर व्यक्त शब्दों ने मुझे असीम सुख दिया और यह हौसला भी कि इसे किताब की शक्ल में पाठकों के सामने लाया जा सकता है, और लाना ही चाहिए।

इस शोध के निमित्त अनेक अभिलेखागारों एवं पुस्तकालयों में जाने का अवसर मिला। राजस्थान राज्य अभिलेखागार, बीकानेर एवं जयपुर, राष्ट्रीय अभिलेखागार, नई दिल्ली, नेहरू स्मृति संग्रहालय एवं पुस्तकालय, नई दिल्ली, डॉ. राधाकृष्णन राज्य केंद्रीय पुस्तकालय, जयपुर के अधिकारियों एवं कर्मचारियों के सहयोग के लिए आभारी हूँ। विशेषतः राज्य अभिलेखागार, बीकानेर के शोध अधिकारी श्री पूनमचंद जोइया एवं राजस्थान अध्ययन केंद्र, राजस्थान

विश्वविद्यालय जयपुर के श्री दिलीप पिल्लई के सतत सहयोग के लिए आभार व्यक्त करना अपना कर्तव्य मानता हूँ।

मेरे डॉक्टरल शोध प्रबन्ध के पुस्तक रूप में प्रकाशन के समय इतिहास के अपने प्रथम शिक्षक–श्री राजेंद्र धूपड़ (प्राध्यापक, आर्य शिक्षण संस्थान, श्रीगंगानगर) को याद करना जरूरी मानता हूँ, जिनकी आकांक्षाओं, अपेक्षाओं एवं शुभकामनाओं ने ऐतिहासिक शोध हेतु मुझे अनंत ऊर्जा प्रदान की है। डॉ. कृष्णगोपाल शर्मा (निदेशक, राजस्थान अध्ययन केंद्र राजस्थान विश्वविद्यालय एवं एसोशिएट प्रोफेसर, इतिहास एवं भारतीय संस्कृति विभाग, राजस्थान विश्वविद्यालय) मेरे जीवन संघर्ष में जिस रूप में और जितना साथ रहे हैं, उसके लिए कुछ भी कहना निहायत नाकाफी ही होगा।

इस अवसर पर अपनी ऐतिहासिक समझ के निर्माताओं–प्रो. एस.एन. दुबे, प्रो. वी.के. वशिष्ठ, डॉ. चंद्रकात राजुरकर, डॉ. आर.के. पंत, प्रो. विभा उपाध्याय के सतत सहयोग एवं मार्गदर्शन हेतु हार्दिक कृतज्ञता प्रकट करता हूँ। डॉ. सम्बोध गोस्वामी एवं डॉ. संगीता शर्मा ने विषय के विविध पक्षों के सम्बन्ध में समझ विकसित करने में बहुत मदद की। उनके सहयोग के लिए हार्दिक आभार।

इस शोध हेतु भारतीय इतिहास अनुसन्धान परिषद्, नई दिल्ली द्वारा प्रदत शोधवृत्ति ने इस शोध को और शोध के दौरान मुझे आर्थिक संबल प्रदान किया। मैं परिषद् के प्रति हार्दिक आभारी हूँ।

सभ्यता के इतिहास में बारह साल कुछ नहीं होते पर किसी व्यक्ति की जिन्दगी में यकीनन बहुत। इस शोध का शुरू होना और किताब की शक्ल में आना बारह साल का सफर है, इस सफर में कितने साथ छूटे, कितने विश्वास टूटे, कितने दोस्त रूठे, कितने लोग जुड़े, कितने साथ चलते हुए किसी राह पर मुड़े...यह गिनती ना भी करें तो भी कहना चाहूँगा कि ख्वाब की तरह सहेजे गए और दिल से किए गए काम का एक ठीक–ठाक सा आकार लेना है। विचार की दुनिया में छटाँक भर का इजाफा भी इस किताब से मान लिया जाएगा, तो मुझे बहुत बड़ी खुशी होगी।

शोध की अवधि के दौरान सुमि का साथ एक बुनियाद की तरह रहा, इस दृष्टि से इस पुस्तक का शब्द–शब्द और प्रकारान्तर से हर शब्द के लिए मैं उसका आजन्म ऋणी हूँ। वहीं, जीवन के सहयात्री–

इष्ट मित्रों और परिवारजनों के यथासमय सहयोग, स्नेह, विश्वास, प्रेम और सम्बल के बगैर इस शोध और तदन्तर शोध का पुस्तक रूप में आना सम्भव नहीं था।

मेरी स्त्री विषयक सोच और शोध की प्रेरक प्रभा खेतान इस पुस्तक को प्रकाशित रूप में देखने की अभिलाषा लिए इस दुनिया से चली गईं, उनकी स्मृति को नमन करता हूँ। एम.ए. के दिनों में उनके अनुवाद से सीमोन द बोउवा की किताब 'द सेकिंड सेक्स' अगर ना पढ़ी होती, तो यकीन मानिए, स्त्री अध्ययन की तरफ आकर्षित होना और इस शोध की परिकल्पना करना सम्भव ही नहीं था।

इस पुस्तक का इस रूप में आना राजकमल प्रकाशन के प्रबन्ध निदेशक अशोक महेश्वरी और मेरे, दोनों के धैर्य और विश्वास की परीक्षा रहा है, इस किताब के बहाने से हमारा पाँच साल से ज्यादा का जुड़ाव खुशी और गर्व का विषय तो है ही, अब ऐतिहासिक शोध का विषय भी हो सकता है। इस किताब के बहाने ही सही, मुझे कह देना चाहिए कि आशुतोष राय, आर. चेतनक्रांति जैसे दोस्त जीवन को सुंदर और जीने लायक बनाते हैं।

दिसम्बर 4, 2011 **–दुष्यन्त**

प्रयुक्त संकेताक्षर

एन.जी.जी.	:	एजेंट टू द गवर्नर जनरल इन राजपूताना
आबू संग्रह	:	आबू संग्रह, केंद्रीय पुस्तकालय, राजस्थान विश्वविद्यालय, जयपुर
हितकारिणी सभा	:	वाल्टरकृत राजपुत्र हितकारिणी सभा
जो. स.प.ब.	:	जोधपुर सनद परवाना बही
ज.का.नि.ज.	:	जनगणना कार्य निदेशालय जयपुर
द.वै.पु.	:	दयानंद वैदिक पुस्तकालय एवं अनुसंधान केंद्र, अजमेर
एन.ए.आई.डी.	:	नेशनल आर्काइव्ज ऑफ इंडिया, दिल्ली
एन.एम.एम.एल.	:	नेहरू मैमोरियल म्यूजियम एंड लाइब्रेरी, दिल्ली
पोल	:	पॉलिटिकल
आर.ए.ओ.	:	राजपूताना एजेंसी ऑफिस
आर.ए.आर.	:	राजपूताना रेजीडेंसी रिकॉर्ड्स
आर.एस.ए.बी.	:	राजस्थान स्टेट आर्काइव्ज, बीकानेर
आर.एस.ए.जे.	:	राजस्थान स्टेट आर्काइव्ज, जयपुर

अनुक्रम

अध्याय : 1

भूमिका

स्त्री विमर्श

यूरोपीय औद्योगिक क्रान्ति के बाद उत्तरोत्तर जिन प्रवृत्तियों का विकास होता है, इनसे एक और जीवन शैली व सांस्कृतिक मूल्यों के स्तर पर परिवर्तन दिखाई देता है, वहीं साथ ही सामाजिक ढाँचे में भी बदलाव आता है। आधुनिकीकरण की प्रक्रिया के अन्तर्गत वैयक्तिक स्वतन्त्रता एवं सामाजिक समानता के लिए लम्बा संघर्ष किया गया। इस संघर्ष के साथ ही समान अधिकारों की अवधारणा को स्थापित किया। इसी सन्दर्भ में नर-नारी सम्बन्धों व परिस्थितियों की वैचारिक बहस आरम्भ हुई।[1]

विगत कुछ दशकों में नारी सम्बन्धी अध्ययनों का सैद्धान्तिक व अवधारणात्मक पक्ष प्रबल हुआ है। वर्ग व्यवस्था की विवेचना की तरह नारी से सम्बन्धित अध्ययनों का एक विषय से जुड़ना तथा उसे विषयगत सीमा में बाँधना अनुचित व अतार्किक प्रतीत होता है, तथापि इससे स्त्री अध्ययन की प्रवृत्ति का विस्तार हुआ है।[2] संप्रति विभिन्न समाजों में महिलाओं की परिस्थिति, उनकी भूमिका, उनके कार्य एवं उनके योगदान को मापने के आधार भिन्न-भिन्न रहे हैं। ऐतिहासिक दृष्टिकोण से प्रस्तुत ग्रन्थों में नारी का उल्लेख सीमित रूप में पूर्वाग्रहपूर्ण दृष्टि से ही किया गया है। नारी की स्थिति असमानता, शोषण व उत्पीड़न के अनुभवों से जुड़ती गई।[3]

समकालीन स्त्री चिन्तन का विषय है–स्त्री जीवन की समस्याएँ एवं दलन के अनुभवों की अभिव्यक्ति। नारीवाद पारम्परिक ज्ञान और दर्शन को चुनौती देता है।[4] नारीवाद एक ऐसा विचार है जो कि पुरुष और स्त्री के मध्य असमानता को स्वीकार कर नारी के सबलीकरण की प्रक्रिया को बौद्धिक व क्रियात्मक रूप से प्रस्तुत करता है। नारीवाद एक विचारधारा भी है और एक आन्दोलन भी। नारीवाद के सिद्धान्त के अन्तर्गत मूल रूप से समानता व सबलीकरण के माध्यम से महिलाओं व पुरुष के मध्य व्याप्त असमानता को नकारना है।[5]

यह भी माना जाता है कि ऐतिहासिक रूप से हम पुरुष प्रधान समाज में रहते आए हैं। हम जिसे यथार्थपरक ज्ञान या वस्तुपरक ज्ञान कहते हैं, वास्तव में वह पुरुषों द्वारा निर्मित और पुरुषों के क्रियाकलापों पर केन्द्रित ज्ञान है। इसके विपरीत नारीवादी सिद्धान्त स्त्री केन्द्रित ज्ञान की चर्चा करता है।[6]

नारीवाद के विकास क्रम में अनेक चिन्तकों की भूमिका रही है, यथा–मेरी वोल्स्टनक्राफ्ट, जॉन स्टुअर्ट मिल, सिमोन द बूवा, सुलामिथ फायरस्टोन आदि अनेकानेक नाम हैं जिन्होंने इस चिन्तनधारा को प्रवाहित किया।[7] राजनीतिक विचारों के इतिहास में स्त्री प्रश्न को एक बुनियादी प्रश्न बनाकर इसकी विस्तृत विवेचना का काम मेरी वोल्सटनक्राफ्ट ने पहली बार किया। 'स्त्री के अधिकारों का औचित्य साधन'[8] में उन्होंने इस विचार को खुली चुनौती दी कि स्त्री के अस्तित्व का उद्‌देश्य सिर्फ पुरुष को सन्तुष्ट करना होता है और यह माँग की कि शिक्षा, काम और राजनीति में स्त्रियों को पूर्णतः समान अवसर दिए जाने चाहिए, यही एक दिग्दर्शक सूत्र है जो आगे चलकर स्त्री मताधिकार आन्दोलन का आधार बना। मेरी वोल्सटनक्राफ्ट की दृष्टि में स्त्री–पुरुष समानता के सामाजिक दर्शन की बुनियाद यह सच्चाई थी कि तार्किकता का गुण दोनों में समान होता है।[9] इसी चिन्तनधारा का यह परिणाम है कि स्त्री इतने व्यापक रूप में अध्ययन एवं चिन्तन का बिन्दु बनकर उभरी, उसके अध्ययन के बिना अध्ययन को अपूर्ण एवं आंशिक माना जाने लगा। इतना ही नहीं संस्कृति, दर्शन, कला आदि विविध क्षेत्रों में उसकी भूमिका को स्वीकार किया जाने लगा, जहाँ पर्याप्त उपस्थिति नहीं थी, अनुपस्थिति को महसूस किया जाने लगा और शनैः–शनैः उस रिक्तता को भरने के प्रयास होने लगे। इसका एक परिणाम यह हुआ कि स्त्री की व्यक्तिगत एवं सामाजिक भूमिका के साथ–साथ उसकी पीड़ाओं और समस्याओं को अभिव्यक्ति मिली, उनसे मुक्ति की आवश्यकता और प्रयासों का सिलसिला प्रारम्भ हुआ, संक्षेप में स्त्री के अस्तित्व की सम्मानपूर्ण उपस्थिति के एक नए अध्याय का प्रारम्भ हुआ।

भारत के सन्दर्भ में अगर स्त्री विमर्श पर चर्चा करें तो पाते हैं कि विविध माध्यमों में नारी की विरोधाभासी छवि उभरती है। इस प्रस्तुतिकरण के कारण उस स्थान व काल की स्थितियों व अनुभव से जुड़े हुए हैं। संस्कृति की मूल पहचान का आधार तत्कालीन विकृतियों के आधार पर नहीं लगाया जा सकता। भारत की सांस्कृतिक विविधता, वैचारिक स्वतन्त्रता व बहुरूपी जीवन शैली का परिणाम रहा है। भारत की सांस्कृतिक सहिष्णुता के कारण ही देश की ऐतिहासिक निरन्तरता बनी रही है। विविधताओं में से मात्र कुछ उदाहरणों को लेकर अथवा लम्बे इतिहास के किसी काल विशेष को आधार मानकर, सम्पूर्ण देश की नारी की प्रस्तुति के

सम्बन्ध में सामान्य निष्कर्ष निकालना उचित नहीं है। इस सन्दर्भ में विचारणीय है कि नारी से सम्बन्धित वैचारिक आयामों को स्थानीय अवधारणा एवं सिद्धान्तों के माध्यम से विश्लेषित किया जाना चाहिए। पश्चिम के द्वारा प्रस्तुत नारीवाद का मानक पूर्णरूपेण परिपक्व नहीं है। ये माना जा सकता है कि नारी की परिस्थिति सम्बन्धी, कतिपय सार्वभौमिक व सार्वकालिक है, लेकिन कुछ ऐसे आयाम भी हैं जो कि संस्कृति व समाज की विशिष्टता से जुड़े हुए हैं।[10] भारतीय नारीवादी लेखन में पश्चिम का स्पष्ट प्रभाव है। भारत में नारीवाद का वर्तमान विचार प्राय: पश्चिम से ही आया है, पश्चिम की दृष्टि, परिप्रेक्ष्य व मुद्दे सार्वभौमिक नहीं हो सकते, पर वे एक विश्व दृष्टि व एक सामान्य आयाम प्रस्तुत करते हैं।[11]

भारतीय सन्दर्भ में नारी की परिस्थिति व छवि का निरूपण शास्त्रीय, धार्मिक व पौराणिक ग्रन्थों में दृष्टिगोचर होता है। इन ग्रन्थों में एक स्तर पर नारी का सकारात्मक व दिव्य रूप प्रस्तुत किया गया है, दूसरी ओर मिथक गाथाओं के द्वारा नारी की एक ओर तो मानवीय गुणों से परिपूर्ण व मूल्यवाहक के रूप में प्रस्तुति की गई है तो दूसरी ओर निम्नस्तरीय मानवीय गुणों की अभिव्यक्ति की गई है। भारतीय नारी का दूसरा सामाजिक-सांस्कृतिक स्वरूप इतिहास के माध्यम से प्राप्त होता है। इसकी चर्चा अगले खंड में की गई है।

स्त्री लेखन के क्षेत्र में हाल ही में कुछ महत्त्वपूर्ण पुस्तकें सामने आई हैं। यथा-मनीषा की 'हम सभ्य औरतें', डॉ. प्रभा खेतान की 'उपनिवेश में स्त्री', नासिरा शर्मा की 'औरत के लिए औरत', कात्यायनी की 'दुर्ग द्वार पर दस्तक' आदि। इनमें प्रभा खेतान की पुस्तक 'उपनिवेश में स्त्री' दार्शनिक स्तर पर अत्यन्त विशिष्ट प्रतीत होती है। सबसे बड़ा अवदान इस पुस्तक का सम्भवत: यही है कि एक नए सिरे से यह बात सिद्ध करती है कि स्त्री समाज एक ऐसा समाज है जो वर्ग, वर्ण, नस्ल, राष्ट्र आदि संकुचित सीमाओं के पार जाता है और जहाँ कहीं दमन है, चाहे जिस वर्ग, जिस नस्ल की स्त्री त्रस्त है-उसे अपने परचम के नीचे ले लेता है, यही है सार्वभौम भगिनीवाद! वर्ग, वर्ण, नस्ल धर्मादि की श्रेणियाँ स्त्रियों की गढ़ी हुई नहीं हैं। पर वर्गगत, वर्णगत, नस्लगत, धर्मगत शोषण कर खामियाजा सबसे ज्यादा तो उन्हें ही भुगतना पड़ता है। यह इस दोहरे (यौनगत+वर्गगत/वर्णगत/धार्मिक) शोषण के विरुद्ध एक घोषणा है।[12]

कात्यायनी की पुस्तक 'दुर्गद्वार पर दस्तक' स्त्री मुक्ति प्रश्न के विविध महत्त्वपूर्ण वैचारिक, सामाजिक, सांस्कृतिक पक्षों पर एक तर्कसम्मत विवरण एवं दृष्टियाँ प्रस्तुत करती है, जिसके पीछे एक सुनिश्चित इतिहासबोध (Historical sense) भी है और एक संवेदनशील कवि का अहसास भी। स्त्री

जीवन की त्रासदियों–यन्त्रणाओं के सांद्र सघन अहसास की काव्यात्मक अभिव्यक्तियों तक ही सीमित न रहते हुए कात्यायनी ने स्त्री मुक्ति की दिशा व स्वरूप के व्यावहारिक प्रश्न को उठाया है और अपना दृष्टिकोण भी प्रस्तुत किया है।[13]

भारत में स्त्री विमर्श के क्षेत्र में नए आयामों का सतत उद्घाटन हो रहा है, चिन्तन का क्षेत्र व्यापक हो रहा है। वीना मजूमदार (जिन्होंने दिल्ली में सेंटर फॉर वीमन स्टडीज की स्थापना की), नीरा देसाई एवं मैत्रेयी कृष्णराज (जिन्होंने एस.एन.डी.टी. महिला विश्वविद्यालय, मुम्बई में महिला अध्ययन केन्द्र स्थापित किया), अपर्णा बसु, उमा चक्रवर्ती, उर्वशी बुटालिया, कुमकुम सांगरी, सुदेश वैद, मधु कीश्वर, प्रभा खेतान प्रभृति गम्भीर चिन्तकों एवं कार्यकर्ताओं, काली फॉर वीमन जैसे गम्भीर प्रकाशनों, मानुषी जैसी पत्रिकाओं तथा अनेक अन्य प्रत्यक्ष–अप्रत्यक्ष सहयोगियों के कारण कोई सन्देह नहीं कि स्त्री विमर्श के क्षेत्र में भारत की आवाज सुनी जा रही है, स्त्री अध्ययन के कई आयाम अभी अनछुए हैं तथा व्यापक बहस की गुंजाइश रखते हैं।

भारत में स्त्री इतिहास लेखन

इतिहास में नारी की स्थिति ऐतिहासिक ग्रन्थों में मात्र पाद टिप्पणी के रूप में ही उभरकर आई है। नारी की ऐतिहासिक स्थापना में उसे कहीं–कहीं राज्य, रानी व शौर्य से जोड़ा गया है तो कहीं–कहीं उसके त्याग व बलिदान की गाथाओं का वर्णन है। इस दृष्टिकोण से ऐतिहासिक रूप से नारी की परिस्थिति व योगदान दोनों का पर्याप्त चित्रण नहीं हुआ है। नारी की सृजनात्मक शक्ति व उसके द्वारा निर्मित कलाकृति, संगीत, नृत्य, साहित्य व बौद्धिक योगदानों को इतिहास लेखन में स्थान नहीं दिया गया है। ऐसी अनेक पांडुलिपियाँ हैं जिसमें नारी के द्वारा सृजन, कला व साहित्य की उपलब्धियों को व्यवस्थित रूप से प्रस्तुत किया जा सकता है। इतिहास लेखन का कार्य किस व्यवस्था में होता है व किस उद्देश्य से किया जाता है, यह आधार इतिहास की विषयवस्तु के चयन व उसके द्वारा निर्मित दिशाओं से निर्धारित होता है।[14]

भारतीय इतिहास लेखन में आम व्यक्ति का तो प्राय: उल्लेख नहीं है, पर साथ ही दलित व नारी के द्वारा समाज संचालन, व्यवस्था नियमन व रूपान्तरण के पक्ष भी प्राय: अविश्लेषित रहे हैं। इसका यह अर्थ नहीं कि इन श्रेणियों के सदस्यों ने समाज व संस्कृति में योगदान नहीं दिया है। अनेक पांडुलिपियाँ, शिलालेखों व ग्रन्थों के माध्यम से भारतीय नारी की परिस्थिति व योगदान को दर्शाया जा सकता है,

विशिष्ट वर्ग अथवा व्यक्तियों के इर्द-गिर्द निर्मित इतिहास, समाज सही व सम्पूर्ण चित्रण नहीं करता।[15] एक बड़े पैमाने पर नारी का योगदान अदृश्य व अमान्य रहा है। यह अमान्यता व अदृश्यता सामाजिक व्यवस्था, ज्ञान के सामाजिक स्वरूप व मान्यता के संरचनात्मक स्वरूपों के आधार पर निर्मित हुई हैं। ऐतिहासिक अथवा बौद्धिक अमान्यता यथार्थ के सत्य को नकारती नहीं है। अपितु यह बौद्धिक स्तर पर एक ऐसी चुनौती प्रस्तुत करती है, जिसके द्वारा समाज व इतिहास की विरचना की आवश्यकता महसूस होती है। नारी की परिस्थिति व उसमें विभिन्न कार्यों में आए परिवर्तनों को सामाजिक संस्थाओं, परम्पराओं, प्रथाओं के माध्यम से विवेचित किया जा सकता है। भारतीय सन्दर्भ में नारी की परिस्थिति का वर्तमान, समकालीन स्वरूप, स्वास्थ्य की स्थिति, वैधव्य, बाँझ स्त्री, अविवाहित महिला, कुँवारी माँ, वेश्यावृत्ति अविवाहिता, डायन की परिकल्पना इत्यादि विश्वासों, छवियों या मान्यताओं के आधार पर निर्धारित व निर्मित हुआ है। समाज व संस्कृति के द्वारा प्रदत्त नियमों व प्रथाओं ने नारी के शरीर, भावना, बुद्धि, आध्यात्मिक स्थिति व क्षमताओं का निर्माण किया है। ये प्रथाएँ विशिष्ट सामाजिक व राजनीतिक शक्तियों व बाध्यताओं से पनपती व स्वीकृत होती हैं। स्थानीय स्तर पर उन्हें स्वीकार कराने में धार्मिक औचित्य व वैधता का सहारा लिया जाता रहा है।

इतिहास लेखन में स्त्री को प्रमुखता देने की प्रवृत्ति पिछले कुछ समय से तेजी से महत्त्वपूर्ण हुई है। इसके अन्तर्गत महिलाओं की स्थिति के दयनीय होने और सुधार के प्रयास को अतीत के अध्ययन का विषय बनाया जाता है। इस सन्दर्भ को न केवल सैद्धान्तिक दृष्टि से बल्कि विस्तृत आनुभविक अध्ययन (Detailed Empirical Studies) की दृष्टि से भी अति उपयोगी पाया गया है। भारतीय इतिहास में सामान्यतः महिलाएँ अदृश्य रही हैं और यह अदृश्यता सामाजिक-सांस्कृतिक व्यवहारों के अन्तर के अनुसार विविध देश-काल में पृथक्-पृथक् रही है। भारतीय सन्दर्भ में 'महिलाओं का इतिहास' अभी शैशवावस्था में है पर इसका तात्पर्य यह नहीं है कि शताब्दियों तक भारत में महिलाओं की समस्याओं के लिए गम्भीर चिन्तन का अभाव रहा है पर एक गम्भीर एवं स्वतन्त्र विषय के रूप में अभी इसका यथेष्ट विकास नहीं हो पाया है। बहुधा भारतीय अतीत की व्याख्या पुरुष दृष्टिकोण से ही हुई है। भारतीय इतिहास लेखन ने लगातार महिलाओं को पृष्ठभूमि में धकेला है। हालाँकि अनेक इतिहास पुस्तकों के आखिरी पन्नों में 'महिलाओं की स्थिति' नाम से अध्याय या अध्याय का अंश दिखाई देता है, पर यह महिलाओं की स्थिति एवं भूमिका की दृष्टि से न्यायोचित नहीं कहा जा सकता। परम्परागत इतिहास ने पुरुष प्रधान गतिविधियाँ यथा-राजनीति, युद्ध या कूटनीति पर ध्यान

केन्द्रित किया है जहाँ महिलाओं का प्रभाव अत्यल्प होता है। रजिया और रानी झाँसी की भूमिका का मूल्यांकन उनके पुरुष कार्यों के कारण इतिहास में आता है। पुरुष गतिविधियों को मानव गतिविधियाँ बताकर, मानकर महिला गतिविधियों यथा–बच्चों का जन्म, कुकिंग, कृषि, लोक जीवन में विविध कार्य को कम महत्त्वपूर्ण और मूल्यहीन माना जाता है और फलतः स्त्रियाँ इतिहास के अकादमिक विषय से बाहर हो जाती हैं।[16]

इतिहास में स्त्रियों की उपेक्षा का एक अन्य महत्त्वपूर्ण कारण उपयोग में लाई जाने वाली सामग्री है, मुद्राशास्त्र, पुरातत्त्वशास्त्र, अभिलेख और साहित्यिक ग्रन्थ अभिजात जगत को प्रतिबिम्बित करते हैं और राजनीतिक इतिहास को प्रमुख रखते हुए भी महिलाओं की उपेक्षा करते हैं। अब इतिहास के लोकतन्त्रीकरण ने जन-इतिहास एवं सामाजिक इतिहास जैसे नवीन क्षेत्रों को बहस का विषय बनाया है, हालाँकि यह प्रशंसनीय प्रयास है पर इनमें भी पुरुष दृष्टिकोण हावी रहे हैं। स्त्री की इतिहास के एक कारक के रूप में सशक्त भूमिका रही है, भारतीय इतिहास में यह अध्याय अभी आंशिक रूप से ही पठित है।

19वीं शताब्दी में यूरोपियनों ने भारत के प्राचीन इतिहास में रुचि लेनी प्रारम्भ की और उन्होंने अपने अध्ययनों में महिलाओं की भूमिका को महत्त्व दिया। आरम्भ में कुछ प्राच्यवादियों ने प्राचीन भारतीय सभ्यता को महिमामंडित करना शुरू किया। जबकि दूसरी ओर उपयोगितावादियों एवं इवेंजिकल्स ने तत्कालीन भारतीय समाज में महिलाओं की निम्न स्थिति की चर्चा की। प्रत्युत्तर स्वरूप राष्ट्रवादियों में प्राचीन ग्रन्थों से उद्धरण दिए कि महिलाओं की स्थिति अच्छी रही है।

'एशियाटिक सोसायटी ऑफ इंडिया' के विलियम जोन्स एवं एच.टी. कॉल ब्रुक प्रभृति प्राच्यवादियों ने अतीत की गौरवपूर्ण स्थिति का मंडन किया तथा इतिहास व दर्शन पर लिखित अनेक संस्कृतिक ग्रन्थों का अध्ययन किया। महिलाएँ फिर भी उनके अध्ययन एवं बहस में हाशिये पर रहीं। जोन्स ने केवल गार्गी को ज्ञानी महिला बताकर पर्याप्त समझ लिया, विधवा दहन की प्रथा-सती की ओर कोई ध्यान नहीं दिया। इसके विपरीत कॉलबुक ने सती के साहित्यिक साक्ष्यों को खोजा और विधवा दाह को हिन्दू विधवा की 'स्वैच्छिक रूप से प्रसन्नतापूर्वक पति की शैया पर आरोहण की गौरवपूर्ण परम्परा' के रूप में परिभाषित एवं मंडित किया।

अपनी गैर-विश्लेषणात्मक एवं प्रायः विवादास्पद पुस्तक-'लॉ फेम डेन्स एन्ड एन्टीक' (1864 ई.) (जो 1925 ई. में 'वीमन इन ऐंशियेंट इंडिया') नाम से प्रकाशित हुई), में क्लेटिज बेडर ने आर्यों के समय से महिलाओं की भूमिका की

चर्चा की, उन्होंने तर्क किया कि पश्चिमी महिलाओं को आर्य सभ्यता से सीख लेनी चाहिए जहाँ महिलाओं को आध्यात्मिक समर्पण, स्वार्थ की पूर्ण निवृत्ति तथा परिवार के प्रति असीमित समर्पण से युक्त बताया गया है।[17]

1930 ई. में प्रकाशित हॉर्नर की पुस्तक 'वीमन अंडर प्रिमिटिव बुद्धिज्म' मुख्यत: बौद्ध पाली ग्रन्थों पर आधारित थी। यह पुस्तक इसी दृष्टि से पृथक थी कि जब प्राचीन भारत में महिलाओं पर लिखी अधिकांश पुस्तकें पुत्री, पत्नी, माँ आदि के रूप में ही महिला को विभाजित करती थीं, इस पुस्तक में नई श्रेणी को मान्यता थी–महिलाकर्मी (Women Worker), यह घर की परिधि से बाहर महिलाओं की भूमिका को देखने का प्रयास था। जेम्स मिल ने 1817 ई. में अपनी 'हिस्ट्री ऑफ ब्रिटिश इंडिया' के माध्यम से 19वीं शताब्दी में इतिहास लेखन के मानकों को परिभाषित किया। उन्होंने महिलाओं की स्थिति के कारण हिन्दू सभ्यता को अपरिपक्व बताया था। उनके अनुसार हिन्दू महिलाओं का सम्मान कम करते हैं और उसे अशिक्षित रखने के लिए, सम्पत्ति से वंचित करने के लिए शास्त्रों को उद्धरित करते हैं। मिल के अध्ययन की अनुगूंज बहुत से ब्रिटिश अधिकारियों एवं राजनीतिज्ञों के लेखन में सुनाई देती है।

कैथरीन मेयो की कृति 'मदर इंडिया' (1927 ई.) ने भारतीय पुरुषों की अतिकामुकता और उससे बालिका वधुओं की दर्दनाक स्थिति का विस्तृत विवरण किया, यह पुस्तक विविध अनुवादों एवं संस्करणों के साथ 'बेस्ट सेलर' पुस्तक बनी थी।

पश्चिमी विद्वान अपनी सूचनाओं के लिए केवल साहित्यिक ग्रन्थों–जो प्राय: ब्राह्मण ग्रन्थ थे, पर निर्भर थे। ये महिलाओं से सम्बन्धित धार्मिक एवं विधिक प्रश्नों पर केन्द्रित थे जिनमें महिलाओं को परिवार के सन्दर्भ में ही देखा गया था और पति-पत्नी सम्बन्ध उनका प्रमुख विषय था। ये वास्तविक स्थिति की बजाय ब्राह्मणों की दृष्टि को अभिव्यक्त करते थे, वह भी केवल उच्च जातीय महिलाओं की। इन पाश्चात्य अध्ययनों का मन्तव्य भारतीयों को उनके शास्त्रों के विश्लेषण से परिचित कराना न होकर अतीत को साम्राज्यवादी उद्देश्यों से व्याख्यायित करना था। साम्राज्यवादी विषयों पर मनोवैज्ञानिक लाभ की स्थापना के लिए महिलाओं का प्रश्न उपनिवेशवादी विचारधारा में महत्त्वपूर्ण हो गया था। प्रजा में स्त्रियों की निम्न स्थिति बताकर साम्राज्यवादी मालिकों की उच्च नैतिकता को प्रभावी रूप से स्थापित किया जा सकता था।

19वीं शताब्दी में सारा फोकस उच्च जातीय हिन्दू स्त्री पर रहा, चाहे अतीत में अच्छी स्थिति की बात हो, या वर्तमान में बुरी स्थिति की। अन्य जातियों व वर्गों

की महिलाओं को अध्ययन एवं विश्लेषण से सर्वथा पृथक रखा गया था। 19वीं शताब्दी के सामाजिक सुधार आन्दोलन ने विविध कुप्रथाओं–सती, बाल विवाह, कन्यावध, कष्टपूर्ण वैधव्य से दृष्टव्य महिलाओं की निम्न स्थिति को सुधार का महत्त्वपूर्ण बिन्दु बताया था। जिसमें शास्त्रों के उद्धरण समर्थकों एवं विरोधियों ने उठाए थे। इस दृष्टि से यह आन्दोलन भी अतीत की पुनर्संरचना का एक साधन बना।

समस्याओं के लोकप्रिय दृष्टिकोण को बनाने में महत्त्वपूर्ण कार्य 1938 ई. में ए.एस. अल्टेकर की पुस्तक–'पोजिशन ऑफ वीमन इन हिन्दू सिविलाइजेशन' के रूप में आया, जो विशेषतः ब्राह्मण स्त्रोतों पर आधारित था जिसने महिला शिक्षा, विवाह, तलाक, विधवा की स्थिति, सार्वजनिक जीवन में महिलाएँ, महिलाओं के सम्पत्ति सम्बन्धी अधिकारों पर विधि निर्माताओं के विचारों को विस्तृत रूप से लोगों के सामने रखा। पर महिलाओं को केवल परिवार के सन्दर्भ में ही देखना इसकी भी सबसे बड़ी सीमा थी।

1940 ई. में प्रकाशित देवकी इन्द्रा की पुस्तक 'स्टेट्स ऑफ वीमन इन ऐंशियेंट इंडिया' में कहा गया कि वैदिक साहित्य बताता है कि धर्मशास्त्रों के युग की अपेक्षा आरम्भिक आर्य सभ्यता में महिलाएँ राजनीतिक, सामाजिक, धार्मिक रूप से अच्छी स्थिति में थी। 1956 ई. में प्रकाशित जे.बी. चौधरी की 'पोजिशन ऑफ वीमन इन वैदिक रिचुअल' में महिलाओं को रूढ़िवादी दृष्टिकोणवाला बताया गया। शाकंभरी जायल ने 1966 ई. में अपनी पुस्तक 'द स्टेट्स ऑफ वीमन इन द एपिक्स' में आरम्भिक युग में महिलाओं की अच्छी स्थिति पर उत्तरवैदिक काल में महिलाओं की सामान्य स्थिति में गिरावट बताई।[18]

इन अध्ययनों की अपर्याप्तता के बावजूद इनकी अपनी महत्ता है। अधिकांश मार्क्सवादी विद्वानों ने परम्परागत राजनीतिक इतिहास पर फोकस करते हुए महिलाओं की ओर कम ध्यान दिया, इसी प्रकार डी.डी. कोशांबी ने मुश्किल से ही महिलाओं को अध्ययन का विषय बताया। आर.एस. शर्मा की पुस्तकों 'पर्सपेक्टव्ज इन सोशल एंड इकोनोमिक-हिस्ट्री ऑफ अर्ली इंडिया (1983 ई.)' व 'मैटिरियल कल्चर एंड सोशल फॉर्मेशन इन अर्ली इंडिया (1983 ई.)' में विवाह के आठ प्रकारों की तो चर्चा की गई पर उनमें महिलाओं की भूमिका व स्थिति के बिना।

मोतीचंद्र की 'वर्ल्ड ऑफ कोर्टसन्स' (World of Courtesans) (1973 ई.) इस रूप में अलग थी कि इसमें नियमों को समाजशास्त्रीय दृष्टि से देखा गया पर पितृसत्तात्मक व्यवस्था में इस संस्था का विश्लेषण नहीं किया गया।

मध्यकालीन भारतीय इतिहास के सन्दर्भ में सरोज गुलाटी व कमला गुप्ता ने दिखाया है कि जब महिलाएँ सत्ता में होती हैं तो उन्हें मार्ग में अनेक बाधाओं का सामना करना पड़ता है। इसके विपरीत रिजेंट के रूप में कार्य करनेवाली महिलाओं की इतिहास में प्रशंसा हुई है, इसी कारण चाँदबीबी और लक्ष्मीबाई को महिमामंडित किया गया है। रेखा मिश्र की पुस्तक 'वीमन इन मुगल इंडिया' (1967) में मुगल शासन में महिलाओं की राजनीतिक भागीदारी को उभारा गया है। सरोज गुलाटी की पुस्तक 'वीमन एंड सोसायटी-नॉर्दन इंडिया' (1985) में परिवार तथा परम्पराओं में महिलाओं की भूमिका का विस्तृत विश्लेषण किया गया है, पर उत्पादन प्रक्रिया में महिलाओं की भूमिका को कोई स्थान नहीं दिया गया है। कमला गुप्ता की 'सोशल स्टेटस ऑफ हिन्दू वीमन इन नॉर्दन इंडिया' (1987) में मुसलमानों की सामाजिक परम्पराओं में हिन्दू महिलाओं पर प्रभाव की व्याख्या की गई है।

आधुनिक काल में समाज-सुधार आन्दोलन व महिलाओं के प्रश्न पर अनेक पुस्तकें व आलेख उपलब्ध हैं। समाज-सुधार आन्दोलन ऐसी पहल थी जिसने औपनिवेशिक शासन द्वारा खड़ी की गई चुनौतियों के लिए अखिल भारतीय प्रतिक्रिया पैदा की। इसकी शुरुआत की शहरी, शिक्षित अभिजात्य वर्ग ने, जिसकी जनसंख्या हालाँकि कम थी, पाश्चात्य विचारों से सम्पर्क के फलतः महिला प्रश्नों पर चिन्तन किया। भारत के बौद्धिक सुधारकों ने तर्क, उदारवाद और सभ्य समाज के पश्चिमी विचारों की प्रतिक्रिया दी। इन सुधारों ने परम्परागत व्यवस्था पर नए बौद्धिक वातावरण और सांस्कृतिक रक्षा की रणनीति (Strategy of Cultural Defence) के कारण प्रश्न खड़े किए। परिणामस्वरूप भारतीय समाज-सुधार आन्दोलन का बौद्धिक परिप्रेक्ष्य 19वीं शताब्दी के यूरोपीय विचारों-व्यक्तिवाद, तार्किकता, प्रगति, वैज्ञानिक चिन्तन तथा उपनिवेशवाद की चुनौतियों का सामना करने के लिए पुनर्परिभाषित हिन्दू धर्म के मूल तत्त्वों का संयोग था। इस प्रकार यह नए समाज-आधुनिक समाज, जिसकी जड़ें भारतीय परम्परा हो, की रचना का प्रयास था। महिलाओं के सन्दर्भ में इस समाज-सुधार आन्दोलन ने वास्तव में भारतीय, पर्याप्त शिक्षित तथा उभरते बुर्जुआ वर्ग की जरूरतों के मुताबिक 19वीं शताब्दी के मूल्यों से अनुप्राणित स्त्री का सृजन किया।[19]

गुलाम मुर्शिद ने अपनी पुस्तक 'द रेलेक्टेंट डेबूरेंट' (1983 ई.) में तर्क दिया कि राष्ट्रवाद की सांस्कृतिक राजनीति ने अतीत को महिमामंडित किया है, इसने प्रस्तावित किया कि भारतीय विरासत का बचाव (Defend) करना है। परम्परा पर प्रश्नचिन्ह को पाश्चात्य एवं देश-विरोधी माना गया और जहाँ तक महिलाओं का सम्बन्ध है, राष्ट्रवाद स्पष्टतः प्रतिगामी (Retrogressive) है।

जोना लिडल व रमा जोशी की पुस्तक 'डॉटर्स ऑफ इंडिपेंडेंस' (1986) साम्राज्यवाद को विश्लेषण के केन्द्र में लाती है। उन्होंने तर्क दिया कि महिला प्रश्नों की बड़ी सीमा ये थी कि यह ब्रिटिश शासकों व भारतीय राष्ट्रवादियों के राजनीतिक एजेंडे के बीच आ गए थे। महिलाएँ राष्ट्रीय आन्दोलन में अवधारणात्मक फ्रेमवर्क में महिलाओं की स्थिति को बेहतर समझने के लिए स्वतन्त्र कार्यक्रम की शुरुआत नहीं कर सकती थी।

कुमकुम सांगरी व सुदेश वैद द्वारा सम्पादित पुस्तक 'रिकास्टिंग वीमन' (1989 ई.) में आलेख में पार्था चटर्जी ने भी राष्ट्रवाद व महिलाओं के प्रश्न के सम्बन्ध को उठाया और बताया कि किस प्रकार राष्ट्रवाद ने अपने वरीय उद्‌देश्यों के अनुसार महिलाओं के प्रश्न को सुलझाया।

हम प्राय: पाते हैं जब महिलाओं के बारे में लिखा जाता है तो उन्हें सहायक, द्वितीयक, सहनशील या किसी आन्दोलन या विद्रोह की नायिका के रूप में देखा जाता है जबकि पिछले कुछ वर्षों में ऐसी पुस्तकें आई हैं जिनमें मुख्य मंच पर उन्हें रखा गया है और उनके दृष्टिकोण के आधार पर बात की गई है। के. ललिता की 'वीमन' (1989 ई.), थारु व ललिता की 'वीमन राइटिंग इन इंडिया' (1991 ई.–93 ई.) तथा मधु किश्वर की 'वीमन वर्कर्स' (1989 ई.) ऐसे ही कुछ कार्य हैं।[20]

1998 ई. में आई प्रतिभा जैन व संगीता शर्मा सम्पादित 'भारतीय स्त्री–सांस्कृतिक सन्दर्भ' में बहुस्तरीय सामाजिक स्थितियों में नारी के विविध प्रतिमानों की विवेचना की गई है। वहीं सम्पादकों का यह दावा उचित प्रतीत होता है कि इसमें स्त्री के परिप्रेक्ष्य को केन्द्र में रखकर विषयों का चयन किया गया है। पुस्तक में यह अनुगूंज सुनाई देती है कि 'इतिहास लेखन में अदृश्य स्त्रियों के योगदान की चर्चा से ऐसा प्रतीत होता है कि जैसे विश्व के रंगमंच पर केवल पुरुष मात्र ही महत्त्वपूर्ण है और स्त्रियों की आवाज कभी–कभी नेपथ्य से आती है', पर यह पुस्तक नेपथ्य से आती ध्वनि को मुख्य धारा में लाकर डंके की चोट पर गुंजायमान करने का सफल प्रयास सिद्ध होती है। इस पुस्तक में प्रतिभा जैन–संगीता शर्मा लिखित आलेख 'इतिहास लेखन में अदृश्य : स्वतन्त्रता आन्दोलन में स्त्रियाँ' एक श्लाघनीय हस्तक्षेप है जो स्वतन्त्रता आन्दोलन के सन्दर्भ में अल्पविवेचित स्त्रियों को विवेचित करने की चेष्टा है।[21]

ये सभी प्रयास पुरुषों के समक्ष महिलाओं को रखते हुए एक नए कॉप्रीहेंसिव इतिहास के लेखन में उपयोगी हैं पर अभी बहुत कुछ होना बाकी है। किसी काल विशेष में सामाजिक–आर्थिक परिवर्तनों में एक समूह के रूप में महिलाओं के प्रभाव या राजनीति, समाज और धर्म की परिवर्तित स्थितियों के मुताबिक उनके

जीवन में आए परिवर्तन अभी पर्याप्त रूप से अध्ययन का विषय नहीं बन पाए हैं, ऐसा होगा तभी इतिहास लेखन के अधिमान्य पुरुष एवं अभिजात्य सन्दर्भों से इतर पूरी तस्वीर को पाने में सक्षम हो पाएँगे।

राजस्थान में स्त्रियों की स्थिति–पृष्ठभूमि

राजस्थान की विशिष्ट राजनीतिक संस्कृति ने यहाँ के सामाजिक ताने–बाने के निरूपण को प्रभावित किया है। इस सामाजिक ताने–बाने के पार्श्व में न्यूनाधिक रूप से यहाँ की सामंती व्यवस्था एवं देशी राज्यों के निरन्तर आपसी संघर्ष एवं आन्तरिक षड्यन्त्र रहे हैं। राजस्थान की विशिष्ट राजनीतिक संस्कृति, निरन्तर युद्ध तथा तदनुरूप विशिष्ट सामाजिक ढाँचे (जिसमें सामंतों की महत्त्वपूर्ण स्थिति थी) ने महिलाओं के स्तर को विशेष रूप से प्रभावित किया।[22] इस सामंती परिवेश ने स्त्रियों के अवसर एवं स्वतन्त्रता को सीमित किया, साथ ही व्यक्तिगत विकास को बाधित किया, कालान्तर में कई कुप्रथाएँ यथा–पर्दा प्रथा, सती, बालिका वध, विधवाओं की स्थिति से स्त्रियों के स्तर में निरन्तर गिरावट आई।

स्त्री क्रय-विक्रय

मध्यकालीन राजस्थान में दासों का एक पृथक वर्ग बन चुका था। शासकों और सम्पन्न वर्ग का स्तर दासों की संख्या के आधार पर आँका जाता था। साधारणतया स्त्री दासों को 'दासी', 'गोली' कहते थे। अन्त–पुर में इन्हीं दास स्त्रियों को 'सहेली', 'डावड़ी' या इनके सम्मिलित रूप को 'चाकर' या 'माणस' नामों से सम्बोधित किया जाता था।[23] लड़की को बाहर से खरीदकर भी दासी बनाया जा सकता था। जीवन–भर उन्हें दासत्व से मुक्ति नहीं मिल पाती थी।[24]

मध्यकालीन व पूर्व आधुनिक राजस्थान में जनसाधारण वर्ग में आवश्यकता पड़ने पर स्त्रियों को बेच देने की प्रथा में वृद्धि दिखाई देती है। साधारणतया यह स्थिति अकाल व सूखे के कारण उत्पन्न होती थी। अकाल से मुक्ति पाने के उपाय में पुरुषों के अन्यत्र चले जाने पर, स्त्रियाँ असहाय अवस्था में परिवार के अन्य सदस्यों के द्वारा बेच दी जाती थीं, या वे स्वयं ही बिक जाती थीं। यहाँ तक कि अनाज के बदले में बेचे जाने के उदाहरण भी प्राप्त होते हैं।[25]

विडम्बना की बात है कि राज्य द्वारा भी लड़कियों को खरीदा जाता था और दासियाँ बना लिया जाता था। इसके अतिरिक्त राज्य लड़कियों को बेचने का धन्धा

करनेवाले दलालों से उनकी अर्जित आय में से कुछ भाग 'कर' के रूप में ले लिया करता था।[26] कोटा राज्य में यह विक्रय भाग का चौथा भाग होता था जिसे चौथानी (Chauthani) कहा जाता था।[27] साथ ही लड़कियों की बिक्री का ठेका भी राज्य के द्वारा दलालों को दिया जाता था।[28] इस प्रकार यह कार्य संस्थागत रूप में होता था, जिसमें राज्य का अंश पूर्व निश्चित होता था। निर्धारित राशि से अधिक की आय होने पर ऐसी राशि पर दलाल का ही अधिकार होता था।[29] बीकानेर राज्य में पंचायतों द्वारा प्रशासन पर दबाव डालकर यह नियम अवश्य बना दिया गया था कि ऊँची जातियों की स्त्रियाँ ऊँची जातियों के घरों में ही खरीदी जाएँ। अभिजात्यता की एक तथाकथित विशिष्ट परम्परा यहाँ स्पष्टतः उद्‌घाटित होती है। इस व्यवस्था से अलग विक्रय करनेवाले व्यक्तियों पर गुनेहगारी (Penalty Against Crime) लगाई जाती थी।[30]

सामान्यतया स्त्रियों का क्रय-विक्रय 4 रुपये से लेकर 55 रुपये तक होता था।[31] सम्भवतः विवाहित एवं सन्तान भी साथ होने की स्थिति में स्त्रियों के दाम कम आँके जाते थे। कभी-कभी विशेष परिस्थिति में अविवाहित लड़की का विक्रय 80 रुपये तक में भी हो जाता था।[32]

पूर्व आधुनिक काल में[33] प्राप्त अभिलेखीय साक्ष्यों में पंचों व दरबार द्वारा इन विक्रयों पर अपना 'कर' लेने के ही विवरण अधिक प्राप्त होते हैं, तथापि कुछ विवादास्पद मामले भी सामने आते हैं, जिनमें इनका निर्णय कदाचित्‌ ही सुधारवादी दृष्टिकोण की ओर संकेत करता है। सूखे व अकाल की स्थिति के बाद पुरुषों के लौट आने पर पंचों का प्रयत्न यही रहता था कि खरीददारों को उचित मुआवजा देकर इन स्त्रियों को पुनः उनके पुरुष सम्बन्धियों को सौंप दिया जाए।[34] इसी प्रकार बहला-फुसलाकर तथा भगाकर बेची गई स्त्रियों के सम्बन्ध में भी, उनके घरवालों द्वारा दावा प्रस्तुत करने पर ही प्रयत्न किए जाते थे।[35] इस तरह के कार्यों को रोकने के लिए फुसलाकर ले जानेवाले व्यक्ति पर भारी गुनेहगारी लगाई जाती थी।[36] लड़कियों व स्त्रियों की खरीद में परिवार के किसी व्यक्ति (पुरुष) का समर्थन होना आवश्यक था।[37] पुरुषवादी समाज की एकल अधिकारिता का इससे बड़ा साक्ष्य भला और क्या हो सकता है? राज्य या पंचों को बिना सूचना दिए ही विक्रय करना अपराध माना जाता था तथा दोषी व्यक्ति से गुनेहगारी ली जाती थी।[38] स्पष्ट है कि इस समय तक लड़कियों व महिलाओं का क्रय-विक्रय अपने आप में राज्य या समाज की दृष्टि से अपराध नहीं था, मात्र परिवार के व्यक्तियों या व्यक्ति के समर्थन से या किसी पुरुष सम्बन्धी से विहीन लड़की या महिला का क्रय-विक्रय सम्भव था।

19वीं सदी के राजपूताना के राज्यों में स्त्रियों और लड़कियों की खरीद-फरोख्त का प्रचलन था।[39] कोटा राज्य में इसे कानूनी मान्यता प्राप्त थी और राज्य सरकार 'चौथानी' (Chauthani) कर वसूलती थी।[40] 1847 ई. में उदयपुर में महाराणा ने भी कर्नल रॉबिन्सन को लिखे पत्र में राज्य में लौंडी गुलाम खरीदने की प्रथा के प्रचलन की बात कही।[41] एंडरसन की रिपोर्ट से सिरोही राज्य में प्रतिवर्ष 10-15 लड़कियों को खरीदने का पता चलता है। सामान्यतया निम्न जातीय महिलाओं एवं कन्याओं के क्रय-विक्रय के उल्लेख प्राप्त होते हैं। मुख्यतः मथुरा, आगरा, अलीगढ़, मालवा, गुजरात और काठियावाड़ आदि स्थानों से लाकर इन्हें बेचा जाता था।[42]

इस समय क्रय-विक्रय के अनेक कारण थे। यथा-राजपूतों में पुत्री के विवाह में दहेज के साथ-साथ दास-दासी देने[43] और सम्पन्न वर्ग द्वारा रखैलों के रूप में रखने हेतु स्त्रियों को खरीदा जाता था।[44] अकाल व ऋणों की अदायगी की विवशता एवं वेश्याओं द्वारा अनैतिक पेशा करवाने के लिए भी क्रय-विक्रय होता था।[45] अजमेर, भरतपुर में अँधिया और जोधपुर में पचपदरा परगना इसके प्रमुख केन्द्र थे।[46]

1831 ई. में कोटा राज्य में स्त्रियों एवं कन्याओं के क्रय-विक्रय पर रोक लगाई गई। लेकिन 1826 ई. तक के कागजातों से ज्ञात होता है कि क्रय-विक्रय जारी रहा और राज्य सरकार 'चौथानी' वसूलती रही।[47] अंग्रेज सरकार को सन्तुष्ट करने के लिए जयपुर, जोधपुर, बूँदी, सिरोही आदि राज्यों ने भी क्रमशः 1844 ई., 1847 ई., 1855 ई., 1861 ई. में स्त्री क्रय-विक्रय पर प्रतिबन्ध हेतु इश्तिहार जारी किए तथा इसे अवैधानिक घोषित किया। पर यहाँ स्पष्ट है कि यह कदम मात्र दबाव में और तुष्टिकरण हेतु उठाए गए थे, सुधार की कोई आकांक्षा सम्भवतः नहीं थी, यही कारण था कि इनकी क्रियान्विति नहीं हुई, अतः 1862 ई. में पुनः आदेश प्रसारित किए गए। जयपुर राज्य में क्रय-विक्रय पर सख्त कार्यवाही किए जाने, जोधपुर में प्रोत्साहन देने वाले पर 200 रु. जुर्माना तथा एक साल की सजा दिए जाने की घोषणा की गई। बूँदी, झालावाड़ और कोटा राज्य में भी इस प्रथा को अवैध घोषित करते हुए जागीरदारों, कोतवाल, थानेदार आदि को इस प्रथा को समाप्त करने की कार्यवाही करने के आदेश दिए। झालावाड़ में अधिकतम 14 वर्ष की कारावास की सजा भी निर्धारित की गई। सितम्बर, 1863 ई. में उदयपुर व 24 जुलाई, 1864 ई. में अलवर राज्य में भी इस सम्बन्ध में घोषणा की गई। अलवर राज्य में कम से कम 26 रु. जुर्माना और अधिकतम तीन वर्ष के सश्रम कारावास की व्यवस्था की गई।[48]

अंग्रेज अधिकारियों ने कानूनी रूप से क्रय-विक्रय की प्रथा को समाप्त होना स्वीकार किया तथापि गुप्त रूप से क्रय-विक्रय किसी सीमा तक होता रहा।[49]

राजपूताने की पॉलिटिकल रिपोर्टों (1882-85) से इसकी पुष्टि होती है।[50] इसी प्रकार 1868-69 को अकाल के समय अंग्रेज सरकार ने स्त्री क्रय-विक्रय की अनुमति दी।[51] 1883 ई. की 'मुजमई हालात व इंतिजाम राज मारवाड़' से भी ज्ञात होता है कि अकाल के समय लड़के-लड़कियों का क्रय-विक्रय होता था। 1869 ई. में कोटा राज्य में पुनः जागीरदारों के नाम आदेश जारी किए गए कि वे सरकार की आज्ञा के बिना दास-दासियों को खरीद नहीं सकेंगे।[52] राज्यों में विभिन्न आदेशों के बावजूद सीमित रूप से स्त्री एवं कन्या क्रय-विक्रय जारी रहा।

सामंती व्यवस्था के अन्तर्गत शासक और सामंतों ने अपने मनोरंजन के लिए वेश्यावृत्ति को संरक्षण प्रदान किया। सामान्य वेश्याएँ नृत्य-संगीत और यौन व्यापार (कसब-Qasab) के द्वारा अपना जीवन-यापन करती थीं तथा कम उम्र की लड़कियों का क्रय-विक्रय करती थीं।[53] वेश्यावृत्ति प्रचलन में थी और इसे नियन्त्रित करने का कोई महत्त्वपूर्ण प्रभावी कदम नहीं उठाया गया।

संक्षेप में कहा जाए तो स्त्री क्रय-विक्रय स्त्री को उपभोग की वस्तु माने जाने की प्रवृत्ति का सहज परिणाम था। 19वीं सदी की संध्या तक हुए प्रयास मात्र आरम्भिक थे। इन्हें समग्र सफलता न तो मिली और न इतनी शीघ्र सम्भव थी। इतना अवश्य है कि परिवर्तन की बयार बहने लगी और ऐसा प्रतीत होने लगा कि दृढ़ इच्छा-शक्ति के साथ प्रभावी कदम निःसन्देह स्थितियों में सकारात्मक परिवर्तन ला सकते हैं, पर इसके साथ सामाजिक स्वीकृति, जनमानसिकता में स्त्री के प्रति दृष्टि परिवर्तन एक महती आवश्यकता है।

सती प्रथा (विधवा दहन)

सती प्रथा के रूप में विधवा दहन की कुप्रथा इस क्षेत्र में न्यूनाधिक रूप से शताब्दियों से प्रचलित रही है। सती का शाब्दिक अर्थ है-'अमर अथवा सत्य पर स्थिर रहने वाली'।[54] सती एक व्यापक शब्द है तथापि सामाजिक सन्दर्भों में इसे बहुत संकीर्ण रूप से लिया गया है। वस्तुतः सत् अर्थात् सदाचरण को धारण करनेवाली नारी सती है। स्कन्दपुराण में कहा गया है कि गृहकार्यकुशला, मृदुभाषिणी, अतिथि सत्कारी तथा पति की सहधर्मिणी ही सतीलक्ष्मी है, सहमरण सती के लिए कोई बाध्यता नहीं है।[55] इन शब्दों की अभिव्यक्ति के लिए प्राचीन साहित्य में अन्वारोहरण (मृत पति के साथ चिता पर चढ़ना), सहगमन (मृत पति का अनुगमन करना,) सहमरण (मृत पति के साथ मरना), अनुमरण (यदि पति की मृत्यु विदेश प्रवास काल में ही हो गई हो तो उसका समाचार जानने के बाद उसके

पीछे मरना) आदि अनेक शब्द प्रयुक्त हुए हैं।[56] कर्नल एच.एम. लारेंस ने इस तरह से सती को परिभाषित किया है–

"विधवाओं, माताओं एवं अन्य महिलाओं द्वारा अपने सम्बन्धियों की मृत्यु के अवसर पर अग्नि में स्वयं को अर्पित करना।[57]

सती को हिन्दू शास्त्रों, मनुस्मृति में इंगित नहीं किया गया है। इसे विधवाओं तथा माताओं द्वारा कृत वीरोचित कर्म मान लिया गया। ऐसी सम्भावना है कि शास्त्रों के मिथ्या निर्वचन से इस प्रथा की उत्पत्ति एवं प्रसार हुआ।[58] इस प्रथा का प्रचलन पति की मृत्यु के बाद उसकी चिता के साथ अपनी आन्तरिक पति भक्ति व सम्पूर्ण समर्पण की भावना से अभिभूत होकर जल जाने से था या फिर अन्धकारमय घृणित भविष्य वाले सामाजिक तत्त्व उसे ऐसा करने पर विवश कर देते थे।[59]

प्रारम्भिक काल में यह प्रथा अधिक प्रचलन में नहीं थी, किन्तु मध्यकाल में यह प्रथा काफी सामान्य बन चुकी थी, ऐसा अपने पति की साधारण या युद्धभूमि में मृत्यु होने के कारण सती स्मारकों व सती के हाथों के चिन्ह, जो दुर्गों, महलों व जनसाधारण के घरों के बाहर प्राप्य हैं, काफी मात्रा में उपलब्ध होने के कारण विदित होता है।[60]

सम्भवतः सती होने के पीछे दो धारणाएँ प्रतीत होती हैं। प्रथम, नारी का विश्वास कि पति के साथ सती होनेवाली स्त्री अपने पति के साथ स्वर्ग में जाती है तथा जन्म-जन्मान्तर तक उसी पुरुष को पति के रूप में प्राप्त करती है। द्वितीय, तत्कालीन राजनीतिक परिस्थितियों में बलात्कार की सम्भावना। कहीं विधर्मी शत्रुओं के हाथों में पड़कर कुल कलंकित न करें, इसलिए वे देह नष्ट कर देती थीं। ऐसे अवसर पर पति का शीश अथवा पगड़ी या फिर उसकी कोई निशानी आदि को अपनी गोद में रखकर चिता पर आरूढ़ हो जाती थी। सती होते समय स्नानादि करके अपने ललाट पर लाल तिलक लगाकर सभी प्रकार के आभूषणों से स्वयं को सुसज्जित करके चिता की ओर 'मदमस्त चाल से' प्रस्थान करती थी। अग्नि में प्रवेश करते समय उसके मुख में 'हर-हर ध्वनि' ढोल आदि वाद्ययन्त्रों के बीच सुनाई देती थी। इस प्रकार वह अपनी तथाकथित परम्परा का निर्वहन करती थी।[61]

जहाँ तक इस प्रथा के वर्गीय चरित्र का प्रश्न है, राजा-महाराजा की मृत्युपरान्त उनकी रानियों, पड़दायतों, पासबानों, खवासों, सहेलियों आदि के सती होने के विवरण तो हैं ही, साथ ही इस क्रूर प्रथा में अपवादस्वरूप माताओं, दासियों के भी सती होने के उदाहरण प्राप्त होते हैं। जनसाधारण में भी यह प्रथा कहीं-कहीं प्रचलित थी। यहाँ तक कि राजकीय परिवार से सम्बन्धित सभी वर्गों ने इसे न्यूनाधिक रूप से अपना लिया था।[62] शाही परिवारों के अतिरिक्त यह प्रथा चारणों

व ब्राह्मणों में असामान्यतः तथा नगण्य रूप में जाट, महाजन आदि निम्न जातियों में प्रचलित थी। यहाँ तक कि जैनों में, 8वीं–10वीं शताब्दी के औसियाँ, डींड़वाना, छोटी खाटू, पाली आदि स्थानों पर प्राप्त विविध अभिलेखों से जैनों में यह प्रथा, अन्य जातियों जो इसे धार्मिक कृत्य मानती थीं, के प्रभावतः प्रचलित होने के कतिपय प्रमाण मिलते हैं।[63] उल्लेखनीय है कि पी. थॉमस मानते हैं कि ब्राह्मणों में सती प्रथा वर्जित थी।[64] बीकानेर में 28 ओसवाल सतियों के देवल मिल चुके हैं। ओसवालों के अलावा मोटी, माहेश्वरी, अग्रवाल, दर्जी, सुनारों की सतियों के भी देवल मिले हैं। चुरू जिले के गाँवों में **चारणों**, जाटों, डाकोतों के सती स्मारक आज भी मौजूद हैं।[65]

राजस्थान के प्रमुख शासकों यथा–मेवाड़ के महाराणा प्रताप व राजसिंह, मारवाड़ के मालदेव व जसवंतसिंह, बीकानेर के बीका और रायसिंह, कोटा के मुकंदसिंह व भीमसिंह, जैसलमेर के अमरसिंह की रानियाँ अपने पतियों के साथ सती हो गईं।[66] संख्यात्मक दृष्टि से देखें तो मारवाड़ के अजीतसिंह के साथ 64 महिलाएँ सती हुईं। रिकॉर्ड्स बताते हैं कि बूँदी के 9 महाराजाओं के साथ 237 महिलाएँ सती हुईं जिनमें एक मामले में अधिकतम संख्या 75 थीं।[67]

जहाँ तक इस कुप्रथा की समाप्ति हेतु हुए प्रयासों का प्रश्न है, हुमायूँ चाहकर भी ऐसा नहीं कर पाया, अकबर ने अपने शासन काल के 22वें वर्ष में यह देखने के लिए निरीक्षक नियुक्त किए कि किसी विधवा को सती होने के लिए बाध्य न किया जाए। यद्यपि यह नियम अधिक प्रभावी नहीं हो पाया। 1829 ई. में बैंटिक का मिनट राजा राममोहन राय[68] आदि सुधारकों के प्रयासों से लागू हुआ।[69] 8 नवम्बर को बैंटिक ने सती प्रथा की समाप्ति के लिए अपना प्रस्ताव परिषद् में प्रस्तुत किया। परिषद् ने यह कहते हुए अपनी अनुमति दी कि, 'हम निश्चित रूप से इसके पक्ष में हैं कि खुले तौर पर दृढ़ता के साथ आम निषेध लागू कर दिया जाए और इसका आधार, एक्ट की अच्छी भावना और उसे लागू करने की हमारी शक्ति होनी चाहिए।' तो इस तरह 4 दिसम्बर, 1829 ई. को सरकार के नियम 17 (रेग्यूलेशन XVII) के अन्तर्गत सती प्रथा को 'गैरकानूनी और अपराध अदालतों द्वारा सजा योग्य' घोषित कर दिया गया। इसके तहत अदालतों को अधिकार दिया गया कि वे इस अपराध का दोषी पाए जाने वाले व्यक्ति को मौत की सजा दे सकती है। परन्तु 1829 ई. का यह सुधार विशेषकर बंगाल, बिहार और उड़ीसा तक ही सीमित था। अन्य रियासती राज्यों में इसका कोई विशेष प्रभाव नहीं था। क्योंकि 1818 ई. की संधियों के अनुसार राजस्थान के राजा ब्रिटिश ईस्ट इंडिया कम्पनी की सरकार के अधीन तो थे, लेकिन इन रियासतों के आन्तरिक प्रशासन

में अंग्रेजी सरकार का किसी प्रकार का हस्तक्षेप नहीं था अर्थात् देशी रियासतों को अपने स्थानीय प्रशासन के मामले में स्वतन्त्रता थी।[70] लेकिन सती प्रथा की जघन्यता के कारण अंग्रेज सरकार इस पर रोक आवश्यक मानती थी। ब्रिटिश सरकार और अधिकारियों की प्रतिबद्धता, सर चार्ल्स नेपियर की प्रतिक्रिया से स्पष्ट है, जो एक भारतीय पंडित की सती के प्रति आस्था के प्रत्युत्तरस्वरूप अभिव्यक्त हुई–

> *''विधवाओं को जलाना आपकी परम्परा है, अन्त्येष्टि का इन्तजाम करो, पर मेरे देश में एक परम्परा है...जब पुरुष महिला को जलाता है हम उसे फाँसी दे देते हैं और उसकी सारी सम्पत्ति जब्त कर लेते हैं...हमें अपने-अपने देश की परम्पराएँ निभानी हैं...।''*[71]

यहाँ यह उल्लेखनीय प्रतीत होता है कि बूँदी के महाराव बिशनसिंह ने 1822 ई. में आदेश निकालकर किसी भी रानी को सती होने से मना किया। आरम्भ में अंग्रेज अधिकारी इस प्रथा के प्रचलन में हस्तक्षेप नहीं करना चाहते थे। उन्हें भय था कि कहीं उनके हस्तक्षेप से यह प्रथा कम होने के बजाय अधिक न बढ़ जाए। बूँदी, कोटा में स्थित अंग्रेज अधिकारी रिचड्र्स ने सती बन्द करने के लिए खरीता भेजा। शासकों ने इसके अनुरूप आदेश प्रसारित कर दिए क्योंकि यह प्रथा उन राज्यों में प्रायः लुप्त हो रही थी, लेकिन रिचर्ड्स ने इस सफलता का श्रेय स्वयं लिया।[72] जयपुर में 1839 ई. के बाद संरक्षक समिति का अध्यक्ष पोलिटिकल एजेंट था, इसलिए 1844 ई. में समिति ने एक अधिनियम सती प्रथा को बंद करने के लिए पास कर दिया। कुछ ठिकानेदार भी इस नियम के पक्ष में था।[73]

1844 ई. में राजस्थान के ए.जी.जी. को भारत सरकार के आदेश प्राप्त हुए कि राजस्थान की रियासतों के राजाओं को सती प्रथा की बुराइयाँ बताई जाएँ और उन्हें उसकी क्रूरता समझाई जाए।[74] तत्पश्चात् यह सलाह दी जाए कि यह सम्बन्धित नरेश अपने राज्य के लिए कानून बनाए कि सती होना अपराध है और किसी स्त्री को सती होने का अनुरोध करे या इस कार्य में किसी प्रकार की सहायता करे, वे भी अपराधी माने जाएँ और जो ऐसा करें उनको कठोर दंड दिया जाए।[75] तत्पश्चात् ए.जी.जी. द्वारा उदयपुर, जयपुर, कोटा, जोधपुर इत्यादि राज्यों के राजाओं को खरीते लिखे गए। जयपुर में 1845 ई. में यह घोषणा की गई कि जयपुर राज्य की सीमाओं के अन्दर सती होना या सती होने में किसी प्रकार की सहायता देना या प्रेरणा देना अपराध होगा और ऐसा करनेवाले को कठोर दंड दिया जाएगा।[76]

उदयपुर ने 1861 ई. में[77], जोधपुर ने 1860 ई. में[78], कोटा ने 1862 ई. में सती प्रथा पर रोक लगा दी।

वैधानिक रूप से रोक के बावजूद सती प्रथा न केवल छिटपुट प्रचलन में रही बल्कि जनास्था की दृष्टि से सती केन्द्र आराध्य स्थल रहे। इस कारण वैधानिक रोक अधिक प्रभावी सिद्ध नहीं हुई।[80]

बालिका वध

सत्रहवीं-अट्ठारहवीं शताब्दी में जन मानसिकता में पुत्री जन्म क्षोभ का विषय बना रहा।[81] विशेषत: विवाहिता के प्रथम प्रसव काल में पुत्री का जन्म उसकी समस्त आशाओं पर तुषारापात के समान था। जन्मोपरान्त पुत्री का क्रमश: बड़े होना सम्पूर्ण परिवार के लिए चिन्ता का विषय बन जाता था तथा पुत्री के किसी भी प्रकार के अनैतिक आचरण को कुल की प्रतिष्ठा से सम्बन्ध मानकर सदैव पुत्री का जन्म न होने की प्रार्थनाएँ की जाती थीं।[82]

पुत्री का जन्म उत्साहजनक नहीं माना जाता था। पुत्र की अपेक्षा पुत्री के उत्सव राजघरानों में कम शोभा वाले व कम व्यय वाले होते थे।[83] इसका प्रमाण विभिन्न राज्यों की राजकीय बहियों से प्राप्त विवरण हैं। इनसे ज्ञात होता है कि जहाँ एक ओर पुत्र जन्म पर माता के स्वास्थ्य तथा मंगल कार्यों में विक्रम संवत् 1817 (1760 ई.) में कुल 7135 रु.[84] तथा वि.सं. 1842 (1785 ई.) में 105 मोहर व 521 रु.[85] का व्यय हुआ, वहाँ पुत्री की माता के लिए तथा अन्य खर्चों के लिए वि.सं. 1762 (1705 ई.) में 102 रु. 11 आने[86] का तथा वि.सं. 1797 (1740 ई.) में 950 रु.[87] तक का व्यय ही प्राप्त होता है। यहाँ तक कि जन्म के तुरन्त बाद आंवल उठाने आदि के दस्तूर भी इसी भेद दृष्टि से प्रेरित थे।[88]

राजघरानों के समान सामंत परिवारों में भी न्यूनाधिक रूप से यही प्रथाएँ एवं मानसिकता प्रचलित थी। सामंत अपने जागीरी क्षेत्रों में वंशानुगत अधिकारों को बनाए रखने के लिए पुत्री के स्थान पर पुत्र जन्म को अधिक महत्त्व देते थे। यहाँ तक कि मुतसद्दी वर्ग भी उन्हीं की भाँति रीति-रिवाज अपनाकर अपनी शान बढ़ाते थे।[89]

जनसाधारण में भी पुत्री जन्म प्रसन्नता का प्रतीक नहीं था। समाज के कृषक एवं श्रमजीवी वर्ग में पुत्री को अवश्य अपने जीविकोपार्जन के साधन में सहायक मान लिया जाता था। इन वर्गों में पुत्री जन्म पर होनेवाले उत्सव या रीति-रिवाजों के विवरण ऐतिहासिक सामग्री द्वारा प्राप्त नहीं होते हैं किन्तु संप्रति प्रचलित

परम्पराओं के दृष्टिगत, उनके जन्म के समय की भावनाओं का अनुमान किया जा सकता है कि सम्भवतः पुत्री जन्म हर्ष व उल्लास का विषय नहीं था।[90]

उन्नीसवीं शताब्दी में बालिका वध न केवल राजपूताना बल्कि कमोबेश पूरे भारत में कई क्षेत्रों में दिखाई देता है। राजपूताना में विशेषकर बहुतायत में बालिका वध के मामले प्रकाश में आते हैं। कुछ लोगों का मानना है कि ना तो बालिका वध के लिए कोई निश्चित कारण दिया जा सकता है और न ही निश्चयपूर्वक यह कहा जा सकता है कि फलाँ जाति या समुदाय में यह प्रचलित था। पर रिपोर्टों के आधार पर अनुमान मात्र लगाए जा सकते हैं।[91] पर इस बात से पूर्णतः सहमत नहीं हुआ जा सकता है। एम.ए. शैरिंग ने कन्या वध का कारण मुगल सत्ता का पतन तथा ब्रिटिश नीति माना है।[92] जो आर्थिक दशा खराब होने के बावजूद पूर्वकालीन सामाजिक, आर्थिक प्रदर्शन और व्यय करने में असमर्थ उच्च कुल के राजपूतों की मानसिकता तथा उच्चोच्च वंश में ही विवाह की परम्परा इस कुप्रथा हेतु दोषी सही।[93] यद्यपि एक आधुनिक लेखक ने राजपुत्र हितकारिणी सभा की 1889 ई. की रिपोर्ट के आधार पर ये निष्कर्ष निकाला है कि राजपूतों में कन्या-वध सामान्य हो गया था।[94] बिशप हेबर (Bishop Habber) ने अपनी राजपूताना यात्रा के विवरण में लिखा है कि-

> *'सभ्य परिवारों में अविवाहित पुत्री तथा अपेक्षाकृत हीन कुल में विवाह दोनों ही अपमानजनक माने जाते थे और बाल मृत्यु को ईश्वरीय प्रकोप माना जाता था। यह तथ्य है कि उच्च कुलीन राजपूतों के महलों में पुत्र अधिक और पुत्रियाँ बहुत कम पाई जाती हैं पर किसी हत्या के दृष्टांत को सिद्ध करना आसान नहीं है। अंग्रेजों को छोड़ देश की एक कहानी, प्रायः सत्य कहानी, किसी के लिए रहस्य नहीं है कि पुत्री के जन्मोपरान्त माँ के कक्ष में ही एक बड़े दुग्ध पात्र में कन्या को डुबो दिया जाता था। सर जॉन मेल्कम जिन्होंने इस प्रथा के पतन की कल्पना की थी, को कहा गया था कि अफीम की गाँठ दी जाती थी। पर सम्भवत् उसने कुछ सुधार अवश्य नोटिस किया था। यह निश्चित है कि मेजर वाल्टर के प्रयासों से काफी बच्चियों की जान बची और तभी तो गुजरात से उसके गमन से पूर्व महल में प्रवेश के अवसर पर उसे उच्चवर्गीय कन्याओं ने अपनी जिन्दगी देनेवाले को सन्त के रूप में सम्बोधित किया।[95]'*

कुछ इतिहासकारों का मानना है कि राजपूतों में वैवाहिक प्रतिबन्धों, वर की उपयुक्तता के संकट ने इस घृणित प्रथा के प्रसार के लिए जमीन तैयार की।[96] किसी हद तक राजपूतों में बालिका वध निम्न राजपूती जातियों में मिथ्या उच्चता बोध के साथ तथा आजीविका के पर्याप्त साधनों के अभाव के साथ प्रचलित था। उनके लिए भारी दहेज का प्रबन्ध एक दुष्कर कार्य था। वही चारणों और भाटों द्वारा की गई माँगों को अपनी बेटियों की शादियों में पूरा करना भी मुश्किल था। अस्तु! ये राजपूत अभिभावक बालिका सन्तान चाहते ही नहीं थे कि पैदा हो, हो भी जाती तो उसे मौत की नींद सुला दिया जाता।[97]

जाटों और मेवातियों में बालिका वध की रिपोर्ट्स प्राप्त होती हैं।[98] भरतपुर के जाटों में इसका प्रचलन इसलिए था कि विवाह में पुत्री देना उनके परिवार के लिए अपमानजक कार्य माना जाता था।[99] मीणाओं और मेरों में इसका प्रचलन इस अन्धविश्वास के प्रसार से बढ़ा कि बालिका का जन्म उनके परिवार व सम्प्रदाय के लिए घातक व प्रतिष्ठा के लिए नकारात्मक होगा।[100] पर ऐसे अधिक मामलों की रिपोर्ट नहीं मिलती। मेरों में विवाह पूर्व भारी, गुप्त एवं अविमुक्त सम्भाव्य भुगतान के कारण बालिका वध का प्रसार अधिक हुआ।[101]

1848 ई. के रिकाड्र्स बताते हैं कि केवल मारवाड़ में बालिका वध के 300 से 400 मामले दर्ज किए गए।[102] विभिन्न देशी रियासतों की राजधानियों में बैठे पॉलिटिकल एजेंटों ने शासकों, सामंतों, उच्च वर्ग तथा अन्य प्रतिनिधियों पर इस बर्बर प्रथा के उन्मूलन के लिए दबाव डाला। यहाँ तक कि 1847 में ही ब्रिटिश सरकार ने देशी रियासतों को बालिका वध रोकने के लिए प्रभावी कदम उठाने के निर्देश दिए थे। राजपूताना के राज्यों में तब तक बालिका वध के सम्बन्ध में कोई निश्चित नियम नहीं थे।[103] शासकों को निर्देश दिया गया कि वे सम्बन्धित राज्यों से तत्सम्बन्धित मनाही आदेश प्रसारित करें। राजपूत कन्याओं के विवाह के अवसर पर चारणों व भाटों को प्रदत्त 'त्याग' से सम्बन्धित नियम बनाए गए तथा उन्हें गुप्त स्थानों पर जनसामान्य की जानकारी के लिए लगा दिया गया तथा नियमोल्लंघन को राज्यादेशान्तर्गत दंडनीय अपराध घोषित किया गया।[104]

मीणाओं और मेरों को भी इस प्रथा की बर्बरता से अवगत कराने के प्रयास किए गए। मीणा समुदाय के ग्राम प्रमुखों ने अपने गाँवों में इस प्रथा पर रोक लगाने के शपथ-पत्र लिखित में ब्रिटिश अधिकारियों को दिए।[105] महिलाओं के विक्रय के सभी अधिकारों को समाप्त कर दिया। इसके प्रभावस्वरूप बने नियमोल्लंघन पर दो सौ रु. के अर्थदंड की बात भी उन्होंने स्वीकार की।[106]

1881 ई. में पॉलिटिकल एजेंट ने ब्रिटिश सरकार को सूचना दी कि मेवाड़ में 1881 ई. में बालिका वध के 4 मामले प्रकाश में आए। उसने बताया कि इसके लिए 3 साल का कारावास व 5 सौ रुपये जुर्माना किया गया। इन केसों की कार्यवाही आपराधिक कोर्ट में तथा अपील राजदरबार में की गई।[107]

1883–84 ई. की राजपूताना के राज्यों के राजनीतिक प्रशासन पर रिपोर्ट प्रतापगढ़ में 4 व कुशलगढ़ में एक मामला बालिका वध का बताती है तथा अपराधियों पर कार्यवाही व दंड की सूचना देती है।[108] करोली तहसील के मादेड़ में ब्राह्मण डोबी की विधवा द्वारा अपनी अवैध बालिका को 24 नवम्बर, 1883 ई. को मार डाला गया। इस मामले की सुनवाई आपराधिक न्यायालय में की गई। आरोपी ने अपराध स्वीकार कर लिया तथा उसे आजीवन कारावास की सजा दी गई, जिसे दरबार ने 1 दिसम्बर, 1883 ई. को मंजूर कर लिया।[109] 1885–86 ई. की भरतपुर व करोली रिपोर्ट में बालिका वध का कोई मामला नहीं मिलता।[110] बीकानेर में भी इस साल कोई मामला प्रकाश में नहीं आया।[111]

1886–87 ई. में कोटा में कोई मामला नहीं मिलता।[112] बीकानेर राज्य भी इस वर्ष इस बर्बरता से आधिकारिक तौर पर मुक्त मिलता है।[113] 1886 से 88 तक की रिपोर्ट्स में राजपूताना के किसी भी राज्य में बालिका वध का कोई मामला नहीं मिलता। 1887 ई. की कोटा रिपोर्ट भी इसकी अपवाद नहीं है।

कन्यावध की व्यापकता पर यह कहकर सन्देह व्यक्त किया जाता है कि यदि कन्यावध की प्रथा व्यापक होती तो बहुत से कुल अथवा खापें समाप्त हो गई होतीं एवं राजपूत वंशों का विकास ही रुक जाता। साक्ष्यों के प्रकाश में बात करें तो टॉड के एनल्स में कृष्णा कुमारी के अतिरिक्त कन्यावध का प्रमाण प्राप्त नहीं होता है। टॉड के बाद उन्नीसवीं सदी के राजस्थानी इतिहासज्ञों–श्यामलदास, जी.एच. ओझा आदि ने इसका प्रचलन स्वीकार किया है। परन्तु इन लेखकों के विवरणों में साक्ष्यों एवं मतैक्य का पूर्णतया अभाव पाया जाता है। कर्नल सदरलैंड, कैप्टन लुडलो, मेजर जेक्सन, कैप्टन बेवेन, वैव आदि पॉलिटिकल अधिकारियों और ए.जी.जी. ने भी राज्यों में कन्यावध का अतिशयोक्तिपूर्ण एवं अंग्रेज छवि उजागर करनेवाला वर्णन किया है। वास्तविकता तो यह है कि विभिन्न राजघरानों की विवाह व हकीकत बहियों से प्राप्त राजघरानों के विस्तृत विवरण में बहुविवाह, विवाह खर्च, टीका, दहेज, त्याग आदि के विवरण से ज्ञात होता है कि शासकों व सामंतों में यह प्रथा प्रचलित तो थी पर व्यापक रूप से नहीं।[114]

बालिका वध के मामलों की घटती संख्या यह बताती है कि इसके पार्श्व में देशी शासकों की पहल एवं निर्देशों के साथ-साथ ब्रिटिश अधिकारियों के बहुविध

प्रयास व रुचि तथा पाश्चात्य शिक्षा के प्रसार से बढ़ती जागरुकता थी।[115] प्राय: 19वीं शताब्दी के अन्त तक इस प्रथा को इसी कारण समाप्त प्राय: मान लिया जाता है, छिटपुट उदाहरण तदन्तर भी प्राप्त होते हैं, संख्या व विस्तार की दृष्टि से इनकी महत्ता नगण्य प्रतीत होती है।

बाल एवं अनमेल विवाह

बाल और अनमेल विवाह दोनों ही मुद्दे प्राय: विवाह के समय वर-वधू की उम्र के साथ जुड़े हुए हैं। अकबर के प्रयासों के बावजूद मध्यकाल में बाल विवाह राजस्थान के प्रांतों में प्रचलित था। एक बार ऊँची जातियों में स्थापित होने के बाद इसने अन्य जातियों और तदन्तर प्राय: सम्पूर्ण हिन्दू समाज में अपने पाँव पसार लिए।

राजपूताने में बाल विवाह की प्रथा के प्रचलन के पार्श्व में विविध समाजार्थिक तत्त्व निहित थे। ऐसे में कतिपय शास्त्रों में इसके महिमामंडन ने इसे धार्मिक आधार प्रदान किया। अधिक उम्र के साथ उम्र व सामाजिक प्रतिष्ठा के अनुरूप वर-वधू की तलाश में कठिनता ने भी इस प्रथा को प्रश्रय दिया। आक्रमणों की बहुलता ने राजपूताना के अभिभावकों को बाल विवाह के लिए प्रेरित व विवश किया। आर्थिक कारणों से भी बाल विवाह की प्रवृत्ति बढ़ी, महिलाओं को चारदीवारी से परिवार की गुजर-बसर के लिए निकलना पड़ता था, अभिभावक अविवाहित बच्चियों को घर से बाहर भेजना असुरक्षित व अनुचित मानते थे।[116]

ब्रिटिश सरकार की इस सन्दर्भ में नीति यह थी कि समाज में सुधार को समय सापेक्ष और जनमानसिकता में आरोपण पर निर्भर मानना चाहिए।[117] यद्यपि वे अजमेर सहित ब्रिटिश क्षेत्रों के लिए विधान निर्माण कर रहे थे, पर संरक्षित क्षेत्रों के सन्दर्भ में वे मौन रहे। जब 1891 ई. में 'एज ऑफ कंसैट एक्ट' बनाया गया तो इसे धार्मिक जीवन में हस्तक्षेप माना गया[118] तथा इसे अहस्तक्षेप की नीति से विचलन तथा महारानी के घोषणा पत्र (1858 ई.)[119] के विरुद्ध माना गया। इस उपादेय एक्ट का इतना नगण्य प्रभाव रहा कि अजमेर-मेरवाड़ा में एक साल तक एक्ट के प्रभावी रहने के बावजूद न तो कोई शिकायत दर्ज हुई, न कोई सुधार प्रभावी हुआ।[120] इसका कारण पर्दा प्रथा के खिलाफ अप्रत्यक्ष विधान से उत्पन्न बहुप्रचलित असन्तोष था। किसी भी कन्या की न्यायालय में या चिकित्सकीय जाँच के समक्ष प्रस्तुति का उसके सम्बन्धियों द्वारा घोर विरोध किया जाता था।

ऐसा प्रतीत होता है कि सामान्य तौर पर ब्रिटिश सरकार राजपूताना में सामाजिक सुधारों के सन्दर्भ में सबसे बड़ी एजेंसी थी। ग्रामीण समुदायों की

एकान्तता, विशिष्टता एवं अलगाव को तोड़ते हुए उन्होंने एक सामाजिक क्रान्ति को प्रेरित करने का प्रयास किया।[121] अंग्रेजों ने यहाँ के समाज के महान व उच्च पक्षों को समतल करने का प्रयास किया। मार्क्स का ये कथन कि 'ब्रिटिश तलवार द्वारा आरोपित तथा संचार, रेलवे, स्टीम इंजन के साथ मुक्त प्रेस द्वारा सुदृढ़ की गई भारत की राजनीतिक एकता भारत को एक नए सामाजिक जीवन तथा नए भविष्य के लिए जाग्रत करेगी', राजस्थान के सन्दर्भ में भी समान रूप से सत्य कहा जा सकता है।[122]

तत्समय परिवर्तित भौतिक परिस्थितियाँ, पाश्चात्य शिक्षा जैसी शक्तियाँ समाज-सुधार के पार्श्व में प्रभावी थीं, परन्तु अखिल भारतीय स्तर पर सामाजिक सुधारों को संस्थागत रूप देने का कार्य पहली बार मूर्त हुआ-इंडियन नेशनल सोशल कान्फ्रेंस की स्थापना से।[123] इसने देश भर में व्याप्त समाज-सुधार के तत्त्वों को सफलतापूर्वक प्रसारित किया, परन्तु यह अनुभव किया गया, जो कदाचित् सही भी था कि अधिक प्रभावी कार्य के लिए विभिन्न वर्गों को चिन्हित कर कार्य किए जाने की आवश्यकता है। परिणामस्वरूप अनेक सुधार संगठन अस्तित्व में आए, जिनमें प्रायः जातीय संगठन थे। जातीय संगठन से तात्पर्य लोगों के उस समूह से है जो किसी समुदाय विशेष के सामाजिक मुद्दों, समस्याओं तथा समाधान के सन्दर्भ में प्रायः साल में एक बार विचार-विमर्श करता है।[124] इसी प्रकार के जातीय संगठनों में राजपूताना में प्रमुख प्रथम राज्यस्तरीय कायस्थ सभा[125] सहित कायस्थ सभाओं ने बाल विवाह, अनमेल विवाह व न्यूनतम विवाह उम्र के सन्दर्भ में जागरुकता हेतु कार्य किए। इसमें कायस्थों की पत्र-पत्रिकाओं यथा-द हिन्दुस्तान रिव्यू (इलाहाबाद), कायस्थ हितकारी (ग्वालियर) ने प्रमुख योगदान दिया।[126] कायस्थों का अनुसरण अन्य जातियों ने भी किया, यथा-मालियों ने प्रतिवर्ष कान्फ्रेंस आयोजित कर बाल शिक्षा और बाल विवाह निषेध के प्रस्ताव पारित किए।[127] 1891-92 ई. में यह परिवर्तन की लहर जैनों तक पहुँची[128] तथा अजमेर, केकड़ी, अलवर तथा झालावाड़ में सभाएँ बनीं।[129] जैन कार्यकर्ता छोगालाल अजमेरा द्वारा सम्पादित पत्र में बाल विवाह व अनमेल विवाहों पर विद्वतापूर्ण आलेख प्रकाशित हुए। इसी प्रकार 1893 ई. में स्थापित भारतवर्षीय दिगम्बर जैन महासभा ने 'दिगम्बर जैन', 'द हिन्दू जैन गजट', जैन मित्र', 'जैन नारी हितकारी' आदि पत्रों के माध्यम से महत्त्वपूर्ण कार्य किए।[130]

1894 ई. में वैश्य कान्फ्रेंस, सहारनपुर (तत्कालीन संयुक्त प्रांत) में राजपूताना के प्रतिनिधियों ने भाग लिया तथा विवाह के लिए न्यूनतम आयु लड़की व लड़के के लिए क्रमशः 11 व 15 करवाने का प्रस्ताव पारित करवाया। इन प्रयासों को जनता तक पहुँचने में पर्याप्त समय लगा।[131]

देशी शासकों एवं ब्रिटिश सरकार के प्रयासों के परिणामत: राजपूतों ने अपने समाज में सुधार की दिशा में सोचना एवं तदन्तर क्रमश: क्रियान्वयन करना प्रारम्भ किया। राजपूतों के पदचिन्हों पर चलते हुए अग्रवालों[132], मेरवाड़ा के मेर व मीरातों[133], जोधपुर के राजगुरु पुरोहितों, बीकानेर के पुष्करणा ब्राह्मणों[134], तदन्तर अन्य ब्राह्मणों[135], जोधपुर के मालियों[136], बीकानेर के सिद्धों[137] ने विवाह की न्यूनतम आयु के सन्दर्भ में नियम बनाए। बूँदी में राजपूतों का अनुसरण, ब्राह्मणों, महाजनों तथा अन्य जातियों ने किया। बूँदी के ब्राह्मणों ने न्यूनतम आयु वर-वधू के लिए क्रमश: 15 व 11 वर्ष रखी तो महाजनों ने 17 व 12 वर्ष।[138] वाल्टरकृत राजपुत्र हितकारिणी सभा ने रिपोर्ट दी थी कि "किसानों ने तहसीलदार तथा सरावगियों, पालीवालों व ओसवालों ने अपनी पंचायतों के माध्यम से बाल विवाह पर रोक के प्रावधानों को स्वयं स्वीकार कर लिया है।"[139] जातीय संगठनों ने अपनी वास्तविक पहचान-जड़ता, परम्परा के स्थान पर सामाजिक सुधार के लिए कार्य किए, वहीं दूसरी ओर जाति प्रभाव विवाह की दृष्टि से अत्यन्त प्रभावी थे और अपनी पृथक सत्ता रखते थे। आज भी जातीय संगठनों के प्रभाव गहरे हैं। इससे अनुमान लगाया जा सकता है कि 50 साल पहले कितना प्रभाव रहा होगा। देशी रियासत एवं जातीय संगठनों के साथ स्वामी दयानन्द के प्रभावस्वरूप बाल विवाहों पर प्रभावी रोक लगी। स्वामी दयानन्द ने विवाह की न्यूनतम आयु वर-वधू के लिए क्रमश: 25 व 16 वर्ष निर्धारित की। इसे न माननेवालों को समाज से बहिष्कृत करने का संकेत किया।[140] राजस्थान में न केवल विभिन्न स्थानों पर आर्य समाजों की स्थापना हुई बल्कि महाराणा सज्जन सिंह की अध्यक्षता में 1883 ई. में परोपकारिणी सभा का निर्माण हुआ। भास्करानंद, प्रकाशानंद तथा सुल्तान सिंह ने आर्य समाज के सदस्य के रूप में जो प्रभावी कार्य किया, वह राजपरिवारों तक सीमित न रहकर आम जनता तक पहुँचा।[141]

बाल विवाह व अनमेल विवाह उन्मूलन के सन्दर्भ में अंग्रेज अधिकारियों मुख्यत: कर्नल सी.के.एम. वाल्टर के प्रयास महत्त्वपूर्ण कहे जा सकते हैं। वाल्टर ने राजपूतों को विश्वास में लेकर पहले उच्च वर्ग को सुधार के लिए एक मंच पर लाते हुए 'राजपुत्र हितकारिणी सभा' का निर्माण किया तथा इसकी बाल विवाहों को रोकने में बड़ी महत्त्वपूर्ण भूमिका रही। इन सुधारों का विशिष्ट पहलू ये था कि किसी पुलिसिया भय के स्थान पर भद्र पुरुषों के वायदों के आधार पर सुधार की प्रक्रिया प्रारम्भ करने का यह अनूठा प्रयास था। कर्नल ट्रेवर ने वाल्टर के प्रयासों का अनुगमन किया, वह भी अत्यन्त प्रभावी रहा।

अनमेल विवाहों में प्राय: ऐसे होते थे कि वधू कम वय की होती थी और इसके उदाहरण राजपरिवारों व आम जनता दोनों ही स्तरों पर दिखाई देते हैं।[142] इसकी

कारणात्मक पृष्ठभूमि बाल विवाहों की पृष्ठभूमि से प्रायः मिलती है क्योंकि मामले ऐसे हैं जो दोनों ही श्रेणियों–बाल एवं अनमेल में शामिल किए जानेवाले हैं। इसलिए बाल–अनमेल विवाह की समस्याएँ प्रायः अन्तर्सम्बन्धित है।

बाल विवाह व अनमेल विवाह के सन्दर्भ में उपर्युक्त अध्ययन यह स्पष्ट करता है कि समाज में निहित बहुविध सामाजिक–राजनीतिक तत्त्वों के परिणामस्वरूप जन्मी तथा प्रसारित ये प्रथाएँ समाज में तदन्तर विधवाओं की संख्या को बढ़ाने के लिए उत्तरदायी रहीं। ब्रिटिश पॉलिटिकल एजेन्ट्स ने यद्यपि प्रारम्भ में समाज व धर्म के क्षेत्र में अहस्तक्षेप की नीति अपनाई पर तदन्तर सुधार का बीज सूत्र अवश्य प्रदान किया जिसे जातीय संगठनों और सुधार आन्दोलनों ने ग्रहण किया।

डाकण प्रथा

राजस्थान में स्त्रियों के प्रति सामाजिक दृष्टिकोण का एक अत्यन्त अमानवीय पक्ष था–डाकण प्रथा। माना जाता था कि सत्–असत् आत्माएँ अतृप्त होने पर जनजीवन को कष्ट पहुँचाने लगती हैं। ऐसी आत्माएँ यदि स्त्री शरीर में प्रवेश कर जाती हैं, तो उसे 'चुड़ैल लगना' भी कहा जाता था।[143] टेलर अपनी पुस्तक 'प्रिमिटिव कल्चर' में Witch की परिभाषा इस तरह देते हैं–

> *एक डाकण का विधिक अर्थ उस व्यक्ति से है जो शैतानी शक्तियों से सम्बन्ध रखता है, और शैतानी कार्यों हेतु उनकी मदद लेता है।*[144]

डाकणों को 'काले जादू' में प्रवीण माना जाता था। डाकण को असामाजिक, बुरे कार्यों हेतु अलौकिक शक्तियों के प्रयोग की मानवीय क्रिया के रूप में परिभाषित किया जा सकता है। ऐसी शक्तियों से युक्त महिला को डाकण कह दिया जाता था।[145] सन्तानहीन विधवाओं या बाँझ महिलाओं को डाकण के रूप में आरोपित करने के लिए सबसे उपयुक्त माना जाता था।[146] डाकण घोषित स्त्री के लिए माना जाता था कि वह समाज के लिए कष्टदायक होगी। अतः उस स्त्री को विभिन्न प्रकार की यातनाएँ देकर एवं अपवादस्वरूप क्रूरतम रूप में जीवित जलाकर या उसका सिर काटकर डाकण स्वरूप को समाप्त करने में समाज कंटकों को हिचक नहीं होती थी।[147]

स्त्री पर कृत विविध अत्याचारों के कारण स्त्री भयभीत होकर या तो डाकण होने का अपराध स्वीकार कर लेती थी या यातनाओं को सहन करती हुई मर जाती

थी। राज्य द्वारा भी डाकण घोषित स्त्रियों को मृत्यु-दंड दिया जाता था।[148] भील व मीणा जाति की स्त्रियों पर प्रमुखतः डाकण होने का आरोप लगाकर उन्हें मार डालने की कुप्रथा प्रचलित थी।[149]

राजपूताने में यह अन्धविश्वास प्रचलित था कि कुछ स्त्रियाँ जादू व टोना करके दूसरे मनुष्यों को कष्ट पहुँचाती हैं अथवा उनकी मृत्यु का कारण बन जाती हैं। इस प्रकार की स्त्रियों को डाकण कहा जाता था। यह भी माना जाता था कि वे केवल मनुष्यों को ही नहीं वरन् पशुओं को भी अपनी कुदृष्टि का शिकार बना लेती थीं तथा किसी मनुष्य या पशु को अपनी दुर्भावना का शिकार बनाकर वे उसके जिगर को धीरे-धीरे खा जाती थीं।[150] यद्यपि दीपावली के दिनों में उनकी शक्तियाँ असीमित मानी जाती थीं, किन्तु दशहरे के पूर्व नवरात्रि तथा हिन्दू पंचांग के अनुसार प्रत्येक माह के 14, 15, 29वें दिन भी किसी को हानि पहुँचाने की शक्ति उनमें अधिक मानी जाती थी। मेवाड़ और अन्य भागों में इस प्रकार की स्त्रियों के होने के वर्णन प्राप्त होते हैं। ग्रामों के अतिरिक्त शहरों में भी, शिक्षित व अशिक्षितों में, हिन्दू व मुस्लिमों में यह प्रथा प्रचलित थी।[151]

डाकण होने की आशंका पर उस स्त्री की परीक्षा उपरान्त डाकण घोषित किया जाता था।[152] एक विधि के अनुसार ऐसा विश्वास किया जाता था कि भोपा ऐसी डाकणों को पहचान सकता है। भोपा द्वारा पहचानने के बाद उसकी आँखों में मिर्च डाली जाती थी। यदि उसकी आँखों में आँसू नहीं आए तो उसे डाकण करार दे दिया जाता था। अन्य प्रकार से, जिस स्त्री पर सन्देह होता था उसे पेड़ की टहनी से बुरी तरह पीटा जाता, यदि वह मदद के लिए चिल्लाए तो उसे डाकण माना जाता था। एक अन्य विधि में, डाकण समझी जानेवाली स्त्री को एक बोरी में बाँधकर बुरी तरह पीटा जाता, यदि वह मर जाए तो निर्दोष और यदि बच जाए तो उसे सजा दी जाती थी। एक विधि यह भी थी कि भीलों में विशिष्ट प्रकार से भोपा एक घड़े में अनाज के साथ ताँबे का एक सिक्का डालते हुए एक नाम पुकारता था। यदि सिक्के पर अनाज गिरता है तो औरत को डाकण मान लिया जाता था।[153] कभी-कभी सन्देहशील स्त्री को शारीरिक यातनाएँ देकर यह प्रयत्न किया जाता था कि वह अपने अपराध को स्वीकार कर ले। यदि उसने इस प्रकार का कृत्य कुछ समय पहले शुरू किया है तो उसे माफी दे दी जाती थी, किन्तु उसके बाल काटकर उसे जाति से बहिष्कृत कर दिया जाता था।[154] कभी-कभी संदेहशील स्त्री को उबलते हुए तेल में अथवा जलते हुए उपलों में हाथ देकर भी उसकी परीक्षा ली जाती थी।[155]

उन्नीसवीं शताब्दी के उत्तरार्द्ध में राजपूत राज्यों ने कानून द्वारा इस कुप्रथा को समाप्त करने का प्रयत्न किया।[156] फिर भी उन्नीसवीं सदी के अन्त तक यह प्रथा

पूर्णतः समाप्त नहीं हो पाई। परन्तु धीरे-धीरे समय गुजरने और विविध प्रयासों के फलतः बीसवीं सदी तक यह कुप्रथा समाप्त प्रायः प्रतीत होती है, यद्यपि छिटपुट उदाहरण अवश्य प्राप्त हो जाते हैं।

डाकण प्रथा लोकजन्य अन्धविश्वास के रूप में ही विकसित रही, अतः सत्ता या प्रशासन का भय लोक को प्रभावित नहीं करता या यह कहा जा सकता है कि लोकजीवन (नगर जीवन जिससे पृथक नहीं होता) में प्रचलित कुप्रथाएँ उसके अन्धविश्वासों से अपनी लोक मानसिकता का परिणाम होती हैं, और इसके लिए निर्धारित या वाँछित प्रक्रिया न अपनाने से अनिष्ट की आशंका से ग्रस्त लोकजीवन तदनुरूप कार्य करता और ऐसा करते हुए उसे सत्ता या प्रशासन के दंड, भय और आर्थिक बाधाओं की कोई चिन्ता नहीं होती है।

पर्दा प्रथा

पर्दा प्रथा महिलाओं से सम्बन्धित राजस्थान की समस्याओं में प्रमुख है। पर्दा प्रथा के प्रारम्भ होने के समय के सम्बन्ध में विद्वानों में मतैक्य का अभाव है। बी.पी. मजूमदार मानते हैं कि मुस्लिम आक्रमणों से पूर्व इस प्रथा के प्रचलन के प्रमाण प्राप्त होते हैं।[157] इसके विपरीत राजस्थान व उत्तरी भारत के समाज में पर्दा प्रथा का आगमन व प्रचलन जी.एच. ओझा मुस्लिम युग से मानते हैं।[158]

पूर्व मध्यकालीन युग में पर्दा प्रथा के प्रचलन में संकेत मिलते हैं, परन्तु नारी सुरक्षा की भावना से पर्दे का प्रयोग सामान्य प्रथा के रूप में प्रचलन तो मध्य युग की ही देन कही जा सकती है। राजघरानों की स्त्रियों एवं द्विज जातियों पर इसका प्रभाव अधिक था। राजपरिवार की स्त्रियाँ तो महल के आसपास के निजी चाकरों के अलावा किसी पर पुरुष का चेहरा भी नहीं देख पाती थीं। पर्दा करना उच्च वर्ग में एक प्रतिष्ठाजनक कार्य माना जाता था तथा उच्च स्थिति की भावना को प्रदर्शित करता था।[159] अतः सामंत वर्ग की स्त्रियाँ भी रानियों तथा महारानियों के आचरण व नियमों पर चलती थीं। मुसद्दी परिवार की स्त्रियाँ भी इसी भाँति रहती थीं। राजपूतों में स्त्री सम्मान में ये भी एक तत्त्व जुड़ा रहता था कि उसकी तरफ देखने का कोई भी दुस्साहस न करे।[160] समृद्ध घरानों की स्त्रियाँ बाहर जाते समय पालकी या बंद गाड़ियों का प्रयोग करती थीं। इन स्त्रियों का अपने आवास स्थान से बाहर जाना भी बहुत सीमित होता था। वृद्ध स्त्रियाँ अवश्य इस बन्धन से मुक्त हो जाती थीं। राजमाताएँ अवश्य राज्य के संचालन व मन्त्रणा के लिए राज्य मन्त्रियों व अधिकारियों से मिलती थीं।

इसके विपरीत जनसाधारण परिवारों में जहाँ की स्त्रियाँ आर्थिक आवश्यकताओं के कारण पुरुष से कंधे से कंधा मिलाकर कार्य करती थीं, जीविका कमाने में सहयोग देती थीं, उनके लिए पर्दा एक रुकावट थी। इन वर्गों में लज्जा के रूप में चेहरा ढक लेती थीं। सन् 1818 ई. की संधि के बाद आर्य समाज, वाल्टरकृत हितकारिणी सभा तथा अन्य संस्थाओं एवं ब्रिटिश-भारत सरकार के प्रयासों के कारण विभिन्न सामाजिक कुरीतियों तथा राजपरिवारों की स्त्रियों की स्थिति में शिक्षा के माध्यम से मानसिक परिवर्तन प्रारम्भ हुआ[161] परन्तु सही मायने में बीसवीं सदी में ही उल्लेखनीय परिवर्तन सम्भव हो पाए।

कष्टपूर्ण वैधव्य

वैधव्य जीवन अभिशप्त जीवन था जिसका कारण बाल व अनमेल विवाह के साथ यहाँ की अन्य राजनीतिक सामाजिक दशाएँ भी थीं। मध्ययुगीन हिन्दू समाज में वैधव्य एक बहुत भीषण दुःखप्रद स्थिति थी। पति की मृत्युपरान्त स्त्री के लिए दो मुख्य कर्तव्य निर्देशित थे—एक पति के साथ सहमरण या अनुमरण होना और दूसरे ब्रह्मचर्य का पालन करते हुए शेष जीवन बिताना। सम्मान व आदर प्राप्त परिवार में विधवा होने के बाद पुनर्विवाह करने की आज्ञा नहीं थी।[162] वह जीवन-पर्यन्त परिवार के पुरुष सदस्यों पर आश्रित के रूप में रहती थी। परिवार की बहुओं के आश्रय में रहने, उनकी दया पर जीवित रहने के कारण, उसकी स्थिति प्रायः दयनीय हो गई थी।[163] उसका सम्पूर्ण जीवन कठोर श्रम करते हुए व्यतीत होता था। उससे ऐसे जीवन की आशा की जाती थी कि वह पुराने व खराब कपड़े पहनेगी, धरती पर सोएगी[164] यद्यपि इस कथन को अक्षरशः स्वीकार नहीं किया जा सकता। समस्त जीवन उसे पति भक्ति व ईश्वर प्रार्थना पर व्यतीत करना होता था ताकि अगले जन्म में फिर उसकी अपने इस पति से भेंट हो। वह गहरे भूरे रंग या काले रंग के वस्त्र पहनती थी, सिर के बाल मुंडे हुए थे व शरीर पर कोई आभूषण नहीं पहनती थी।[165]

विधवा का जीवन उस समय और भी दुःखमय होता था जब किसी भी सामाजिक उत्सव में उसकी उपस्थिति की मनाही कर दी जाती थी तथा ऐसे अवसरों पर उसका आना, उत्सवों में भाग लेनेवाले सदस्यों के लिए अमंगलकारी माना जाता था। परिवार के किसी भी सदस्य के व्यापार आदि करने के लिए विदेश जाते समय उसका सामने दिख जाना ही मांगलिक नहीं माना जाता था और अनिष्ट का सूचक माना जाता था।[166]

18वीं–19वीं शताब्दी में विधवाओं की स्थिति को सुधारने हेतु कोई विशेष प्रयास नहीं दिखाई देते। पुनर्विवाह की सर्वमान्य परम्परा नहीं थी, इसने विधवाओं की दशा को इस स्तर तक पहुँचाने में महत्त्वपूर्ण भूमिका निभाई। वहीं साथ ही, ईश्वर चन्द्र विद्यासागर[167] जैसे सुधारकों के सुधार प्रयासों की ज्योति राजस्थान तक न पहुँचना भी राजस्थान में कष्टपूर्ण वैधव्य की निरन्तरता का कारक है।

इस विवेचना से स्पष्ट होता है कि 20वीं शताब्दी से पूर्व राजस्थान में महिलाएँ सामाजिक समस्याओं की दृष्टि से पीड़ित रही हैं। सती प्रथा देशी शासकों, सुधारकों एवं ब्रिटिश अधिकारियों के प्रयासों से क्रमशः कम होती प्रतीत होती है, पर जनमानसिकता में गहरी जड़ों के कारण समूल नाश न हो सका। कन्या वध प्रत्यक्षतः और बहुतायत में न भी हो पर प्रचलन में अवश्य था, बाल व अनमेल विवाह न केवल प्रचलित थे, बल्कि बाल वैधव्य एवं त्रासद वैधव्य के कारक भी थे। सामंती जीवन ने स्त्री क्रय-विक्रय को जन्म एवं प्रसार दिया, पर्दा भी इसी सामंती परिपाटी का हिस्सा रहा है। इन समस्त समस्याओं ने समेकित रूप से स्त्री की जीवन दशाओं को दारुण बना दिया। अतः स्त्री सुधार की व्यापक सम्भावनाएँ थीं, यद्यपि ब्रिटिश प्रयासों से पहले देशी शासकों ने पहल की, अनेक घोषणाएँ कीं, पर वे घोषणाएँ कानून के रूप में पारित नहीं हो पाईं, यह उन प्रयासों की सीमा है, वहीं समस्याओं के स्वरूप एवं विस्तार की दृष्टि से भी राजस्थान शेष भारत से पृथक कहा जा सकता है, क्योंकि शेष भारत की बजाय अजमेर-मेरवाड़ा को छोड़कर सम्पूर्ण राजपूताना रजवाड़ों के राजाओं के अधीन, था, इसलिए ब्रिटिश सरकार के सुधार प्रयास बहुत कम प्रभावी हुए।

सन्दर्भ एवं पाद-टिप्पणियाँ

1. सिंघी, नरेन्द्र कुमार, 'नारीवाद : परिप्रेक्ष्य व सिद्धान्त' आलेख, भारतीय स्त्री-सांस्कृतिक सन्दर्भ, प्रतिभा जैन-संगीता शर्मा (सम्पादित), पृ. 40, रावत पब्लिकेशंस, जयपुर, 1998
2. वही, पृ. 41
3. वही, पृ. 41
4. खेतान, प्रभा, 'स्त्री विमर्श : इतिहास में अपनी जगह', हंस, दिल्ली, अंक-जनवरी, फरवरी 2000, पृ. 36
5. सिंघी, नरेन्द्र कुमार, पूर्वोक्त, पृ. 43
6. खेतान, प्रभा, पूर्वोक्त, पृ. 43
7. वही, पृ. 36-42

अन्य प्रमुख नाम हैं–हैरियट टेलर, जाइला आइजेनेस्टाइन, बेला अबलेक्स, बेट्टी फ्रीडां, एलिजाबेथ हाउसमैन, केट मिलेट, जूलियट मिशेल, शीला रो बॉथम, एलेन सोवोल्टा, हेल्के सेंडर, कैथरीन मैक्नीन, नैन्टी सोडारो, नेल्सन गार्नर, एड्रियारिच, आवेंड एलिस, जूडिथ बटलर, जूलिया क्रिस्टेवा, हेजेल कारबाइज, गायत्री स्पीवाक, बुडलेक्सी, सिल्विया वालबाई।

8. मैरी वोल्सटनक्राफ्ट, 'स्त्री अधिकारों का औचित्य साधन', राजकमल प्रकाशन, नई दिल्ली, 2003
9. वही, कात्यायनी एवं सत्यम, आमुख में, पृ. 21
10. सिंघी, पूर्वोक्त, पृ. 56
11. वही, पृ. 56
12. अनामिका, 'कामना और वार्ता का द्वन्द्व–न्याय', कथादेश, सम्पादक–हरिनारायण, अंक–दिसम्बर 2003, पृ. 93–94, नई दिल्ली
13. सत्येन कुमार ('प्रकाशक की ओर' में), कात्यायनी की पुस्तक–दुर्गद्वार पर दस्तक, परिकल्पना प्रकाशन, लखनऊ, दिसम्बर 1998
14. वही, पृ. 56
15. द्रष्टव्य–अग्रवाल, विनीता, हिस्टोरियोग्राफी ऑफ वीमन स्टडीज इन इंडिया, जिज्ञासा, इतिहास एवं भारतीय संस्कृति विभाग, रा.वि.वि., जयपुर, अंक VIII 2002, पृष्ठ 65–70
16. बॉएड, कैली (सं.) एनसाइक्लोपीडिया ऑफ हिस्टोरियन्स एंड हिस्टोरिकल राईटिंग्स, खंड–II, फिट्जुरो डियरबर्न पब्लिशर्स, लन्दन, शिकागो, 1999, पृ. 1318–20
17. वही
18. वही
19. वही
20. वही
21. जैन, प्रतिभा, पूर्वोक्त
22. अरोड़ा, शशि, राजस्थान में नारी की स्थिति, तरुण प्रकाशन, बीकानेर, 1981, पृ. 52.
23. बही समसत गावां री, वि. सं. 1725 (1668 ई.), पृ. 81–83, बीकानेर रिकार्ड्स, RSAB
24. अरोड़ा, शशि, पूर्वोक्त, पृ. 63
25. वही, पृ. 64–65 (विस्तार हेतु भी द्रष्टव्य);
    दुष्यन्त, डेक्लाइन ऑफ वीमन ट्रेफिकिंग इन मॉडर्न राजपूताना, अक्तूबर. 1930 इंडियन हिस्ट्री कांग्रेस, अमृतसर, 2002
26. बही पेशेकसी रे लेखे री, बीकानेर, वि.सं. 1823 (1776 ई.), पृ. 24–32, RSAB
27. कोटा भंडार, क्र.सं. 1, वि.सं. 1743 (1686 ई.), बस्ता नं. 9; वि. सं. 1757, बस्ता नं. 35; अश्विन 10, वि. सं. 1777 (30–9–1720 ई.), बस्ता नं. 93; अश्विन 13, वि. सं. 1777 (4–10–1720 ई.) बस्ता नं. 93, RSAB
28. कागदों की बही, बीकानेर, वि.सं. 1828 (1781 ई.), नं. 5, सनद के कागद, RSAB

29. दुष्यन्त, 'डेक्लाइन...', पूर्वोक्त
30. कागदों की बही, बीकानेर, वि.सं. 1840 (1783 ई.), नं. 7, सनद के कागद, RSAB
31. जोधपुर सनद परवाना बही, (आगे संक्षिप्त रूप जो.स.प.ब.) वि.सं. 1823 (1766 ई.) नं. 5, पृ. 45, 67, RSAB
32. जो. स. प. ब. बही, वि. सं. 1826 (1769 ई.) नं. 9, पृ. 199, RSAB
33. अरोड़ा, शशि पूर्वोक्त, पृ. 67
34. जो. स. प. ब. वि. सं. 1822 (1765 ई.) नं. 2, पृ. 31, जो. स. प.ब., वि.सं. 1830 (1773 ई.), नं. 13, पृ. 136, RSAB
35. जो.स.प.ब. वि.सं. 1824 (1764 ई.), नं. 6, पृ. 5; जो.स.प.ब. वि.सं. 1825 (1768 ई.), नं. 8, पृ. 252; जो.स.प.ब.; वि.सं. 1830 (1773 ई.), नं. 13, पृ. 120, RSAB
36. दुष्यन्त, 'डेक्लाइन...', पूर्वोक्त
37. वही
38. वही, कोटा भंडार, नं. 1 वि. सं. 1743 (1666 ई.) बस्ता नं. 9; वही पेशेकशी रे लेखे री, बीकानेर, वि.सं. 1833 (1766 ई.), पृ. 63, RSAB
39. यादव, सन्तोष, पूर्वोक्त, पृ. 187
40. कोटा रिकॉर्ड नं. 14, बस्ता नं. 12, वि.सं. 1895; कोटा रिकॉर्ड, नं. 15, बस्ता नं. 7, 8, 15, RSAB
41. मेहता संग्राम सिंह संग्रह, फाइल नं. 743, RSAB; यादव, सन्तोष द्वारा उद्धृत, पूर्वोक्त, पृ. 184
42. यादव, सन्तोष, पूर्वोक्त, पृ. 184, विस्तार के लिए द्रष्टव्य–यादव, सन्तोष, वही व दुष्यन्त–'डेक्लाइन...', पूर्वोक्त
43. कोटा रिकार्ड, नं. 2/2, बस्ता नं. 72, वि.सं. 1904, RSAB
44. यादव, सन्तोष, पूर्वोक्त, पृ. 184
45. वही
46. कोटा रिकॉर्ड, नं. 15/15, वि.सं. 1889-90; कोटा रिकॉर्ड, नं. 22/168, वि.सं. 1919, RSAB
47. यादव, सन्तोष, पूर्वोक्त, पृ. 185; राजपूताना एजेन्सी रिकॉर्ड (कॉन्फीडेंशियल), 1864, स्लेवरी, नं. 2, नेशनल आर्काइव्ज ऑफ इंडिया (एन.ए.आई.डी. आगे संक्षिप्त-NAID)
48. यादव, सन्तोष, वही
49. फॉरेन डिपार्टमेंट, पॉलिटिकल एडमिनिस्ट्रेशन ऑफ दी राजपूताना स्टेट्स, 1882-83, 1883-84, NAID
50. श्यामलदास, वीरविनोद, पृ. 1868
51. कोटा रिकॉर्ड, नं. 3, बस्ता नं. 62, वि.सं. 1926, RSAB
52. कोटा रिकॉर्ड, नं. 2/2, बस्ता नं. 8/2, वि.सं. 1883, 1901, RSAB
53. विस्तार हेतु द्रष्टव्य–चौधरी, पी.एस., राजस्थान बिटविन टू वर्ल्ड वार्स, आगरा, 1968; राजपूताना एजेंसी रिकार्ड, होम पॉलिटिकल, NAID; हरिभाऊ उपाध्याय संग्रह, नेहरू स्मृति पुस्तकालय, दिल्ली

54. सती शब्द नाम शिव की पत्नी को दिया गया, जिसने अपने पिता के यहाँ अपने पति को न बुलाए जाने पर यज्ञवेदी में कूदकर प्राण दे दिए थे किन्तु जिस भाँति उसने अपनी भक्ति व विश्वसनीयता का प्रमाण दिया था, उसी प्रकार यह नाम उन विधवाओं को दिया जाने लगा, जो इसी भावना से प्रेरित होकर सती होती थीं–जेम्स टॉड, एनल्स एंड एंटीक्विटीज इन राजस्थान, भाग-I, दिल्ली, 1998, पृ. 503, सक्सेना, आर.के., सोशल रिफॉर्म्स, इन्फेटीसाइड्स एंड सती, नई दिल्ली, 1972, पृ. 72.
55. मांडोत, मिश्रीलाल, मध्यकालीन राजस्थान में सती प्रथा, शोध पत्रिका, उदयपुर, वर्ष-37, अंक 1, पृ. 85
56. काणे, पी.वी., धर्मशास्त्र का इतिहास, भाग दो, खंड प्रथम, उत्तर प्रदेश हिन्दी संस्थान, 1988, पृ. 628
57. फॉरेन पॉलिटिकल डिपार्टमेंट, अप्रैल 22, 1859, नं. 232, NAID.
58. दास, इरा, सती : ए हीनियस सिस्टम ऑफ वीमन अप्रेसन, शोधक (जयपुर) वॉल्यूम 17, भाग-A, क्र.सं. 49, 1988, पृ. 49
59. अरोड़ा, शशि, पूर्वोक्त, पृ. 52-53
60. वही, पृ. 53
61. वही, पृ. 55
62. वही, पृ. 54
63. दास, इरा, पूर्वोक्त, पृ. 51
64. मांडोत, पूर्वोक्त, पृ. 89
65. गौड़, लक्ष्मण व शर्मा, मधु राजस्थान में सती प्रथा का अन्त, शोधक, अंक 20C, क्र.सं. 60, 1991, पृ. 129 पर उद्धृत–बीकानेर जैन ग्रन्थ संग्रह, भूमिका, पृ. 95, 364-70
66. शर्मा, गोपीनाथ, सोशल लाइफ इन मीडिवल राजस्थान, आगरा, 1968, पृ. 127-128
67. दत्ता, वी.एन. 'सती-विडो बर्निंग इन इंडिया', मनोहर बुक्स, दिल्ली, 1988, पृ. 164
68. राजा राममोहन राय (1779-1833) को भारतीय पुनर्जागरण का जनक माना जाता है। जाति प्रथा के अतिरिक्त हिन्दू समाज की अनेक सामाजिक बुराइयों–बहुविवाह, स्त्रियों की दुर्दशा और भयंकर सती प्रथा आदि के विरुद्ध जनचेतना जागृत करने का राममोहन राय का प्रयास सामाजिक परिवर्तन के एक नए युग की शुरुआत माना जाता है, शिक्षा के प्रसार एवं धार्मिक सुधार (ब्रह्म समाज की स्थापना) के लिए भी उन्हें श्रेय दिया जाता है।
69. मांडोत, पूर्वोक्त, पृ. 94-97 एवं चौपड़ा पी.एन., पुरी बी.एन. एवं दास एम.एन., भारत का सामाजिक, सांस्कृतिक और आर्थिक इतिहास, मैकमिलन, दिल्ली, 2004, पृ. 132
70. गौड़, लक्ष्मण व शर्मा, मधु, पूर्वोक्त, पृ. 129
71. दत्ता वी.एन. पूर्वोक्त द्वारा उद्धृत–सर जॉन केय, पृ. 439
72. फॉरेन पोलिटिकल, 26-6-1840, नं. 33, 26-7-1840, नं. 34 NAID
73. जैन एम.एस. आधुनिक राजस्थान का इतिहास, जयपुर, 1995, पृ. 234
74. गौड़, लक्ष्मण व शर्मा मधु, पूर्वोक्त द्वारा उद्धृत
75. फारेन पॉलिटिकल डिपार्टमेंट, मार्च, 1844, NAID
76. गौड़, लक्ष्मण व शर्मा, मधु, पूर्वोक्त, पृ. 130

77. पॉलिटिकल एजेंट से स्वरूप सिंह का खरीता, 13-11-1860, शोधक 15, 1986, गौड़, शर्मा द्वारा उद्धृत, पृ. 131
78. वही
79. शोधक 19, 1990, वही, गौड़, लक्ष्मण द्वारा उद्धृत
80. विस्तार हेतु द्रष्टव्य–दत्ता, वी.एन.; ऐन हार्डग्रोव–'सती वर्शिप एंड मारवाड़ी पब्लिक आइडेंन्टीटी इन इंडिया', जर्नल ऑफ एशियन स्टडीज, 58-3 (अगस्त 99), पृ. 723-53
81. इसकी पृष्ठभूमि तो पुंसवन संस्कार है जो पुत्र की इच्छा से महिला की गर्भावस्था के समय किया जाता है, पुत्रेच्छा और पुत्री के प्रति अवाँछना ही पुत्री के जन्म होते ही मार डालने की मानसिकता का उत्स है।
82. खींची गंगेव नीबांवत रो दोपहरी राजान राउतरो वात वागाव, राजस्थान पुरातन ग्रन्थमाला, उदयपुर, ग्रंथांक नं. 26, पृ. 21
–जउ...मेटी, शशि अरोड़ा द्वारा उद्धृत, पूर्वोक्त, पृ. 18
83. अथ ख्यात जोधपुर रा राज रा दस्तूर री बही, पृ. 69, चौपासनी शोध प्रतिष्ठान, जोधपुर
84. दस्तूर कौमवार, जयपुर (आमेर) रिकार्ड, वि.सं. 1817 (1760 ई.) भाग 24, पृ. 1451, राजस्थान स्टेट आर्काइव्ज, जयपुर (आगे संक्षिप्त रूप–RSAJ) VS 1817 (1760 ई.) में जयपुर राज्य में महाराज कुमार मानसिंह व महारानी चूंडावत के यहाँ पुत्र जन्म के अवसर का वर्णन
85. तोजी स्याहा, पोष बदी 2, वि.सं. 1797 (21-11-1740 ई.), तोजी विभिन्न संवतों की, जयपुर (आमेर) रिकाड्र्स, RSAJ
86. दस्तूर कौमवार, (जयपुर) आमेर रिकार्ड, वि.सं. 1842 (1785 A.D.), भाग 24 पृ. 157, RSAJ, महाराणी भटियाणी के यहाँ महाराज कुँवर श्री जगतसिंह के जन्म के अवसर का वर्णन
87. कोटा भंडार, नं. 1, वि.सं. 1762 (1705 ई.) बस्ता नं. 53, RSAB
88. अथ ख्यात जोधपुर रा राज रा दस्तूर री बही, पृ. 69A, चौपासनी शो. प्र. जोधपुर/दाई ने मोर, अैक दीगै, चूंदड़ी ओठावै ने थाली कांसी में ठाक कियां आयै धाल आपले जायगा में गाडीणै तरामोर अैक सांणी नै दीगै, ने बाई जयां मोर 11 आधी दीगै नै मुद्रा में छाले स्यूं दाई ले जावै
89. अरोड़ा, शशि, पूर्वोक्त, पृ. 21
90. अरोड़ा, शशि, वही
91. दास, इरा, फीमेल इन्फेन्टीसाइड इन राजपूताना, शोधक, वोल. 18A, क्र.सं. 52, 1989
92. शेरिंग, एम.ए., हिन्दू ट्राइब्स एंड कास्ट्स, भाग 3, पृ. 171, लन्दन, 1972
93. कुन्छल, मंजु, 19वीं शताब्दी में सामाजिक परिवर्तन, जयपुर, 1998, पृ. 67
94. राजपुत्र हितकारिणी सभा की 1889 की रिपोर्ट, गोपीनाथ शर्मा शर्मा द्वारा उद्धृत, पूर्वोक्त पृ. 85
95. रजिनेल्ड, हेवर, नेरेटिव ऑफ ए जर्नी थ्रू द अपर प्रोविन्सेज ऑफ इंडिया फ्रॉम कलकत्ता टु बॉम्बे 1824-25, लन्दन, 1927, पृ.-518-19; शोधक, Vol. 6, Part B, 1977.

96. ब्राऊन, जे.सी.–इंडियन इनफेन्टीसाइड पृ. 3 लन्दन 1887, पक्रासी, के.बी., फीमेल इंफेन्टीसाईड इन इंडिया, कलकत्ता, 1970 Tod, Col. James does not seem to be justified in tracing its origin from the vedic times, for the expossure of children was current oly in cases when a child was an illegitimate one which is being cladestinely practised in every country. Anals and Antiquities of Raj. Vol. II, Part 1, p. 500.
Foreign and Political, 17-10-1846, Cons. No. 254—From Capt. C.E. Burton P.A. Haraoutie to Lt. Col. Sutherland, A.G.G. for the States of Rajputana dated 12-8-1846, NAID.
–दास, इरा, पूर्वोक्त, पृ. 71
97. पेंडो भलो न कोस को, बेटी भली न एक
देणो भलो न बाप को, साहिब राखै टेक
98. दास, इरा, पूर्वोक्त, पृ. 68
99. दास, इरा, वही
100. राजपूताना एडमिनिस्ट्रेटिव रिपोर्ट, 1866–67, पृ. 317
101. फॉरेन पोलिटिकल प्रोसीडिंग्स, 4–5–1835, कंसलटेशन नं. 43-45, NAID एवं ब्राउन जे.सी., पूर्वोक्त, पृ. 3
102. फॉरेन पॉलिटिकल प्रोसीडिंग्स, दिसम्बर 1941, कंसलटेशन नं. 295, NAID; दास, इरा, पूर्वोक्त, पृ. 68
103. राजपूताना एजेंसी रिकाड्र्स (कॉन्फिडेंशियल) व सती, 1846, स्लेवरी नं. 2, दास, इरा, पूर्वोक्त, पृ. 68
104. व्यास, आर.पी., सोल ऑफ नोबिलिटी इन मेवाड़ (1800–1873), पृ. 104, फाइल नं. 3/1844, कोल. 1, पोलिटिकल एजेंट हाड़ौती व कोटा टू पॉलिटिकल एजेंट मेवाड़, NAID एवं दास इरा, पूर्वोक्त, 68
105. खरीता बही नं. 101, पृ. 364, मारवाड़ पर्सिस, पृ. 104, RSAB; सक्सेना, आर.के., पूर्वोक्त, पृ. 47
106. सक्सेना आर.के., वही
107. राजपूताना एजेन्सी रिकार्ड (कॉन्फिडेंशियल), 1881, स्लेवरी नं. 2 NAID
108. रिपोर्ट ऑन द पोलिटिकल एडमिनिस्ट्रेशन ऑफ राजपूताना स्टेट्स, 1883–84, पृ. 33, RSAB. 'In the last mitigation of the sentence was recommended and carried out'.
109. वही, पृ. 177/98
110. भरतपुर–करीली रिपोर्ट–1885–86, पृ. 152, RSAB
111. कोटा रिपोर्ट, 1886–87, पृ. 216, RSAB
112. रिपोर्ट ऑन दी पोलिटिकल एडमिनिस्ट्रेशन ऑफ राजपूताना स्टेट्स, 1886–87, पृ. 234, RSAB
113. रिकॉड्र्स ऑफ गवर्नमेंट ऑफ इंडिया, फॉरेन डिपार्टमेंट, नं. CCLXXI, क्र. 32, पृ. 28, रिपोर्ट ऑन द पोलिटिकल एडमिनिस्ट्रेशन ऑफ राजपूताना स्टेट्स 1886–87, पृ. 85

114. कुन्छल, मंजु, पूर्वोक्त, पृ. 66-71
115. दास, इरा, पूर्वोक्त, पृ. 70,
देशी प्रयासों की चर्चा 'सुधार के प्रयास' शीर्षक अध्याय में विस्तार से की गई है।
116. सक्सेना आर.के., पूर्वोक्त, पृ. 195-210
117. वही, पृ. 201
118. ए.सी.ओ., बस्ता नं. 27, फाइल नं. 324 (1891), 31-1-1891, RSAB
119. वही, फाइल नं. B/93 (1891), 16-10-1891, RSAB
120. वही, फाइल नं. B/120-C (1892), 18-7-1892, RSAB
121. सक्सेना, आर.के., पूर्वोक्त, पृ. 102
122. सिंह, सीताराम, नेशनलिज्म एंड सोशल रिफॉर्म इन इंडिया (1885-1920), नई दिल्ली, 1968, पृ. 136
123. वही, पृ. 135, इसकी स्थापना 1887 ई. में जस्टिस रानाडे द्वारा हुई।
124. सक्सेना, आर.के., पूर्वोक्त, पृ. 202
यहाँ यह उल्लेखनीय है कि राजपूताना में स्थापित हुए जातीय संगठनों की एक विशेषता थी कि इनका नेतृत्व परम्परागत जातीय नेताओं के हाथ में न होकर उस समाज के नवशिक्षितों के वर्ग में था जिन्होंने न केवल निज जाति की विशिष्ट स्थितियों को समझा बल्कि वे अन्य अग्रिम राज्यों के समाज-सुधार आन्दोलनों से भी अनभिज्ञ नहीं थे, जिन पर उनका जातीय सुधार आधुनिक सामाजिक सुधारों की दृष्टि से प्राय: अवलम्बित था। इन जातीय सभाओं के नेतृत्व ने परिवर्तन की आवश्यकता को अनुभव किया, वहीं साथ ही कुछ सकारात्मक कदम भी उठाए।
125. सिंह, सीताराम, पूर्वोक्त, पृ. 136
-इसका निर्माण लाला गोपीनाथ के सचिवत्व में हुआ, इसके अधीन राजस्थान में 36 सभाएँ कार्यरत थीं।
126. सक्सेना, आर.के. पूर्वोक्त, पृ. 203
127. वही, पृ. 204
128. सिंह, सीताराम, पूर्वोक्त, पृ. 163
129. हालाँकि इनका प्राथमिक उद्देश्य समाज-सुधार व धर्मनिरपेक्ष शिक्षा था
130. सक्सेना, आर.के. पूर्वोक्त, पृ. 202
131. द इंडियन स्पेक्टेटर व द वॉइस ऑफ इंडिया, जनवरी 20, 1895, द इंडियन सोशल रिफार्मर, जनवरी 21, 1900, पृ. 165 नेहरू मेमोरियल म्यूजियम एंड लाईब्रेरी, नई दिल्ली (आगे संक्षिप्त रूप-NMML)
-इसमें किशनगढ़ के मन्त्री सुन्दरलाल व जैसलमेर के दीवान नथमल मेहता ने भाग लिया था।
132. इंडियन सोशल रिफॉर्मर, फरवरी 1896, पृ. 168, NMML
133. सक्सेना, आर.के., पूर्वोक्त, पृ. 209
134. सिंह, सीताराम, पूर्वोक्त, पृ. 158
135. वही एवं इंडियन सोशल रिफॉर्मर, फरवरी, 1896, NMML

136. सक्सेना, आर.के., पूर्वोक्त, पृ. 210
137. द पायनियर, 16-1-1902, NMML
138. बॉम्बे क्रॉनिकल, 5-9-1927, NMML
139. सक्सेना, आर.के., पूर्वोक्त, पृ. 273
140. वही, एवं जैन, प्रतिभा, स्त्रियोत्थान–आर्य समाजीय दृष्टिकोण (आलेख), दुबे, एस.एन. (सम्पादक) रिलीजियस मूवमेंट इन राजस्थान, सेन्टर फॉर राजस्थान स्टडीज, राजस्थान विश्वविद्यालय, जयपुर।
141. दुष्यन्त, स्वतन्त्रतापूर्व राजपूताना में बाल विवाह अनमेल विवाह निराकरण, वैचारिकी, जुलाई-सितम्बर 2003, बीकानेर, खंड 19, भाग 2, पृ. 53
142. वही, पृ. 54
143. कुन्छल, मंजु, उन्नीसवीं शताब्दी में सामाजिक परिवर्तन, पोइन्टर पब्लिशर्स, जयपुर, 1998, पृ. 76
144. "The legal definition of a witch is 'A person who hatches conference with the devil or consults with him to do some evil act."
Tylor, Primitive Culture, p. 197 गौड, मीना, सती एंड सोशल रिफोर्म इन इंडिया, जयपुर 1989, p. 69
145. गौड, मीना, वही, पृ. 69
146. वही, पृ. 70
147. श्यामलदास संग्रह, डाकण प्रथा सम्बन्धी पत्र, क्रम 1873, 1896, कुन्छल द्वारा उद्धृत, पृ. 76
148. वीर विनोद, पृ. 20-39
149. कुन्छल, पूर्वोक्त, पृ. 76
150. मेलकम, मेमोयर्स ऑफ सेन्ट्रल इंडिया एंड मालवा, पृ. 212-16, कुन्छल, उद्धृत, पूर्वोक्त
151. पोलिटिकल कॉन्फिडेंशियल, अप्रैल 1881, पृ. 25-39, NAID
टॉड जेम्स, पार्ट-III, पृ. 1615
रिपोर्ट ऑन द पॉलिटिकल एडमिनिस्ट्रेशन ऑफ राजपूताना स्टेट्स, 1874-75, पृ. 22, 46, RSAB
152. पोलिटिकल कॉन्फिडेंशियल, जनवरी 1833 ई., पृ. 51-58, जनरल का, NAID
153. पोलिटिकल कॉन्फिडेंशियल, मई 1860 ई., क्र. 60, NAID
पोलिटिकल व फारेन, मई 3, 1853, नं. NAID
पोलिटिकल व फारेन, 16-2-1853, नं. NAID
कोटा रिकार्ड्स, भंडार नं. 3, 1874, खते बिलादरों का, RSAK
154. पोलिटिकल कॉन्फिडेंशियल, फरवरी, 1853, क. 121-23, NAID
155. वही
156. विस्तार हेतु द्रष्टव्य–गौड, मीना, पूर्वोक्त, पृ. 74-81
157. मजूमदार, वी.पी., सोशियो-इकॉनोमिक हिस्ट्री ऑफ नार्दन इंडिया पृ. 141, कुन्छल द्वारा उद्धृत
158. ओझा, जी.एच., निबन्ध संग्रह, भाग 1, पृ. 41
विस्तार हेतु द्रष्टव्य-जोशी वर्षा, पॉलीगमी एंड पर्दा, जयपुर 1998

159. फुटकर वार्ता, नं. 206/2, अनूप संस्कृत पुस्तकालय, बीकानेर
160. भैया संग्रह के पारिवारिक कागजात, वि.सं. 1802-20 तक, कुन्छल पूर्वोक्त, पृ. 84
161. कुन्छल, पूर्वोक्त, पृ. 84
162. श्रावक वार्तादि अतिचारा, वि.सं. 1466 (1409 ई.), पृ. 63, शर्मा, जी.एन., सोशल लाइफ इन मेडीवल राजस्थान, पूर्वोक्त, पृ. 119
163. महापुराण, जिनसेन, पर्व-26, सर्ग-32, शर्मा, पूर्वोक्त, पृ. 120
164. शर्मा, जी.एन., पूर्वोक्त, पृ. 119, शशि अरोड़ा, पूर्वोक्त, पृ. 120
165. खजांची संग्रह, बीकानेर-एक सम्मानित घराने की विधवा व एक नौकरानी का चित्र, 18वीं सदी, अरोड़ा शशि, पूर्वोक्त, पृ. 46
166. शर्मा, जी.एन., वही, पृ. 120
167. 19वीं शताब्दी के प्रमुख भारतीय समाज-सुधारकों में से एक ईश्वरचन्द्र विद्यासागर ने विधवा विवाह के लिए अभियान चलाया। उनका मानना था कि हिन्दू शास्त्रों में विधवा विवाह पर कोई प्रतिबन्ध नहीं है बल्कि उसमें तो इसकी अनुमति दी गई है। उन्होंने इसके लिए संवैधानिक प्रावधान की माँग की। 1854 में विधवा विवाह के बारे में एक पुस्तिका में उन्होंने इसकी आवश्यकता को स्पष्ट किया। कट्टरपंथी हिन्दुओं द्वारा इस प्रस्ताव के विरोध में अभियान का जवाब उन्होंने 1856 में अपनी एक अंग्रेजी पुस्तक 'मैरिज ऑफ हिन्दू विडोज' में दिया। उन्हीं के प्रयासों से 26 जुलाई, 1856 को एक्ट सं. 15 से विधवा विवाह को कानून सम्मत बनाया गया।

अध्याय : 2

स्त्री-जीवन की कुप्रथाओं का अध्ययन-1

राजस्थान का परिदृश्य

विलियम बैंटिक (1828-1835) के समय ईस्ट इंडिया कम्पनी ने ब्रिटिश प्रान्तों में सामाजिक विधि (Social Legislation) की ओर विशेष ध्यान दिया। राजपूताना की रियासतों के साथ हुई संधियों की शर्तों ने ब्रिटिश अधिकारियों को इस क्षेत्र में व्याप्त सामाजिक कुप्रथाओं के उन्मूलन हेतु प्रभावी कदम उठाने से रोका या बाधा का काम किया। भारत सरकार व इसके अधिकारियों द्वारा सामाजिक कुप्रथाओं के उन्मूलन हेतु विधेयक पारित करने के प्रयासों का भी इन क्षेत्रों में राजपूताना के शासकों द्वारा लम्बे समय तक विरोध किया गया।[1] यद्यपि कुछ सामंती सरदारों द्वारा अनिच्छापूर्वक इनमें से कुछ कानूनों को लागू किया गया। पॉलिटिकल एजेन्ट्स ने जनता के समर्थन को जीतने का प्रयास किया।

राजस्थान में 19वीं सदी के अन्त तक आते-आते सती, कन्या-वध व डाकण के मामले कुछ कम द्रष्टव्य होते हैं पर अन्य सामाजिक कुप्रथाएँ-बाल व अनमेल विवाह, वेश्यावृत्ति, स्त्री क्रय-विक्रय, दासी-प्रथा, अपहरण, बहुविवाह, व्यभिचार, कष्टपूर्ण वैधव्य आदि यहाँ पूर्ववत् बनी रहीं।[2] जिसका कारण अंग्रेजी और देशी प्रयासों के बावजूद राजपूताना में सामाजिक परिवर्तन के लिए व्यापक जनचेतना का अभाव था।

सम्पूर्ण राजस्थान में 20वीं शताब्दी के पूर्वार्द्ध में महिलाओं की सामाजिक समस्याओं के सन्दर्भ में बाल-अनमेल विवाह, कन्यावध, पर्दा, बहुविवाह, कष्टपूर्ण वैधव्य, रखैल व दासप्रथा तथा कतिपय रूप में सती एवं अन्य विविध समस्याओं से राजस्थान की महिलाएँ प्रताड़ित रही हैं-

कन्यावध

कन्यावध राजस्थान में प्रचलित महिलाओं से सम्बन्धित जघन्य प्रथाओं में से एक है। हालाँकि हिन्दुओं के विधिक एवं धार्मिक ग्रन्थों में इसका उल्लेख नहीं मिलता पर सम्भवतः पुत्रमोह इसके पार्श्व में निहित था, साथ ही महिला के जीवन से जुड़ी वे प्रथाएँ जो समाज में उन्हें चुनौतीपूर्ण रूप में अभिव्यक्त करती थीं, ने इस प्रथा को समाज में स्थापित करने के लिए आधार प्रदान किया।

19वीं शताब्दी के आखिर तक ब्रिटिश सरकार एवं देशीय शासकों ने इसे समाप्त करते हेतु उपाय किए।[3] बीसवीं शताब्दी में भी कतिपय रूप से कन्यावध की प्रथा जारी रही। इसका कारण ये था कि विधिक प्रयास समाज में प्रभावी होने में समयग्राही होते हैं, क्योंकि सुधार को जनमानसिकता में समाविष्ट होने में समय लगता है। इस कुप्रथा के उदाहरण प्रत्यक्षतः नहीं मिल पाते हैं क्योंकि यह प्रथा अत्यन्त गुप्त रूप से, केवल परिवार के सदस्यों तक सीमित, प्रचलित थी, किसी भी प्रकार के लिखित साक्ष्यों में इनका उल्लेख इसी कारण प्रायः नहीं आ पाया है।

स्वतन्त्रता सेनानी रामनारायण चौधरी लिखते हैं कि–"गरीब राजपूतों में कन्यावध होता था।"[4] वे इसी पुस्तक में अन्यत्र लिखते हैं कि–"एक और बुराई छोटे राजपूतों में या भौमियों में कन्यावध की थी। यह प्रथा सब जगह तो नहीं थी, पर थी बड़ी अमानुषिक। इसका जोर जयपुर के शेखावटी इलाके में और मेवाड़ में अधिक था।[5]"

'क्षात्रधर्म मासिक' में डॉ. कल्याणसिंह शेखावत ने कन्यावध के प्रचलन की चर्चा करते हुए लिखा,[6] वह भी इस सन्दर्भ में महत्त्वपूर्ण प्रतीत होता है–

> *"राजपूत जाति में कन्यावध की प्रथा अधिकता से पाई जाती है और इसके सम्बन्ध में सामयिक पत्रों में प्रकाश भी डाला गया है...हमारे राजपूत भाई तो आए दिन नवजात बालिकाओं की हत्या करते रहते हैं, वह बड़ा भयानक दृश्य होता है, जब लड़की पैदा होते ही गला दबोचकर उसे मार डाला जाता है और लोगों से कहा जाता है कि गर्भपात हो गया या मरा हुआ बच्चा पैदा हुआ।...कन्यावध का समस्त पाप राजपूत समाज पर है। समाज ने ही ऐसे कारण उपस्थित कर दिए हैं कि एक राजपूत भाई को विवश होकर अपने हृदय के टुकड़े लड़की को पैदा होते ही मार डालना पड़ता है।"*

ऐसा ही कुछ राजपूत बुजुर्गों ने शोधार्थी को बताया कि कई परिवारों में प्रसव के बाद अकसर ये कह दिया जाता था कि 'मरयोड़ी बाई जाई' अर्थात् मृत बच्ची पैदा हुई।

ठाकुर हरिसिंह शेखावत डाबड़ी के एक आलेख से भी कन्या-वध की स्थिति और अधिक स्पष्ट होकर हमारे सामने आती है-

> *"कतिपय राजपूतों में विशेषत: शेखावतों को ही लीजिए जिनके घरों में पुत्री-वध सोत्साह चल रहा है। अनेक राजपूत कुलकलंक माँ बाँछ अपनी निर्दोष कन्याओं को पैदा होते ही अथवा कुछ कालपर्यन्त भिन्न-भिन्न रूप से वध कर देते हैं।...सचमुच ही पाषाण ह्रदया हैं वे माताएँ जो नवमासपर्यन्त' गर्भभार सहकर एवं प्रसवाद्दिक वेदनाओं को झेलने के बाद भी अपनी नवजातक कन्याओं को प्रसव शैया पर ही गला घोंट कर मार देती हैं।...यह कन्यावध समस्त राजपूताने में ईश्वर जाने किस हद तक होता है परन्तु जहाँ तक मेरा निज का अनुभव है, शेखावाटी में, विशेषकर सुल्ताना, टांई, डाबड़ी, मंडेला, गांग्यासर और उन्हीं के हिस्सेदार मौजास, काली पराड़ी, ख्याँली, भोडकी और परौदा आदि गाँवों में इस पैशाचिक कुकर्म का बाजार खूब गर्म है।...इस प्रकार का पाप केवल मध्यम कोटि के राजपूतों में ही पाया जाता है।"*[7]

इन समकालीन साक्ष्यों से स्पष्ट होता है कि राजपूतों में इस प्रथा का प्रचलन था। राजपरिवारों तथा सामन्तों आदि राजपूत परिवारों में इसका गुप्त प्रचलन था। रानी लक्ष्मी कुमारी चूड़ावत कहती हैं कि "यद्यपि मैंने अपने पीहर और ससुराल (देवली व रावतसर) दोनों ही परिवारों में ऐसी प्रथा का प्रचलन नहीं पाया, पर राजपूतों में यह कुप्रथा प्रचलन में तो थी।"[8] उदयपुर का एक उदाहरण प्रकाश में आता है जिसमें मानिया सुथार ने एक महिला से विवाह किया जो पूर्व में विवाहित थी और उसके एक 10 वर्षीय पुत्री थी, दम्पती ने मिलकर कन्या को मारकर फेंकने का प्रयास किया पर पुलिस की कार्यवाही से ऐसा नहीं हो पाया।[9]

संक्षेप में निष्कर्ष स्वरूप कहा जा सकता है कि सामाजिक दृष्टि और परम्परा के वशीभूत बीसवीं सदी के राजस्थान में कन्यावध की प्रथा प्रचलित थी, स्वरूप की दृष्टि से विस्तार स्पष्टत: सामने नहीं आ पाता है और शनै:-शनै: शिक्षा के विस्तार तथा सामाजिक चेतना के कारण इस पर स्वत: प्रभावी रोक लगी, यद्यपि

समय के साथ इसका स्वरूप स्वातन्त्र्योत्तर भारत में बदला है और तकनीकी विकास के साथ स्वास्थ्य की दृष्टि से लैंगिक परीक्षण अथवा लिंग निर्धारण के फलत: कन्यावध का स्थान कन्या भ्रूण हत्या ने ले लिया है। यद्यपि वैधानिक रूप से भ्रूण हत्या पर प्रतिबन्ध लगाया गया है परन्तु गुप्त रूप से यह प्रचलित है जिसका परिणाम यह है कि लिंगानुपात प्रतिकूल हो गया है अर्थात् लड़कों के मुकाबले लड़कियों की संख्या में कमी हुई है।

बाल व अनमेल विवाह

बाल व अनमेल विवाह न्यूनाधिक रूप से राजस्थान के सभी राज्यों में व्याप्त थे। जब ये एक बार उच्च वर्ग में प्रचलित हुए तो समेकित रूप से सम्पूर्ण हिन्दू समाज के अंग बन गए।

1901 ई. के जनगणना के आँकड़ों (यद्यपि इनसे पूरी तस्वीर नहीं उभरती क्योंकि रिपोर्ट न होना सामान्य बात थी) के अनुसार राजपूताना में प्रत्येक 10,000 में 5 वर्ष तक की 12 लड़कियाँ विवाहित थीं तो, 5-10 आयु वर्ग में 103, 10-15 आयु वर्ग में 437 तथा 15 से 20 आयु वर्ग में 732 महिलाएँ विवाहित थीं।[10] इतना ही नहीं प्रत्येक 10,000 में 15 वर्ष की आयु तक विवाहिताओं की कुल संख्या 1096 थी।[11] स्पष्ट है कि ये आँकड़े किसी निष्कर्ष हेतु पर्याप्त नहीं हैं।

1911 ई. में राजपूताना में 0-9 आयु वर्ग की 1,000 बालिकाओं में विवाहितों की संख्या में अवरोही क्रम में झालावाड़ (83), किशनगढ़ (74), धौलपुर (52), अजमेर (49), मारवाड़ (49), शाहपुरा (43), भरतपुर (42), प्रतापगढ़ (38), करौली (37), टोंक-छबड़ा, पिरावा, सिंरोज को छोड़कर (36), सिरोही (36), जयपुर (30), बूँदी (26), कोटा (23), बीकानेर (23), मेवाड़ (22), मेरवाड़ा (21), अलवर (17), जैसलमेर (16), डूँगरपुर (14), बाँसवाड़ा (8), कुशलगढ़ (3) रहे।[12] जबकि 1901 में प्रथम पाँच अवरोही क्रम में मारवाड़ (123), शाहपुरा (100), झालावाड़ (74), धौलपुर (71) थे।[13] 1911 में 10 वर्ष की आयु तक विवाहिताओं की संख्या प्रति हजार सभी धर्मों राजपूताना में 6 (0-4) व 66 (5-9) आयु वर्ग तथा अजमेर मेरवाड़ा में 12 (0-4) आयु वर्ग व 83 (5-9) आयु वर्ग रही।[14] उल्लेखनीय है कि धार्मिक दृष्टि से यह हिन्दुओं में अधिक प्रचलित दिखाई देता है। जातीय आधार पर देखों तो पाते हैं कि मालियों में अजमेर मेरवाड़ा में 0 से 4 वर्ष की आयु वर्ग में 17 प्रति हजार, 5 से 9 वर्ष की आयु वर्ग में 216 प्रति हजार, जाटों में सम्पूर्ण राजपूताना

में 0–4 आयु वर्ग में 11 प्रति हजार, 5 से 9 वर्ष आयु वर्ग में 160 प्रति हजार व अजमेर–मेरवाड़ा में 0–4 आयु वर्ग में 41 प्रति हजार, 5–9 वर्ष आयुवर्ग में 257 प्रति हजार, गुर्जरों में राजपूताना में 0–4 आयुवर्ग में 5 प्रति हजार, 5 से 9 वर्ष आयुवर्ग में 156 प्रति हजार तथा अजमेर मेरवाड़ा में 0–4 वर्ष आयुवर्ग में 34 प्रति हजार व 5 से 9 वर्ष आयुवर्ग में 229 प्रति हजार विवाहित थीं।[15]

1911 ई. की जनगणना के आँकड़ों के अनुसार 1 वर्ष तक की आयु में विवाहित बालिकाओं की संख्या सभी धर्मों में 135 प्रति हजार थी तो विशेषत: हिन्दुओं में 123 प्रति हजार।[16] वाल्टर कृत सभा के अनुसार 1911–12 में राजपूतों में हुई 4233 शादियों में से उम्र की दृष्टि से 33 शादियाँ बेकायदा हुईं तो चारणों में 189 में से एक शादी बेकायदा हुई।[17] 1916–17, 17–18 में राजपूतों में कुल 6626 में से 203 तथा चारणों में 178 में से शून्य शादियाँ बेकायदा बलिहान उम्र हुई।[18] इनसे यह स्पष्टत: दिखता है कि सुधार निष्प्रभावी कतई नहीं थे पर सुधारों की गति समाज में क्षीण होती है, राजपूताना इसका अपवाद नहीं रहा।

1921 ई. की जनगणना के आँकड़ों के अनुसार 5 वर्ष की आयु तक की बालिकाओं में राजपूताना में भी सभी धर्मों में प्रति हजार विवाहित थीं 8 जबकि हिन्दुओं में 8, अजमेर मेरवाड़ा में सभी धर्मों में 19 प्रति हजार, हिन्दुओं में 21 प्रति हजार थीं।[19] 5 से 12 वर्ष की आयु में विवाहित बालिकाओं की संख्या प्रतिमील अवरोही क्रम में जातीय आधार पर राजपूताना में भंगी (201), खटीक (191), जाट (187), तेली (173), बलाई (168), गुर्जर (163), टेबारी (156), कुम्हार (155), धोती (151) हैं तो अजमेर–मेरवाड़ा में प्रति मील अवरोही क्रम में गुर्जर (361), खाली (338), रेबारी (330), रंगरेज (318), जाट (301), कलाल (203), बांबी (235), खटीक (225), धोबी (218), माली (207), कुम्हार (205), तेली (190), चमार (186), बलाई (162) हैं।[20] इन तथ्यों से ज्ञात होता है कि इन जातियों में शिक्षा और सुधार की ज्योति अभी नहीं पहुँची थी और न स्वास्थ्य के प्रति चेतना ही, जो उन्हें अपने बच्चों के बाल विवाह से किसी स्तर पर रोक पाते।

कोटा–बूँदी में ब्राह्मणों में बाल विवाह एवं अनमेल विवाह की स्थिति के विकट होने के उदाहरण होते हैं,[21] यथा–माधो नामक सनाढ्य ब्राह्मण द्वारा अपनी 7–8 वर्ष की बच्ची की सगाई 40–45 वर्षीय व्यक्ति के साथ कर दी गई।[22] यहीं नयनूराम ओझा नामक गुजराती ब्राह्मण द्वारा अपनी 10 वर्षीय कन्या की सगाई रामगढ़ जिला इंदौर के ब्राह्मण रतनलाल के 15 वर्षीय बेटे भँवरलाल से करने की भी सूचना प्राप्त होती है, जिसने तदन्तर लड़की की दूसरी जगह शादी कर दी, पर

बाद में रतनलाल द्वारा प्रतिवाद करने पर उसी लड़के से अपनी ढ़ाई वर्षीय लड़की की शादी कर दी।[23] ये घटना इस बात का स्पष्ट उद्घाटन है कि एक तो उन्हें बच्चों विशेषकर बालिकाओं की आयु से विवाह के सन्दर्भ में कोई सरोकार नहीं है, दूसरा अपनी इज्जत, तथाकथित नाक बचाने के लिए किसी भी स्तर पर जा सकते हैं। कोटा में ऐसे अनेक उदाहरण प्राप्त होते हैं।[24]

अगर कोटा-बूँदी क्षेत्र में अनमेल विवाहों पर दृष्टिपात करें तो पाते हैं कि एक 45 वर्षीय अधेड़ ने दो 18 व 2 वर्ष की पुत्रियों के बाप होते हुए एक 12 वर्षीय बालिका से विवाह किया,[25] पलायथा निवासी एक दस वर्षीय लड़की इंदौर के एक 50 वर्षीय वृद्ध से 2,500 रु. लेकर ब्याह दी गई,[26] नाजिम दीगोद के एक महाजन ने अपने दो पुत्रों के विरोध के बावजूद अपनी 12-13 वर्षीय पुत्री की शादी एक 38 वर्षीय व्यक्ति से शादी कर दी, अंता में जगन्नाथ नंदवसा बोहरा ने अपने भाई सुखदेव की 6 वर्षीय बेटी की शादी बड़गाँव (अंता) के 30-32 वर्षीय हरिशंकर बोहरा से झालावाड़ जाकर की।[27] कुंजेड में अनमेल विवाह का एक हास्यास्पद उदाहरण मिलता है जिसमें एक वृद्ध द्वारा एक नवयौवना से विवाह करने पर 'कहते हैं कि पत्नी पतिदेव से यह कहकर खूब जूते लगाती है कि नालायक! और बुढ़ापे में शादी करना',[28] कुंजेड में कल्याण नामक गुर्जर गौड़ नवयुवक ने अपने से बड़ी उम्र की लड़की से विवाह के कारण साथियों द्वारा यह कहकर चिढ़ाने पर-'बड़ी बहू, बड़ा भाग, काणे बेटो राखै...', पिस्तौल से आत्महत्या कर ली,[29] एक जैन वृद्ध की बारात अर्जनगाँव से बेरंग वापिस लौट गई,[30] अजमेर, जोधपुर, झालावाड़ करौली में भी ऐसे उदाहरणों की कमी नहीं है।[31]

1931 ई. के जनगणना के आँकड़ों के अनुसार राजपूताना में 0 से 5 वर्ष की आयु अवधि की प्रति हजार बालिकाओं में 19, 5 से 10 आयु वर्ग में 176 बालिकाएँ विवाहित थीं, अगर क्षेत्रवार देखें तो 10 वर्ष की आयु तक क्रमशः बीकानेर, जैसलमेर, मारवाड़, झालावाड़, कोटा, टोंक में 61, 53, 103, 140, 43 व 113 प्रति हजार बालिकाएँ विवाहित थीं।[32]

जनगणना की अपेक्षा कहीं अधिक विश्वसनीय सूचनाएँ समकालीन समाचार-पत्रों से प्राप्त होती हैं। इनके अनुसार इस समय जयपुर में गोविन्दगढ़ में एक 50 वर्षीय वृद्ध द्वारा एक नवयुवती से,[33] उदयपुर में पुलिस के पेशकार नंदलाल लापटी द्वारा 13 वर्षीय बालिका से,[34] करौली के चीफ जस्टिस इंचार्ज दीवान पंडित विष्णुचंद्र एम.ए., एल.एल.बी. द्वारा 40 वर्ष की आयु में एक नवयुवती से चतुर्थ विवाह,[35] करौली में बिंदाराम चौबे की छः वर्षीय पुत्री का विवाह,[36] बाल विवाह व अनमेल विवाहों की दृष्टि से विशेष उल्लेखनीय हैं।

सिरोही में जाति पंचायत के विरोध तथा राजकर्मचारियों व महाराज की शिकायत के बावजूद एक ब्राह्मण कन्या की शादी 7,000 रु. लेकर एक वृद्ध के साथ कर दी गई।[37]

1941 ई. की जनगणना के आँकड़ों के अनुसार बाल विवाहों की स्थिति सामान्य प्रतीत होती है। बालिकाओं में 5 वर्ष की आयु तक प्रति मील विवाहितों की संख्या 9 थी, तो 5 से 10 वर्ष की आयु में 93। मुस्लिमों में यह संख्या 10 वर्ष की आयु तक 32 प्रति मील, हिन्दुओं में 14 तथा जैन व सिक्खों में 8 प्रति मील थी।[38]

इस समय उदयपुर में गोपालपुरा में कृष्णा खाती के बेटे का सुखलाल खाती की बालिका से,[39] केशोराम कुमावत द्वारा उदयपुर शहर में अपने बेटे का,[40] गोगुन्दा में भैंरोलाल तथा गणेशलाल कलाल द्वारा अपनी नाबालिग कन्याओं का,[41] गोगुन्दा में ही जवाहर ब्राह्मण ने अपनी नाबालिग बेटी का, यहीं ओमकार ब्राह्मण ने अपनी नाबालिग दोहिती का झालावाड़ के जीवराम के नाबालिग बेटे से,[42] चरबाया में 'भागी की भगोल' के निवासी भूरा गुर्जर द्वारा अपने 13 व 10 वर्षीय लड़कों का 9 व 7 वर्षीय बालिकाओं से, उदयपुर शहर में गोरामल ब्राह्मण गुप्त रूप से 48 वर्ष की उम्र में बालमुकुन्द की 16 वर्षीय बेटी से, पुरुषोत्तम मुखिया के मकान में,[43] गोगुन्दा में कानसिंह की 7 वर्षीय बेटी का गुप्त से मानसिंह के 13 वर्षीय पुत्र मोहब्बत सिंह से,[44] चित्तौड़ के चुन्नीलाल पूँगतिया की बेटी का एक वृद्ध से,[45] चित्तौड़ में ही मेघा धोबी ने अपनी अल्पायु बेटियों का,[46] गोगुन्दा में रामकिशन राजपूत की 10 वर्षीय बेटी[47] के विवाह बाल एवं अनमेल विवाहों के उदाहरण हैं।

इस सम्बन्ध में उदयपुर के देवगढ़ ठिकाने में जन्मी श्रीमती लक्ष्मी कुमारी चूंडावत बताती हैं कि पहले लोग छः-सात बच्चों की शादी एकसाथ करते थे। मामा, काका, बुआ आदि रिश्तेदार मिलकर अपने बच्चों की शादी एकसाथ करते थे। इससे उनका खर्चा बच जाता था। जो बच्चे अपनी माँ की गोद में दुग्ध पान कर रहे हो तो उनकी भी शादी कर दी जाती थी। जब सरकार ने मृत्यु भोज पर रोक लगा दी तो लोग गंगोज और विवाह के बहाने मृत्यु भोज का आयोजन करने लगे और इसमें अनेक बाल विवाह सम्पादित किए जाते। इसके पीछे लोगों का मानना था कि इससे हमें सुविधा रहती है। खर्च कम होता है। एक शादी में ही सारे परिवार के बच्चों की शादी कर देते हैं तो इसमें खर्चे के साथ-साथ इससे भी मुक्ति मिल जाती है कि अब इसका विवाह करना है और अब उसका। बार-बार के झंझट खत्म हो जाते हैं। शादी अब भी करनी है और दस-बारह साल बाद भी करनी है, तो सबकी

एकसाथ करने में क्या नुकसान है। स्पष्ट है कि वे भावी नुकसानों से अनभिज्ञ होते थे या जानबूझकर अनभिज्ञता प्रदर्शित करते थे।[48]

अध्ययन काल के समस्त उदाहरण यह बताते हैं कि राजस्थान के विभिन्न क्षेत्रों में बाल एवं अनमेल विवाह बहुतायत में प्रचलित थे। यद्यपि सुधार तथा शिक्षा समाज में अपनी जड़ें जमा रहे थे, पर इसके बावजूद प्रभावी सकारात्मक परिणाम दृष्टिगत नहीं होते हैं।

पर्दा

इस प्रथा ने राजपूतों के उत्थान व पतन में महत्त्वपूर्ण भूमिका का निर्वहन किया है और राजपूत शासक वर्ग के सामाजिक व राजनीतिक जीवन में योगदान दिया है।[49] राजपूतों में पर्दा प्रथा हिन्दू-मुस्लिम पर्दा प्रथाओं का मिश्रित स्वरूप लिए हुए थी।[50] हालाँकि राज्य-कार्यों में उनकी महिलाओं ने महत्त्वपूर्ण भूमिका का निर्वहन किया है।[51] चारण दरबारी कवियों ने पर्दे में राजपूत नारियों को पिंजरे में बन्द शेरनियाँ बताया है।[52]

राजस्थान में पर्दा उच्चवर्गीय महिलाओं में प्राय: प्राप्य था, जो कि व्यवहारत: घर की चारदिवारी में ही रहती थीं। समकालीन समाचार-पत्रों में पर्दा प्रथा के प्रचलन के संकेत प्राप्त होते हैं, हम पाते हैं कि पर्दे के प्रचलन के कारण ही 'त्यागभूमि' समाचार-पत्र के एक आलेख में शास्त्रों एवं प्राचीन काल में पर्दे को अप्राप्य एवं अप्रचलित बताते हुए इसका विरोध किया गया।[53] 'प्रकाश' समाचार-पत्र ने पर्दा अपनाने वाली रूढ़िवादी महिलाओं के प्रति दु:ख जताया था।[54] इतना ही नहीं, 1936 में 'नवज्योति' समाचार-पत्र ने भी पर्दे के अन्त की इच्छा व्यक्त की थी।[55]

उदयपुर के देवगढ़ ठिकाने में जन्मी श्रीमती लक्ष्मी कुमारी चूंडावत मानती हैं कि गाँवों में राजपूत औरतों के लिए आवश्यक था कि वे पर्दे में रहें, वे बाहर गलियों में नहीं घूम सकती थीं। कामदारों की औरतें भी घर से बिना पर्दे नहीं निकल सकती थीं। जब कामदारों की औरतें घर से बाहर निकलती थीं तो वे अपने वस्त्रों के ऊपर एक सफेद रंग की चादर ओढ़कर निकलती थीं, जिससे लोग समझते थे कि कोई प्रतिष्ठित औरत जा रही है। वे बताती हैं कि मेवाड़ में जब किसी जमींदार की पत्नी या कोई ठकुरानी घर से बाहर निकलती थी तो वह पैदल नहीं जा सकती थी। यदि उसे कहीं जाना होता तो घोड़ी पर बैठकर सफेद चादर ओढ़कर जाती थी या पास में किसी जगह जाना होता तो दो-चार राजपूत औरतें मिलकर चादर ओढ़कर निकलती थीं।[56]

रानी लक्ष्मी कुमारी बताती हैं कि देवगढ़ ठिकाने की औरतें नाथद्वारा में मन्दिर में दर्शनार्थ जाती थीं तो वहाँ पर उनके लिए कोई अलग द्वार नहीं था, तब वहाँ जाने के लिए एक बड़ी गुलाबी रंग की चादर लेते (सफेद नहीं लेते थे), उसको आगे-पीछे से चार नौकरानियाँ पकड़ लेतीं और पर्देवाली औरतें उस चादर के नीचे आ जाती थीं। इससे ऊपर पूरा का पूरा पर्दा हो जाता था। चादर के इस पर्दे के कारण कुछ दिखाई नहीं देता था, जिसके कारण पर्देवाली औरतों को सँभलकर चलना पड़ता था कि कहीं ठोकर न लग जाए।[57] वे पर्दे का एक रूप घूँघट बताते हुए कहती हैं कि घूँघट को मान-मर्यादा का प्रतीक माना जाता था। बहुएँ अपनी सास को सम्मान देने के लिए उनसे भी घूँघट रखतीं, खुले मुँह उनसे बात नहीं करती थीं। राजपूतों में यह रिवाज भी था कि शादी के पाँच-पाँच, सात-सात बरस बीत जाते लेकिन बहू सास से नहीं बोलती थी। कई सालों के बाद सास बहू को बात करने की और घूँघट उठा लेने की इजाजत देती थी। यह सम्भवतः सास-बहू के बीच लिहाज को बनाए रखने के लिए था। यह बड़ों के प्रति सम्मान के रूप में दिखाई देता है।[58]

मूलतः पर्दा प्रतिष्ठा का सूचक था, तदन्तर इसने अपनी गहरी जड़ें समाज में जमा लीं, न केवल उच्चवर्गीय राजस्थानी महिलाओं बल्कि मध्यम एवं निम्नवर्गीय महिलाओं में पर्दे को अपने जीवन का आधारभूत अंग मान लिया। यही कारण था कि बीसवीं सदी के पूर्वार्द्ध में भी हम इन्हें गहरे स्तर पर आरोपित पाते हैं।[59] पर स्वतन्त्रता संग्राम, विशेषकर गांधीवादी आन्दोलन, आर्य समाज के प्रभावस्वरूप एवं शिक्षा के प्रसार के साथ पर्दे की प्रथा कमजोर होती चली गई। अभी भी कुछ क्षेत्रों में कुछ परिवारों में पर्दे की प्रथा प्रचलित है, विशेषकर राजपूत परिवारों में इसका प्रचलन प्राप्त है।

बहुविवाह

राजपूताना में न केवल राजपूत शासक वर्ग, अपितु अन्य जातियों एवं वर्गों में बहुविवाह बहुत सामान्य बात रही है। राजनीतिक एवं सैनिक परिस्थितियों तथा आवश्यकताओं ने राजपूतों में बहुविवाहों की पृष्ठभूमि तैयार की।[60] रक्त सम्बन्धों से पारस्परिक घनिष्ठता तथा सैन्य जनशक्ति की निरन्तर आपूर्ति की दृष्टि ने उनमें इस प्रथा के बहुप्रचलन का मार्ग प्रशस्त किया। इतना ही नहीं बहुविवाह प्रथा ने उनके प्रभाव तथा सैन्य समर्थन के क्षेत्र का विस्तार किया। कतिपय इन्हीं कारणों से हम पाते हैं कि बहुविवाह प्रथा उच्च वर्ग में बढ़ती चली गई यथा-मारवाड़ महाराजा तख्तसिंह (1843 ई.-1873 ई.) के 30 रानियाँ थीं।[61]

बहुविवाह की कारणात्मक पृष्ठभूमि स्थान व स्थिति के अनुसार बदलती रही है, पर 20वीं शताब्दी के पूर्वार्द्ध में भी इसके प्रचलन एवं निरन्तरता के उदाहरण प्राप्य हैं। यहाँ यह भी कहना अनिवार्य जान पड़ता है कि उच्च वर्ग की प्रथाएँ सहज ही निम्न वर्ग अथवा शासित वर्ग में अपना स्थान बना लेती हैं, राजस्थान इसका अपवाद नहीं था। 1818 ई. के बाद राजस्थान में बहुविवाह के दो कारण प्रमुखतः माने गए हैं–एक तो पुरुष सन्तानों (उत्तराधिकारियों) की प्राप्ति और दूसरा, अपनी लड़कियों का समकक्ष प्रतिष्ठित कुल अथवा परिवार में विवाह करना।[62]

20वीं शताब्दी के पूर्वार्द्ध में राजपूत शासक वर्ग में हुए विवाहों पर दृष्टिपात करें तो डूँगरपुर के विजयसिंह ने दो विवाह–1907 ई. में सैलाना व 1917 ई. में काठियावाड़ की कन्याओं से, बाँसवाड़ा के महारावल पृथ्वीसिंह ने तीन विवाह दाता, ईडर व काठियावाड़ की कन्याओं से, शाहपुरा के बाहरसिंह ने तीन विवाह क्रमशः मध्य भारत, काठियावाड़ व रीवां-काता की कन्याओं से, प्रतापगढ़ के महाराव मानसिंह ने दो विवाह काठियावाड़ एवं डूमराव (बिहार) की कन्याओं से, अलवर के महाराजा जयसिंह ने दो विवाह काठियावाड़ व राजपुरा की कन्याओं से किए।[63] 'यथा राजा तथा प्रजा' के अनुसार इनका प्रभाव जन पर होना सहज एवं सम्भाव्य प्रतीत होता है।

अगर जनसांख्यिकीय आँकड़ों पर नजर डालें तो देखते हैं कि राजपूताना में 1901 ई. में प्रति 1,000 पुरुषों पर 1,044 विवाहिताएँ थीं, इसमें पश्चिमी क्षेत्र में 1,003, पूर्वी क्षेत्र में 1,029, और दक्षिणी क्षेत्र में 1,023 थीं। इसमें यह भी उल्लेखनीय है कि 'करेवा' प्रथा राजस्थान में प्रचलित थी जिसमें एक विधवा का विवाह उसके मृत पति के अनुज से कर दिया जाता था, यद्यपि यह प्रथा छोटी जातियों में ही प्रायः प्रचलित थी, और इसकी परिणति बहुपत्नी प्रथा में ही होती थी। इसमें यह भी दिखाई देता है कि बहुपत्नी प्रथा शहरों की अपेक्षा ग्रामीण क्षेत्रों में अधिक प्राप्य थी। दक्षिणी व पूर्वी क्षेत्रों में पत्नियों की अधिक संख्या बहुपत्नी प्रथा के कारण ही थी, पर आँकड़े बताते हैं कि यह सामान्य नहीं थी।

धार्मिक आधार पर देखें तो मुसलमानों की अपेक्षा जैनों, हिन्दुओं में यह प्रथा अधिक प्रचलित थी तो क्षेत्रीय आधार पर पश्चिमी क्षेत्र में सर्वाधिक। जैनों में प्रति 1,000 पुरुषों पर 1,124 विवाहिताएँ बताई गई हैं। मुसलमानों में बहुपत्नी प्रथा कम थी, यह आश्चर्यजनक है, पर ऐतिहासिक रूप से सत्य क्योंकि उनमें बहुविवाह को धार्मिक मान्यता रही है। भीलों में दो पत्नियाँ रखने की प्रथा थी, ईसाइयों में विवाहिताओं की कम संख्या पुरुषों में अविवाहितों की अधिक संख्या के कारण है।[64]

1911 के जनसांख्यिकीय आँकड़े बताते हैं कि पश्चिमी राजपूताना में प्रति 1,000 विवाहित पुरुषों के पीछे विवाहिताओं की संख्या 1,059 थीं, जैन मतावलम्बियों में यह संख्या 1,277 प्रति हजार थी। बीकानेर व जैसलमेर राजपूताना के राज्यों में इस दृष्टि से सर्वप्रथम थी जहाँ प्रति हजार विवाहित पुरुषों पर क्रमशः 1,066 व 1,065 विवाहित महिलाएँ थीं, जबकि मारवाड़ में 1,057, बांसवाड़ा में 1,063 प्रति हजार थीं। व्युत्क्रमानुसार ये संख्या न्यूनतम अजमेर में 980 प्रति हजार थी।[65]

अध्ययन काल में कुछ विशिष्ट उदाहरण भी प्राप्त होते हैं, यथा–अजमेर के सेठ लालचंद नाहर द्वारा दूसरा विवाह,[66] झालावाड़ में हनुमान प्रसाद कान्यकुब्ज द्वारा दूसरा विवाह,[67] उदयपुर में पुलिस के पेशकार नंदलाल लापटी द्वारा दूसरा विवाह,[68] कोटा में 45 वर्षीय वृद्ध द्वारा दूसरा विवाह,[69] करौली के चीफ जस्टिस इंचार्ज दीवान पं. विष्णु चंद्र द्वारा 40 वर्ष की आयु में चौथा विवाह,[70] कोटा में पुरनिया पांडे द्वारा दूसरा विवाह,[71] उदयपुर में नाडाखेड़ा निवासी प्रेमा भंगी की दो बीवियों की सूचना[72] आदि। इनसे यह भी स्पष्टः उजागर होता है कि बहुविवाह प्रथा किसी एक जाति में प्रचलित नहीं थी, दूसरे शब्दों में प्रथा के प्रभाव विस्तार में जातीय विविधता द्रष्टव्य है।

राजपूताना में बहुविवाह प्रथा ने यहाँ के राजनीतिक व सांस्कृतिक जीवन को गहरे स्तर तक प्रभावित किया है। सैन्य दृष्टि से तो ये महत्त्वपूर्ण ही है, वहीं सकारात्मक रूप में देखें तो शक्ति सन्तुलन में भी इसने सहयोग दिया है।[73] पर हमें यह नहीं भूलना चाहिए कि यह प्रथा स्पष्टतः एक अमानवीय प्रथा है और किंचित् अर्थों में असभ्य समाज की द्योतक भी।

समय के साथ जागृति ने इसके प्रभाव व जड़ों को कमजोर बना दिया, शिक्षित लोगों व अशिक्षित पर समझदार, जागरूक लोगों ने भी इसे हेय दृष्टि से देखना प्रारम्भ किया, यही कारण है कि समय के साथ इसके क्षीणतय होने की प्रवृत्ति दृष्टिगोचर होती है।

कष्टपूर्ण वैधव्य

अध्ययन काल में हम यह देखते हैं कि विधवा होना न केवल विधवा के लिए बल्कि पूरे समाज के लिए एक विकट समस्या थी, ऐसे में अनेक प्रचलित मान्यताओं ने स्थिति को और अधिक विकट बना दिया।

लक्ष्मी कुमारी चूंडावत बताती हैं कि उस समय में विधवा औरतों पर कई प्रकार की सामाजिक वर्जनाएँ होती थीं–जैसे वे शृंगार नहीं कर सकती थीं।

राजपूत विधवा औरतें मांस-मदिरा का सेवन नहीं कर सकती थीं। किसी भी मांगलिक कार्य में उन्हें शामिल नहीं कर सकते थे। मांगलिक कार्य के समय कोई विधवा औरत सामने आ जाती तो लोग कहते थे-'पूरा शगुन बिगाड़ दिया। पीछे हटो, हटो।' जो विधवा औरतें समझदार होती थीं वो मांगलिक कार्य के समय खुद ही घर में एक तरफ हट जाती थीं, कहीं मैं सामने नहीं आ जाऊँ वरना पूरा शगुन बिगड़ जाएगा। यदि किसी मांगलिक कार्य में भी माँ की भूमिका होती और माँ विधवा होती थी तो उससे भी कोई रस्म नहीं करवाते थे, कोई दूसरी सुहागन औरत माँ की रस्मों को पूरा करती थी। इस प्रकार विधवा औरतों पर काफी वर्जनाएँ थीं जिनका कड़ाई से पालन किया जाता था। विधवा औरतें जीवन-भर लाल-पीले जैसे चटकीले रंग के कपड़े न पहनकर काले, नीले, भूरे, मटमैले रंग के कपड़े पहनती थी। पलंग पर न सोकर, लकड़ी के पाटे पर सोती थी।[74]

आँकड़ों से इतर विधवाओं की स्थिति व समस्याओं की गवेषणा से ज्ञात होता है कि परम्परागत हिन्दू समाज का राजस्थान में बहुसंख्यक होना और इस परम्परा में विधवाओं की विशिष्ट स्थिति का निर्धारण स्मृतिकारों तथा तदन्तर हमारी प्रवृत्तियों के द्वारा हुआ है, वह कष्टप्रद है। जहाँ एक ओर उसके कर्तव्यों का दुष्कर विधान किया गया है वहीं साथ ही साथ समय के साथ उसके दर्शन, मांगलिक कार्यों में उपस्थिति आदि को अशुभ करार दे दिया गया, हम पाते हैं कि इन सामाजिक पक्षों के साथ-साथ विधवाओं के जीवन के साथ जुड़े हुए पहलू हैं-भरण-पोषण की समस्या, पुनर्विवाह न हो पाना, व्यक्तिगत रूप से एकाकीपन, उसके परिणामतः हम विधवा की स्थिति अत्यन्त कष्टपूर्ण एवं दुःखद स्तर पर पाते हैं।[75]

1901 ई. के जनसांख्यिकीय आँकड़ों पर दृष्टि डालें-0 से 40 वर्ष व ऊपर की आयु की महिलाओं में विधवाओं की संख्या प्रति दस हजार जनसंख्या में इस प्रकार थी[76]-

आयु वर्ग	विधवाएँ (प्रति दस हजार जनसंख्या में)	विधवाएँ (प्रति हजार विधुर)
0-10	42	1403
10-15	138	1068
15-40	3290	1617
40+	6530	2373

इस समय में ज्ञात होता है कि प्रति दस हजार महिलाओं में 0–40 वर्ष के आयु वर्ग में विधवाओं की संख्या 687 थी।[77] कुल मिलाकर प्रति हजार महिलाओं में (सभी आयु वर्गों में 0 से 60 से अधिक) विधवाओं की संख्या 1980 थी।[78]

1911 ई. के जनसांख्यिकीय आँकड़ों के अनुसार 1,000 विधुरों पर सर्वाधिक 2892 विधवाएँ दक्षिण भारत में थीं।[79] अजमेर, मेरवाड़ा व राजपूताना में धार्मिक दृष्टि से इस समय प्रति हजार महिलाओं में हिन्दुओं में 186, जैनों में 274, मुस्लिमों में 152, ईसाइयों में 74 विधवाएँ थीं।[80] इसमें जैनों में न केवल संख्या सर्वाधिक है (241 से 274)[81] बल्कि प्रत्येक धर्म में ईसाई धर्म को छोड़कर, विधुरों से विधवाओं की संख्या कहीं ज्यादा है, जो भी हो, यहाँ इतना अवश्य आशाजनक है कि विधवाओं की संख्या 40 से कम आयु वर्ग में पिछले 10 वर्षों में कम हुई है।[82] हालाँकि इस समय कुछ जातियों में विधवा पुनर्विवाह प्रचलित होने की सूचना मिलती है। यथा–अहीर, चमार, गुर्जर, कोली, कुम्हार, मीणा व रावत आदि।[83] जाट, मालियों, कुम्हारों तथा गुर्जरों में 'नाता' प्रथा का प्रचलन प्रकाश में आता है।[84]

1921 ई. के जनसांख्यिकीय आँकड़ों से ज्ञात होता है कि कुल स्त्री जनसंख्या में 30 वर्ष तक की आयु की विधवाओं का प्रतिशत इस प्रकार था–अलवर, भरतपुर, बूँदी, धौलपुर, उदयपुर में 9 प्रतिशत, बीकानेर, जयपुर, कोटा में 12 प्रतिशत, जोधपुर में 13 प्रतिशत, टोंक में 8 प्रतिशत और अजमेर, मेरवाड़ा में 11 प्रतिशत। 20 वर्ष तक की आयु की विधवाओं की संख्या कुल विधवाओं में लगभग दो-तीन प्रतिशत थी। 30 वर्ष तक की आयु की विधवाओं की संख्या भी कुल स्त्री जनसंख्या से कम थी। अलवर में 1–1.5 प्रतिशत, बूँदी व भरतपुर में 3 प्रतिशत से कम, जयपुर, जोधपुर, कोटा व बीकानेर में 3–3 प्रतिशत, उदयपुर, अजमेर व धौलपुर में 2–2 प्रतिशत, टोंक में 2 प्रतिशत से कम, विधवा स्त्रियाँ थीं। सम्पूर्ण राजस्थान में सभी वर्गों की समस्त विधवाएँ स्त्री जनसंख्या की 20 प्रतिशत थी।[85] अजमेर प्रान्त, जयपुर, जोधपुर, कोटा राज्यों में विधवाओं का प्रतिशत अपेक्षाकृत अधिक था जो सम्भवत: उच्च जातियों व वर्गों की अधिक संख्या का द्योतक है।[86]

विभिन्न राज्यों में विधवाओं की संख्या देखने से स्पष्ट होता है कि राजस्थान की उच्च जातियों में बाल विधवाओं की समस्या उतनी उग्र एवं व्यापक नहीं, जितनी अंग्रेज इतिहासकारों ने बताई है तथा अन्य प्रान्तों के आधार पर राजस्थान में भी बाल विधवा की समस्या का वर्णन किया जाता रहा है।[87]

1921 ई. की जनसंख्या के आधार पर पाँच वर्ष तक की विवाहित व विधवा लड़कियों की संख्या कुल स्त्री जनसंख्या का एक प्रतिशत से भी कम था। दस वर्ष तक की आयु की विवाहित व विधवा लड़कियों का प्रतिशत 5 से कम था।[88] इससे

पता चलता है कि सरकारी आँकड़ों के मुताबिक बाल विवाह की परम्परा राजस्थान में किस सीमा तक प्रचलित थी। निम्न वर्ग में विधवा–पुनर्विवाह के प्रचलन के फलतः विधवा–समस्या नहीं थी।[89] संक्षेप में 1901 से 1921 में विधवाओं की संख्या में अपेक्षाकृत रूप से वृद्धि दृष्टिगोचर होती है।

1931 ई. के जनसांख्यिकीय आँकड़ों के अनुसार 1,000 की कुल जनसंख्या में 37 विधुरों पर 74 विधवाओं की सूचना प्राप्त होती है।[90] इसमें हिन्दुओं में विधवाओं की संख्या 75, मुस्लिमों में 59, जैनों में 127, जनजातियों में 42 तथा ईसाइयों में 33 प्रति हजार मिलती है। इनमें ईसाइयों, जिनमें यह संख्या एक प्रति हजार थी, को छोड़कर किसी भी धर्म के अनुयायियों में विधवा की उम्र 15 से कम प्राप्त नहीं होती है।[91]

1941 ई. के आँकड़े भी कमोबेश इन्हीं दशाओं से हमारा साक्षात्कार करवाते हैं।[92]

विधवाओं की तत्समय स्थिति के सन्दर्भ में राजपूताना माहेश्वरी कांफ्रेन्स के प्रथम अधिवेशन, उदयपुर में 27–28 दिसम्बर 1941 ई. को स्वागताध्यक्ष हनुमान प्रसाद सोढाणी का वक्तव्य उल्लेखनीय है, जिसमें उन्होंने कहा था–[93]

> *"आज हमारे समाज में विधवाओं की संख्या दिनोंदिन बढ़ती जा रही है, उन विधवाओं के लिए हम कभी विचार तक नहीं करते बल्कि जिसके घर में बाल विधवा है, वह उसको भारस्वरूप समझते हैं, समाज विधवाओं की उपस्थिति और उसकी दशा पर कुछ भी ध्यान नहीं देता, सब कुछ जानते हुए भी आँख मूँदकर चल रहा है।"*

इतना ही नहीं विधवाओं के प्रति दृष्टि के और भी बहुत आयाम हैं। सामान्य तौर पर उन्हें पर्याप्त सम्मान तो दूर सामान्य शिष्टाचार से भी वंचित रखा जाता था। इस बात के अनेक उदाहरण समकालीन राजस्थानी साहित्य में प्राप्त होते हैं।[94]

बाल वैधव्य की पराकाष्ठा हमें उस वक्त दिखाई देती है जब करौली में लैदोर गाँव में एक पाँच वर्षीय बालिका के विधवा होने का साक्ष्य पाते हैं।[95] एक ऐसा ही उदाहरण अन्यत्र भी प्राप्त होता है।[96]

कम उम्र में विधवा होने तथा आश्रय या नैसर्गिक शारीरिक आवश्यकताओं की पूर्ति हेतु विधवा पुनर्विवाह की मान्य परम्परा व प्रचलन न होने के कारण विधवाओं के विभिन्न पुरुषों से सम्पर्क, गर्भधारण तथा तदन्तर गर्भपात आदि के उदाहरण हमें बहुतायत से प्राप्त होते हैं।

विधवाओं का यह व्यवहार न्यूनाधिक रूप से राजस्थान के एक बड़े भू-भाग पर दिखाई देता है। 'तरुण राजस्थान' समाचार-पत्र कोटा के बारे में लिखता है-

> *"यों तो यहाँ की अधिकांश विधवा ब्राह्मणिएँ ब्राह्मण जाति का मुख उज्ज्वल किए बैठी हैं, किन्तु इनमें एक-दो ने तो ऐसा व्यापार फैला रखा है कि उनके काले कृत्यों को प्रकाश में न लाना समाज और राज्य को महान हानि पहुँचाना होगा। यह विधवाएँ बूँदी राज्य के किसी भाग की रहने वाली धनाढ्य ब्राह्मणिएँ हैं और कुछ दिनों में व्यभिचार और भ्रूण-हत्याओं के कारण ही इन्हें बूँदी छोड़ देनी पड़ी है। कोठे में सामाजिक स्वतन्त्रता का दुरुपयोग कर इन्होंने यहाँ आनन्दपूर्वक दुराचार की दुकानदारी खोल रखी है। एक किसी नाज वाले के रोटी के बहाने रहती है तो दूसरी अजमेर वाले सोनियों की प्रसिद्ध दुकान के किसी रोकड़िये के जोंक की तरह चिपटी हुई है। यद्यपि प्रत्यक्ष में ये रोटी करती हैं पर वास्तव में देखा जाए तो उनका काम बड़ा ही घृणित एवं निन्दास्पद और हृदयबेधी है,...उनके जब अनुचित गर्भ स्थिर हो जाता है तो उनको गिरवा देने में यह डॉक्टरों को भी मात करती हैं।"*[97]

इसी पत्र में कोटा में घासीलाल अत्तार की विधवा पुत्रवधू के चतुर्भुज मुशरफ द्वारा गर्भ तथा तदन्तर पुत्र प्राप्ति की सूचना प्राप्त होती है जो दोनों ही ओसवाल जाति से सम्बन्धित थे।[98] इसी समय इस पत्र ने ओसवाल महासभा की बैठक के बारे में सम्पादकीय टिप्पणी करते हुए लिखा कि-

> *"...विधवा विवाह न होने के कारण आज समाज में गुप्तव्यभिचार, गर्भपात आदि द्वारा कितना अनाचार फैल रहा है।"*

इसी समय का एक अन्य उल्लेख भी आया है।[99]

अकलेरा में 14 वर्षीय बघेरवाल विधवा के किसी स्वजातीय से सम्बन्ध तथा गर्भ[100] की सूचना प्राप्त होती है, वहीं कोटा में जन्मी, ब्यावर में ब्याही ओसवाल विधवा का उदाहरण भी विशिष्ट है। मुसम्मात चाँद, उम्र 20 वर्ष छगनलाल ओसवाल की विधवा ने कोटा पुलिस में बयान दिया कि-

> *"मेरा जन्म गेंता राज कोटा में नारायणजी ओसवाल (दस्सा) के यहाँ हुआ। मेरी शादी ब्यावर में हुई। मेरे पति को मरे 12*

वर्ष हो गए। शादी के वक्त मेरे पति की आयु 25 वर्ष और मेरी आठ साल की थी। मेरे ससुराल में अब एक किशनलाल नामक मेरा जेठ है। पति के मरने के बाद मेरा ताल्लुक ब्यावर के एक मोहनलाल वल्द मोहरसिंह ओसवाल से हो गया, जिसने दो साल हुए शादी कर ली है और जाति में उठता-बैठता है। जब मुझे मोहनलाल का गर्भ रह गया जो मेरे जेठ ने अर्जुनलाल के साथ मेरे पीहर गेंता भेज दिया। मेरे पति की कुछ सम्पत्ति मेरे जेठ हजम कर गए। मैंने अपने बाप से कुछ नहीं छिपाया, सब हाल कह दिया। इस पर मेरा बाप मुझे मथुरा ले जाने और वहाँ गर्भ से निवृत्त होने के लिए कोटा लाया। वहाँ से चलते समय रेल में लखनऊ निवासी पं. शिवलाल शर्मा (जो वृद्ध हैं) से बातचीत हुई। पडिंतजी ने मेरी और मेरे गर्भ की रक्षा करने का वादा किया। इस पर मेरे बापू ने पडिंतजी को एक चिट्ठी लिख दी। मेरे शरीर का जेवर मेरे बाप ने उतरवा लिया और मुझे पडिंत शिवलाल जी के सुपुर्द कर दिया। अब मेरे सालभर की एक लड़की गोद में है। पडिंतजी मुझे पुत्री की तरह रखते हैं।''[101]

वैधव्य जीवन की इससे घृणास्पद घटना शायद ही हो पाना सम्भव है कि बैराठ (जयपुर) में एक विधवा ब्राह्मणी ने अपने खटीक प्रेमी के सहयोग से अपने एकमात्र 12 वर्षीय पुत्र की हत्या कर दी।[102]

इसी प्रकार झुंझनू की एक युवा विधवा ब्राह्मणी के एकाधिक पुरुषों से सम्बन्ध थे। कुछ समाज-सुधारकों द्वारा पुनर्विवाह करने की सलाह दी गई थी, परन्तु सम्बन्धियों द्वारा विरोध किया गया। अजीतगढ़ में एक विधवा ब्राह्मणी की पुनर्विवाह की इच्छा का कुटुम्बियों द्वारा विरोध किया गया और तदन्तर पहले एक मुस्लिम युवक तथा फिर एक सम्बन्धी से सम्बन्ध[103] स्थापित हुए। ये बात इस तथ्य का स्पष्टतम उदाहरण है कि पुनर्विवाह न हो पाने तथा नैसर्गिक आवश्यकताओं की प्रबलता ने सहजता से इस सामाजिक विसंगति का विस्तार किया।

शाहपुरा में एक धनवान विधवा ब्राह्मणी[104] द्वारा कुपथगामिनी होने की बात मिलती है, वहीं पाली में इस समस्या/विसंगति के स्पष्ट दर्शन इस प्रकार होते हैं कि ''विश्वस्त सूत्रों से पता चला है कि एक ब्राह्मण युवती जिसकी आयु लगभग 18 वर्ष है, छुप-छुपकर व्यभिचार करती रही, आखिर एक उसी जाति के युवक

द्वारा पकड़ ली गई। इसका स्वामी 16 मास पूर्व बिहार के भूकम्प में मर चुका है। उसके इन कुकृत्यों के बारे में पूछा गया तो उसने कहा–

> *"मेरी आयु क्या है? क्या मैं ऐसे कामों से बच सकूँगी? यदि जोर दिया तो मैं इस जाति को छोड़कर किसी के साथ चली जाऊँगी।"*[105]

भरतपुर की विधवा मुसम्मात अशर्फी द्वारा अपने तथाकथित अवैध पुत्र को फेंक दिया जाना[106], भरतपुर में एक गर्भवती विधवा द्वारा पकड़े जाने पर तीन व्यक्तियों से सम्बन्धों का स्वीकारना[107], चित्तौड़ में धीरा पिंजारा की विधवा द्वारा रेलवे स्टेशन के कुली कालू से सम्बन्ध, तदन्तर गर्भपात करने का प्रयास[108], उदयपुर में कपासिन में विधवा मुसम्मात दयू (हरिकृष्ण ब्राह्मण की बहिन) द्वारा गर्भपात (आगड़ के रामनाथ ब्राह्मण से सम्बन्ध से ठहरे गर्भ का)[109], उदयपुर में ही फलसिया में बाबी विधवा द्वारा सम्बन्ध और तदन्तर गर्भपात[110], यहीं उदयपुर शहर में तुलसी नामक विधवा दायमा ब्राह्मणी का नवजात शिशु पाया जाना[111] राजस्थान के सुदूर क्षेत्रों में इस सामाजिक विसंगति के व्यापक प्रसार के साक्षी उदाहरण हैं।

1926 ई. में स्थापित प्रमुख सामाजिक संस्था राजस्थान वनिता आश्रम, अजमेर के कार्यों एवं गतिविधियों पर बीसवीं शताब्दी के राजस्थान में विधवाओं के जीवन की इस विसंगति के सन्दर्भ में विशेषत: दृष्टिपात किया जाना जरूरी है। आश्रम की एक छ: साला रिपोर्ट (1 अप्रैल, 1928 ई. से 31 मार्च, 1934 ई.) हमें प्राप्त हुई, जिसके प्रकाशक थे–आश्रम के अवैतनिक मन्त्री श्री घीसूलाल, एम.ए., एल.एल.बी., एडवोकेट। इस रिपोर्ट में सात घटनाएँ विस्तार से प्रकाशित की गई हैं और ये सारी रिपोर्ट्स ये सिद्ध करती हैं कि इस सामाजिक विसंगति की जड़ें कितनी गहरी और स्वरूप कितना व्यापक था।[112] प्रथम घटना में मन्दिर के एक पुजारी के 22 वर्षीय विधवा भाभी (ब्राह्मणी) से सम्बन्ध स्थापित हुए, गर्भ ठहरने के बाद उसे घर से निकाल दिया, किसी सज्जन ने उसे आश्रम पहुँचाया जहाँ उसने एक बच्चे को जन्म दिया।[113] दूसरी घटना में उदयपुर की रहनेवाली विधवा ब्राह्मणी का 40 वर्षीय मुसलमान नौकर से सम्बन्ध स्थापित हुआ, अंतत: आश्रम पहुँचा दिया गया।[114] तीसरी[115] व चौथी[116] घटनाएँ जोधपुर की हैं जिनकी चर्चा अगले अध्याय में की जाएगी। पाँचवीं घटना में अजमेर की 23 वर्षीय ओसवाल विधवा ने विधुर देवर से सम्पर्क से 1925 में एक पुत्र को जन्म दिया, अनाथालय छोड़ दिया, फिर दूसरा लड़का राजस्थान वनिता आश्रम, अजमेर तथा फिर एक लड़की अजमेर के दाईखाने

में जन्म दिए।[117] छठी घटना जोधपुर से सम्बन्धित होने के कारण अगले अध्याय की विषय-वस्तु है।[118] सातवीं घटना के अन्तर्गत जयपुर की 20 वर्षीय विधवा के एक पड़ोसी मुस्लिम मिस्त्री से सम्बन्ध स्थापित हो गए, पकड़े जाने पर पीहर भेज दिया गया, फिर क्रमशः दो बहनों के ससुराल जोधपुर व साँगानेर गई तथा फिर वापिस पीहर आ गई, वहाँ एक महाजन से सम्बन्ध स्थापित हुए, जो उसे अहमदाबाद ले गया, रास्ते में अकेला छोड़ने की जगह कुशलतापूर्वक उसके प्रसव का प्रबन्ध भी किया, इतना ही नहीं, उसके लिए भावी जीवन को सुनिश्चित करने की भी सफल चेष्टा की।

वैधव्य की स्थितियाँ कितनी कष्टकर हो सकती हैं, इसका आकलन इस बात से लगाया जा सकता है कि हमें विधवाओं की हत्या तथा विधवाओं द्वारा आत्महत्या के भी उदाहरण प्राप्त होते हैं। कोटा से एक सूचना प्राप्त होती है कि–

> *"कैलाश की आत्महत्या की बात ठंडी होने भी न पाई थी कि इतने में ही रतनदेवी नामक विधवा ब्राह्मणी ने और आत्महत्या कर ली।[119]"*

हालाँकि कैलाश के बारे में नहीं बताया गया, पर सम्भवतः वह भी विधवा ही होगी, जिसने आत्महत्या की होगी। उदयपुर शहर में धोली बाबड़ी में नाथूलाल नानदा की विधवा भूरी की लाश 3 जून, 1944 को प्राप्त हुई, विधवा भूरी पिछले कुछ दिनों से लापता थी।[120]

विधवाओं की दारुण स्थिति 'तरुण राजस्थान' में करौली के कुँवर मदनसिंह द्वारा प्रेषित पत्र से भी स्पष्ट होती है जिसमें वे लिखते हैं कि–

> *"करौली नगर से बीस मील पूर्व मँडरायल कस्बा है, जो कि पर्वत की परिक्रमा कर रहा है। पर्वत पर किला है, इस किले पर 15 अनाथ राजपूत विधवा हैं जो परदे की घृणित प्रथा में फँसे रहने के कारण एक भी पैसा पैदा नहीं कर सकतीं। विधवाओं में बहुत-सी तो अंधी हैं। इन अनाथ विधवाओं को राज्य से एक-एक रुपया मासिक वेतन मिलता है, इन विधवाओं के घरों में दरिद्रता हँसती हुई नाच कर रही है, जिनको रोज ही व्रत करना पड़ता है।...द्रौपदी की अवस्था पर भारत में महाभारत हो गया। आज ऐसी ही कितनी द्रोपदी फटे चींथड़ों से अंग नहीं ढक सकतीं, क्या यह लज्जा की बात नहीं है?"[121]*

इस पत्र से उनकी भूख-प्यास की स्थिति और वस्त्र की जरूरत तो प्रकट होती है, साथ ही उन्हें समाज से अलग रखने की प्रवृत्ति भी दिखाई देती है।

कोटा के बारे में हमें ज्ञात होता है कि 72,000 विधवाओं में से अधिकांश 17-18 वर्ष की आयु की थीं और अत्यन्त दयनीय अवस्था में जीवन-यापन कर रही थीं। उनका सामाजिक जीवन निरन्तर कष्टप्रद हो रहा था और उनमें आत्महत्या की प्रवृत्ति भी बढ़ रही थी। उनके प्रति सामाजिक व्यवहार स्पष्टत: असहनीय एवं अकल्पनीय हो रहा था, विधवाओं की स्थिति इतनी खराब हो रही थी कि वे धर्म-परिवर्तन कर इस्लाम या ईसाई धर्म को ग्रहण कर रही थीं।[122]

विधवा पुनर्विवाह सहज स्वीकार्य नहीं था। प्राय: उच्च वर्गीय जातियों में तो सम्भव ही नहीं था। निम्न जातियों में भी कई बार उसे स्वीकार नहीं किया जाता था और प्रताड़ित भी किया जाता था। रानी लक्ष्मी कुमार चूंडावत बताती है कि बाल विवाह अधिकांशत: मेहनतकश जातियों में होते थे। कोई शिक्षित समझाता कि 'बच्चों की शादी मत करो, इससे नुकसान है। तुम्हारा बच्चा अभी छोटा है, और ये मर गया तो लड़की का क्या होगा?' तब लोग तुरन्त जवाब देते कि मर जाएगा तो क्या होगा, लड़की का नाता कर देंगे। हम कोई ब्राह्मण, बणिये थोड़े ही हैं, जो बच्ची जिन्दगी भर रोती रहेगी। दूसरे से नाता हो जाएगा 'हमारी तो नाता कौम है।' इसलिए बच्चों की शादी करने में कोई दिक्कत नहीं है। वे बताती हैं कि इस नाते की प्रथा में फेरे नहीं होते थे, जिस व्यक्ति से नाता होता था उस परिवार के 3-4 व्यक्ति लड़कीवालों के घर आकर लड़की को लड़के के नाम की ओढ़नी ओढ़ाकर लड़के-लड़की का गठजोड़ कर उनका नाता कर देते थे।[123]

सिरोही का एक उदाहरण मिलता है कि-

> *''जावाल की एक मालिन विधवा हो गई थी। बाल विधवा होने के कारण और जाति में प्रथा होने की वजह से नादिया ग्राम के एक माली से उसने पुनर्विवाह कर लिया। किसी ने पुलिस में खबर दे दी और पुलिस ने दोनों को हवालात में कर दिया। कुछ समय के बाद माली को छोड़ दिया गया और कहा गया कि रुपया लाओ, तुम्हें तुम्हारी स्त्री दिला दी जाएगी। बेचारा माली रुपया लेकर आया लेकिन इस दरमियान में स्त्री गायब कर दी गई।''*[124]

बूँदी के अग्रवाल समुदाय का एक मामला प्रकाश में आता है जिसमें-

> *''सुना है एक अग्रवाल युवा विधवा ने अपने एक सजातीय से अपनी मर्जी से विधवा विवाह कर लिया, इस पर यहाँ के*

अग्रवालों ने विरोध किया और राज्य तक पुकार पहुँची, इस पर कहा जाता है, अधिकारियों ने उस लड़की और लड़के को बुलवाकर उनके फेरे उघड़वा दिए और लड़के को हवालात में बंद कर दिया, विधवा के सम्बन्ध में सुना है कि वह दासीखाने में भरती कर दी गई।''[125]

अन्त में अध्ययन काल में विधवाओं की स्थिति व समस्याओं के सन्दर्भ में कुछ निष्कर्ष निकाले जा सकते हैं यथा–बाल विवाह, किसी जाति विशेष तक सीमित न होकर सर्वजाति प्रचलित होने के कारण सभी वर्गों में बाल विधवाएँ मिलती हैं, दूसरा, पुनर्विवाह न हो सकनेवाली जातियों में विधवाओं की स्थिति व समस्याएँ अधिक दयनीय व व्यापक हैं, तीसरे, सुधार के फलतः अथवा तथाकथित अवैध सम्बन्धों के कारण पुनर्विवाह को कतिपय मान्यता प्राप्त होती भी दिखाई देती है, चौथे, विधवाओं के प्रति घृणात्मक दृष्टि में कतिपय अपवादों को छोड़कर अभी भी कोई महत्त्वपूर्ण बदलाव नहीं दिखाई देता।

अन्य समस्याएँ/प्रथाएँ

(व्यभिचार, दुर्व्यवहार, छेड़छाड़, बलात्कार, स्त्री क्रय-विक्रय, दासी, वेश्यावृत्ति आदि)

ये समस्त व्यवहार महिलाओं की पुरुष की उस दृष्टि का सहज परिणाम हैं जो उसे भोग्या एवं द्वितीय दर्जे के नागरिक के रूप में ही स्वीकारना यथेष्ट समझती हैं। यह पुरुष दृष्टि प्रायः काल निरपेक्ष, देश निरपेक्ष रूप से अत्यन्त अपवादों को छोड़कर प्राप्य है, स्पष्टतः 20वीं शताब्दी के पूर्वार्द्ध का राजस्थान भी इसका अपवाद नहीं माना जा सकता है।

व्यभिचार के अनेक मामले सामने हमारे आते हैं। उदयपुर शहर में मुसम्मात लक्ष्मी बाई जो एक सिनेमा मालिक के यहाँ कुक थी, उसके अपने मालिक के व्यभिचार से गर्भ ठह गया, ने गर्भपात कर दिया।[126] ऐसा ही अन्य उदाहरण प्राप्य है कि सैनिक प्रतीत हो रहे अज्ञात बदमाशों ने एक मीणा युवती के साथ दुर्व्यवहार किया, जो लकड़ियाँ (जलावन) बेचकर अपने घर लौट रही थी।[127] नाथद्वारा की एक घटना प्रकाश में आती है जिसमें एक सुनार कन्या को जब वह नाथद्वारा स्टेशन से अपने रास्ते जा रही थी, बलात्कार के प्रयास की इच्छा से अभिप्रेत होकर व्यपहृत किया गया पर उसके द्वारा चीखने पर पास से गुजर रही एक टैक्सी वाले ने उसे बचाया।[128] इसी प्रकार उदयपुर शहर में ही दीर्घशंका हेतु जा रही कल्याणमल

महाजन की पत्नी को कन्हैयालाल चौधरी की दुकान के पास कुछ बदमाशों द्वारा पकड़ लिया गया। शोर मचाने पर उसे छोड़ दिया गया।[129] कपासिन के कुछ लोगों तथा भोपाल सागर शुगर फैक्ट्री के कर्मचारियों द्वारा कपासिन निवासी रामचंद की बेटी गुली को भगा लेने की सूचना प्राप्त होती है।[130] "इस बारे में जाँच से सामने आया कि एक फैक्ट्री कर्मचारी बचनसिंह लड़की के साथ पंजाब की ओर गया है। यह भी कहा गया कि फैक्ट्री में ऐसे कई और भी लोग हैं, फैक्ट्री के अधिकारी न तो पुलिस को जाँच की अनुमति देते हैं और न ही इस बारे में जानकारी रखते हैं।"[131]

बिजोलिया में एक विधवा मुसम्मात चौसर पुत्री श्री भूरालाल को निंबाहेड़ा के मूलचंद जैन द्वारा अपहृत किए जाने की सूचना प्राप्त होती है।[132] चित्तौड़ में भैरू बावरी के कई महिलाओं से व्यभिचारपूर्ण सम्बन्धों का पता चलता है।[133] नाथद्वारा में खत्री की बहिन द्वारा व्यभिचारोपरान्त गर्भपात[134] व कपासिन में मुसम्मात देवू (विधवा) द्वारा भी व्यभिचारोपरान्त गर्भपात की सूचना[135] इन सन्दर्भ में महत्त्वपूर्ण है। फलसिया का भी ऐसा ही एक मामला प्रकाश में आता है।[136] जब पीर बक्श के बेटे अब्दुल्ला की पत्नी मुसम्मात फातिमा बेगम ने अपने ससुराल जाने से इनकार कर दिया तो अब्दुल्ला ने अपने पिता पीर बक्श व लतीफ के साथ मिलकर फातिमा की नाक काट दी।[137] चित्तौड़ की एक नर्बदा भाटण के एक मुस्लिम से व्यभिचारपूर्ण सम्बन्ध की जानकारी प्राप्त होती है।[138] कारकोली, डूँगरपुर (तत्कालीन निवास सिगपुरा पत्ते सतूंबर) निवासी धनजी की पत्नी रंभा के साथ सलूंबर के गुल मुहम्मद के बेटे इलया व अहमद खान के बेटे अब्दुल ने बलात्कार किया।[139] शाहपुरा (मेवाड़) में कल्याण को रात के एक बजे एक स्त्री के साथ व्यभिचार करते हुए पकड़ा गया।[140] और तो और जेल जैसी जगहों के व्यभिचार के प्रकरणों की साक्षी होने की सूचना मिलती है। सिरोही की सेन्ट्रल जेल में दो हत्याओं के जुर्म में सजा भुगत रही मुसम्मात नमाज के साथ व्यभिचार के परिणामतः 4 माह के गर्भ होने का समाचार 'रियासती' ने प्रकाशित किया।[141]

इसी अखबार में उदयपुर में 'गुप्त व्यभिचार का जोर' शीर्षक से[142] समाचार प्रकाशित हुआ–

> *"उदयपुर में आजकल जगह–जगह गुप्त व्यभिचार के अड्डे हैं जिनमें नीच से नीच कौम से लेकर ऊँचे–ऊँचे घरानों की स्त्रियाँ यहाँ संचालिकाओं द्वारा फुसलाकर लाई जाती हैं। मुसलमान गुंडों का जमघट हर समय बँधा रहता है। व्यभिचारी अधिकतर यही गुंडे व मिलेट्री और पुलिस के सिपाही कुत्ते होते हैं।"*

जयपुर में खंडेला के कुँवर साहब के व्यभिचारपूर्ण कृत्य भी प्रकाश में आते हैं।[143] कोटा में व्यभिचारपूर्ण कृत्य का पता चलता है–

> *"स्थानीय पुलिस को अभी हाल ही में एक ऐसे गिरोह का पता चला है जो कोटा, बूँदी, झालावाड़, जोधपुर आदि राज्यों से हिन्दू जाति की नौजवान स्त्रियों तथा विधवाओं को समय-समय पर उड़ा कर अपनी पाप वासना की पूर्ति के बाद ब्रिटिश भारत के सुदूर प्रान्तों में ले जाकर बेच दिया करता था।"*[144]

इसी में यह भी उल्लेख है कि–

> *"कहते हैं उसकी तलाशी में कई सौ चिट्ठियाँ ऐसी बरामद हुईं जिनके प्रकट होने से हिन्दू जाति के कितने ही बड़े-बड़े नामधारी घरानों की विधवा बहू-बेटियों के व्यभिचार का नंगा चित्र जगत के सामने आ जाता।"*[145]

कोटा में एक जागीरदार द्वारा व्यभिचार प्रकाश में आता है–

> *"कोटा नरेश के भाई छगन सिंह जी महाराजा कोटड़ा के दत्तक पुत्र गुलाब सिंहजी ने एक गूजरी के साथ जबरदस्ती व्यभिचार किया। फौज की कचहरी में गूजरी ने बयान दिया कि उसे दूध लेने के बहाने गुलाब सिंहजी ने हवेली पर बुला लिया और वहाँ जाने पर तलवार निकालकर उसे व्यभिचार के लिए मजबूर किया। वह डर के मारे उस समय तो कुछ नहीं बोली, किन्तु जब उन्होंने अपनी वासनापूर्ति कर उसे बाहर निकाला तब उसने शोर मचाया।"*[146]

दौलतबाग, अजमेर में एक 25 वर्षीय स्त्री से म्यूनिसिपेलिटी के चौकीदार जेठूसिंह ने छेड़छाड़ व दुर्व्यवहार किया।[147] करौली में पति की कायरतापूर्ण उपस्थिति के बीच एक बलात्कार की सूचना मिलती है–

> *"एक महीने से कुछ अधिक हुआ, एक हिन्दू अपनी स्त्री सहित हिन्डौन स्टेशन से एक मुसलमान के इक्के में आ रहा था, रास्ते में इक्के में कुछ गड़बड़ हो जाने पर इक्केवाला उसे सँभालने लगा। हिन्दू अपनी स्त्री को वहीं छोड़ धीरे-धीरे पैदल ही आगे चल दिया। मौका देखकर मुसलमान ने स्त्री के साथ*

बलात्कार किया। पीछे पतिदेव को सब हाल मालूम हुआ, किन्तु राज्य में मुसलमानों का अधिक जोर होने के कारण डर के मारे इक्के वाले पर कुछ दावा नहीं किया, जिससे वह अछूता बच गया।'' [148]

महिलाओं के साथ जबरन व्यवहार कोई नई बात नहीं है, आदिकाल से पुरुष ताकत और सामाजिक स्थिति के बल पर विविध रूपों में महिलाओं से ये व्यवहार करता आया है। अपनी समस्त इच्छाओं की पूर्ति हेतु किन्हीं-न-किन्हीं रूप से उसे माध्यम बनाया जाता रहा है, ऐसे ही कृत्य हैं, जो माध्यम बनते हैं– अपहरण, व्यहरण। इस प्रकार के अनेक उदाहरण हमें अध्ययन काल में प्राप्त होते हैं। कपासिन (उदयपुर) में रतना भील की बेटी का सागाजाट व अन्य तीन लोगों द्वारा अपहरण[149] की सूचना मिलती है। कपासिन में ही ज्ञात होता है कि एक फैक्ट्री के लोग ऐसे अपहरणों में लिप्त हैं।[150] उदयपुर शहर के एक सिनेमा हाल से 4,000 रु. के गहनों सहित अर्जुनलाल गुर्जर गौड़ की बेटी रंगी को बंसीलाल द्वारा भगाया जाना प्रकाश में जाता है।[151] राजनगर (उदयपुर) से ज्ञात होता है कि भीलवाड़ा की एक सुनार लड़की को भीलवाड़ा के कुछ चरित्रहीन व्यक्ति भगा ले गए।[152]

भागी हुई स्त्रियाँ

''आजकल चारों ओर से हिन्दू स्त्रियों के अपने घर से भागने या भगाए जाने के समाचार बराबर आ रहे हैं। ब्यावर में भी इस प्रकार की दो घटनाएँ घटी हैं।...एक मालिन जिसके साथ 2½ वर्ष की एक लड़की भी है, लगभग 3 महीने से अपने घर से गायब थी। वह शुक्रवार 24 मई के दिन स्थानीय जुमा मस्जिद द्वारा मुसलमान बना दी गई। उसका नाम पहले मारा था, अब 'हकीका' रखा गया है। उसकी लड़की का नाम भी 'हम्मीजा' रखा गया है। उसका निकाह कहते हैं अलादिया मुसलमान के साथ जो तांगा चलाता है, कर दिया गया है, यह अलादिया भी पहले का जाट है। कहते हैं उक्त मालिन जोधपुर राज्य में जैतारण तहसील के वलूंदा स्थान की रहने वाली है। यह घटना इस प्रकार है–स्थानीय एक मालिन

अपने घर से जेवर लेकर एक मुसलमान के साथ भाग गई। कहते हैं उक्त मुसलमान को उस मालिन ने अपना भाई बताया था। वह आजकल लापता है।[153] "

इन उदाहरणों में स्पष्टत: महिलाओं के प्रति वस्तु मात्र मानने की दृष्टि परिलक्षित होती है। ब्यावर में ही नाबालिग लड़की को भगाए जाने का समाचार मिलता है–

"पानी तारागढ़ निवासी फूलचंद की लड़की है। वह अपनी बड़ी बहन के बच्चे होने के अवसर पर उसके यहाँ गई थी, वहाँ पर गम्भीरमल नाबरिया के यहाँ गीत गाने को बुलाई गई। किन्तु गम्भीरमल के घर पहुँचकर उसने कुछ भी रासरंग नहीं देखा, अत: वह वापिस लौटने लगी तो अभियुक्त जुगराज आदि ने उसे जबर्दस्ती उठा लिया और फरार हो गए।"[154]

अजमेर में कालेबाग निवासी एक लड़की को एक मुस्लिम युवक द्वारा तांगे में बैठाकर पायजामा आदि पहनकर भगाने का प्रयास करने का मामला प्रकाश में आता है–

"कुछ हिन्दू युवकों को संदेह हुआ तो उन दोनों को दयानन्द अनाथालय में ले आए। जहाँ पूछने पर पता चला कि उपर्युक्त मुसलमान युवक यहाँ के मोइनिया इस्लामिया स्कूल के मैट्रिक क्लास का विद्यार्थी है। उसके पास लड़की के जेवर आदि भी निकले। लड़की का कहना है कि यह मुझे बहकाकर ले गया।"[155]

जयपुर में स्टेशन से आ रही स्त्री को गुंडों द्वारा बहकाकर हरण करने की चेष्टा भी प्रकाश में आती है।[156] कोटा में किशनगढ़ राज्य की माली की दो युवतियों के गायब होने की सूचना मिलती है।[157] उदयपुर महकमा खास से एक ऐसा ही मामला प्रकाश में आता है जिसमें घाटला पदे बेंगू निवासी लक्ष्मण टोली के बेटे देवा की बहू को बाल बच्चों व सामान सहित बिजोलिया निवासी (कासा) गनुअबाबा ढोली ले गया।[158]

अध्ययन काल में दासी-रखैल तथा स्त्री क्रय-विक्रय के प्रचलन का पता चलता है। रामनारायण चौधरी ने लिखा है कि, "समाज में कुरीतियाँ खूब फैली हुई थीं।...लड़कियों को बेचने के रिवाज बढ़ते जा रहे थे।"[159] वे आगे लिखते हैं कि

''हर राजा और जागीरदार के यहाँ हैसियत के अनुसार एक संख्या ऐसे स्त्री-पुरुषों की होती थी जिन्हें रावणा, दारोगा, चेले, चाकर या माणस कहते थे, ये लोग सचमुच गुलाम होते थे।...स्वामी के घर कोई शादी ब्याह होता तो दास-दासियाँ दहेज में दी और ली जातीं।...ब्रिटिश सरकार से ये छिपा नहीं था फिर भी उसका ये दावा रहा कि उसके साम्राज्य ने संसार में गुलामी की प्रथा मिटा देने के लिए कुर्बानियाँ की हैं, परन्तु भारत में इसी ब्रिटिश साम्राज्य के भीतर और अंग्रेज अधिकारियों की नाक के नीचे यह प्रथा जीती-जागती मौजूद रही। इसी तरह राष्ट्र संघ में ब्रिटिश प्रतिनिधियों को मानना पड़ा कि हिन्दुस्तान में दासत्व व उससे मिलती-जुलती बेगार आदि प्रथाएँ विद्यमान हैं, लेकिन उन्होंने यह भी बहाना किया कि इन्हें मिटाने के लिए दबाव डाला जा रहा है। किन्तु इस वचन के बाद भी राजस्थान में कई लाख स्त्री-पुरुष दास प्रथा का अभिशाप भुगतते रहे, भोगे भी क्यों नहीं, जब राजपूताना के ए.जी.जी. सर टॉमस हॉलैंड जैसे जानकार और अफसर तक हिन्दुस्तान छोड़ने से पहले बेगार प्रथा की तारीफ कर गए हों।''[160]

श्रीमती लक्ष्मी कुमारी चूंडावत ने भी बताया कि 20वीं शताब्दी के पूर्वार्द्ध में राजघरानों एवं सामंतों में यह प्रथा प्रचलित थी।[161] दारोगा वर्ग की लड़कियों के सम्बन्ध में एक समकालीन पत्र में बंशीलाल लुहाड़िया के आलेख-'रजवाड़ों का कलंक' से ज्ञात होता है-

> *''बड़े-बड़े ठिकानों और रजवाड़ों में ये लोग पशुओं की तरह रक्खे और पाले जाते हैं। अपने पास से खर्च करके पालन-पोषण करने के कारण इनके बालक-बालिकाओं पर ठाकुर या राजा का पूर्णाधिकार हो जाता है।...लड़कियाँ या तो राजकुमारियों के साथ दहेज में दे दी जाती हैं अथवा स्वामी उन्हें अपनी भोग-लिप्सा को शान्त करने के लिए रख लेता है।...गुलामों की और इनकी अवस्था में कोई विशेष अन्तर नहीं है।...बहुतेरी कन्याओं का नाम को तो विवाह कर दिया जाता है, परन्तु वास्तव में स्वामी ही उसका उपभोग करता है। अपनी काली करतूतों को छिपाने के वास्ते इस प्रकार भ्रष्ट की गई अबलाओं को बाहर आने-जाने का अधिकार नहीं मिलता। आज एक नहीं हजारों अबलाएँ इसी प्रकार का कलुषित और पापपूर्ण जीवन बिता रही हैं। देशी रजवाड़ों में तथा उनके अधीनस्थ ठिकानों में शायद ही कोई ऐसा हो, जो इस घोर पाप से बचा हो।''*[162]

उपरोक्त स्थिति का काफी सटीक चित्रण है।

इसी प्रकार एक अन्य समाचार-पत्र से ज्ञात होता है कि–

> *''अजमेर मेरवाड़ा के इस्तमरारी क्षेत्रों में दास रखने की प्रथा जारी है। यद्यपि अधिकारी वर्ग जानता है पर इस प्रथा को मिटाने का कोई प्रयास करने की जानकारी प्राप्त नहीं हुई बताई गई है। बेगार या बलात् श्रम ऐसी एक प्रथा है जिसमें अधिकारी प्रत्यक्षत: गलती पर हैं। यह विशेषकर तब जबकि अधिकारी टूट, शिकार पर हों या वायसराय जिले से गुजर रहे हों, या किसी भारतीय राज्य से गुजर रहे हो, दिखाई देता है। पुष्कर मेला ऐसे कृत्यों के सजीव उदाहरण प्रस्तुत करता है।''*[163]

यह उद्‌घाटन स्थिति के ज्ञान के लिए महत्त्वपूर्ण है।

स्त्रियों के क्रय-विक्रय के सन्दर्भ में हमारे सामने अनेक मामले आते हैं। कोटा से रोहतक निवासी भीमसिंह शर्मा की स्त्री व्यापार में लिप्तता[164] रींगस में विवाह हेतु स्त्री विक्रय का एक मामला,[165] कोटा में निजामत सांगोद से पाँच मील पूर्व में ग्राम कमोलर के एक अग्रवाल महाजन द्वारा अपनी पुत्रियों का विक्रय[166], कोटा पुलिस द्वारा ज्ञात कोटा-बूँदी, झालावाड़, जोधपुर से स्त्री व्यापार में रत गिरोह (जो ब्रिटिश भारत में सुदूर प्रान्तों में अपनी वासना की पूर्ति के बाद उन्हें बेच देता था, इसमें एक 'सुन्दर ब्राह्मणी' की लिप्तता एक विशिष्ट साक्ष्य है।),[167] चित्तौड़ में इस कार्य में लिप्त एक गिरोह जिसमें भीलवाड़ा का हजारीलाल ओझा, चित्तौड़ के रामस्वरूप अग्रवाल, मोहनलाल, माँगीलाल तथा नंदू जाड़िया, फूलचंद खाड़े, शिवशंकर भंडारी, मोहन दारोगा तथा एक महिला नर्बदाबाई भारण शामिल थे,[168] प्रमुख हैं।

स्त्री क्रय-विक्रय के साथ जुड़ी हुई स्त्री जीवन की सबसे त्रासदीपूर्ण समस्या है–वेश्यावृत्ति। अगर यह कहा जाए कि स्त्री देह का यह उपयोग-उपभोग सार्वकालिक एवं सार्वदेशिक रहा है और समस्या के विकास ने इसके प्रभाव को कम करने में कदाचित् ही कोई भूमिका निभाई है तो कदापि अतिशयोक्तिपूर्ण न होगा। अध्ययन काल में राजस्थान में भी इस घृणित परम्परा के प्रचलन की जानकारी मुझे कुछ बुजुर्गों तथा समकालीन साहित्यिक एवं ऐतिहासिक स्त्रोतों से प्राप्त हुई। चित्तौड़ का एक ऐसा मामला इंस्पेक्टर जनरल ऑफ पुलिस की प्रधानमन्त्री को प्रस्तुत की जानेवाली साप्ताहिक रिपोर्ट में सामने आया।[169]

डाकण प्रथा अत्यल्प, पर प्रचलित थी। उदाहरण बहुत कम प्राप्त होते हैं। नाथद्वारा में डाकण समझी जानेवाली मुसम्मात महताबी ढोलन का मकान जला दिए जाने की जानकारी मिलती है।[170] जन विश्वास के अनेकों साक्ष्य साहित्य में प्राप्त होते हैं।[171] लक्ष्मी कुमार चूंडावत बताती हैं कि मेवाड़ के कुछ क्षेत्रों में यह कुप्रथा प्रचलित थी और उन्होंने डाकण मानकर प्रताड़ना और हत्या के अनेक किस्से सुने थे।[172]

पति की मृत्यु अथवा असहमति या अन्य से प्रेमादि सम्बन्ध के कारण या बलात् बिना विवाह साथ रहने की प्रथा–'नाता' भी अध्ययन काल में प्रचलित थी। उदयपुर में नाथू मेरावण नामक महिला के नीलसवा के लड़के के नाते जाने की जानकारी मिलती है।[173] मेवाड़ सेन्ट्रल एडवायजरी बोर्ड के तीसरे अधिवेशन में उदयराम जाट एक प्रस्ताव रखते हुए स्वीकारते हैं कि "आजकल ब्याही लड़कियाँ व स्त्रियाँ अकसर दूसरे के नाते बिठा दी जाती हैं जिससे कइयों के घर बिगड़ जाते हैं।"[174]

सती प्रथा के प्रचलन के उदाहरण इस रूप में तो प्राय: प्राप्त नहीं होते कि सती होने की कोई सूचना मिल जाए। एक उदाहरण अप्रत्यक्षत: मिलता है जो जोधपुर व जयपुर की सीमा पर स्थित एक गाँव का है।[175] जन–मानसिकता में 20वीं शताब्दी के पूर्वार्द्ध में सतियों के प्रति अगाध श्रद्धा दिखाई देती है। विशेषकर राजपूतों में सतियों के प्रति यह समर्पण और देवत्व भाव से पूजा की परम्परा ज्ञात होती है। सती के असंख्य देवरों की प्राप्ति इसे पुष्ट करती है। सती महिमामंडलन के उदाहरण क्रमश: क्षात्र धर्म सन्देश व राजस्थान समाचार–पत्र में प्रकाशित निम्न काव्य–रचनाएँ हैं–

(1) **सती सोढ़ी**

"सोढ़ी सतीह, राजपूतो लख राखली।...सोढ़ी सतियों की सही।"[176]

–कल्याणसिंह शेखावत,
गांगियासर, जयपुर

(2) **सती प्रेम**

"हटा, मत छेड़ो, भग छोड़ो, बस दूर रहो,...
...क्यों न तब आली! प्रेम गंगा में नहाऊँगी।"[177]

–प्रतापचन्द्र माथुर

निष्कर्षत: कहा जा सकता है कि 20वीं शताब्दी के पूर्वार्द्ध के राजस्थान में महिलाओं की सामाजिक समस्याओं का स्वरूप विविधरूपात्मक है। एक ओर जहाँ कुछ प्रथाएँ अपने अवसान की ओर हैं तो कुछ प्रथाएँ यथावत, पर मानसिकता के

स्तर पर अभी भी सती आदि प्रथाओं का प्रचलन स्वीकार किया जा सकता है। 20वीं शताब्दी की पूर्व संध्या पर जो स्थिति थी, सम्पूर्ण राजस्थान के समेकिन परिदृश्य में लगभग वैसी ही स्थितियाँ प्रतीत होती हैं अर्थात् सती, कन्यावध, डाकण क्रमशः कम होती हुई और अन्य प्रथाएँ प्रायः यथावत। स्त्रियों से सम्बन्धित पूर्वाग्रहों में कुछ सुधारात्मक परिवर्तन दृष्टिगत होता है, कुछ समस्याओं का रूप बदल गया है जैसे कन्यावध का स्थान भ्रूण हत्या ने ले लिया है, पर जन-मानसिकता में परिवर्तन नहीं हुआ है। विधवा विवाह को कतिपय रूप से सामाजिक स्वीकृति मिली है, यह एक सकारात्मक प्रवृत्ति है।

सन्दर्भ एवं पाद-टिप्पणियाँ

1. भारतीय, भवानीलाल, आर्य समाज के पत्र व पत्रकार, पृ. 45
2. वही
3. विस्तार हेतु दृष्टव्य-ललिता पानिग्रही, ब्रिटिश सोशल पॉलिसी एवं फीमेल इन्फेंटीसाइड इन इंडिया (Ph.D थिसिस, यूनिवर्सिटी ऑफ लंदन, 1965), मुंशीराय मनोहरलाल, नई दिल्ली, 1972
4. चौधरी, राम नारायण, बीसवीं सदी का राजस्थान, अजमेर, 1980, पृ. 15
5. वही, पृ. 64
6. क्षात्रधर्म मासिक, (समाचार-पत्र), वर्ष 1, अंक 8, मई 1938, पृ. 37-38, NMML, माइक्रोफिल्म
7. 'कन्यावध' आलेख द्वारा ठाकुर धीरसिंह शेखावत, क्षात्रधर्म मासिक, वर्ष 1, अंक 9, जून, 1938, पृ. 44-46 NMML, माइक्रोफिल्म
8. व्यक्तिगत साक्षात्कार, रानी लक्ष्मी कुमारी चूंडावत, जयपुर, 5 नवम्बर, 2002
9. उदयपुर कॉन्फीडेंशियल बस्ता नं. 2, क्रम सं. 13, फाइल नं. 20, पृ. 40, IGP द्वारा प्रधानमन्त्री को पत्र दिनांक 9-2-1945, RSAB
10. सेन्सस ऑफ इंडिया, 1901, वॉल्यूम XXV, राजपूताना, पार्ट-I, रिपोर्ट, पृ. 86 सब्सिडियरी टेबल I, पृ. 93, इन आयु वर्गों में विधवाओं की संख्या क्रमशः 1, 7, 27, 65, थी
11. वही, सब्सिडियरी टेबल, II, पृ. 93
12. सेन्सस ऑफ इंडिया, 1911, वोल्यूम XXII, राजपूताना व अजमेर मेरवाड़ा पार्ट-I, रिपोर्ट द्वारा ई. एच. कीले, पृ. 159
13. वही, पृ. 159
14. वही, पृ. 162
15. वही, पृ. 163
16. वही

17. लिस्ट नं. 1-2, वाल्टर सभा रिपोर्ट द्वारा शंकर नाथ शर्मा, महासचिव, 1913, RSAB वाल्टर सभा ने बहुविवाह, टीम (विवाह निश्चित होने पर वे उपहार जो लड़की के पितृपक्ष की ओर से भेजे जाते थे,) रीते (लड़के के पितृ पक्ष की ओर से भेजे जाने वाले उपहार), लगा तथा लड़की की आयु 14 व लड़के की शादी 16 वर्ष के कम प्रतिबन्धित किए थे।
18. लिस्ट नं. 2-2, वाल्टर सभा रिपोर्ट द्वारा कुंवर किशन सिंह, महासचिव, 1919, RSAB
19. सेन्सस ऑफ इंडिया, 1921, Vol. XXIV, राजपूताना व अजमेर मेरवाड़ा, पार्ट-I, रिपोर्ट, पृ. 158, RSAB
20. वही, पृ. 160
21. तरुण राजस्थान (समाचार-पत्र), 22-8-1921, पृ. 10 RSAB
22. वही, पृ. 10
23. तरुण राजस्थान (समाचार-पत्र),, 22-9-1926, पृ. 13, RSAB
24. तरुण राजस्थान (समाचार-पत्र),, 17-1-1928, पृ. 13, त. रा., 7-2-1928, पृ. 4, संपादकीय टिप्पणी; राजस्थान (समाचार-पत्र), 22-3-1937, पृ. 15; अखंड भारत (समाचार-पत्र), 7-3-1936; नवज्योति (समाचार-पत्र), 9-5-1938; राजस्थान (समाचार-पत्र), 21-5-1937, पृ. 19; रियासती 24-7-1940, पृ. 2; राजस्थान (समाचार-पत्र), 27-5-1935, RSAB
25. राजस्थान (समाचार-पत्र), 22-3-1937, पृ. 15 RSAB
26. नवज्योति (समाचार-पत्र), 9-5-1938, RSAB
27. तरुण राजस्थान (समाचार-पत्र), 27-1-1928, RSAB
28. तरुण राजस्थान (समाचार-पत्र), 6-6-1927, RSAB
29. तरुण राजस्थान (समाचार-पत्र), 15-3-1927, RSAB
30. तरुण राजस्थान (समाचार-पत्र), 12-7-1929, RSAB
31. तरुण राजस्थान (समाचार-पत्र), 13-6-1927, पृ. 2; तरुण राजस्थान, 5-12-1927, पृ. 2, तरुण राजस्थान 4-12-1927 पृ. 1, तरुण राजस्थान, 1-5-1927, पृ. 12, तरुण राजस्थान, 29-4-1935; आज (समाचार-पत्र) 16 आषाढ़ संवत् 1984; आज सं. 1983 (सम्भवतः) RSAB
32. सेन्सस ऑफ इंडिया, 1931, Vol. XXVII, राजपूताना एजेंसी, रिपोर्टर टेबल्स, पृ. 55, RSAB
33. राजस्थान (समाचार-पत्र), 15-7-1935; राजस्थान (समाचार-पत्र), 22-4-1935 में युवा सम्मेलन में मन्त्री मूलचंद अग्रवाल का पत्र RSAB
34. राजस्थान (समाचार-पत्र), 3-5-1935; RSAB
35. राजस्थान (समाचार-पत्र), 29-4-1935; पृ. 15, RSAB
36. आज, सं. 1983 (सम्भवतः), RSAB
37. रियासती (समाचार-पत्र), 20-3-1940, पृ. 8, RSAB
38. आर. के. सक्सेना, पूर्वोक्त, पृ. 198
39. उदयपुर कॉन्फीडेंशियल, बस्ता नं. 1, फाइल नं. 8, पृ. 129, IGP की प्रधानमन्त्री को साप्ताहिक रिपोर्ट, दिनांक 28-4-1944, RSAB

40. उदयपुर कॉन्फीडेंशियल, बस्ता नं. 8, फाइल नं. 8, पृ. 141, IGP की प्रधानमन्त्री को साप्ताहिक रिपोर्ट, दिनांक 5-5-1944, RSAB
41. वही, पृ. 147
42. वही, पृ. 161, IGP की प्रधानमन्त्री को साप्ताहिक रिपोर्ट, दिनांक 12-5-1944, RSAB
43. वही, पृ. 172, IGP की प्रधानमन्त्री को साप्ताहिक रिपोर्ट, दिनांक 19-5-1944, RSAB
44. वही, पृ. 224, IGP की प्रधानमन्त्री को साप्ताहिक रिपोर्ट, दिनांक 30-6-1944, RSAB
45. वही, पृ. 421, IGP की प्रधानमन्त्री को साप्ताहिक रिपोर्ट, दिनांक 1-12-1944, RSAB
46. उदयपुर कॉन्फीडेंशियल बस्ता नं. 2, क्र.सं. 13, फाइल नं. 20, पृ. 82, IGP की प्रधानमन्त्री को साप्ताहिक रिपोर्ट, दिनांक 9-3-1945, RSAB
47. उदयपुर कॉन्फीडेंशियल, बस्ता नं. 1, क्र. सं. 8, पृ. 47, मेवाड़ में 25-2-1944 को समाप्त सप्ताह में राजनीतिक व अन्य गतिविधियाँ, RSAB
48. रानी लक्ष्मी कुमारी चूडावत से व्यक्तिगत साक्षात्कार, फरवरी 27, 2004
49. जोशी, वर्षा, पॉलीगेमी एंड पर्दा, रावत पब्लिकेशंस, जयपुर, 1995, पृ. 184
50. वही, पृ. 192
51. वही, पृ. 192
52. वही, पृ. 193, विस्तार हेतु द्रष्टव्य–इंदिरा चौधरी सेनगुप्ता–'कोलोनियलिज्म एंड कल्चरल आइडैंडिटी–द मेकिंग ऑफ ए हिन्दू डिस्कोर्स, बंगाल 1867-1905' अप्रकाशित शोध प्रबन्ध, एस.ओ.ए.एस., लंदन
53. त्याग भूमि (समाचार-पत्र), 20-12-1927, RSAB
54. प्रकाश (समाचार-पत्र), 2-1-1939, RSAB
55. नवज्योति (समाचार-पत्र), 28-11-1936, RSAB
56. रानी लक्ष्मी कुमारी चूडावत से व्यक्तिगत साक्षात्कार, फरवरी 20, 2004
57. वही
58. वही
59. रानी लक्ष्मी कुमारी चूडावत से व्यक्तिगत साक्षात्कार, नवम्बर, 2002; बूँदी कॉन्फीडेंशियल, क्र. सं. 59 (1946-47), पृ. 42, 5 जुलाई, 1947 को समाप्त की बूँदी राज्य की इंटेलीजेंस रिपोर्ट, ESAB
60. जोशी, वर्षा, पूर्वोक्त, पृ. 37-39
61. वही, पृ. 47
62. ऐसे एक विवाह हेतु द्रष्टव्य–सुसाने एच. व लायड आई. रुडोल्फ, 'एसेज ऑन राजपूताना–रिफ्लेक्शंस ऑन हिस्ट्री, कल्चर एंड एडमिनिस्ट्रेशन' नई दिल्ली, 1984, पृ. 194–विस्तार हेतु द्रष्टव्य-जोशी, पूर्वोक्त, पृ. 50-57
63. यादव, सन्तोष, पृर्वोक्त, पृ. 71
64. सेन्सस ऑफ इंडिया, 1901, Vol. XXV, राजपूताना, पार्ट-I, रिपोर्ट, पृ. 90 RSAB
65. सेन्सस ऑफ इंडिया, 1911, Vol. XXVI, राजपूताना व अजमेर-मेरवाड़ा, भाग-I, रिपोर्ट, (ई. एच. कीले द्वारा), पृ. 158
66. तरुण राजस्थान (समाचार-पत्र), 5-12-1927, पृ. 2, RSAB

67. तरुण राजस्थान (समाचार-पत्र), 4-12-1927, पृ. 11, RSAB
68. राजस्थान (समाचार-पत्र), 3-5-1930, पृ. 17, RSAB
69. राजस्थान (समाचार-पत्र), 22-3-1937, पृ. 15, RSAB
70. राजस्थान (समाचार-पत्र), 29-4-1937, पृ. 15, RSAB
71. हिन्दुस्तान (समाचार-पत्र), 29-4-1935, पृ. 15, RSAB
72. उदयपुर, कॉन्फीडेंशियल, बस्ता नं. 1, फाइल नं. 8, पृ. 129, IGP की प्रधानमन्त्री को साप्ताहिक रिपोर्ट, दिनांक 28-4-1944, RSAB
73. जोशी, वर्षा, पूर्वोक्त, पृ. 58-59
74. रानी लक्ष्मी कुमारी चूडावत से व्यक्तिगत साक्षात्कार मार्च 5, 2004
75. रानी लक्ष्मी कुमारी चूंडावत से व्यक्तिगत साक्षात्कार, 10-12-2003, जयपुर, डॉ. शक्तिदान कविया (जोधपुर) से बीकानेर में व्यक्तिगत साक्षात्कार 5-7-2003
76. सेन्सस ऑफ इंडिया, 1901, Vol. XXV, राजपूताना, भाग-I, रिपोर्ट, टेबल नं. I, सब्सिडियरी टेबल II, पृ. 93, RSAB
77. वही, सब्सिडियरी टेबल, I, पृ. 93
78. वही
79. सेन्सस ऑफ इंडिया, 1911, Vol. XXVII, राजपूताना व अजमेर मेरवाड़ा, भाग-I, ई.एच. कीले द्वारा, पृ. 158, RSAB
80. वही, पृ. 160, धर्मानुसार नागरिक स्थिति
81. वही
82. वही
83. वही, पृ. 16
84. वही
85. सेन्सस ऑफ इंडिया, 1921, रिपोर्ट, राजस्थान (समाचार-पत्र), टेबल नं. 7, A-C, पृ. 30-31, 57-58, RSAB
86. यादव, सन्तोष, पूर्वोक्त, पृ. 156
87. यादव, सन्तोष, वही
88. सेन्सस ऑफ इंडिया, पूर्वोक्त, टेबल 7 B-C, पृ. 37-58
89. यादव, सन्तोष, पूर्वोक्त, पृ. 156
90. सेन्सस ऑफ इंडिया, 1931, राजपूताना एजेंसी, Vol. XXIII, रिपोर्ट एवं टेबल्स, (अध्याय VI-नागरिक स्थितियाँ), पृ. 55, RSAB
91. वही, पृ. 57
92. सेन्सस ऑफ इंडिया, 1941, RSAB
93. उदयपुर, कॉन्फीडेंशियल, 1942,-42, फाइल नं.-7A, बस्ता नं. 1, RSAB
94. व्यक्तिगत साक्षात्कार, डॉ. शक्तिदान कविया, पूर्वोक्त
95. आज, 16, आषाढ़, सं. 1984, RSAB
96. रियासती, 13-6-1935, पृ. 2, RSAB
97. तरुण राजस्थान (समाचार-पत्र), (समाचार-पत्र), 4-4-1926, पृ. 9-10, RSAB

98. वही, 19-4-1929, पृ. 7, RSAB
99. वही, 30-5-1927, पृ. 10, RSAB
100. वही, 3-10-1927, पृ. 13, RSAB
101. वही, 13-4-1929, पृ. 7, RSAB
102. वही, 3-6-1935, पृ. 26, RSAB
103. वही, पृ. 26
104. वही, 17-6-1935, पृ. 18, RSAB
105. वही, पृ. 18
106. भरतपुर कॉन्फीडेंशियल बस्ता नं. 10, एसी.जी., 141, फाइल I/1937-38, RSAB
107. नवज्योति (समाचार-पत्र), 22-7-1938, RSAB
108. मेवाड़ में राजनीतिक व अन्य गतिविधियों पर IGP द्वारा प्रधानमन्त्री साप्ताहिक रिपोर्ट 21-4-1944
109. वही
110. वही
111. वही
112. राजस्थान वनिता आश्रम, अजमेर छः साला रिपोर्ट 1-4-1928 से 31-3-1934, प्रकाशक घीसूलाल, एम.ए., एल.एल.बी., एडवोकेट, मानद् मन्त्री, वि.स. 1992, अजमेर RSAB में उपलब्ध
113. वही., पृ. 169-170
114. वही., पृ. 170-172
115. वही., पृ. 163-164
116. वही., पृ. 165-166
117. वही., पृ. 166-179
118. वही., पृ. 179-180
119. तरुण राजस्थान (समाचार-पत्र), 31-10-1927, पृ. 15, RSAB
120. उदयपुर, कॉन्फीडेंशियल, बस्ता नं. 1, फाइल नं. 8, पृ. 207, IGP द्वारा प्रधानमन्त्री को साप्ताहिक रिपोर्ट, 16-6-1944, RSAB
121. तरुण राजस्थान (समाचार-पत्र), 15-3-1927, पृ. 14, RSAB
122. नवज्योति (समाचार-पत्र), 28-1-1937, RSAB
123. रानी लक्ष्मी कुमारी चूंडावत से व्यक्तिगत साक्षात्कार मार्च 6, 2004
124. राजस्थान (समाचार-पत्र), 22-4-1935, RSAB
125. तरुण राजस्थान 19-9-1926, RSAB
126. उदयपुर, कॉन्फीडेंशियल, बस्ता नं. 2, क्र. 13, फाइल नं. 20, पृ. 195, IGP द्वारा प्रधानमन्त्री को साप्ताहिक रिपोर्ट, 23-3-1945, RSAB
127. उदयपुर, कॉन्फीडेंशियल, बस्ता नं. 2, क्र. 13, फाइल नं. 20, पृ. 115, IGP द्वारा प्रधानमन्त्री को साप्ताहिक रिपोर्ट, 6-4-1945, RSAB
128. उदयपुर, कॉन्फीडेंशियल, बस्ता नं. 1944, फाइल नं. 8, पृ. 13, IGP द्वारा प्रधानमन्त्री को साप्ताहिक रिपोर्ट, 14-1-1944, RSAB

129. उदयपुर, कॉन्फीडेंशियल, 1944, बस्ता नं. 1, फाइल नं. 8, पृ. 38, RSAB
130. उदयपुर, कॉन्फीडेंशियल, बस्ता नं. 1, फाइल नं. 8, पृ. 47, IGP द्वारा प्रधानमन्त्री को साप्ताहिक रिपोर्ट, 24-2-1944, RSAB
131. वही
132. उदयपुर, कॉन्फीडेंशियल, बस्ता नं. 1, फाइल नं. 8, पृ. 58, IGP द्वारा प्रधानमन्त्री को साप्ताहिक रिपोर्ट 3-3-1944, RSAB
133. वही, पृ. 224, IGP द्वारा प्रधानमन्त्री को साप्ताहिक रिपोर्ट 30-6-1944, RSAB
134. उदयपुर, कॉन्फीडेंशियल, बस्ता नं. 1, फाइल नं. 8, पृ. 233, IGP द्वारा प्रधानमन्त्री को साप्ताहिक रिपोर्ट 7-7-1944, RSAB
135. वही, पृ. 234
136. वही, पृ. 256, IGP द्वारा प्रधानमन्त्री को साप्ताहिक रिपोर्ट 28-7-1944, RSAB
137. वही, पृ. 421 IGP द्वारा प्रधानमन्त्री को साप्ताहिक रिपोर्ट 1-12-1944, RSAB
138. वही, पृ. 415, IGP द्वारा प्रधानमन्त्री को साप्ताहिक रिपोर्ट 24-11-1944, RSAB
139. वही, पृ. 310, IGP द्वारा प्रधानमन्त्री को साप्ताहिक रिपोर्ट 1-9-1944, RSAB
140. तरुण राजस्थान (समाचार-पत्र), 1-8-1926, पृ. 15, RSAB
141. रियासती (समाचार-पत्र), 10-4-1940, पृ. 8, RSAB
142. रियासती (समाचार-पत्र), 28-8-1940 पृ. 2, RSAB
143. राजस्थान (समाचर पत्र), 1-11-1937, पृ. 4, RSAB
144. तरुण राजस्थान (समाचार-पत्र), 16-5-1927, पृ. 10, RSAB
145. वही
146. तरुण राजस्थान (समाचार-पत्र), 31-10-1927, पृ. 15, RSAB
147. त्यागभूमि (समाचार-पत्र), वर्ष 1, अंक 15, 7-8-1931, पृ. 2, NMML
148. तरुण राजस्थान (समाचार-पत्र), 27-11-1927, पृ. 13, RSAB
149. उदयपुर, कॉन्फीडेंशियल, बस्ता नं. 2, क्र. 13, फाइल नं. 20, पृ. 27, IGP द्वारा प्रधानमन्त्री को साप्ताहिक रिपोर्ट 26-1-1945, RSAB
150. उदयपुर, कॉन्फीडेंशियल, बस्ता नं. 1, फाइल नं. 8, पृ. 47, मेवाड़ में 25 फरवरी, 1944 को समाप्त सप्ताह में राजनीतिक व अन्य घटनाएँ, RSAB
151. वही, पृ. 383, IGP द्वारा प्रधानमन्त्री को साप्ताहिक रिपोर्ट 27-10-1944, RSAB
152. वही, पृ. 260, IGP द्वारा प्रधानमन्त्री को साप्ताहिक रिपोर्ट 4-8-1944, RSAB
153. राजस्थान (समाचार-पत्र), 5-6-1935, पृ. 6, RSAB
154. राजस्थान (समाचार-पत्र), 8-7-1935, RSAB
155. राजस्थान (समाचार-पत्र), 15-7-1935, पृ. 2, RSAB
156. राजस्थान (समाचार-पत्र), 28-3-1926 पृ. 2, RSAB
157. 'अखंड भारत', 15-12-1935, RSAB
158. उदयपुर, महकमाखास-पुलिस, बस्ता नं. 23, फाइल नं. 150/6 संवत् 1994/1939 RSAB
159. चौधरी, रामनारायण, बीसवीं सदी का राजस्थान, अजमेर, 1980, पृ. 15

160. वही, पृ. 63
161. व्यक्तिगत साक्षात्कार, नवम्बर 2002, जयपुर
162. त्यागभूमि (साप्ताहिक समाचार-पत्र), अजमेर, वर्ष 1, अंक 2, 8-5-1931, पृ. 12 साथ ही द्रष्टव्य-नवराजस्थान (समाचार-पत्र), 23-1-1937, पृ. 7, यहाँ श्याम उपाध्याय का लेख "देसी राज्यों में प्रचलित भयंकर गुलामी और पापाचार"
163. यंग राजस्थान (समाचार-पत्र), 10-3-1929, पृ. 5, NMML.
164. उदयपुर, कॉन्फीडेंशियल, बस्ता नं. 1 फाइल नं. 7A, 1941-42, राजपूताना स्टेट्स हेतु पाक्षिक इंटैलीजैंस रिपोर्ट, 1941-42, RSAB
165. राजस्थान (समाचार-पत्र), 27-5-1935, RSAB
166. नवीन राजस्थान (समाचार-पत्र), 25-5-1937, RSAB
167. तरुण राजस्थान (समाचार-पत्र), 16-5-1927, पृ. 10, RSAB
168. उदयपुर, कॉन्फीडेंशियल, बस्ता नं. 1, फाइल नं. 8, पृ. 265, IGP द्वारा प्रधानमन्त्री को साप्ताहिक रिपोर्ट 11-8-1944, RSAB
169. व्यक्तिगत साक्षात्कार, शक्तिदान कविया (जोधपुर) से, बीकानेर में, जुलाई, 2003
170. उदयपुर, कॉन्फीडेंशियल, बस्ता नं. 1, फाइल नं. 8, पृ. 419, IGP द्वारा प्रधानमन्त्री को साप्ताहिक रिपोर्ट 1-12-1944
171. उदयपुर, कॉन्फीडेंशियल, बस्ता नं. 2, क्र.सं. 13, फाइल नं. 20, पृ. 230, IGP द्वारा प्रधानमंत्री को साप्ताहिक रिपोर्ट 27-7-1945, RSAB
172. व्यक्तिगत साक्षात्कार-रानी लक्ष्मी कुमारी चूंडावत एवं चूंडावत, लक्ष्मी कुमारी, राजस्थान के रीति-रिवाज, पूर्वोक्त
173. पट्टे बिजोलिया, पृ. 189, उदयपुर महकमा खास, पुलिस फाइल नं. 13/1 बस्ता नं. 16, मिसलेनियस, RSAB
174. मेवाड़ सेन्ट्रल एडवायजरी बोर्ड, तीसरा अधिवेशन, प्रस्ताव 3, RSAB
175. तृतीय अध्याय में विस्तार से चर्चा
176. क्षात्रधर्म सन्देश, वर्ष 2, अंक 1, जनवरी 1943 ई., विस्तार हेतु साहित्य से सम्बन्धित अध्याय 5, NMML
177. राजस्थान (समाचार-पत्र), 10-1-1927, RSAB
-इसका पाठ गवर्नमेंट कॉलेज, अजमेर में आयोजित कवि सम्मेलन में किया गया था
-विस्तार हेतु द्रष्टव्य-अध्याय 5

अध्याय : 3

स्त्री-जीवन की कुप्रथाओं का अध्ययन-2

जोधपुर, जैसलमेर एवं बीकानेर की स्थितियाँ

जोधपुर, जैसलमेर एवं बीकानेर भौगोलिक रूप से राजस्थान के पश्चिमी व उत्तरी भागों में स्थित हैं। मुख्यतः रेतीले धोरों (टीलों) वाला यह थार का मरुस्थलीय क्षेत्र सामाजिक एवं सांस्कृतिक दृष्टि से अन्य राजस्थान से कहीं समदृश्य और कहीं पृथक प्रतीत होता है। उल्लेखनीय है कि थार का यह मरुस्थलीय क्षेत्र, सम्पूर्ण राजस्थान के क्षेत्रफल का लगभग 60 प्रतिशत भाग है। यहाँ के निवासियों की जीवनशैली, व्यवहार एवं दिनचर्याओं को विशेष स्वरूप प्रदान किया है। इसका कारण यहाँ की अनुपजाऊ भूमि के साथ साथ बारिश की कमी और निरन्तर अकालों की स्थितियाँ हैं। इस क्षेत्र में सघन आबादी नहीं है, जिसका कारण यहाँ की भूमि एवं जलवायु का मरुस्थलीय होना रहा है। संघर्षपूर्ण जीवन स्थितियाँ इस क्षेत्र की उल्लेखनीय विशेषता है जिसने यहाँ की जीवन-शैली को विशिष्ट स्वरूप दिया है और यह विशिष्ट स्वरूप यहाँ के सामाजिक, आर्थिक ढाँचे, परम्पराओं एवं संस्कृति में परिलक्षित होता है।

जोधपुर

35,016 वर्ग मील क्षेत्रफल में फैली जोधपुर (मारवाड़) रियासत की उत्तरी सीमा बीकानेर रियासत से, उत्तरी-पश्चिमी सीमा जयपुर रियासत से, पूर्व सीमा ब्रिटिश अधिकृत अजमेर-मेरवाड़ा से, दक्षिणी सीमा सिरोही और पालनपुर राज्यों से, पश्चिमी सीमा कच्छ के रण एवं सिंध प्रान्त के थारपरकर क्षेत्र से तथा उत्तरी-पश्चिमी सीमा जैसलमेर राज्य से लगती थी। ये राजपूताना का 25 प्रतिशत से

अधिक भाग था, विस्तार की दृष्टि से उस समय भारत में केवल कश्मीर तथा हैदराबाद ही ऐसी दो रियासतें थीं, जो मारवाड़ से बड़ी थीं।

अध्ययन काल (बीसवीं सदी के पूर्वार्द्ध) में यहाँ की सत्ता राठौड़ों के हाथ में थी। 14वीं शताब्दी के अन्तिम वर्षों में प्रतिहारों की इन्दा शाखा के उगमसी ने अपनी पोती के विवाह में दहेज के रूप में मंडोर राठौड़ों को दिया था। इसके बारे में एक दोहा मिलता है–

''ईदां रौ उपकार कामधज मत भूले कदे।
चूंडो चंवरी चाढ़, दी मंडोवर दायजे।।''

इसका अर्थ यह है कि इन्दों (इन्दा प्रतिहार) का उपकार कामधज (कन्नौज के राठौड़) कभी नहीं भूलेंगे क्योंकि इन्दों ने चूंडा राठौड़ को अपनी पुत्री ब्याह कर मंडोर दहेज में दिया था।[1] 12 मई, 1459 ई. को राव जोधा ने मंडोर से 6 मील दक्षिण में जोधपुर बसाकर अपनी राजधानी मंडोर से जोधपुर स्थानान्तरित कर दी थी।[2] अध्ययन काल में जोधपुर में क्रमशः शासक थे–[3]

1. महाराजा सरदार सिंह (1895–1911)
2. महाराजा सुमेर सिंह (1911–1914)
3. महाराजा उम्मेद सिंह (1914–1947)

जैसलमेर

अध्ययनकालीन जैसलमेर रियासत राजस्थान के पश्चिम में 16,062 वर्ग मील क्षेत्रफल में विस्तृत थी जिसकी सीमाएँ बीकानेर, जोधपुर की रियासतों तथा वर्तमान पाकिस्तान के सिंध बहावलपुर से लगती थीं।[4] यादवों की 145वीं पीढ़ी के भट्टी की सन्तानें भाटी कहलाईं। भट्टी ने 342 वि.सं. में भटनेर (हनुमानगढ़) बसाया। भटनेर के बाद तनोट, देवरावल लोद्रवा भाटियों की राजधानियाँ हुईं। लोद्रवा की गद्दी पर बैठे जयशाल ने 1155 ई. में जैसलमेर दुर्ग की स्थापना कर उसे राजधानी बनाया। अध्ययनकाल में जैसलमेर रियासत के शासक क्रमशः थे--महारावल शालीवाहन (1891–1914) और महारावल जवाहरसिंह (1914–1949)। जवाहरसिंह के बाद उनके पुत्र गिरधरसिंह के गद्दी पर बैठते ही 30 मार्च, 1949 को जैसलमेर रियासत का राजस्थान में विलय हो गया।[5]

बीकानेर

राजपूताना की धुर उत्तरी रियासत बीकानेर, जो 23,317 वर्ग मील में स्थित थी, के उ.प. में बहावलपुर, द.प. में जैसलमेर, दक्षिण में मारवाड़, दक्षिण-पूर्व में जयपुर तथा पूर्व में पंजाब (जिसका हिसार क्षेत्र, जो अब हरियाणा में है, बीकानेर रियासत को स्पर्श करता था) राज्य थे। यह राजपूताना की दूसरी सबसे बड़ी रियासत थी। पन्द्रहवीं शताब्दी में मारवाड़ के शासक राव जोधा के बेटे राव बीका से बीकानेर के इतिहास का प्रारम्भ होता है, जिसने 1488 ई. में बीकानेर नगर की स्थापना की तथा अलग राज्य बनाया।[6] हमारे अध्ययन काल में बीकानेर रियासत की गद्दी पर बहुत बड़ा समय तो महाराजा गंगासिंह ने गुजारा है, जो 1887 ई. से 1943 ई. तक शासक रहे, उसके बाद 1943 ई. में सादुल सिंह ने सत्ता सँभाली पर भारत की आजादी के बाद बीकानेर रियासत राजस्थान का अंग बन गई।

जोधपुर, जैसलमेर एवं बीकानेर में महिलाओं की सामाजिक समस्याएँ

20वीं शताब्दी के पूर्वार्द्ध में सम्पूर्ण राजस्थान में महिलाओं की सामाजिक समस्याओं की प्रवृत्ति मूलतः समान प्रतीत होती है। महिलाओं के प्रति दोयम दृष्टि, कन्यावध, बाल विवाह, अनमेल विवाह, रखैल एवं दासी प्रथा, स्त्री क्रय-विक्रय, व्यभिचार, पर्दा, अपहरण, बलात्कार तथा विधवाओं की दयनीय स्थिति इन क्षेत्रों की समस्याओं में भी शामिल है। बहुत-सी समस्याओं के हमें विशेष उदाहरण प्राप्त नहीं होते हैं, सम्भवतः सुधार के प्रयासों व स्वतन्त्रता आन्दोलन के प्रभावतः उनमें कमी नजर आती है।

बाल एवं अनमेल विवाह

आयु की दृष्टि से बालक व बालिकाओं के विवाह जिन प्रदेशों में आज भी सैकड़ों की मात्रा में देखे या सुने जाते हों। वहाँ यह सहज ही है कि हम सौ साल पहले इनके बहुप्रचलन की अवधारणा स्वीकारें, कहना न होगा कि कठिन जीवन की परिस्थितियों ने बाल विवाहों की तरह अनमेल विवाहों को भी सामाजिक जीवन का अंग बना दिया था।

जोधपुर में मूंडवा व संखलाय के माहेश्वरी बनियों में अनमेल विवाह का उल्लेख मिलता है जिसमें बड़े या अधिक उम्र वाले वरों की आयु 45 से अधिक

बताई गई है, जो पूर्व विवाहित थे एवं उनके सन्तानें भी थीं। यहाँ कहा गया है कि वे विषय वासना की तृप्ति हेतु पोती समान कन्या दस-पन्द्रह हजार रुपयों तक में खरीदकर विवाहेच्छुक हैं। 'तरुण राजस्थान' में एक महिला द्वारा प्रेषित यह सूचना प्रकाशित की गई थी।[7] यह घटना स्पष्टत: प्रबलतम यौवनेच्छाओं के परिणाम की द्योतक है।

जोधपुर का ही एक उदाहरण प्राप्त होता है जिसके अनुसार–

> *"मेघरजजा जैसलमेरा की लड़की की आयु 13 वर्ष की है। उसके चाचा ज्ञानीराम तथा जयनारायण और मामा रामदयाल मोदी ने उसकी सगाई रामजीवन माछर के साथ कर दी थी। रामजीवन की उम्र 45 वर्ष की थी। इसलिए लड़की के एक दूसरे चाचा गणेश दास ने उसे लड़की के सर्वथा अयोग्य समझ सेशन कोर्ट नं. 1 में उक्त सगाई को नाजायज ठहराने के लिए दावा दायर किया है और उसका फैसला न होने तक शादी रोकने के लिए जमानत लिए जाने की अपील की। इस पर पाँच हजार की जमानत का आदेश हुआ पर उसे अपर्याप्त समझकर चीफ कोर्ट में उसे बढ़ाने के लिए अपील की। चीफ कोर्ट ने जमानत बढ़ाकर 10 हजार कर दी। उसके बाद सेशन जज मोतीलाल ने मामले का फैसला करते हुए उक्त सगाई को नाजायज करार देकर किसी दूसरे योग्य वर के साथ विवाह करने का आदेश दिया। प्रतिवादी पक्ष ने इसके खिलाफ चीफ कोर्ट में अपील की। चीफ जज ने मिसल को सेशन कोर्ट में इस आज्ञा के साथ वापिस लौटा दिया कि यद्यपि वे सेशन जज की इस राय से बिलकुल तो सहमत नहीं होते कि रामजीवन सर्वथा अयोग्य है, फिर भी यदि चरित्र, आयु, धन और शिक्षा में रामजीवन की अपेक्षा कोई दूसरा अच्छा लड़का मिले तो उससे शादी कर दी जाए, इस पर सेशन जज की कोर्ट में कई शिक्षित युवक प्रस्तुत किए गए जिनमें डीडवाना का बाबूलाल नामक 20 वर्षीय युवक पसन्द किया गया। इस बार प्रतिवादियों ने चीफ कोर्ट से अपील की कि जो लड़का सेशन कोर्ट नं. 1 से चुना गया है, उसकी आर्थिक स्थिति अच्छी नहीं है, इसलिए शादी रामजीवन के साथ ही की जाए, चीफ कोर्ट ने उस पर फैसला किया कि यदि रामजीवन अपनी शादी की योग्यता का*

सिविल सर्जन का प्रमाण-पत्र प्रस्तुत कर दे तो उसके साथ विवाह कर दिया जाए। फैसले के विरुद्ध फिर नजरसानी की गई और उस पर वही पहला हुक्म हुआ कि जो लड़का चरित्र, आयु, शिक्षा और आर्थिक स्थिति में अच्छा हो उसी के साथ लड़की की शादी की जाए और यदि रामजीवन इन चारों में से किसी एक में भी अयोग्य हो तो उसके साथ शादी न की जाए। इस आशा के साथ मामला सेशन कोर्ट नं. 2 में आया।''

समाचार-पत्र आगे लिखता है कि-

''यहाँ पर कहा जाता है कि सेशन जज के पास सिफारिशें पहुँचने लगीं जिनसे प्रभावित होकर उन्होंने बाबूलाल के सब तरह से योग्य होते हुए भी रामजीवन के पक्ष में फैसला दे दिया। फैसला आषाढ़ शुक्ला 13, शनिवार को दो बजे दिया गया और उसी दिन तीन बजे ही उस अबोध बालिका के साथ शादी भी हो गई।''[8]

घटना का यथाप्राप्त रूप में उल्लेख इस मन्तव्य से किया गया है कि सम्पूर्ण घटना स्वयंमेव सामाजिक दृष्टि, विरोध के बावजूद हर सम्भव प्रयास और न्यायायिक प्रक्रिया को प्रभावित करने की हरसम्भव चेष्टा और शीघ्र कार्य निष्पादन कर रोकने की कार्यवाही में बाधा के प्रयासों को हमारे समक्ष उद्‌घाटित करती है।

इसी प्रकार 'तरुण राजस्थान' में ही जोधपुर के पालासणी क्षेत्र की एक घटना इस तरह प्रकाश में आती है-

''बड़ों की बड़ी बातें। पालासणी के निरक्षर ठाकुर साहब की लड़की की आयु 22 वर्ष की है परन्तु आपने उसका विवाह अपने एक साठ वर्षीय चौहान मित्र नोपा ठाकुर साहब से कर दिया है। इससे ऊदावत ठिकानों में बड़ी खलबली मची है।'' समाचार-पत्र लिखता है कि-''देखना है वाल्टरकृत राजपुत्र हितकारिणी सभा की भी नींद इस हलचल से खुलती है या नहीं।''[9]

यह उदाहरण सामंती घरानों में अनमेल विवाह का प्रतिनिधि होने के कारण विशेष महत्त्व का है। विशेष बात ये भी है कि एक पिता अपने समवय के मित्र से अपनी युवा बेटी का विवाह करते संकोच नहीं करता।

इतना ही नहीं, जोधपुर के माहेश्वरी समाज में भी बाल एवं अनमेल विवाहों में बहुप्रचलन की सूचनाएँ प्राप्त होती हैं। एक समाचार-पत्र लिखता है कि-

"इस समाज-सुधार के युग में भी जोधपुर का माहेश्वरी समाज बाल विवाह करने में संलग्न है। हजारों रुपया खर्च किया जा रहा है और सैकड़ों की आतिशबाजी फूँकी जा रही है। आगामी फाल्गुन मास में भी कई बाल विवाह होने वाले हैं।"[10]

'तरुण राजस्थान' समाचार-पत्र में ही एक घटना का जिक्र किया गया है-

> *"प्रेमराज केला की 11 वर्षीय बालिका का विवाह फौजराज पूंगलिया के 12 वर्षीय लड़के के साथ होने जा रहा है। क्या माहेश्वरी समाज के सुधार प्रेमी युवक इसे रोकने की चेष्टा करेंगे।"*[11]

इससे पता चलता है कि आयु को दरकिनार कर विवाह सम्बन्ध तय करने में कोई शंका नहीं होती थी।

बीकानेर रियासत में भी बाल एवं अनमेल विवाहों की सूचना मिलती है, यहाँ भी विभिन्न जातियों में इस कुप्रथा के प्रचलन के संकेत प्राप्त होते हैं। सेवक जाति का एक उदाहरण प्राप्त होता है, इसमें ज्ञात होता है कि 40 वर्षीय एक व्यक्ति द्वारा 1500 रुपए में 9 वर्षीय कन्या क्रय कर विवाह किया गया।[12]

जैसलमेर रियासत में बाल एवं अनमेल विवाहों की सूचना मिलती है। एक समाचार-पत्र के अनुसार 'मालूम हुआ है कि नर्वदा कुमारी नामक एक लड़की का विवाह एक 50 वर्षीय व्यक्ति के साथ होने जा रहा है, कहते हैं कि यह विवाह सिंध-जैकबाबाद में होगा।'[13] इससे यह अंदाजा होता है कि सम्भवत: समाज के कुछ वर्गों के भय के कारण लोग स्थान परिवर्तन कर अनमेल विवाह करने से नहीं चूकते थे, वहीं साथ ही यह भी द्रष्टव्य है कि संख्या चाहे कुछ कम हो, पर अनमेल व बाल विवाह के विरोधी थे और वे प्रभावशाली भी थे, जिनसे लोग डरते थे। हो सकता है कि क्षेत्र में अनमेल विवाह की प्रथा बहुप्रचलित न हो अथवा दूर-दराज का क्षेत्र होने के कारण समाचार-पत्रों तक समाचार नहीं हो पाते हों। पर अशिक्षा की स्थिति में सम परिस्थितियाँ होने पर अनमेल विवाहों के उदाहरण न मिलना एक विशेष बात है। यद्यपि क्षेत्र के बुजुर्ग इसे स्वीकार करते हैं कि निश्चय ही यह कुप्रथा क्षेत्र में प्रचलित थी।

उल्लेखनीय है कि जोधपुर (तत्कालीन मारवाड़) में 1939 में सरकार द्वारा गठित सेन्ट्रल एडवायजरी बोर्ड के फरवरी, 1939 में आयोजित प्रथम अधिवेशन की

कार्यवाही रिपोर्ट से ज्ञात होता है कि जोधपुर में बाल विवाह की प्रथा प्रचलन में थी और इसे लड़के-लड़कियों के शोचनीय शारीरिक एवं नैतिक पतन का कारण भी माना गया।[14] इस बात की पुष्टि के लिए यह पर्याप्त है कि राज्य सरकार इसके प्रचलन से अपरिचित नहीं थी।

इस सन्दर्भ में सेन्सस एक महत्त्वपूर्ण स्रोत है जो अनमेल ही नहीं बाल विवाहों के बारे में सूचनाएँ देता है। यद्यपि हम पाते हैं कि जनसंख्या के आँकड़ों की अपनी कुछ सीमाएँ हैं, जिन्हें बाद में व्याख्यायित किया गया है।

वर्ष 1911[15]

आयुवर्ग

रियासत	0–4		5–9		10–14		15–19	
	वि	अवि	वि	अवि	वि	अवि	वि	अवि
बीकानेर								
पु.	54	50,063	427	43,058	2,724	32,789	9,332	27,882
स्त्री	144	48,781	1,823	37,211	11,130	16,343	23,785	2,484
जैसलमेर								
पु.	07	6,489	31	6,007	234	5,685	600	3,953
स्त्री	36	5,919	132	4,413	1,014	2,715	2,680	526
मारवाड़								
पु.	780	1,54,888	4,721	1,24,235	11,299	93,775	25,431	72,929
स्त्री	2,519	1,49,518	10,246	1,03,129	29,082	52,001	65,449	9,187

वि–विवाहित

अवि–अविवाहित

इन आँकड़ों से ज्ञात होता है कि बाल विवाह की दर मारवाड़ (जोधपुर) में अपेक्षाकृत रूप से अधिक थी। ऐसा लगता है कि जनसंख्या की दृष्टि से बड़ा राज्य होने के कारण संख्यात्मक दृष्टि से भी बाल विवाह यहाँ अधिक मिलते हैं। वहीं अनमेल विवाह इस रूप में हमारे सामने आते हैं कि 0–19 आयु के हर स्तर पर विवाहितों में लड़कों की बजाय लड़कियों की संख्या अधिक है।

1921 की जनगणना के आँकड़ों पर दृष्टिपात करने पर हमें आँकड़ों के वर्गीकरण का पृथक स्वरूप प्राप्त होता है। इस जनगणना में आयुवर्ग का निर्धारण 0–4, 5–9, 10–14, 15–19 आदि के स्थान पर 0–1, 1–5, 5–10, 10–15, 15–20 आदि के रूप में प्राप्त होता है। इस रूप में जोधपुर, जैसलमेर व बीकानेर में बाल विवाहों की स्थिति हमें इस प्रकार प्राप्त होती है–

वर्ष 1921[16]

आयुवर्ग

रियासत	0–1		1–5		5–10		10–15		15–20	
	वि	अवि	वि	अवि	वि	अवि	वि	अवि	वि	अवि
बीकानेर पु.	–	11,465	122	31,587	747	50,208	3,898	40,754	9,162	19,448
स्त्री	05	10,777	337	31,389	3,161	42,756	15,391	22,301	20,376	1,973
जैसलमेर पु.	–	809	08	2,855	50	6,275	259	5,163	416	2,587
स्त्री	–	719	08	2,725	244	4,791	1,124	2,684	1,376	348
मारवाड़ पु.	13	31,928	130	81,781	4,432	1,46,830	14,965	1,23,438	22,024	55,115
स्त्री	07	31,562	570	80,155	12,550	1,23,102	35,892	72,557	47,443	8,256

वि–विवाहित

अवि–अविवाहित

यहाँ विशेष बात यह दिखाई देती है कि, बीकानेर में एक वर्ष से कम आयु में किसी लड़के का विवाह ज्ञात नहीं होता, जैसलमेर में इसी आयु वर्ग में लड़के व लड़कियों दोनों में ही कोई संख्या ज्ञात नहीं होती, (हो सकता है, न ही हुए हों)। दूसरी बात ये कि 0–20 आयु में हुए विवाहों में लड़कों की अपेक्षाकृत लड़कियों की संख्या प्रायः अधिक दिखाई देती है, यह किसी सीमा तक अनमेल विवाह का सूचक माना जा सकता है। यद्यपि यह माना जाता है कि विवाह के समय लड़की की आयु लड़के से कम से कम पाँच वर्ष कम होनी चाहिए, अगर इसे दृष्टिगत रखें तो इस अन्तर को किसी सीमा तक स्वीकारना पड़ेगा और अनमेल विवाहों को नकारना भी।

1931 की जनगणना के आँकड़ों में भी हमें यही वर्गीकरण आधार प्राप्त होता है। जो दोनों वर्षों (1921 व 1931) की तुलना का बेहतर आधार प्रदान करता है। इसके अनुसार[17]–

वर्ष 1931
आयुवर्ग

रियासत	0–1		1–5		5–10		10–15		15–20	
	वि	अवि	वि	अवि	वि	अवि	वि	अवि	वि	अवि
बीकानेर पु.	07	15,233	224	58,623	2,612	61,139	7,871	54,579	29,834	28,812
स्त्री	02	14,499	276	57,236	7,418	49,027	19,002	32,867	38,467	4,167
जैसलमेर पु.	–	998	3	4,666	115	5,655	346	5,194	1,012	3,141
स्त्री	–	994	18	4,480	499	3,908	1,294	2,482	2,652	325
मारवाड़ पु.	808	31,099	3,345	1,36,544	12,198	1,40,951	22,101	1,19,782	47,510	58,920
स्त्री	488	31,517	6,156	1,33,364	24,130	1,10,004	48,442	71,952	80,196	9,159

वि–विवाहित

अवि–अविवाहित

1931 की जनगणना पर दृष्टिपात करने पर स्पष्टत: इस बात का बोध होता है कि चाहे हम अधिक जनसंख्या को इसका कारण मानें पर बाल विवाहों की संख्या मारवाड़ (जोधपुर) में हमें सर्वाधिक तो दिखाई देती है, साथ ही द्रष्टव्य है कि एक वर्ष की आयु होने से पूर्व भी विवाह होने की स्थितियाँ ज्ञात होती हैं।

1941 की जनगणना में हमें विशेषत: प्रतिशत के रूप में बाल विवाहों की सूचना मिलती है, जो स्थिति को स्पष्टत: हमारे समक्ष रखती है। हालाँकि विशेष आयु समूहों (15–40 आयुवर्ग) में ही। ये तुलनात्मक रूप से भी स्थिति को समझने में मदद करती है।[18]

रियासत	वर्ष				
	1901	1911	1921	1931	1941
बीकानेर	34	35	29	34	34
जैसलमेर	29	33	25	32	32
जोधपुर	28	36	29	33	32

यहाँ 1921 को छोड़कर तीनों रियासतों में बाल विवाह प्राय: स्थिर दिखाई देते हैं, पर जैसलमेर में 1901 के अपेक्षाकृत बाद के आँकड़ों में वृद्धि देखी जा सकती है। पर यह वृद्धि अत्यल्प है जिसके आधार पर बड़े निष्कर्ष निकालना उचित प्रतीत नहीं होता।

1951 की जनगणना के आँकड़ों में रियासतों के स्थान पर जिलेवार आँकड़े प्राप्त होते हैं क्योंकि आजादी के बाद राजपूताना की अन्य रियासतों के समान जोधपुर, जैसलमेर व बीकानेर का भी भारतीय संघ में विलय हो गया। इसलिए ये आँकड़े हमारे समक्ष इन रियासतों की तस्वीर को स्पष्टतः प्रकट नहीं करते हैं क्योंकि जिलों के सीमांकन के कारण केवल उन जिलों जो पूर्व रियासतों में थे, के आधार पर सही आकलन नहीं लगाया जा सकता। पर मोटे तौर पर यह निष्कर्ष निकाला जा सकता है कि चालीस के दशक (1941-51) में महत्त्वपूर्ण परिवर्तन समग्रतः राजस्थान में दिखाई नहीं देते क्योंकि सुधार एवं परिवर्तन एक धीमी एवं सतत प्रक्रिया है और इसलिए हमारे अध्ययन क्षेत्र भी इसके अपवाद नहीं हैं।

लेकिन जनसंख्या पर आधारित आँकड़े जो तस्वीर प्रस्तुत करते हैं, वह पूर्ण नहीं मानी जा सकती। जनसंख्या से जुड़े अधिकारी भी ये मानते थे कि जो सूचनाएँ प्राप्त हुई हैं, सेन्सस रिपोर्ट्स में इसका उल्लेख किया गया है। वे सम्पूर्ण जनसंख्या का प्रतिनिधित्व नहीं करती हैं, हमें भी लगता है कि शिक्षा और जनजागृति के क्षीण स्तर पर होने के कारण जनसंख्या कर्मियों को जनता द्वारा दिए आँकड़े सायास-अनायास सच्ची और पूरी तस्वीर प्रस्तुत करने और इसको समझने के लिए अपर्याप्त प्रतीत होते हैं।

इस प्रकार स्पष्ट है कि अध्ययन काल में बाल एवं अनमेल विवाह प्रचलन में थे, यद्यपि आँकड़े केवल बाल विवाह के प्राप्त होते हैं, वे भी केवल सेन्सस से। इसका कारण यह हो सकता है कि इसे सामाजिक स्वीकृति प्राप्त होने के कारण शासक वर्ग अपराध की श्रेणी में नहीं रखता था। इसकी पुष्टि इससे भी होती है कि पहल करते हुए या ब्रिटिश अधिकारियों व सरकार के प्रभावतः कुछ देशी रियासतों ने कानून तो बनाए पर वे प्रभावी रूप से लागू नहीं हो पाए। 20वीं शताब्दी के पूर्वार्द्ध के सभी वृद्ध स्वीकारते हैं कि बाल व अनमेल विवाहों में बाल विवाह तो निःसन्देह बहुप्रचलन में था, पर अनमेल विवाह होते जरूर थे, पर बहुमत में नहीं।

रखैल/दासी प्रथा व स्त्री व्यापार

जहाँ सम्पूर्ण विश्व में दास प्रथा 19वीं शताब्दी में समाप्ति की ओर थी, वहाँ राजस्थान में यह 20वीं शताब्दी के पूर्वार्द्ध में भी प्रचलित एवं निरन्तरता लिए हुए दिखाई देती है। आर्थिक आवश्यकताओं के कारण दासप्रथा का स्वरूप एक स्थान से दूसरे स्थान पर प्रायः भिन्न प्रकट होता है, परन्तु राजाओं, महाराजाओं और जागीरदारों में एक वंशानुगत प्रथा के रूप में यह प्रचलित थी।[19]

राजपूताना में राजपूत राजनीतिक, आर्थिक, सामाजिक दृष्टि से अन्य जातियों व वर्गों से प्रभावी थे। प्रत्येक राजपूत परिवार अपनी सामाजिक स्थिति के अनुरूप तथाकथित प्रतिष्ठा प्रतीक (Status Symbol) के लिए अनिवार्यतः दास रखते थे। राजपूत लड़ाई अथवा राजकार्यों में व्यस्त रहते थे, इसलिए उन्हें विभिन्न घरेलू व अन्य बाहरी कार्यों के लिए व्यक्तियों की आवश्यकता महसूस होती थी। इसी आवश्यकता ने तदंतर दास रखने को एक प्रथा के रूप में विकसित किया।[20]

राजस्थान के प्रायः सभी क्षेत्रों में राजा-महाराजा, जागीरदार, सामंत, सरदार एक सामान्य परम्परा के रूप में पुरुषों एवं महिलाओं को दास के रूप में रखते थे। इतना ही नहीं, प्रतिष्ठा-प्रतीक (Status Symbol) के रूप में यह धनी व्यापारियों, ब्राह्मणों, चारणों व भाटों में भी प्रचलित था।[21] दास के रूप में रखी गई महिलाओं को गोली, डावड़ी, बडारण, बाई, खालसा-ए-डावड़ी, पातर, मानस, दरोगण, लौंडी, बांदी, ख्वासन, पासवान, पड़दायत आदि नामों से सम्बोधित किया जाता था।[22]

वंशानुगत दासों को स्वामी द्वारा विभिन्न लाभ दिए जाते थे। वे उन्हें सेवा के बदले में भोजन, वस्त्र, जेब खर्च (नकद या वस्तु के रूप में) देते थे। विभिन्न धार्मिक व पारिवारिक अवसरों पर उपहार भी दिए जाते थे। यहाँ तक कि प्रिय दासों को सम्मान आदि भी प्रदान किए जाते थे, इतना ही नहीं, दासों के परिवारों को जन्म, विवाह, मृत्यु आदि पर सहायता दी जाती थी।[23]

दासियाँ ख्वासन, पासवान, पड़दायत, बड़ारण आदि के रूप में महत्त्वपूर्ण हो जाती थीं। ऐसी स्थिति को प्राप्त करनेवाली महिलाएँ हरम या रनिवास में रहती थीं। जो रनिवास में प्रविष्ट नहीं हो पाती थीं वे अलग से डावड़ी, पातर, लौंडी के रूप में रहती थीं। यदि कोई राजा किसी दासी को रनिवास में रखने का इच्छुक होता तो वह किसी दास गोला से उसकी शादी करवाने का आदेश दे देता और विवाहित दासी को अपने रनिवास में रख लेता था।[24] अपनी पत्नी के स्थान पर गोला कुछ धन, दहेज प्राप्त करता था, पर रनिवास में रहने तक गोली को न तो देख सकता था, न ही किसी प्रकार का सम्बन्ध रख सकता था। इसका सांगोपांग चित्रण आचार्य चतुरसेन शास्त्री ने अपने प्रसिद्ध उपन्यास 'गोली' में किया है।[25] ऐसी स्थिति प्राप्त दासी को 'पड़दायत' कहा जाता था, जिसका अर्थ होता था-"वह जो रनिवास के पर्दे के पीछे रहती है।" यदि शासक पड़दायत से सन्तुष्ट और प्रसन्न होता तो उसे स्वर्ण व आभूषण पहनने की अनुमति दे दी जाती थी, सम्मान बढ़ा दिया जाता था और उसे 'पासवान' या 'ख्वासन' शब्दों से सम्बोधित करना प्रारम्भ कर दिया जाता था। वह महत्त्वपूर्ण धार्मिक व पारिवारिक अवसरों पर रानी से ठीक नीचे के स्थान पर बिठाई जाती थी। ये पासवान और पड़दायतें जन्म व विवाह के अवसरों पर विभिन्न प्रकार के उपहार

प्राप्त करती थीं। जो दासियाँ रनिवास में नहीं रह पाती थीं, वे एकान्त में रहती थीं, उन्हें या तो रनिवास में 'डावड़ी', 'पातर' के रूप में अपनी सेवाएँ देनी पड़ती थीं, या उन्हें शासक की पुत्रियों के विवाह में दहेज के रूप में दे दिया जाता था। कभी-कभार उन्हें शासक के प्रिय गोलों से विवाह करने को कह दिया जाता था।[26]

पासवानें, ख्वासनें और पड़दायतें कई बार अपने विशिष्ट व्यवहार से विशिष्ट स्थान प्राप्त कर लेती थीं। यथा-जोधपुर रियासतों की पड़दायतों-परमसुखराय, जड़वारा, जसराय, मांगराय को जागीरें दी गई थीं।[27] ये स्थिति ठिकानों की भी थी। ठाकुर अपनी कृपापात्र दासियों को मनचाही स्थिति और सुविधाएँ देते थे, जहाँ तक कोई विशेष बाधा उनके आड़े नहीं आती थी। इसका जीवन्त उदाहरण हमारे सामने जोधपुर रियासत के घाणेराव ठिकाने के मामले के रूप में प्रकाश में आता है। इसके अनुसार-

> *"इस ठिकाने के ठाकुर हैं-जोधसिंह, आपने चार विवाह किए हैं, जिनमें दो के लिए, जो यहीं हैं, कोई प्रबन्ध नहीं है किन्तु इनके अलावा आपने एक गुलाब नामक रंडी और रख रखी है, उसे 100 रु. मासिक मिलते हैं, सुना है कुछ ही दिन हुए किसी सीमावत साधनी को भी जबरन जनाने में दाखिल कर दिया है। रंडी पर आपका बेहद प्रेम है। जब कभी हाथी पर कहीं जाते हैं तो उसे साथ लेकर बैठते हैं। आपके भाई-बंदों ने इस पर एतराज कर कहा कि इस दशा में हम आपको मुजर (प्रणाम) नहीं करेंगे तो आपने इसकी भी परवाह नहीं की। एक बार जोधपुर नरेश के देसूरी जाने के समय आप भी वहाँ पहुँच गए थे। भोजन का समय था, दरबार ने आपसे भी भोजन के लिए कहा, इस पर सुनते हैं, आपने कहा-'म्है तो गुलाब रो मूंडो देखकर जीम्या करूँ हूँ, महाराज!' (मैं तो गुलाब का मुँह देखकर ही भोजन करता हूँ, महाराज!) महाराज यह सुनकर मुँह पर रुमाल लगाकर हँसने लगे।"*[28]

इस सन्दर्भ में इससे ज्यादा स्पष्ट उदाहरण अन्यत्र नहीं मिलता। सामंती जीवन का श्याम पक्ष यहाँ उभरकर सामने आता है कि बिना सामाजिक प्रतिष्ठा की परवाह किए सामंत विलासी जीवन किस तरह व्यतीत करते थे। इसी प्रकार जोधपुर में ही जैतारण के रामपुरा ठिकाने के ठिकानेदार गुमानसिंह के यहाँ इस प्रथा की स्पष्ट जानकारी प्राप्त होती है।[29] वहीं राजघरानों में दासप्रथा की निरन्तरता एक अन्य स्थान से भी पुष्ट होती है।[30]

एक उल्लेख यह प्राप्त होता है कि सम्भवतः यह दासप्रथा राजघरानों के स्थान पर ठिकानों एवं जागीर क्षेत्रों में अधिक प्रचलित थी। जैसे भालेराव के ठाकुर द्वारा रामा दारोगा की बेटी को पाली महाराज को देने की सूचना प्राप्त होती है।[31] इसी प्रकार जोधपुर में ही अपनी अधीनता में रहने वाले दारोगाओं की बेटियों को दहेज के रूप में राजपूतों द्वारा अपनी बेटियों के साथ विवाह में देने का पता चलता है।[32]

जहाँ तक दासी और स्त्री व्यापार का प्रश्न है, ये भी अध्ययन काल में राजस्थान में किंचित सुधार प्रयासों के बावजूद प्रचलित रहे हैं और जोधपुर, जैसलमेर एवं बीकानेर इसके अपवाद नहीं थे। दासी एवं स्त्री व्यापार स्त्री को भोग की वस्तु के रूप में मानने और व्यवहार करने की प्रवृत्ति का परिणाम है। स्त्री व दासी व्यापार के पीछे व्यावहारिक रूप से अनेक कारण दिखते हैं, यथा–अपनी बेटियों के विवाह में दहेज में देने के लिए, रखैल के रूप में रखने के लिए, कुछ जागीरदारों द्वारा कृषक मजदूरों के रूप में रखने के लिए आदि। लड़कियों के विक्रय की प्रथा भी प्रचलित थी। जो नाचनेवाली औरतों और वेश्याओं द्वारा खरीदी जाती थीं। इतना ही नहीं, बंजारों द्वारा भी युवा लड़कियों का अपहरण कर विक्रय किया जाता था।[33]

समकालीन विवरण दास व्यापार के पर्याप्त साक्ष्य प्रस्तुत करते हैं।[34] ऐसे ही साक्ष्यों में जोधपुर के जैतारण में रामपुरा ठिकाने के जागीरदार गुमानसिंह की एक घटना मिलती है।[35] इसके अनुसार उसके पास चतुरा नामक दारोगा और उसकी पत्नी रहते थे। जागीरदार किसी बात पर चतुरा से नाराज हो गया और उसे निकाल दिया पर उसकी पत्नी को साथ नहीं जाने दिया, चतुरा अजमेर चला गया। कुछ दिन बाद चतुरा को पता चला कि उसकी पत्नी किसी दूसरे दारोगा के पास है। उसने इस पर दावा किया, कोर्ट में बयान हुआ। इस पर चतुरा की पत्नी ने कहा कि उसे उक्त ठाकुर और कामदार ने जबरन इस दारोगा के हाथों 200 रु. में बेच दिया था। कारण यही था कि मैं अपने पति चतुरा के पास रहती थी। अन्त में कोर्ट अजमेर ने चतुरा को उसकी पत्नी सुपुर्द कर दी।[36]

'त्याग भूमि' समाचार-पत्र की सम्पादकीय टिप्पणी से ज्ञात होता है कि सिंध में स्त्री व्यापार बहुतायत में प्रचलित था। जयपुर, जैसलमेर, कच्छ, काठियावाड़, बीकानेर और मारवाड़ से स्त्रियाँ अपहृत कर प्रतिवर्ष सिंध पहुँच रही हैं। इस कारण यह बताया गया है कि वहाँ कई जातियों में स्त्रियों की कमी है और ये अपहृत स्त्रियाँ उन्हीं जातियों की बताकर उनमें शादी कर दी जाती है।[37] इसकी पुष्टि अन्यत्र भी होती है।[38]

उल्लेखनीय है कि शासक व सामन्त वर्ग के अलावा जनसामान्य में भी ऐसे उदाहरण सामने आते हैं। इस सन्दर्भ में प्राप्त बीकानेर का एक उदाहरण द्रष्टव्य

है जिसके अनुसार सेवक जाति में कन्या विक्रय की प्रथा प्रबल है। आगे लिखा गया है कि अभी हाल में 1500 रु. में एक कन्या बेची गई है। कन्या की उम्र करीब 9 साल की है और खरीददार की 40।[39] यहाँ यह बताया गया है कि दुश्चरित्र अधेड़ एक वर्ष से इस कोशिश में था, पर चरित्रहीनता के कारण उसकी शादी नहीं हो रही थी। यहाँ स्पष्ट है कि चरित्रहीन व्यक्ति विवाहेच्छा से कन्या क्रय में लिप्त थे। जो वर्ग इस कार्य में लगा होता था, एक तो समाज में उसे लोग जानते थे और द्वितीय, उसे हीन दृष्टि से भी देखा जाता था। ये वर्ग शासक व सामंत वर्ग ही नहीं, आम लोगों को भी स्त्रियाँ विवाह या शुद्धतः भोग हेतु बेचा करते थे।

स्पष्ट है कि स्वरूप एवं पृष्ठभूमि की कतिपय विविधता के बावजूद रखैल, दासी व्यापार बीसवीं शताब्दी के पूर्वार्द्ध में इन क्षेत्रों में प्रचलित थे। हालाँकि ये सामाजिक रूप से स्वीकार्य तो थे, पर सम्मानपूर्ण दृष्टि से नहीं देखे जाते थे।

व्यभिचार, अपहरण एवं बलात्कार

विडम्बना ये है कि महिलाओं से सम्बन्धित ये घटनाएँ प्रायः सार्वकालिक एवं सार्वदेशिक हैं और यह कहना अतिशयोक्ति नहीं होगी कि स्त्रीत्व को चोट पहुँचाकर अपने अहम को सन्तुष्ट करने के प्रयास में पुरुष इनका प्रयोग करता रहा है। राजनीतिक रूप से सामंती व्यवस्था वाले राजस्थान में तो बड़े ही सहज रूप से ये होता रहा। यह भी उल्लेखनीय है कि धीरे-धीरे जनता ने इसे राजसी जीवन की अनिवार्य बुराई मानकर स्वीकार कर लिया।

बीसवीं शताब्दी के पूर्वार्द्ध में जोधपुर, जैसलमेर एवं बीकानेर में समकालीन साक्ष्यों में ऐसे अनेक मामले प्रकाश में आते हैं। जोधपुर की एक धर्मशाला में बलात्कार की घटना हमें 'दी राजपूताना मेल' समाचार-पत्र से ज्ञात होती है। इसके अनुसार जोधपुर स्टेट धर्मशाला के दारोगा ने एक 18 वर्षीय स्त्री से बलात्कार किया, जब वह उक्त धर्मशाला में अपने पति के साथ ठहरी थी। कहा गया है कि-

> *''एक व्यक्ति व उसकी स्त्री उस दिन रात्रि वहाँ पर आए और धर्मशाला में ठहरने के लिए दारोगा से इजाजत माँगी, दारोगा ने एक सुन्दर कमरे की व्यवस्था उनके लिए कर दी, जब ब्राह्मण बाजार गया तब दारोगा ने उसके कमरे में घुसकर बलात्कार किया।''*[40]

यह सार्वजनिक स्थान पर कर्मचारी द्वारा रक्षक से भक्षक होने का स्पष्ट उदाहरण है।

बीकानेर रियासत की नोहर तहसील के गाँव छानी में मामराज कुम्हार की 18 वर्षीय पुत्रवधू का खुदाबख्श नामक मुस्लिम व्यक्ति द्वारा अपहरण की सूचना मिलती है।[41] बीकानेर में ही चुरू की 7–8 साल की लड़की के साथ बारस खाँ कायमखानी के लड़के द्वारा बलात्कार की जानकारी मिलती है।[42] यह उदाहरण कामांधता की स्थिति में जघन्य रूप से वयनिरपेक्षता का द्योतक है।

बीकानेर में ही एक मेले में स्त्रियों से दुर्व्यवहार का उदाहरण प्राप्त होता है। इसके अनुसार,

> *"गणगौर के मेले में स्त्रियों पर अत्याचार होते हैं, वह हिन्दू समाज के लिए बड़ा ही लज्जास्पद है, क्योंकि स्त्रियाँ जब भीड़ में रास्ता माँगती हैं तो वे पुरुष उन्हें रास्ता भी नहीं देते तथा उनसे अनुचित व्यवहार करने के लिए तैयार हो जाते हैं। कई–कई जगह तो स्त्रियाँ कहती हैं, 'हम लोग महतरानी हैं, रास्ता दे दो' तो उनके साथ भी दुर्व्यवहार करते थे।"*[43]

उपरोक्त घटना दलित महिलाओं के प्रति दृष्टिकोण व व्यवहार का भी उदाहरण है और इस बात का परिचायक भी कि उन्हें महिला के रूप में छेड़ने या अपमानित करने के लिए पुरुष को अपनी 'अभिजात्यता' आड़े नहीं आती।

इतना ही नहीं, अपहरण के भी अनेक मामले इन क्षेत्रों में विशेष स्थितियों के साथ हमारे सामने आते हैं। एक घटना प्रकाश में आती है जिसमें जोधपुर की महिला भगाकर ब्यावर ले जाई गई और धर्म परिवर्तित कराकर उसका विवाह एक धर्मपरिवर्तित पूर्व हिन्दू जाट से करवा दिया गया।[44] यह भगाकर धर्मान्तरण और फिर विवाह का अनूठा मामला है। अपहरण के मामले में ठाकुर भी लिप्त मिलते हैं। मारवाड़ (जोधपुर) का एक प्रकरण मिलता है जिसके अनुसार बगड़ी ठिकाने के पन्नालाल दारोगा की एक 14 वर्षीय लड़की को बगड़ी ठाकुर ने अपहृत कर लिया है।[45] इसी प्रकार एक अन्य घटना में गवरू नामक रंगरेज के साले द्वारा सीखी जाति की स्त्री को अपहृत किए जाने की सूचना मिलती है।[46]

इस सन्दर्भ में बीकानेर की एक विशिष्ट घटना उल्लेखनीय है। इसके अनुसार एक सेठ एक 16 वर्षीय युवती को अपहृत कर ले गए।[47] इतना ही नहीं पति एवं पुत्र को छोड़कर एक महिला द्वारा भागने का उदाहरण भी मिलता है जिसमें युवती अपने पति को ताले में बंद कर भाग गई। इस घटना का घटनाक्रम बड़ा ही नाटकीय है और अन्यत्र दुर्लभ भी। इसी स्रोत में एक साधु बोधानंद द्वारा एक सोनार युवती अपहृत किए जाने की जानकारी मिलती है।[48] इससे पता चलता है कि अध्ययन काल में आज की तरह साधु वेश में कुत्सित कृत्य करनेवाले लोग होते थे।

जोधपुर में भी अनेक घटनाएँ अपहरणादि की प्राप्त होती हैं। 'राजस्थान' समाचार-पत्र मुख पृष्ठ पर लिखता है कि–

> *"मारवाड़ राज्य में इन दिनों ठाकुरों का बहुत आतंक फैला हुआ है। किसी स्थान से स्त्री अपहरण के, किसी स्थान से डाके के और किसी स्थान से बलात्कार के समाचार आ रहे हैं।"*

इसी अंक में आगे सूचना मिलती है कि–

> *"जोधपुर के किशोर सिंह की बावड़ी के महाराज श्री भीमसिंह, जो राजघराने के ही हैं, की पड़दायत कृष्ण कुंवर नामक एक 18 वर्षीया युवती कहते हैं कि ठाकुर कल्याण सिंह द्वारा कुछ दिनों पहले जनानी ड्योढ़ी से अपहृत की गई थी। उसका अभी तक पता नहीं चला है।"*[49]

इसी अंक में अन्यत्र एक घटना का वर्णन किया गया है जो राजस्थान के सामंती जीवन का सच बयान करती है। इसके अन्तर्गत बताया गया है कि–

> *"मारवाड़ में कुछ समय से एक अफवाह के कारण एक भारी सनसनी फैल रही है कि राज्य के एक ठाकुर ने अपने यहाँ के एक उच्च घराने की एक विवाहिता युवती को अपने महल में बुलाकर उसके साथ अपनी दूषित इच्छाओं की पूर्ति करने की कोशिश की।"*[50]

व्यभिचारादि बुराइयों से प्रायः समाज ग्रस्त था, इतना ही नहीं शिक्षण जैसे शिष्ट और नैतिकतापूर्ण व्यवसाय से जुड़े कतिपय लोग भी इनसे अप्रभावित नहीं रह पाए। एक उदाहरण में नावां (कुचामन रोड) की एक अविवाहित अध्यापिका को अवैध पुत्र की हत्या के लिए 6 माह की सख्त सजा दी गई।[51] यह जहाँ एक ओर व्यभिचार और निर्मोही मातृत्व का स्पष्ट उदाहरण है, वहीं दूसरी ओर इसका एक अर्थ यह भी लिया जा सकता है कि वह बच्चा किसी 'सभ्य' पुरुष के बलात्कार या धोखे का परिणाम हो सकता है और उस युवती ने कुंवारी माँ के रूप में सामाजिक पीड़ा झेलने से बचाव के लिए उसकी हत्या का मार्ग निकाला हो।

बीकानेर में तो मन्दिरों में भी व्यभिचार के कुछ उदाहरण प्रात होते हैं। 'रियासती' समाचार-पत्र में लिखा गया कि कई बार पहले भी स्थानीय देव मन्दिरों

के व्यभिचार सम्बन्धी खबरें प्रकाशित हो चुकी हैं, परन्तु फिर भी ज्यों की त्यों ही रफ्तार चल रही है। अभी हाल में एक स्थानीय मन्दिर में एक बालिका को एक दुशाले का प्रलोभन देकर उसके शील का हरण किया गया।[52] ये उदाहरण बताता है कि धार्मिक आस्था के केन्द्रों का भी लोग दुरुपयोग करने से नहीं चूकते थे। बीकानेर की ही एक घटना किंवदंती के रूप में ज्ञात हुई है कि महाराजा गंगासिंह के पुत्र सार्दूलसिंह, जिसने गंगासिंह के बाद गद्दी सँभाली, ने एक ब्राह्मण की कन्या से बलात्कार किया। ब्राह्मणों का एक समूह फरियाद लेकर गंगासिंह के पास पहुँचा तो न्यायप्रिय होने की, छविमंडन करने वाले गंगासिंह ने तुरन्त सजा देने की बात करते हुए सार्वजनिक स्थान पर कौड़े लगाने का आदेश दिया, पर ब्राह्मणों के फरियाद के लिए दरबार जाने की खबर मिलते ही सार्दूलसिंह बीकानेर छोड़कर पटियाला पहुँच गया, जो बीकानेर रियासत की मित्र रियासत थी। फरियादी न्याय सुनकर सन्तुष्ट हुए, बाद में उन्हें अनुभूति हुई कि न्याय सुनाना और न्याय लागू करना अलग-अलग बातें हैं, हो सकता है, महाराजा ने सार्दूल सिंह को स्वयं पटियाला जाने दिया हो।[53]

वहीं जोधपुर में पुलिस की मदद से अपहरण का एक मामला प्रकाश में आता है।[54] इसमें कहा गया है कि सरदार मार्केट से पुलिस की सहायता से जागीरदार ने एक लड़की का अपहरण किया। कपड़ा मार्केट के लोगों द्वारा विरोध करने पर लाठी चार्ज किया गया जिससे लड़की के चाचा व अन्य कुछ लोग जख्मी हो गए। इतना ही नहीं, यह भी कहा गया है कि लड़की के भाई, वकील तथा उसके पुत्र को पुलिस स्टेशन ले जाकर पीटा गया था। सामंती जीवन का कलुषित पक्ष यहाँ स्पष्टत: अभिव्यक्त होता है जिसमें पुलिस का रक्षक से भक्षक होना प्रकट होता है। इसी स्रोत से हमें एक हिन्दू युवती के वेश्यावृत्ति अपनाने की घटना भी ज्ञात होती है।[55]

एक विशेष उदाहरण वधूदाह का हमें प्राप्त होता है। इसके अनुसार जोधपुर में गांछा बाजार में एक विचित्र घटना के तहत हंसराज फोगट की पुत्रवधू जलकर मर गई। कहा जाता है कि सास ने बहू को बाँधकर कैरोसीन डालकर आग लगा दी और स्वयं पीहर चल दी। जब पड़ोसियों को मालूम हुआ तो ताले तोड़कर आग बुझाई गई और पुलिस को सूचित किया गया। युवती बयान देने के तुरन्त बाद शान्त हो गई और रात 9 बजे उसकी मृत्यु हो गई।[56]

यहाँ स्पष्ट है कि नारी अस्मिता व गरिमा के विरुद्ध ये सामाजिक कुप्रथात्मक समस्याएँ-व्यभिचार, अपहरण, बलात्कारादि 20वीं शताब्दी के पूर्वार्द्ध में अध्ययन क्षेत्रों में प्रचलित थीं।

कन्यावध

जोधपुर, जैसलमेर व बीकानेर में 20वीं शताब्दी के पूर्वार्द्ध में यद्यपि कन्यावध के निश्चित उदाहरण प्राप्त नहीं होते हैं, क्योंकि यह अत्यन्त कन्यावध स्तर पर गोपनीय रूप से सम्पादित किए जानेवाली कुप्रथा थी, तथापि अप्रत्यक्ष रूप से हमें इसके प्रचलन के संकेत अवश्य प्राप्त होते हैं।

इन क्षेत्रों के सन्दर्भ में एम.एस. जैन का मत स्वीकार्य प्रतीत होता है कि बीकानेर के बीदावतों, मारवाड़ के राठौड़ों और जैसलमेर के भाटियों की कुछ खापों में यह प्रथा प्रचलित थी।[57] इस प्रथा की ऐतिहासिकता एवं कारणात्मक पृष्ठभूमि को प्रथम अध्याय में व्याख्यायित किया गया है।

कुछ बुजुर्गों से साक्षात्कार और कतिपय समाचार-पत्रों में प्रासंगिक उल्लेखों से इन क्षेत्रों में कन्यावध के प्रचलन की जानकारी मिलती है। बीकानेर के रावतसर ठिकाने की बहू 90 वर्षीया रानी लक्ष्मी कुमारी चूंडावत ने बताया कि "यद्यपि मैंने अपने परिवार-न पीहर (उदयपुर), न ससुराल (रावतसर) में कन्या वध न देखा, न सुना, पर इतना मुझे ज्ञात है और याद है कि बहुत से राजपूत परिवारों में यह प्रथा प्रचलित थी। जन्मते ही अफीम देते, गर्म दूध में डालने जैसे जघन्य तरीके इस प्रथा को सम्पादित करने के लिए काम में लाए जाते थे।"[58] उदयपुर के सन्दर्भ में उनकी बात की पुष्टि अंग्रेज अधिकारी ब्रुक ने की है।[59] राज्य की पॉलिटिकल रिपोर्ट्स में कन्यावध के प्रचलित न होने की बात मिलती है।

1901 से 1931 की सेन्सस रिपोर्ट इन क्षेत्रों में स्त्री-पुरुष अनुपात का स्रोत है जो हमें कन्यावध के लिए अप्रत्यक्ष रूप से दृष्टि देता है-[60]

रियासत	वर्ष			
	1901	1911	1921	1931
बीकानेर				
स्त्री	52.41	53.00	52.71	53.53
पुरुष	47.59	47.00	47.29	46.47
जैसलमेर				
स्त्री	53.69	54.92	56.00	55.53
पुरुष	46.31	45.08	44.00	44.47
मारवाड़				
स्त्री	52.47	52.26	52.73	52.21
पुरुष	47.53	47.74	47.27	47.79

ये आँकड़े तो अनुपात की स्थिरता का ही न्यूनाधिक रूप से संकेत करते हैं अर्थात् अगर कन्या वध प्रचलन में था तो इसमें निरन्तरता बनी रही, क्योंकि अन्यथा परिस्थितियों में इस अनुपात में परिवर्तन अवश्यम्भावी था, जो नहीं हुआ। यहाँ लैंगिक अनुपात में अन्तर है पर गिरावट कम है परन्तु ये आँकड़े निष्कर्ष के लिए पर्याप्त प्रतीत नहीं होते।

विधवाओं की स्थिति एवं समस्याएँ

वैधव्य नारी जीवन की सबसे त्रासद स्थिति है। विधवा न केवल नियमों से बल्कि अनेक प्रतिबन्धों से निबन्धित थी। उसकी नैसर्गिक शारीरिक आवश्यकताओं की उपेक्षा के साथ-साथ भावनात्मक रूप से सामाजिक अकेलापन तो झेलना ही पड़ता था, वहीं वित्तीय स्तर पर भी उसे अनेक कठिनाइयों का सामना करना पड़ता था। पारम्परिक रूप से उसके पास दो ही विकल्प थे–या तो वह पवित्रतापूर्वक नैतिक रूप से श्रेष्ठ वैधव्य जीवन का पालन करे अथवा अपने पति के साथ सहमरण को स्वीकार करे। विधवा विवाह की परम्परा न होने से विधवाओं की स्थिति अत्यन्त दयनीय एवं नारकीय बनी।

इस सन्दर्भ में विशेष उल्लेखनीय है कि बाल व अनमेल विवाहों के कारण युवतियों के वैधव्य की महत्त्वपूर्ण स्थितियाँ भी हैं कि उनकी सहज नैसर्गिक शारीरिक आवश्यकताओं की भौतिक और भावनात्मक संबल के साथ अनदेखी करने से समाज में विसंगतियों का प्रादुर्भाव हुआ, जो अत्यन्त सहज एवं स्वाभाविक कहा जा सकता है। यहाँ यह उल्लेख करना भी अनिवार्य प्रतीत होता है कि वैधव्य जीवन के साथ जुड़ा हुआ एक अन्य महत्त्वपूर्ण पक्ष नारी को वासना की वस्तु मानने वाली पुरुष मानसिकता के परिणामत: विधवा द्वारा झेली जाने वाली तत्सम्बन्धित स्थितियाँ हैं। इस बारे में राजस्थान की एक कहावत उद्धरणीय है, जो स्थिति को स्वयमेव स्पष्ट कर देती है।

'रांड तो जी ले, पर रंडुवे जीने नहीं देते।'[61]

इस अध्ययन अनुशीलन के दौरान हमारे समक्ष वैधव्य जीवन से जुड़े इन पहलुओं के अनेक उदाहरण उपस्थित होते हैं। जोधपुर का एक मामला 'तरुण राजस्थान' नामक समाचार-पत्र से प्रकाश में आता है। जिसमें एक युवती द्वारा विधवा होने पर पुनर्विवाह करने पर समाज, प्रशासन और रियासत से कैसे पीड़ित होना पड़ता है, का उद्घाटन होता है। विधवा को समाज, प्रशासन और व्यवस्था से

कैसे लड़ना पड़ता है, यह उदाहरण इसे स्पष्ट करता है और पुनर्विचार करने पर उसकी स्थिति का और भी अधिक संघर्षपूर्ण होना यहाँ स्पष्टतः रेखांकित किया जा सकता है।[62]

बाल वैधव्य की स्थिति पर दृष्टिपात करें तो एक महत्त्वपूर्ण उदाहरण हमें प्राप्त होता है।[63] जिसके अनुसार बीकानेर में पुष्करणा एवं सेवक समाज में काफी बाल विवाह हो रहे हैं और कुछ अनमेल विवाह के भी दृष्टान्त मिलते हैं। 'रियासती' समाचार-पत्र के अनुसार-

> *"यह समाज के लिए बड़ी शर्म की बात है कि ब्राह्मण समाज में बाल विवाह होते हैं।"[64]*

आगे कहा गया है कि-

> *"यह एक दर्दनाक घटना है कि शादी होने के तीसरे ही दिन एक बालक की मृत्यु हो गई, जिसकी स्त्री करीबन 7-8 वर्ष की अबोध बालिका है। कुछ समझ में नहीं आता कि दूधमुँही बच्ची का जीवन कैसे गुजरेगा।"[65]*

अल्प वय में वैधव्य और पुनर्विवाह न होने का दुष्परिणाम इस रूप में सामने आता है-

> *"एक ब्राह्मण युवती जिसकी आयु लगभग 18 साल की है, छुप-छुप कर व्यभिचार करती रही, आखिर एक उसी जाति के युवक द्वारा पकड़ ली गई। इसका स्वामी 16 माह पूर्व बिहार के भूकंप में मर चुका है। उसके इन कुकृत्यों के बारे में पूछा गया तो उसने कहा-'मेरी आयु क्या है? क्या मैं ऐसे कामों से बच सकूँगी? यदि जोर दिया तो मैं इस जाति को छोड़कर किसी के साथ चली जाऊँगी,"[66]*

ठीक इसी प्रकार की एक घटना बीकानेर में मिलती है कि-

> *"भानजी की तलाई में एक कपड़े में लिपटा हुआ 7 दिन का जीवित बच्चा पाया गया। पहले उसने छिपाने की चेष्टा की, किन्तु इससे असमर्थ होने के कारण उसने कपड़े में लपेटकर उपर्युक्त स्थान पर डाल दिया।"[67]*

यहाँ 'तरुण राजस्थान' में प्रकाशित एक टिप्पणी उल्लेखनीय है। इसमें ओसवाल महासभा की बैठक के बारे में सम्पादकीय टिप्पणी करते हुए लिखा गया था कि–

> *"...विधवा विवाह न होने के कारण आज समाज में गुप्त व्यभिचार, गर्भपात आदि द्वारा कितना अनाचार फैल रहा है।"*

उपरोक्त टिप्पणी केवल ओसवालों पर ही नहीं सभी जातियों पर सटीक बैठती है।[68]

राजस्थान वनिता आश्रम अजमेर की छः साला रिपोर्ट (1 अप्रैल, 1928 से 31 मार्च, 1934 ई.) में वर्णित सात में से तीन घटनाएँ जोधपुर से सम्बन्धित हैं। इसकी तीसरी घटना में जिला जोधपुर की एक विधवा के उसके पुजारी जेठ से शारीरिक सम्बन्ध स्थापित हुए, गर्भ ठहरने पर गर्भपात का प्रयास किया गया, जेठ ने तंग किया, वह अन्ततः आश्रम पहुँची।[69] चौथी घटना में मारवाड़ की एक ओसवाल विधवा को अपने ही एक निकट सम्बन्धी से पुत्र पैदा हुआ, जिसे वह आश्रम छोड़कर चली गई।[70] छठी घटना में मारवाड़ की 30 वर्षीया ओसवाल विधवा ने दो बच्चों को क्रमशः चित्तौड़ तथा राजस्थान वनिता आश्रम, अजमेर में जन्म दिया।[71] ये उदाहरण बाल व अनमेल विवाह, पति की मृत्यु, वैधव्य और विधवा विवाह की परम्परा न होने के कारण पनपी सामाजिक विसंगति को रेखांकित करते हैं। इससे विधवाएँ समाज की सर्वाधिक दयनीय पात्र बन जाती हैं, भावनात्मक-आर्थिक रूप से पीड़ा में जीवन व्यतीत करती विधवाओं को पुनर्विवाह की परम्परा न होने और नैसर्गिक, शारीरिक आवश्यकताओं के वशीभूत उत्पन्न स्थितियों में सामाजिक तिरस्कार का केन्द्र बनना पड़ता है।

बीकानेर में विधवा को फुसलाकर अपहरण करने की कोशिश की जानकारी मिलती है। 'राजस्थान' समाचार-पत्र के अनुसार नोहर में शनिवार की रात को उस समय भारी सनसनी फैल गई जब लोगों ने सुना कि एक मुसलमान बदमाश एक प्रतिष्ठित हिन्दू घराने की विधवा को फुसलाकर अपहरण कर ले जानेवाला है।[72] यद्यपि पुष्टि नहीं हो पाई कि क्या घटना वास्तव में हुई अथवा नहीं पर सनसनी पैदा होने का भाव यहाँ महत्त्वपूर्ण है। यहाँ 'क्षात्र धर्म' मासिक पत्र में जोधपुर के रूपसिंह भाटी द्वारा प्रेषित एक घटना के प्रकाशित उल्लेख का सन्दर्भ देना समीचीन प्रतीत होता है।[73] 'समाज का अत्याचार' शीर्षक से उन्होंने विधवा प्रभा के देवर पृथ्वी से सम्बन्ध और फिर गर्भधारण के बाद सास द्वारा जहर देने की चेष्टा तथा तदन्तर पति के मित्र जयसिंह से पुनर्विवाह का वर्णन किया है।[74] यद्यपि यह कथा

पुनर्विवाह जैसे सुधारात्मक कदम पर जाकर समाप्त होती है तथापि सामाजिक पारिवारिक दृष्टि को भी सांगोपांग प्रदर्शित करती है।

जैसलमेर क्षेत्र के सन्दर्भ में नंदकिशोर शर्मा बताते हैं कि जैसलमेर में प्रौढ़ पुरुषों के साथ अल्पायु कन्याओं का विवाह करने की प्रथा विशेषकर राजपूतों में प्रचलित रही है, इनमें से कई कन्याएँ शीघ्र विधवा हो जाती हैं। यहाँ के खड़ाल क्षेत्र में रहनेवाली स्त्रियों में आधे से अधिक स्त्रियाँ काले वस्त्र पहने आज भी देखी जा सकती हैं। इन स्त्रियों द्वारा गाए जाने वाले झोरावे गीत जिसमें उनकी कठिन जीवन की यात्रा का भाव प्रतिबिम्बित होता है। झोरावा गीत एक तरह से उनके माता-पिता भाई-बन्धों को उलाहना होता है। जो वह सीधे रूप में न कहकर अपने मन की पीड़ाओं को इस गीतों के माध्यम से अभिव्यक्त करती हैं। हिन्दुओं के सब वर्णों व जातियों में यह प्रथा प्रायः प्रचलित ही है। कुछ जातियों में विधवा विवाह करने या घराने या नाते जाने की व्यवस्था है।[75]

वैधव्य जीवन की सबसे त्रासदीपूर्ण स्थिति सती प्रथा बीसवीं शताब्दी के पूर्वार्द्ध में मानसिकता के स्तर पर लगभग सम्पूर्ण राजस्थान में न्यूनाधिक रूप से न केवल स्वीकार्य थी, बल्कि पूजनीय भी थी। यह एक कटु सत्य है कि 'सती' होने के लिए अन्य स्थितियों के साथ इनसे कहीं अधिक प्रभावी 'सती का महिमामंडन' है जो नारी को जिंदा जलाए जाने की इस जघन्य लोमहर्षक प्रथा को न केवल जन्म, अपितु निरन्तरता भी देता है।

बीसवीं शताब्दी के पूर्वार्द्ध में साक्षी बुजुर्ग बताते हैं कि 'सती के देवरों' (सती के देवालय) की कोई कमी नहीं थी, न केवल सार्वजनिक रूप से बल्कि लोग अपने घरों में भी देवरे स्थापित कर तथाकथित सतियों की पूजा-अर्चना करते थे। सती से सम्बन्धित एक उदाहरण बीसवीं शताब्दी के पूर्वार्द्ध का प्राप्त हुआ। इसकी सूचना 'क्षात्र धर्म सन्देश' समाचार-पत्र से प्राप्त हुई।[76] इसके सम्पादक भूर सिंह राठौड़ ने लिखा कि डीडवाना से मास्टर लाधूराम सेवदा ने एक नोट भेजा है कि जयपुर व जोधपुर राज्य की सीमा पर एक गाँव मोटलास है, जहाँ गत 14 मई को एक 26 वर्षीय राजपूत युवक का देहांत हो गया। पत्र के हवाले से सम्पादक लिखते हैं कि जब युवक का अन्तिम समय आया तो उसने अपनी स्त्री को अपनी 2 वर्षीय कन्या को देखभाल का भार सौंपा तो स्त्री ने कहा कि मैं आपकी अर्द्धांगिनी हूँ और आपके साथ ही चलूँगी और जब लोग उस राजपूत को अन्तिम संस्कार के लिए ले जाने लगे तो उसकी स्त्री भी शृंगार करके 'सती' होने को साथ चलने के लिए तैयार हो गई परन्तु लोगों ने उसे रोकते हुए एक मकान में उसे बन्द कर ताला लगाकर पहरा बिठा दिया। मगर, पत्र-लेखक के अनुसार-"उसके

आगे बंद ताला अपने आप खुल गया और उस राजपूतानी ने पहरे पर बैठे हुए मनुष्य को यह कहकर हटा दिया कि यदि इस समय मेरे मुँह से कुछ बुरा-भला निकल गया तो पछताओगे और वह श्मशान में चली गई और पति के साथ 'सती' हो गई।'' तदन्तर यह भी लिखा है कि ''उस सती ने पास खड़े हुए एक राणा को हाथ के इशारे से सामने से हट जाने को कहा मगर 'न समझने के कारण' वह नहीं हटा, जिससे 'वह वहीं गिर पड़ा और मर गया।'[77] यह उदाहरण और इसकी भाषा दैवीय अन्धविश्वासों में प्रबल जनास्था और सती महिमामंडन के प्रति मानसिकता को उद्घाटित करती है। शिक्षित लोगों (पत्र प्रेषक अध्यापक था) की जब ये स्थिति है तो अशिक्षितों की क्या स्थिति रही होगी, इसका अनुमान सहज ही लगाया जा सकता है, साथ ही सती के साथ चमत्कार की चर्चा भी यहाँ स्पष्ट होती है।

इस प्रकार 20वीं शताब्दी के पूर्वार्द्ध में जोधपुर, जैसलमेर व बीकानेर में सामंती मानसिकता के कारण महिलाएँ प्रायः सभी परम्परागत सामाजिक समस्याओं से ग्रस्त रही है। समकालीन समाचार-पत्रों से बाल विवाह एवं अनमेल विवाह के अनेक मामले प्रकाश में आते हैं, हालाँकि सेन्सस से भी इस सन्दर्भ में सूचनाएँ मिलती हैं, पर वे किसी निष्कर्ष के लिए पर्याप्त नहीं हैं। जहाँ 1921 ई. को छोड़कर 1901 ई. से 47 ई. तक तीनों रियासतों में बाल विवाह प्रायः स्थिर दिखाई देते हैं। स्त्री क्रय-विक्रय, दासी प्रथा, सामंती जीवन का अंग होने के कारण प्रचलित थे, और दासियों का विविध रूपेण शोषण होता था, ऐसी सूचनाएँ भी समकालीन समाचार-पत्रों से प्राप्त होती हैं। जहाँ तक व्यभिचार, अपहरण, बलात्कार का प्रश्न है, अनेक राजपरिवारों और ठिकानेदारों के लोग भी इनमें लिप्त मिलते हैं, सार्वजनिक स्थानों-मंदिरादि में भी व्यभिचार के उदाहरण प्राप्त होते हैं, कर्मचारियों द्वारा व्यभिचार, बलात्कार की भी कुछ घटनाएँ प्रकाश में आती हैं। कन्यावध की सबसे बड़ी विडम्बना ये है कि आँकड़े नहीं मिलते हैं, अप्रत्यक्ष सूचनाएँ मिलती हैं और अध्ययन काल के साक्षी वृद्ध इसके प्रचलन की पुष्टि करते हैं। पर लगता है कि कन्यावध की प्रथा बहुतायत में प्रचलित नहीं थी अन्यथा विभिन्न रिकॉर्ड्स एवं समाचार-पत्रों में अधिक जानकारियाँ उपलब्ध होतीं। विधवाओं की स्थिति विभिन्न नियमों, प्रतिबन्धों एवं पुनर्विवाह-निषेध के कारण अच्छी नहीं थी और उनसे व्यभिचार के उदाहरण मिलते हैं, वहीं बात वैधव्य एवं नैसर्गिक शारीरिक आवश्यकताओं के कारण अवैध सम्बन्ध के भी अनेक उदाहरण प्राप्त होते हैं। 'सती' होने के कई उदाहरण मिलते हैं वहीं सती पूजा और उसमें प्रबल जनास्था की जानकारी प्राप्त होती है।

अन्ततः निष्कर्ष स्वरूप कहा जा सकता है कि जोधपुर, जैसलमेर व बीकानेर के बारे में अभिलेखागार, साहित्य महिलाओं की सामाजिक समस्याओं का विवरण, सम्भव है कि इनकी स्रोत के रूप में कुछ सीमाएँ हों, पर यह छवि अगर साक्षी बुजुर्गों के साक्षात्कारों से तुलनात्मक आधार पर परखी जाए तो सत्य के निकट ठहरती है और सुधार प्रयासों की सीमित प्रभावित और तात्कालिक रूप से स्वतन्त्रता आन्दोलन की प्राथमिकता के कारण समस्याओं की निरन्तरता को प्रकट करती है।

सन्दर्भ एवं पाद-टिप्पणियाँ

1. गुप्ता मोहनलाल, राजस्थान जिलेवार सांस्कृतिक एवं ऐतिहासिक अध्ययन, भाग 2, जोधपुर, पृ. 26, 2004; हिन्दुस्तान, कांग्रेस अंक, 1940, पृ. 39-40, RSAB भी द्रष्टव्य
2. दवे, आर.के. सोसायटी एंड कल्चर ऑफ मारवाड़, जोधपुर, 1995, पृ. 6
3. गुप्ता, मोहनलाल, पूर्वोक्त
4. शर्मा, नंद किशोर, युगयुगीन वल्ल प्रदेश-जैसलमेर राज्य का राजनीतिक इतिहास, जोधपुर, 2003
5. गुप्ता, मोहनलाल, पूर्वोक्त, पृ. 144-151; हिन्दुस्तान पूर्वोक्त पृ. 39-40, एवं शर्मा, नंदकिशोर, वही
6. गुप्ता, मोहनलाल, वही, बीकानेर, पृ. 18
   -गुप्ता, जी.पी., ग्रोथ ऑफ एडमिनिस्ट्रेशन इन बीकानेर स्टेट, फ्रॉम 1818-1914, अप्रकाशित शोध प्रबन्ध, राजनीति विज्ञान विभाग, राज. वि.वि., जयपुर, 1959 (राजस्थान अध्ययन केन्द्र, इतिहास एवं भारतीय संस्कृति विभाग, राज. वि.वि., जयपुर में उपलब्ध), पृ. 1-16
   -हिन्दुस्तान, पूर्वोक्त
7. तरुण राजस्थान (समाचार-पत्र), 26-7-1926, पृ. 13, RSAB
8. तरुण राजस्थान (समाचार-पत्र), 15-8-1926, RSAB
9. वही, 26-9-1927, RSAB
10. तरुण राजस्थान (समाचार-पत्र) 10-1-1928, पृ. 14, RSAB
11. वही
12. राजस्थान (समाचार-पत्र), 27-5-1935, RSAB
13. नवज्योति (समाचार-पत्र), 16-1-1938, RSAB
14. जोधपुर गवर्नमेंट, सेन्ट्रल एडवायजरी बोर्ड प्रोसिडिंग्ज ऑफ फर्स्ट सैशन, फरवरी 1939, RSAB इसमें राधामोहन का वक्तव्य महत्त्वपूर्ण है जो स्थिति को हमारे समक्ष स्पष्ट करता है।
15. सेन्सस ऑफ इंडिया, राजपूताना, 1911, पृ. 34, 35, 46, 47, 62, जनगणना कार्य निदेशालय, जयपुर

16. वही, 1921, पृ. 30-31, 39-40, 44-45, 50-51, जनगणना कार्य निदेशालय, जयपुर
17. वही, 1931, द्वारा लेफ्टीनेंट कर्नल बी.एल. कोले, मनोहर, 1992, जनगणना कार्य निदेशालय, जयपुर, पृ. 43, 46, 47, 52
18. वही, 1941, पृ. 78, जनगणना कार्य निदेशालय, जयपुर
19. गौड़, मीना, सती एंड सोशल रिफॉर्म इन इंडिया, पब्लिकेशन स्कीम, जयपुर, पृ. 108
20. वही, पृ. 108 एवं होम डिपार्टमेंट, इन्टरनल 'बी', अगस्त 1915, फाइल नं. 276-76, नं. 20, NAID
21. द बॉम्बे क्रॉनिकल (समाचार-पत्र), 21-8-1925, NMML
22. गौड़, मीना, पूर्वोक्त, पृ. 108
–'गोली' इससे सम्बन्धित आचार्य चतुरसेन शास्त्री के उपन्यास का शीर्षक भी है
23. गौड़ मीना, वही, पृ. 109, हालाँकि मीना गौड़ ने जागीर तक दिए जाने की बात कही है, पर न उन्होंने कोई उदाहरण दिया और न हमारे प्रकाश में आया।
24. गौड़ मीना, वही, पृ. 109
25. गोली (उपन्यास), आचार्य चतुरसेन शास्त्री के उपन्यास का विस्तृत उल्लेख साहित्य से सम्बन्धित अध्याय में किया गया है
26. गौड़ मीना, पूर्वोक्त, पृ. 109
27. जोधपुर रिकॉड्र्स, ख्यात री बही, विक्रम संवत्, 1921, पृ. 20, 40, 74 व 255, RSAB
28. तरुण राजस्थान (समाचार-पत्र), 15-3-1927, पृ. 18, RSAB
29. तरुण राजस्थान (समाचार-पत्र), 26-6-1927, पृ. 11, RSAB
30. यंग राजस्थान (समाचार-पत्र), 3-3-1929, पृ. 12, RSAB
31. वही, 3-10-1929, पृ. 13, RSAB
32. वही, 3-10-1929, पृ. 5, RSAB
–इस अंक का एक आलेख 'भारतीय राज्यों में दास प्रथा', जो पी.एल. चूडगर द्वारा लिखित है, द्रष्टव्य है
33. गौड़, मीना, पूर्वोक्त, पृ. 111
34. वही
35. यंग राजस्थान (समाचार-पत्र), 28-9-1927, पृ. 11, RSAB
36. तरुण राजस्थान, वही
37. तरुण राजस्थान, 13-5-1929, RSAB
38. त्याग भूमि (समाचार-पत्र), भाद्रपद संवत् 1986, पृ. 678, माइक्रो फिल्म नं. 3298, NMML (1929-30)
39. राजस्थान (समाचार-पत्र), 27-5-1935, RSAB
40. दी राजपूताना मेल (समाचार-पत्र), अजमेर, 3-3-1935, पृ. 1, RSAB
41. यंग राजस्थान (समाचार-पत्र), 25-4-1929, पृ. 11, NMML, दिल्ली
42. तरुण राजस्थान (समाचार-पत्र), 24-6-1929, पृ. 11, RSAB
43. राजस्थान (समाचार-पत्र), 22-4-1935, पृ. 18, RSAB
44. राजस्थान (समाचार-पत्र), 3-4-1935, पृ. 6, RSAB

–इस घटना के अनुसार–''एक मालिन जिसके साथ ढ़ाई वर्ष की एक लड़की भी है, लगभग तीन महीने से अपने घर से गायब थी। वह शुक्रवार 24 मई के दिन स्थानीय जुमा मस्जिद में मुसलमान बना दी गई। उसका नाम 'मारा' था। अब हकीका रखा गया है। उसकी लड़की का नाम भी हफीजा रखा गया है। उसका निकाह कहते हैं अलादिया मुसलमान के साथ जो तांगा चलाता है, कर दिया गया है। यह अलादिया भी पहले का जाट है। कहते हैं उक्त मालिन जोधपुर राज्य में जैतारण तहसील के बलूंदा स्थान की रहने वाली है।''

45. राजस्थान (समाचार-पत्र), 13-5-1935, पृ. 20-21, RSAB
46. राजस्थान (समाचार-पत्र), 10-6-1935, पृ. 6, RSAB
47. राजस्थान (समाचार-पत्र), 24-6-1935, पृ. 21, RSAB
    –इसके अनुसार, ''शहर में ऐसी अफवाह है कि सन्तोषी नामक एक 16 वर्षीय युवती सेठ भैंरोदान बेंगानी द्वारा भगाई गई। कहते हैं उपर्युक्त युवती का विवाह देशनोक में हुआ था। वह सेठजी को छोड़ अपने पति के साथ नहीं जाती थी। सेठजी का इस युवती से लम्बे समय से अनुचित सम्बन्ध रहा था। जब उसके पिता और पति ने मुकदमा दायर किया तो अदालत ने युवती को अपने माता-पिता के साथ रहने की आज्ञा दी। युवती अपने माता-पिता के पास ही रहती थी। तारीख 12 जून को सेठजी मोटर लेकर उसके घर पहुँचे और पिता की उपस्थिति में उसे अपने भाई के साथ मोटर में डालकर ले भागे।''
48. राजस्थान (समाचार-पत्र), 17-6-1935, पृ. 18, RSAB
49. राजस्थान (समाचार-पत्र), 23-9-1935, पृ. 1, RSAB
50. वही, पृ. 27
51. राजस्थान (समाचार-पत्र), 17-5-1937, पृ. 10, RSAB
    –इसके अनुसार–''नांवा (कुचामन रोड) की एक गर्ल्स स्कूल की अध्यापिका पर दफा 302 का मामला चल रहा था जिसका फैसला आज सेशन जज नागौर ने सुना दिया। दफा 417 के मातहत 6 माह की सख्त सजा दी गई। इस्तगासा का बयान यह था कि उक्त अध्यापिका की अवस्था करीब 22 वर्ष के लगभग है और वह अभी तक कुंवारी है। उक्त अध्यापिका के गर्भ रह गया और बाद में बच्चा हुआ, जिसकी उसने हत्या कर डाली।''
52. रियासती, 14-4-1940, पृ. 2, RSAB
53. यह बात शोधार्थी के दादा स्व. ठाकरसीराम शर्मा ने बताई थी, जिन्होंने बीकानेर रियासत में सन् 22 अप्रैल, 1932 तक राजस्व पटवारी के रूप में कार्य किया
54. जोधपुर कान्फीडेंशियल बस्ता नं. 12, क्र.सं. 32, फाइल नं. 11A, वोल्यूम IV, पृ. 86, RSAB
    –यह हिन्दी समाचार-पत्र 'वीर अर्जुन' में 10-3-1947 के अंक की कटिंग के अंग्रेजी अनुवाद का सन्दर्भ है
55. राजस्थान (समाचार-पत्र), 3-6-1935, RSAB
56. प्रजा सेवक (समाचार-पत्र), जोधपुर, 31-12-1941, RSAB
57. जैन एम.एस., पूर्वोक्त, पृ. 236
58. व्यक्तिगत साक्षात्कार-लक्ष्मी कुमारी चूंडावत 18-11-2003, जयपुर

59. जैन, एम.एस. पूर्वोक्त, पृ. 235
60. सेन्सस ऑफ इंडिया, 1901, 1911, 1921, 1931, ज. नि. जयपुर
61. व्यक्तिगत साक्षात्कार, शक्तिदान कविया, जोधपुर, 2004 दिसम्बर, 15
62. तरुण राजस्थान (समाचार-पत्र), 20-6-1927, पृ. 13, RSAB
63. रियासती (समाचार-पत्र), 12-6-1935, पृ. 2, RSAB
64. वही
65. वही
66. राजस्थान (समाचार-पत्र), 17-6-1935, पृ. 18, RSAB
67. राजस्थान (समाचार-पत्र), 24-6-1935, पृ. 21, RSAB
68. विस्तार हेतु द्रष्टव्य–दुष्यंत–वैधव्य का अभिशाप एवं नैतिकता का प्रसंग : बीसवीं सदी का राजस्थान, जिज्ञासा, Vol. IX, 2003, पृ. 145-150
69. छः साला रिपोर्ट, राजस्थान वनिता आश्रम, 1-4-1928 से 31-3-1934, प्रकाशक-घीसूलाल एम.ए., एल.एल.बी. एडवोकेट, मानद मन्त्री, विक्रम संवत् 1992 अजमेर, पृ. 163-174, RSAB
70. वही, पृ. 165-176
71. वही, पृ. 179-180
72. राजस्थान (समाचार-पत्र), 8-3-1937, पृ. 10, RSAB
73. क्षात्रधर्म (मासिक), वर्ष 2, अंक 6, मार्च 1939, पृ. 36, NMML
74. वही
75. नंदकिशोर शर्मा से व्यक्तिगत साक्षात्कार, जैसलमेर, 7-8-2001, नंद भारद्वाज से साक्षात्कार 5-12-2004, जयपुर एवं शर्मा, नंद किशोर, जैसलमेर का सामाजिक एवं सांस्कृतिक इतिहास, सीमांत प्रकाशन, जैसलमेर, 1993, पृ. 15
76. क्षात्रधर्म सन्देश, जोधपुर, वर्ष 1, सं. 6, द्वितीय, ज्येष्ठ कृष्णा 2, वि. सं. 1999, पृ. 36, NMML, दिल्ली
77. क्षात्रधर्म सन्देश, वही

अध्याय : 4

स्त्री-जीवन में सुधार के प्रयास-1

समाज-सुधार की बहुआयामी प्रक्रिया के मुख्यतः दो मार्ग हैं-विधिक एवं जनचेतनादि गैर विधिक प्रयास। दोनों पृथकतः महत्त्वपूर्ण भी हैं और परस्पर पूरक भी। विधिक मान्यता आवश्यक है किन्तु प्रायः जनचेतना ही समाज-सुधार के लिए दीर्घकालिक उपाय के रूप में प्रभावी होती है।

राजस्थान के समाज-सुधार आन्दोलन एवं शेष भारतीय समाज-सुधार आन्दोलन के बीच लम्बा अन्तराल है। यद्यपि ब्रिटिश प्रयास 19वीं शताब्दी में भी हुए, पर राष्ट्रीय आन्दोलन के समानान्तर यहाँ सामाजिक सुधार की गति बढ़ी और सुधार का भौगोलिक विस्तार भी हुआ।

महिलाओं के सन्दर्भ में सामाजिक सुधार आन्दोलन की प्रगति पर दृष्टिपात करें तो ज्ञात होता है कि स्पष्टतः विधिक एवं गैर-विधिक दोनों ही स्तरों पर प्रयासों का सम्मिलित प्रभाव रहा है। अतः इन प्रयासों को इन्हीं दो शीर्षकों में विभाजित कर इस अध्याय में प्रस्तुत किया है।

1. विधिक प्रयास
2. गैर-विधिक प्रयास।

विधिक प्रयास

सामाजिक विधिकरण का मुख्य उद्देश्य देश के वर्तमान सामाजिक-आर्थिक उद्देश्यों की पूर्ति करना एवं सामयिक-सामाजिक समस्याओं से निपटना है।[1] राजपूताना में विधिक एवं गैर-विधिक रूप से महिलाओं की सामाजिक समस्याओं के निराकरण की प्रक्रियाएँ सहगामी रही हैं।

राजपूताना में सती, कन्यावध, बाल एवं अनमेल विवाह, पर्दा, बहुविवाह, कष्टपूर्ण वैधव्य जैसी समस्याओं के बहुप्रचलन ने सुधार कार्यों के लिए विवश

किया ताकि इनसे समाज को मुक्ति दिलाई जा सके। सुधार की धारा का प्रवाह देशी शासकों, ब्रिटिश सरकार, सामाजिक संगठनों एवं व्यक्तियों के प्रयासों के माध्यम से हुआ। यहाँ विशेष बात ये है कि सामान्य धारणा के विपरीत देशी शासकों ने यदा-कदा महिलाओं को इन समस्याओं से मुक्त कराने के लिए ब्रिटिश प्रयासों का अनुसरण करते हुए कार्य किए। एक प्रविधि एवं रणनीति (Methodology and Strategy) में परिवर्तन आता है। 19वीं सदी में जहाँ देशी शासकों एवं ब्रिटिश सरकार द्वारा सामाजिक विधि निर्माण पर अधिक बल दिखाई देता है, वहीं 20वीं सदी में व्यक्तियों व संगठनों द्वारा जनचेतना एवं जनमत निर्माण के बाद विधिक प्रयास किए जाने की प्रवृत्ति उभरती है। पर अग्रगामी हो या अनुगामी, विधिक प्रयास रहे हैं और महत्त्वपूर्ण रूप से रहे हैं। कई समाज-सुधारकों का मत था कि कानूनी प्रावधान कुप्रथाओं के उन्मूलन के सर्वप्रमुख माध्यम रहे हैं। यहाँ यह भी उल्लेखनीय प्रतीत होता है कि विधि निर्माण के माध्यम से इन जघन्य प्रथाओं की समाप्ति की पहल ब्रिटिश प्रभाव से कहीं पहले 18वीं सदी में भी देशी शासकों के प्रयासों के रूप में हमारे सामने आती है जो कि परम्परागत इतिहास दृष्टि में अप्राप्य है जिसमें प्राय: ऐसे प्रयासों का एकल श्रेय ब्रिटिश सरकार को दिया जाता रहा है।

कन्यावध

कन्यावध जघन्य अमानवीय प्रथा थी, इसके उन्मूलन हेतु 18वीं शताब्दी में जयपुर के महाराजा सवाई जयसिंह, जोधपुर (मारवाड़) के महाराजा बख्तसिंह तथा प्रतापगढ़ के राजा व बाँसवाड़ा के रावल जैसे देशी शासकों ने अपने क्षेत्रों में इस पर पाबंदी लगाई। यह इन शासकों द्वारा उठाया गया अत्यन्त प्रगतिशील कदम था, जिन्होंने सामाजिक मुद्दों पर विधि निर्माण को अपनाया। इसकी शुरुआत जयपुर महाराजा सवाई जयसिंह ने 1731ई. में की, पर यहाँ दो बातें विशेष हैं–एक तो ये कि जयपुर महाराजा के ये कदम बिना किसी बाहरी दबाव के थे और दूसरा, जयपुर में यह प्रथा अधिक प्रचलित नहीं थी। उन्होंने कच्छवाहा तथा अन्य सरदारों की सभा बुलाकर उन्हें कन्यावध से रोकने की चेष्टा की।

यद्यपि कन्यावध से सम्बन्धित विधि निर्माण के लिए मेजर लुडलो को महत्त्वपूर्ण योगदान देनेवाला माना जाता है पर वस्तुत: देखा जाए तो राजपूताना की अधिकांश रियासतों में कन्यावध के विरुद्ध ऐसे कदम ब्रिटिश प्रयासों से पहले प्रारम्भ किए गए। मेजर लुडलो के प्रयास उस समय प्रतीकात्मक रूप से फलीभूत हुए कहे जा सकते हैं, जब मार्च, 1847 ई. को जयपुर रियासत में, जहाँ यह प्रथा

कम प्रचलित थी, राजपूतों में कन्यावध पर प्रतिबन्ध लगाने के लिए कानून बनाया गया।[2] पर कानून का प्रभाव नगण्य प्राय: रहा और प्रथा गुप्त रूप से यथावत जारी रही। 1863 ई. में कानून को अधिक प्रभावी बनाने के लिए कुछ नियम जोड़े गए।[3] इन प्रयासों की विशेष बात यह है कि कन्यावध की एक प्रमुख जड़ 'त्याग' प्रथा पर प्रहार किए गए और सीमित रूप से प्रभावी भी हुए।

जोधपुर में महाराजा बख्तसिंह तीन साल के छोटे से शासनकाल के बाद जिनकी मृत्यु 1753 ई. में हुई थी, ने कन्यावध की जघन्य प्रथा को रोकने का प्रयास किया। बख्तसिंह ने एक एक्ट पास किया, जिसमें न केवल कन्यावध पर रोक लगाई गई बल्कि शादी के मौकों पर चारण-भाटों की माँगों को भी सीमित कर दिया गया। यह भी प्रावधान किया कि अगर वधू का पिता वह सीमित धन भी देने की स्थिति में नहीं है तो वधू की जाति के लोगों पर (उसी गाँव या शहर के) गृहकर निर्धारित किया जाए, अगर फिर भी सम्भव न हो तो राज्यकोषागार से उस धन की व्यवस्था का प्रावधान किया जाए।[4] ऐसा प्रतीत होता है कि बख्तसिंह के प्रयास लघुशासन काल के कारण वाँछित परिणाम प्राप्त नहीं कर सके। परिणामत: 1763 ई. (संवत् 1821) में महाराजा विजय सिंह ने एक एक्ट पास किया, जिसमें मारवाड़ में कन्यावध पर प्रतिबन्ध लगाया गया। जयपुर के सवाई जयसिंह की तरह जोधपुर महाराजा ने माना कि जोधपुर में कन्यावध की कुप्रथा के प्रचलन के प्रमुख कारणों में चारण व भाटों की अत्यधिक माँगें शामिल हैं। इस जघन्य प्रथा को रोकने के लिए उसने अन्य कार्यवाही की, क्योंकि मरु क्षेत्र में पर्याप्त प्रावधान के बिना राजधानी में शादी सम्पन्न हो पाना सम्भव नहीं था। वे इस तथ्य से परिचित थे कि शादियों के अवसर पर चारण भाट बड़ी संख्या में एकत्र होते हैं और अगर उनकी माँगें पूरी नहीं हुईं तो वे वधू के पिता के विरुद्ध कविताएँ लिखेंगे और अपने 'त्याग' की प्राप्ति हेतु शादी में व्यवधान डालेंगे और अप्रिय दृश्य पैदा करेंगे। विवाह के अवसर पर कन्या और वर पक्ष के राजपूतों द्वारा चारणों को विदा के पूर्व दान-दक्षिणा के रूप में रुपए, मोहर, वस्त्र आदि दिए जाते थे, यह धनराशि त्याग के रूप में मानी जाती थी। इसी त्याग को टॉड ने कन्यावध का कारण बताया था।[5] विजयसिंह ने त्याग की विधि को नियमित (Regular) करने की चेष्टा की और तय किया कि चारण व भाटों को विवाह के अवसर पर भुगतान की जानेवाली राशि वधू-पिता की आय या भूमि के लगान के अनुपात में होगी।[6]

1763 के कानून के अनुसार राजपूत पट्टेदार (Pattiats) चारणों को 25 रु., भाटों को 8 रु., 5 रु. डोमों को त्याग के रूप में 1000 की रेख पर भुगतान कर देंगे। इस प्रकार प्रत्येक 1000 की रेख पर 45 रु. का भुगतान किया जाना था। अगर किसी

की रेख अधिक होती थी, या इस राशि से कम होती थी तो, कानून के अनुसार, आनुपातिक रूप से कम या अधिक भुगतान करना होता था। इसी प्रकार यह भी प्रावधान किया गया था कि सरदार या पट्टेदार के परिवार में विवाह पर चारण 25 रुपए, भाट 9 रु. एवं डोम 5 रु. प्रति हजार रुपए की रेख पर प्राप्त करेंगे। महाराजा विजयसिंह ने यह भी प्रावधान किया कि जो राजपूत और चारण भाट इसका उल्लंघन करेंगे, उन्हें दंडित किया जाएगा। जो कन्यावध के लिए दोषी पाया गया उसे मारवाड़ से बहिष्कृत (Banished) कर दिया जाएगा। इस कानून में यह भी प्रावधान किया गया था कि 'अकावत' (चारण प्रमुख) द्वारा संग्रहित राशि का अन्य में वितरण किया जाएगा, अगर कोई व्यक्ति अकावत के अलावा धन प्राप्त करने का दोषी पाया जाए तो प्रशासन द्वारा दंडित किया जाएगा।[7]

महाराजा विजयसिंह ने अपने कानून के द्वारा सभी परगना हाकिमों को कर्तव्यों के प्रति जागरूक रहने के निर्देश दिए और उन्हें चेतावनी दी कि अगर कोई लापरवाही बरतेगा, उसे राज द्वारा दंडित किया जाएगा। इसी प्रकार, विजयसिंह ने चारण-भाटों को एक समझौते में बँधने के निर्देश दिए जिसमें उन्हें तय राशि से अधिक माँगने के लिए प्रतिबन्धित किया गया अन्यथा कानून अपनी कार्यवाही हेतु स्वतन्त्र होगा। चारणों ने यह भी स्वीकार किया कि अगर कोई चारण इसका उल्लंघन करेगा, उसका बहिष्कार किया जाएगा और उन्होंने वादा किया कि वे हर गाँव के चारण-भाटों को इस समझौते पर सहमति हेतु प्रोत्साहित करेंगे।[8]

इन प्रगतिशील जागरूक शासकों के प्रयासों के बावजूद मारवाड़ में कन्यावध की समस्या समाप्त नहीं हो पाई और चारणों-भाटों की माँगें यथावत रहीं। इसे देखते हुए ले. कर्नल सदरलैंड (ए.जी.जी. 1839) ने पहल की-जोधपुर के प्रशासन में जो गलत था, उसे सही करना और देश में व्याप्त कुप्रथा को समाप्त करना।[9] अपने संकल्प और दृष्टि के साथ वे कैप्टन लुडलो को साथ लेकर 1839 में महाराजा मानसिंह और उनके सामंतों से मिले, उनका उद्देश्य था-मारवाड़ में इस जघन्य प्रथा को रोकने के लिए नियम विधान बनाना।[10] महाराजा मानसिंह ने कहा कि इस सन्दर्भ में उसके पूर्वज महाराजा बख्तसिंह द्वारा 1763 में एक कानून पास किया गया जिसके द्वारा मारवाड़ में कन्यावध पर प्रतिबन्ध लगाया गया।[11] महाराजा बख्तसिंह के इस कानून को आधार बनाकर सदरलैंड ने एक बिल का प्रारूप अक्टूबर, 1839 में तैयार किया।[12] इसमें महाराजा मानसिंह और उनके सामंतों, दरबारियों ने मदद की। बातचीत के अन्तर्गत, चारणों व भाटों के प्रमुखों ने भाग लिया और महाराजा के साथ एक समझौते को स्वीकार किया और नियम-विधान के अनुसार राशि लेने की बाध्यता स्वीकारी।[13] इसी प्रकार सामंतों, भूमिया

व राजपूत ठिकानेदारों ने अपने प्रतिनिधियों के माध्यम से, निर्धारित राशि की अदायगी की बाध्यता स्वीकारी।[14] सदरलैंड मानते थे कि इस एक्ट से मारवाड़ में कन्यावध नियन्त्रित होगा। यह नियम-विधान भारत सरकार को 3 जनवरी, 1841 ई. को सौंपा गया। इसके नियम संख्या 45 द्वारा मारवाड़ में कन्यावध पर प्रतिबन्ध लगाया गया।[15] इसके अन्तर्गत भूमिया आदि मारवाड़ के संभ्रांत वर्गों को अपनी कन्याओं को सुरक्षित रखने का निर्देश दिया गया।[16] इसके साथ ही विवाह के अवसर पर चारणों व भाटों की अदायगी भी निर्धारित कर दी गई।[17] यह निर्धारित किया गया कि जिन जागीरदारों की रेख द्वारा सालाना आय 1000 रुपए है, चारणों को 25 रुपए और 1000 रुपए की रेख की सालाना आय वाले भूमिया 10 रु. व भूमिहीन साधारण राजपूत 10 रुपए देंगे। 1000 रुपए की सालाना आय वाले जागीरदार भाटों को 9 रुपए, पवाड़िया, वालादिया व भूमिया 5 रु. व साधारण राजपूत 4 रुपए देंगे। इसी प्रकार ढोली तगा (गायक) को विवाह के मौके पर प्रति 1000 रुपए की रेख पर 5 रुपए मिलेंगे। यह भी तय किया गया कि वे इस निर्धारित अदायगी से अधिक माँग नहीं करेंगे।

इन नियमों को प्रभावी बनाने के लिए महाराजा मानसिंह ने आदेश दिया कि चूँकि ये नियम सभी से राय-मशविरे एवं सहमति से बनाए गए हैं। इसलिए कोई राजपूत अधिक अदायगी करता या अपनी बेटी को मारता है तो वह राजा से दंड का भागी होगा अगर चारण, भाट या ढोली ज्यादा माँग करता है तो वह भी दंड का भागी होगा। मानसिंह ने गरीब गाँवों को चारण-भाटों की माँग की पूर्ति के लिए राज्य कोषागार से आपूर्ति का भी प्रस्ताव किया। सदरलैंड ने इस नियम-विधान की प्रतियाँ राजपूताना के अन्य शासकों तथा निकटवर्ती प्रान्तों-मालवा, गुजरात, कन्धार के ब्रिटिश अधिकारियों को भी भिजवाईं।[18] सदरलैंड ने माना कि जब से मारवाड़ में यह कानून बना है और जबसे बख्तसिंह के कानून की खोज हुई है, मुझे कोई सन्देह नहीं है कि कन्यावध राजपूताना में कम हुआ है, पर सदरलैंड विश्वास करता था कि इसमें चारणों व भाटों को सीमित करना एक तात्कालिक कदम था जबकि राजपूतों में व्यापक रूप से प्रचलित जघन्य प्रथा के समूल नाश के लिए व्यापक उपाय अत्यन्त आवश्यक थे।

अक्टूबर, 1843 ई. में उपरोक्त विधान के कुछ पक्ष विशेषकर राजपूतों से सम्बन्धित, मार्बल पट्टिकाओं पर खुदवाए गए तथा रियासत के जिला मुख्यालयों पर स्थापित करवाए गए और इन नियमों के उल्लंघन को दंडनीय घोषित किया गया।[19] इससे अनेक ठिकानेदारों को चारणों व भाटों के उत्पीड़न से मुक्ति मिली। मारवाड़ कौंसिल ऑफ रीजेंसी व अन्य प्रतिष्ठित राजपूतों ने जोधपुर के तत्कालीन

पॉलिटिकल एजेंट लुडलो को जोधपुर में कन्यावध की समाप्ति का विश्वास दिलाया और कहा कि एजेंसी की स्थापना के बाद से चारणों व भाटों के दावों की पूर्ति में कोई परेशानी सामने नहीं आई है।[20] वहाँ कुछ ही उदाहरण मिलते हैं जब ठिकानेदारों ने चारणों व भाटों को अधिक अदायगी की जिसे महाराजा द्वारा क्षम्य अपराध (Venial offence) घोषित किया गया। 1840 में भाद्रजूण के ठाकुर के बेटे का विवाह राखी ठिकाने में हुआ (दोनों ठिकाने मारवाड़ में थे), विवाह में भाद्रजूण ठिकाने ने नियमों की उपेक्षा पाँच गुणा और राखी ठिकाने ने 6 गुणा त्याग की अदायगी की। इसी प्रकार 1841-42 में घाणेराव ठिकाने के ठाकुर ने अपनी पाँच में से दो कन्याओं का विवाह शेखावटी व मारवाड़ में किया और प्रत्येक शादी के अवसर पर चारण-भाटों को तीन गुणा अदायगी की। इन उदाहरणों ने महाराजा व उसके सरदारों को अप्रसन्न किया। लुडलो ने रिपोर्ट की कि 'महाराजा, सरदार व प्रशासन ने ठिकानेदारों की तरफ से लापरवाही स्वीकार की और कहा कि उन्हें स्वतन्त्र छोड़ दिया गया है और प्रथा क्रमशः कम होगी। लुडलो भी स्वैच्छिक अदायगी पर सहमत हुआ। 1842 ई. में जोधपुर के वकील राव राजा रिधमल ने लुडलो को कहा कि प्रयास पर्याप्त है और तब से मैंने कोई कन्यावध का मामला नहीं सुना।[21]'

7 अप्रैल, 1846 ई. को जोधपुर के तत्कालीन पॉलिटिकल एजेंट कैप्टन ग्रेटहैड ने दरबार द्वारा बनाए गए नियमों के उल्लंघन के कुछ मामलों की सूचना दी।[22] उसकी रिपोर्ट के अनुसार रायपुर के ठाकुर ने जयपुर के ठिकाने में अपनी बेटी की शादी के मौके पर अपनी प्रतिष्ठा विभिन्न स्थानों पर गाए जाने के एवज में भारी राशि चारण-भाटों को प्रदान की। ऐसी ही एक प्रशस्ति ग्रेटहैड को प्राप्त हुई। फिर ठाकुर के खिलाफ महाराजा द्वारा कार्यवाही की गई।[23]

आषाढ़ सुदी प्रथम, वि.स. (अर्थात् 12 तुलाई, 1847 ई.) को जोधपुर में महाराज तख्त सिंह[24] ने पॉलिटिकल एजेंट की सलाह पर एक घोषणा (Proclamation) की जिसमें चारणों व भाटों को त्याग लूटने पर पीड़ादायक हिरासत से बचने के लिए आत्म-बलिदान आदि (Human Sacrifice & Self Immolation) से रोका गया। यह भी घोषित किया गया कि अगर कोई ठिकानेदार या राजपूत तय से अधिक अदायगी करता है तो उसे इसके लिए उत्तरदायी ठहराया जाएगा। मेजर थोर्स्बी ने विश्वास जताया कि मारवाड़ के उपाय अन्य राज्यों द्वारा भी अनुसरित किए जाएँगे, जहाँ चारण ऐसे कार्य करते हैं।[25] महाराजा ने घोषणा को गम्भीरतापूर्वक लिया और जब भी भाटों-चारणों ने ऐसा किया उनमें से कुछ को 7 वर्ष तक का कारावास दिया और मारवाड़ से निष्कासित कर दिया।[26]

स्मरणीय है कि देश हितैषिनी सभा एवं वाल्टरकृत राजपुत्र हितकारिणी सभा ने भी विधानात्मक प्रयास किए जिन्हें इस अध्याय के अगले खंड में व्याख्यायित किया जाएगा।

बाल एवं अनमेल विवाह

बाल एवं अनमेल विवाहों पर रोक लगाने के लिए राजपूताना की विभिन्न रियासतों–बीकानेर, भरतपुर, धौलपुर आदि के शासकों द्वारा 1930 ई. तक विभिन्न आदेश जारी किए गए थे। इससे सम्बन्धित पहला उदाहरण हमारे सामने आता है–एक देशी प्रयास के रूप में जब 1888 ई. में बूँदी के महाराव राजपूताना के तत्कालीन ए.जी.जी.कर्नल वाल्टर को लिखे पत्र में विवाह की न्यूनतम आयु वर-वधू के लिए क्रमशः 18 व 14 करने की सलाह देते हैं।[27] इसी के परिणामतः मेवाड़ रेजिडेंसी कांफ्रेंस में विभिन्न रियासतों के प्रतिनिधियों की उपस्थिति में मार्च,1888 ई. में इससे सम्बन्धित नियमों का विधान किया गया, जिन्हें 30 वर्षों के लिए बनाया गया तथा उनके क्रियान्वयन हेतु प्रयास भी किए गए।[28] इसके बाद बाल एवं अनमेल विवाह के लिए कानून निर्माण की दृष्टि से महत्त्वपूर्ण कदम–द भरतपुर सोशल रिफॉर्म एक्ट, 1926 था[29] विशेष बात यह है कि ये बिल शारदा बिल (1929 ई.) से पहले पारित किया गया था। इसमें वर-वधू की न्यूनतम आयु क्रमशः 14 व 16 निर्धारित की गई थी।

इस बिल को 1 जनवरी, 1927 ई. को सम्पूर्ण भरतपुर में लागू किया गया था।[30] इस बिल का द्वितीय अध्याय बाल विवाह से सम्बन्धित था। इसमें विवाह की न्यूनतम आयु लड़की व लड़के के लिए क्रमशः 14 व 16 निर्धारित की गई हालाँकि कुछ अपवाद भी रखे गए। इसके उल्लंघन पर 2 साल की सजा या 3000 रु. तक का जुर्माना या दोनों का प्रावधान किया गया। इसकी एक विशेष बात यह भी थी कि महिलाओं को दंड से मुक्त रखा गया तथा अनमेल विवाह के बारे में कोई नियम-दंड का विधान करने से बचा गया। इससे प्रभावित होकर कोटा दरबार ने 1 जुलाई, 1927 ई. को प्रभावी कानून शादी बनाया जिसमें वर-वधू की न्यूनतम आयु 12 व 16 निर्धारित की गई।

1928 ई. में बीकानेर हिन्दू मैरिज एक्ट[31] पारित किया गया। 6 सितम्बर, 1928 ई. को महाराजा ने इस एक्ट को अपनी सहमति दे दी। यह एक्ट पूरे बीकानेर में लागू किया जबकि राजपूत व चारण इससे अलग रखे गए क्योंकि ये वाल्टरकृत राजपुत्र हितकारिणी सभा के अन्तर्गत थे। इस एक्ट में विवाह की न्यूनतम आयु

लड़के व लड़कियों के लिए क्रमशः 16 व 11 निर्धारित की गई। लड़कियों की यह आयु अन्य राज्यों की अपेक्षा काफी कम प्रतीत होती है।

अनमेल विवाहों को रोकने के लिए यह प्रावधान किया गया कि 14 वर्ष से कम आयु की लड़की का विवाह 45 वर्ष से अधिक आयु के पुरुष से नहीं किया जाएगा। साथ ही यह भी विधान किया गया कि 18 वर्ष से कम आयु की लड़की का विवाह अपने से छोटी उम्र के लड़के के साथ नहीं किया जाएगा। इस एक्ट की विशेष बात यह भी थी कि वर–वधू दोनों की शारीरिक परीक्षा पर रोक के साथ विवाह के दो वर्ष बाद कोई अपराधी न ठहराने की बात भी की गई। राजपूतों व चारणों को इससे अलग रखना इसकी सबसे बड़ी खामी थी जिसके कारण एक्ट अपने उद्देश्यों की प्राप्ति में असफल रहा। कोटा व भरतपुर से तुलना करें तो लड़कियों के विवाह की न्यूनतम आयु यहाँ कम थी जहाँ यह क्रमशः 12 व 14 निर्धारित की गई थी।

एक्ट में 18 वर्ष से अधिक आयु का कोई पुरुष अगर किसी बालिका से विवाह करता है तो उसे 1000 रुपये तक के अर्थदंड का विधान किया गया था। साथ ही 18 वर्ष से छोटी कन्या का विवाह उससे छोटी आयु के लड़के से प्रतिबन्धित किया गया। इस एक्ट में कहा गया कि शिकायतकर्ता को 500 रुपये सुरक्षित राशि के रूप में जमा करवाने पड़ेंगे, तभी कार्यवाही, जाँच आदि प्रारम्भ होगी।[32]

जैसलमेर में 1843 ई. (श्रावण सुदी 5, वि.सं. 1990) में कैप्टन लुडलो के आग्रह पर महाराजा ने एक नोटिफिकेशन जारी किया[33] जिसमें चारणों को त्याग स्वीकारने से मना किया गया। इसे अधिक प्रभावी बनाने के लिए दूर–दराज इलाकों में मुनादी करवाई गई और कोर्ट में उपस्थित चारणों व राजपूतों को स्पष्ट शब्दों में सूचना दी गई। पुरोहित सरदारमल ने लुडलो को सूचना दी कि कन्यावध के खिलाफ आदेश बारां महाराजा के समय में ही जारी किए जा चुके हैं।[34] पर ऐसा प्रतीत होता है कि ये प्रयास सफल नहीं रहे और अगले ही वर्ष त्याग की प्राप्ति के सन्दर्भ में विशेष निर्देश जारी किए गए। यह निर्धारित किया गया कि चारण विवाहों के अवसर पर परेशानी खड़ी नहीं करेंगे और रेख का 10 प्रतिशत भाग अधिकतम प्राप्त करेंगे। इन नियमों के उल्लंघन पर चारणों पर भारी दंड लगाया जाएगा और राज द्वारा दिए गए ग्राम जब्त कर लिए जाएँगे। उन्हें त्याग के लिए राज्य की सीमाओं से बाहर जाना भी निषेधित किया गया। अन्यथा दंड का विधान किया गया।[35]

1853 ई. (वि.सं. 1910) में फिर एक प्रयास किया गया जिसे चारणों को जितना दिया जाए, उतना स्वीकारने को कहा गया और उनके त्याग की सीमा विवाह के कुल खर्च के 10 प्रतिशत तक तय की गई जबकि पूर्व में इसे रेख का 10 प्रतिशत

तय किया गया था, यह फिर घोषित किया गया कि उल्लंघन करने वाले दंड के भागी होंगे।[36]

इसी प्रकार बीकानेर के महाराजा रतनसिंह ने 1837 ई. में अपनी गया की तीर्थयात्रा के दौरान सामंतों (Nobles) से गया में एक शपथ लेने को कहा कि वे भविष्य में अपनी बेटियों को नहीं मारेंगे।[37] सम्भवतः उन्होंने सोचा कि धार्मिक स्थान पर ली गई शपथ उसके सरदारों को इस कुप्रथा से मुक्त करने में प्रभावी होगी और वे धार्मिक भय के कारण शपथ को तोड़ने की हिम्मत नहीं करेंगे।

1847 ई. में जयपुर के पॉलिटिकल एजेंट ने बीकानेर महाराजा को एक खरीता भेजा[38] जिसमें उन्होंने बीकानेर में कन्यावध को रोकने के लिए उपयुक्त कदम उठाने का अनुरोध किया गया था। इसके अनुसार महाराजा ने कुछ नियम बनाए।[39] इसके अनुसार सरदारों और राजपूतों को अपनी परिस्थितियों के अनुसार विवाहों पर खर्च करने को कहा गया। जिन सरदारों की अपनी भूमि नहीं है, वे अपनी बेटी की शादी पर केवल 100 रुपए खर्च करेंगे, और इस 100 रुपए में से 10 रुपए चारण-भाटों को त्याग के रूप में देय होंगे।[40]

इन प्रयासों से स्पष्ट होता है कि इन क्षेत्रों में मारवाड़ में यह कुप्रथा अधिक प्रचलित थी जिसकी वजह यहाँ चारणों की संख्या अधिक होना था। यह तथ्य मेवाड़ व जयपुर के लिए भी इतना ही सही है।[41] मारवाड़ में निषेधक आदेशों की निरन्तरता न केवल प्रचलन बल्कि महाराजा की बालिकाओं को बचाने की इच्छा को भी प्रकट करती है। दूसरे, स्थानीय शासकों की सकारात्मक भूमिका यहाँ स्पष्ट रूप से उभरकर सामने आती है, कई बार तो यह ब्रिटिश अधिकारियों से भी पहले रही है, जो महत्त्वपूर्ण है। हालाँकि लिखित लक्ष्यों के अभाव में इन शासकों द्वारा जारी आदेशों की पालना एवं सफलता को निर्धारित करना कठिन है, पर इससे उनकी इच्छा और प्रयास की महत्ता को कम करके नहीं आँका जा सकता।

जोधपुर में महाराजा ने बाल विवाहों को रोकने तथा स्त्री-पुरुष की आयु में भारी अन्तर के साथ विवाहों को रोकने के लिए कानून बनाने का विचार किया जैसे कि बड़ौदा, इंदौर, बीकानेर, अलवर, कोटा, कश्मीर और मंडी के राज्यों में पास किए गए अधिनियमों की प्रतिलिपियों में था।[42]

मारवाड़ के विधि मन्त्री सरदार ज्वालासिंह ने मारवाड़ के विभिन्न समुदायों-पुष्करणा ब्राह्मणों, श्रीमाली, ओसवाल, दायमा ब्राह्मण, माहेश्वरी, अग्रवाल, चारण, कायस्थ, माली, राणा राजपूत, खत्री, मुस्लिम, सुनार, लुहार, नाई, शांची, सांचोरा, भाट, लखारा, तेली, तंबोली, धंचा, कसरा, गांधी आदि के दो-दो प्रतिनिधियों की बैठक उनके विचार जानने के लिए आयोजित की। राजपूत व चारणों के अलावा

(जो वाल्टर सभा के नियमाधीन थे) सभी समुदायों के विचार लिए गए। इस बात पर सहमति थी कि विधि नहीं बल्कि सामाजिक उपागमों से सुधार का मार्ग अपनाया जाना चाहिए। यह भी स्वीकार किया गया कि 11-12 साल से कम आयु की लड़की का विवाह नहीं होना चाहिए। जहाँ तक पुरुषों की विवाह आयु की बात थी, चाहे प्रथम और या आखिरी, विवाह की आयु वे क्रमश: 14 व 40 निर्धारित करने को तैयार थे।

1929 ई. में जोधपुर महाराजा ने पुन: यह जानने का प्रयास किया कि क्या मारवाड़ के लोग बाल विवाह रोकने के लिए कानून का स्वागत करेंगे? यथारूप में प्रस्ताव राजस्व मन्त्री मुंशी हिम्मत सिंह को सौंप दिया, जिन्होंने मारवाड़ मैरिज बिल का प्रारूप तैयार किया और 1930 के मारवाड़ गजट में प्रकाशित किया।[43] इसकी भूमिका में बाल एवं अनमेल विवाह को रोकने के लिए एक कानून निर्माण की अनिवार्यता पर बल दिया गया। इसके मुख्य बिन्दु इस प्रकार थे-

1. लड़के व लड़कियों के लिए विवाह की न्यूनतम आयु क्रमश: 16 व 12 वर्ष।
2. 18 वर्ष से कम की लड़की का विवाह 45 वर्ष से अधिक के पुरुष के साथ नहीं और न ही अक्षतयोनि कन्या का विवाह 60 वर्ष से अधिक आयु के पुरुष से।

पर इस बिल को रूढ़िवादी लोगों के कड़े विरोध का सामना करना पड़ा और इस प्रस्ताव को स्थगित कर दिया गया। दस साल बाद 1939 ई. में विधिक परामर्शी (Legal Remembrancer) राधा मोहन द्वारा एक्ट पुन: प्रस्तावित किया गया।[44] ब्रिटिश चाइल्ड मैरिज रेस्ट्रेंट एक्ट को आधार मानकर इसे डिस्ट्रिक्ट एडवायजरी बोर्ड व म्युनिसिपेलिटीज को जनता की राय हेतु भेजा गया। जोधपुर, जसवंतपुरा और सिवाना के म्युनिसिपेलिटीज ने प्रस्ताव का समर्थन किया। फलौदी, डीडवाना और बाड़मेर में लोगों ने समर्थन तो किया पर लड़के व लड़कियों के लिए आयु क्रमश: 16-12, 16-11 व 18-14 निर्धारित करने का सुझाव दिया। पाली, बालोतरा, नागौर, लाडनूं ने इसे सर्वथा अस्वीकार किया। पाली व बालोतरा के वे सदस्य जो एक्ट के समर्थन में थे, ने विवाह की न्यूनतम आयु लड़की व लड़कों के लिए क्रमश: 11-15 और 12-16 निर्धारित करने का सुझाव दिया। जालौर म्युनिसिपल बोर्ड ने प्रस्ताव का समर्थन तो किया पर यह संशोधन करने की शर्त पर कि आयु से संशोधन हो, जिन समुदायों में विधवा विवाह की अनुमति नहीं है और जिनमें विधवा विवाह सम्भव है, विवाह की आयु लड़कियों व लड़कों के लिए क्रमश: 13 व 18 हो।

नागौर डिस्ट्रिक्ट एडवायजरी बोर्ड ने एक बहुत सार्थक इच्छा व्यक्त की कि जनता में जागरूकता के लिए पहले कम से कम एक साल शिक्षा का प्रसार जरूरी है, फिर एक्ट को लागू किया जाना चाहिए, ताकि एक्ट स्वीकार्य हो पाए। कुछ सार्वजनिक संस्थाओं के विचार भी एक्ट के सन्दर्भ में माँगे गए। 26 संस्थाओं ने समर्थन किया और 6 इनके विरोध में थीं। जिन्होंने समर्थन दिया वे थीं–1. हिन्दू सभा, नागौर, 2. जाट बोर्डिंग हाऊस, जोधपुर, 3. पाली आल इंडिया श्वेताम्बर कांफ्रेंस, 4. माहेश्वरी नवयुवक मंडल, पाली, 5. आर्य समाज, पाली, 6. आयु समाज, नागौर, 7. सोजत जिला वैध सभा, 8. जोधपुर नवयुवक मंडल, 9. जोशी पुष्करण सभा, 10. श्री पुष्टिकार नवयुवक मंडल, 11. श्री पुष्टिकार नवयुवक मंडल, करली, 12. श्री पुष्करण युवक समाज, फलौदी, 13. जैन फ्रेंड्रस क्लब, फलौदी, 14. सेवा संघ, पाली, 15. आर्य समाज, सूरसागर, जोधपुर, 16. आर्य समाज, बाड़मेर, 17. मारवाड़ विद्यार्थी संघ, जोधपुर, 18. मोहल्ला खगाल जनसभा मीटिंग, 19. गुंदी मोहल्ला जनसभा 20, नाई ब्राह्मण मंडल, नागौर, 21. टीचर्स एसोसिएशन, नागौर, 22. आर्य समाज सरदारपुरा, जोधपुर, 23. हिन्दू सभा, पोकरण, 24. श्री नवयुवमंडल, जैतारण, 25. मारवाड़ लोक परिषद्, सोजत शाखा, 25. ओसवाल हितकारिणी सभा, लाडनूं।

जबकि निम्न संस्थाओं ने विरोध व्यक्त किया–1. पुष्करणा ब्राह्मण महामंडल, जोधपुर, 2. पुष्करणा समाज के पंच, जोधपुर, 3. अंजुमन इस्लामिया, जोधपुर, 4. पाली मुस्लिम संगठन, 5. श्रीमाली ब्राह्मण, 6. पाली के कुछ संगठन (इनके नाम नहीं दिए गए हैं।)

यहाँ उल्लेखनीय है कि जयनारायण व्यास ने अनमेल विवाहों को रोकने के लिए कुछ सुधार संशोधन सुझाए, वे भी विभिन्न म्युनिसिपेलिटीज को जनमत के लिए भेजा गया। सभी ने 40 से 45 वर्ष के पुरुषों के बालिकाओं से अनमेल विवाहों को रोकने के लिए प्रयासों का समर्थन किया। फलौदी के डिस्ट्रिक्ट एडवायजरी बोर्ड ने एक प्रस्ताव पारित किया कि 45 वर्ष से अधिक आयु के पुरुषों का नाबालिग बालिकाओं से विवाह को प्रतिबन्धित कर दिया जाना चाहिए।

इस प्रकार अधिकांश सार्वजनिक संस्थाओं ने प्रस्ताव के समर्थन में अपना मत व्यक्त किया यद्यपि विवाह हेतु वय लड़कियों के लिए 11 से 14 व लड़कों के लिए 16 से 18 तक अपना मत व्यक्त किया।

परिणामस्वरूप 1939 ई. में जोधपुर राज्य ने जागरूक लोगों के आग्रह पर 'मारवाड़ बाल एवं अनमेल विवाह निरोधक एक्ट' पास किया जो कि सांभर सामलात को छोड़कर सम्पूर्ण मारवाड़ पर लागू होना था। मारवाड़ दरबार के अधीन

सभी पर लागू होना था, चाहे वे भारत में कहीं भी रहते थे। एक्ट में बालक (Child) की परिभाषा 18 से कम आयु के रूप में की गई जबकि लड़की को 14 वर्ष तक बालिका माना गया। ऐसे विवाह को बाल विवाह घोषित किया गया जिसमें कोई भी एक पक्ष (लड़की या लड़का) बच्चा है। इसमें अनमेल विवाह को भी परिभाषित किया गया। इसके अनुसार, अगर कोई पुरुष अपने से 20 वर्ष से अधिक छोटी लड़की या महिला से विवाह करता है तो यह अनमेल विवाह है। इस एक्ट की 3, 4, 5, 6, 7 की धाराओं के अन्तर्गत दंड निर्धारित किया गया–

धारा 3. 18 से 21 वर्ष का पुरुष बाल विवाह करता है तो उस पर 1000 रु. तक का दंड निर्धारित किया गया।

धारा 4. 21 वर्ष से अधिक का पुरुष अगर बाल विवाह करे तो साधारण कारावास जो अधिकतम एक साल तक हो सकता है या 1000 रुपए तक अर्थ दंड या दोनों का विधान किया गया।

धारा 5. अगर कोई पुरुष अपने से 20 वर्ष से अधिक छोटी लड़की या महिला से विवाह करता है तो एक माह तक के साधारण कारावास या 1000 रुपए तक अर्थ दंड या दोनों का विधान किया गया।

धारा 6. अगर कोई बाल विवाह या अनमेल विवाह करवाता है, निर्देशित करता है तो एक माह तक के साधारण कारावास या 1000 रुपए तक का अर्थदंड या दोनों का विधान किया गया, यदि वह कृत विवाह को यह साबित नहीं कर देता कि यह बाल व अनमेल विवाह नहीं है।

धारा 7. अगर कोई बाल या अनमेल विवाह होता है तो सक्षम दोषी माता-पिता या संरक्षक या अन्य कोई जो सहयोग या अनुमति देता है एक माह तक के साधारण कारावास या 1000 रु. तक के अर्थदंड या दोनों से दंडनीय है।

यह विधान किया गया कि किसी महिला को दंड नहीं दिया जाएगा।

जो भी हो, एक्ट ने ऐसे विवाहों को वैधानिक ठहराया, यदि संरक्षक या माता-पिता इस शर्त पर अनुमति माँगे कि एक्ट की शुरुआत से पहले जब सगाई हुई तो लड़का तो बच्चा था पर लड़की नहीं।

इस एक्ट में प्रथम श्रेणी मजिस्ट्रेट को ही इस एक्ट की सुनवाई, प्रयोग आदि के लिए अधिकृत किया गया। साथ ही प्रथम श्रेणी मजिस्ट्रेट द्वारा सुनवाई आदि के लिए भी अपराध की तिथि से एक वर्ष तक की सीमा निर्धारित की गई। अगर

आवश्यकता हो तो, कोर्ट को यह अधिकार दिया गया कि वह शिकायतकर्ता से 1000 रुपए तक की जमानत राशि जमा करवाए।[45]

यहाँ यह उल्लेखनीय है कि लड़के व लड़कियों के लिए विवाह की न्यूनतम आयु शारदा एक्ट के मुताबिक निर्धारित की गई थी और इस कानून को राजपूतों व चारणों सहित सम्पूर्ण मारवाड़ के लिए बनाया गया था।

इन प्रयासों के बावजूद इन क्षेत्रों में बाल एवं अनमेल विवाह होते रहे, इसका प्रमाण आज 21वीं सदी में भी बाल व अनमेल विवाहों के उदाहरण प्रकाश में आते हैं। आज भी आखातीज और वसन्त पंचमी सैकड़ों बाल विवाहों के साक्षी बनते हैं।

सती प्रथा

विधवाओं की स्थिति सुधारने के लिए सुधारकों ने महती प्रयास किए,[46] पर एक ओर जहाँ वे स्थानीय शासकों को इसके लिए कानून बनाने के लिए प्रभावित नहीं कर पाए, वहीं इस कारण उनके प्रयास भी पूर्णतः सफल नहीं हो पाए। इसके लिए सामाजिक विधि का एक मात्र अपवादात्मक प्रयास भरतपुर में दिखाई देता है जहाँ 1926 ई. में एक एक्ट[47] पारित किया गया, जिसमें बाल विवाह के साथ-साथ विधवा विवाह के लिए भी एक अध्याय में विधान बनाए गए। बीकानेर के महाराजा सार्दूलसिंह ने 1946 ई. में विधवा विवाह को कानूनी मान्यता दी।[48] बाकी राज्यों का परम्परागत दृढ़ रवैया दिखाई देता है, यही कारण है कि विधवा विवाह सम्बन्धी किसी अन्य सामाजिक विधान की सूचना या सन्दर्भ प्राप्त नहीं होते हैं।

सती प्रथा के निषेध के लिए आरम्भिक प्रयास का श्रेय बूंदी के महाराव बिशनसिंह को है, जिन्होंने 1822 ई. में आदेश निकालकर किसी भी रानी को सती होने से मना किया। सती प्रथा को समाप्त करने के लिए महत्त्वपूर्ण प्रयास जयपुर के महाराजा सवाई जयसिंह व महाराजा प्रतापसिंह, जोधपुर के महाराजा भीमसिंह ने भी किए। यहाँ यह रेखांकित करना समीचीन होगा कि बेंटिक जैसे उदार शासकों एवं राममोहन राय जैसे दृढ़ संकल्पित सुधारकों के प्रयासों के बावजूद 1829 ई. में जाकर एक्ट पारित हो पाया था, राजस्थान के देशी शासकों द्वारा इसके पूर्व ही उदार कार्य नितांत प्रशंसनीय है। अंग्रेजों ने मारवाड़-मेवाड़ में असफल रहने के बाद जयपुर में इस प्रथा पर रोक के प्रयास किए। जहाँ कि ये सहज था, एक तो प्रयास पहले भी यहाँ हुए थे, दूसरा, प्रथा यहाँ अधिक लोकप्रिय नहीं थी। यहाँ मेजर

लुडलो के प्रयास महत्त्वपूर्ण थे, पर वे न तो पूर्णतः उसके थे, न ही उसने इसकी पहल ही की थी।[49] 23 अगस्त, 1846 ई. को जयपुर में सती प्रथा को बुराई बताते हुए निषेधित किया गया।[50]

महाराजा इसे एक धार्मिक एवं पुरानी प्रथा मानते हुए किसी कानूनी आदेश के लिए अनिच्छुक थे, पर ब्रिटिश दबाव में उन्हें झुकना पड़ा। महाराजा ने 7 जनवरी, 1855 ई. को आदेश जारी करते हुए ब्रिटिश मंशा के अनुसार इस पर रोक लगाई।[51] कर्नल लारेंस द्वारा इस आदेश में कमजोर दंड विधान पर महाराजा पर दबाव डालकर 31 जनवरी, 1855 ई. को पुनः आदेश प्रसारित करवाया गया और सती प्रथा रोकने में असक्षम अधिकारियों व सहयोगी परिवार-जनों को भी दंड विधान के अधीन लाया गया।[52]

मारवाड़ के महाराजा भीमसिंह (1793 ई.-1803 ई.) ने प्रयास किए पर अधिक प्रभावी नहीं हुए।[53] सदरलैंड व मेजर लुडलो ने दबाव डालने की कोशिश की, पर कोई सार्थक परिणाम नहीं निकला।[54]

1846 ई. में मेजर थोर्स्बी ने जयपुर, जोधपुर, उदयपुर, बीकानेर, जैसलमेर, कोटा, बूँदी, झालावाड़ धौलपुर, सिरोही, बांसवाड़ा, प्रतापगढ़ व डूँगरपुर के सरदारों एवं जागीरदारों को 'खरीता' जारी किए जिसमें विधवाओं को सती होने के लिए हतोत्साहित किए जाने का आदेश दिया।[55]

1848-49 तक मारवाड़, मेवाड़, बीकानेर और अलवर को छोड़ राजपूताना के लगभग सभी राज्यों ने सती प्रथा पर रोक लगा दी थी। पुनः सदरलैंड के प्रयासों के बावजूद मारवाड़ में कोई विधिक प्रावधान नहीं हो पाया।[56] जयपुर में जोधपुर के चारणों द्वारा माही सती के प्रकरण ने जोधपुर महाराजा पर पुनः दबाव बनाया, पर सैद्धान्तिक रूप से इसे हिन्दू महिलाओं की परम्परा बताकर रोक में मुश्किल बनाई। पर यहाँ दृष्टिकोण में परिवर्तन इस प्रकार दिखता है कि पहले इसे एक शास्त्र सम्मत परम्परा माना जाता था जिसे अब एक परम्परा कहा गया। ठिकानेदारों व जागीरदारों ने इसे पूर्णतया शासक के अधिकार क्षेत्र की बात बताकर अपने को बचा लिया।[57] महाराजा ने सिर्फ हाकिमों के नाम एक आदेश एवं दंड नियम जारी कर ब्रिटिश दबाव से उबरने की कोशिश की। पर फिर आर. शेक्सपीयर के प्रयासों के फलतः महाराजा ने एक विधिक प्रावधान 1852 ई. में जारी किया।[58]

राजपूताना में महिलाओं से सम्बन्धित समस्याओं के निवारण हेतु हुए विधिक प्रयास यह सिद्ध करते हैं कि ये प्रयास सुधारों के इतिहास में एक महत्त्वपूर्ण पड़ाव थे। यहाँ यह नहीं भूलना चाहिए कि विधियाँ किसी कार्य-पद्धति को वैधानिकता प्रदान तो करती हैं साथ ही इसके विकास एवं परिपक्वता के लिए जरूरी आधार

भी होती हैं। यह कहना गलत नहीं होगा कि सुधारकों के प्रयासों के बिना विधिक प्रयासों की प्रभावी क्रियान्विति नहीं हो पाती है।

उदाहरणत: समस्यावार देखें तो कन्यावध को रोकने के लिए कानून तो बने पर प्रभावी क्रियान्वयन के अभाव में कानून निष्प्रभावी सिद्ध हुए। दूसरे शब्दों में पहल तो हुई पर प्रभावी तन्त्र का विकसित नहीं हो पाना स्पष्टत: दिखाई देता है। यहाँ शासकों का उदार चेहरा तो साफ देखा जा सकता है, पर वस्तुस्थिति पर प्रभाव का ठीक आकलन कठिन लगता है। सती प्रथा समाज के कुछ समुदायों में प्रचलित थी। इस सम्बन्ध में बने कानूनों में विविधता दृष्टिगत होती है। ब्रिटिश दबाव से पहले शासकों ने अपने तरीके से इस पर नियन्त्रण की कोशिश की। पर यहाँ यह महत्त्वपूर्ण है कि कानूनी प्रयासों की प्रभाविता मानसिक परिवर्तनों पर अवलम्बित होती हैं और इस दृष्टि से पूरक प्रयासों का अभाव देखा जा सकता है।

19वीं सदी में राजस्थान में हम समाज-सुधार आन्दोलन की दृष्टि का केन्द्रीकरण विधिक प्रयासों पर देखते हैं तो 20वीं सदी में सुधारकों द्वारा जनजागृति पर। कतिपय विधिक प्रयास भी 20वीं सदी में हुए पर वे 19वीं सदी के अपेक्षाकृत कम थे।

विधिक प्रयासों में एक तथ्य हमारे सामने विशेषत: उभरकर सामने आता है कि कतिपय अपवादों को छोड़ दिया जाए तो सामान्यत: सामाजिक सुधार हेतु विधिक निर्माण की पहल राजपूताना के देशी शासकों ने की, जबकि परम्परागत इतिहास दृष्टि इसके विपरीत स्वीकार करती रही है।

II
गैर-विधिक प्रयास

जैसा पूर्व में कहा गया कि केवल विधिक प्रयास ही सामाजिक सुधार के लिए पर्याप्त नहीं होते। इसके लिए सुधारकों द्वारा जनसामान्य में जनचेतना के व्यापक प्रयास की आवश्यकता होती है। राजपूताना में विधितर प्रयासों की शुरुआत हमें 19वीं शताब्दी में दिखाई देती है जबकि 20वीं शताब्दी में ये प्रयास अधिक प्रभावी नजर आते हैं। राजस्थान के सामाजिक सुधार आन्दोलन का विशिष्ट स्वरूप रहा है, इसमें संगठनात्मक प्रयासों के साथ ही विशिष्ट जातिगत सुधार के स्तर पर भी सामाजिक चेतना व सुधार के लिए अभियान चलाए गए। इसकी पुष्टि आरम्भिक संगठनों देश हितैषिनी सभा एवं वाल्टरकृत राजपुत्र हितकारिणी सभा के उदाहरणों से होती है। हालाँकि शनै:-शनै: इनका स्वरूप व्यापक होता गया।

देश हितैषिनी सभा

1877 ई. में मेवाड़ के महाराजा सज्जनसिंह ने एक सभा का संयोजन किया जिसका उद्देश्य था–मेवाड़ में विवाह के अवसर से सम्बन्धित व्ययों के लिए नियमों को लागू करना। इसमें 32 ठिकानेदारों एवं राज्य के अधिकारियों ने भाग लिया, इसके परिणामस्वरूप 2 जुलाई, 1877 ई. को देश हितैषिनी सभा का जन्म हुआ।[59] सभा के उद्देश्य में विवाह व्यय के साथ–साथ राजपूतों, महाजनों, ब्राह्मणों में बहुविवाह पर रोक भी शामिल थे।

देश हितैषिनी सभा द्वारा राजपूतों में उत्पन्न विवाह सम्बन्धी कठिनाइयों को दूर करने के लिए दो प्रकार के प्रतिबन्ध लगाए गए–एक, राजपूतों में विवाह के अवसर पर खर्च सीमित कर दिया गया, दूसरा, राजपूतों, ब्राह्मणों, महाजनों में बहुविवाह के सम्बन्ध में नियम बना दिए गए।[60]

इसके अनुसार केवल 500 रु. से अधिक की वार्षिक आय वाले राजपूत, चारणों व भाटों को 'त्याग' अदा कर सकते थे, त्याग की सीमा आय का 10 प्रतिशत अधिकतम थी। ज्येष्ठ पुत्र या पुत्री के विवाह पर एक राजपूत अपनी आय के 25 प्रतिशत तक खर्च कर सकता था। अन्य पुत्रों के विवाह पर आय का 10 प्रतिशत तथा त्याग पर कुल व्यय का एक प्रतिशत व्यय कर सकता था।[61] केवल राज्य की सीमा में रहनेवाले चारण व भाटों को ही त्याग मिल सकता था। ब्राह्मणों व महाजनों के लिए निर्धारित किया गया कि वे विवाह के अवसर पर अपनी वार्षिक आय का अधिकतम 25 प्रतिशत खर्च कर सकते थे। अगर उनके प्रथम पत्नी से सन्तान नहीं होती थी तो वे 40 वर्ष की आयु तक विवाह कर सकते थे। राजपूतों को 45 वर्ष की आयु तक तीसरी पत्नी की अनुमति थी, अगर दो पत्नियों से सन्तान न हो। अगर तयशुदा उम्र के बाद विवाह करना चाहते तो सभा से पूर्वानुमति द्वारा ही सम्भव था।[62]

कुल मिलाकर देखा जाए तो देश हितैषिनी सभा ने किसी सीमा तक पृष्ठभूमि तैयार की यद्यपि इसका स्वरूप क्षेत्रीय रहा, पर इससे वातावरण अवश्य निर्मित हुआ। जो कि वाल्टर कृत राजपुत्र हितकारिणी सभा के लिए सुधार प्रयासों हेतु उपयोगी रहा।

वाल्टर कृत राजपुत्र हितकारिणी सभा

वाल्टर कृत राजपुत्र हितकारिणी सभा का औपचारिक गठन 1880 ई. में कार्यवाहक ए.जी.जी. कर्नल वाल्टर द्वारा किया गया था।[63] वाल्टर 1888 ई. में राजपूताना के राज्यों का कार्यवाहक ए.जी. (एजेंट टू द गवर्नर जनरल) था। उसने अपना

अधिकांश सेवाकाल राजस्थान में गुजारा था। उसने अनुभव किया कि राजपूतों में विवाह एवं अन्य खर्चों के सम्बन्ध में नियम बनाने की शीघ्र आवश्यकता है। अपने लम्बे अनुभव से निष्कर्ष निकाला कि कन्यावध जैसी कुप्रथा विवाह अवसरों पर अत्यधिक खर्च का परिणाम है तथा ऐसे नियमों का निर्माण इस कुप्रथा को समाप्त करने में सहायक होगा।

इस सभा के नियम प्राय: मेवाड़ की देश हितैषिनी सभा के नियम ढाँचे पर ही बने थे। एम.एस. जैन मानते हैं कि केवल तीन विषयों में वाल्टर सभा की नियमावली भिन्न थी।[64]

1. वाल्टर सभा ने अपने नियमों में बहुविवाह को पूर्णतया समाप्त कर दिया।
2. टीके[65] और रीत[66] की प्रथाओं को बिलकुल बन्द कर दिया गया।
3. विवाह की कम से कम आयु लड़की के लिए 14 व लड़के के लिए 18 वर्ष निर्धारित कर दी गई।

इसमें त्याग नियम और चारणों के एक राज्य से दूसरे राज्य में जाने पर प्रतिबन्ध प्राय: वैसे ही थे, जैसे देश हितैषिनी सभा के थे। इस सन्दर्भ में डॉ. जैन का मत हमें अंशत: स्वीकार्य एवं ग्राह्य है कि "वाल्टर कुछ करने की जल्दी में था, इसलिए उसने एकपत्नीत्व पर बल दिया और टीके को समाप्त करवा दिया।"[67] 1 जनवरी, 1939 ई. को वाल्टर सभा को राजपूताना सभा कहा जाने लगा।[68] 2 अप्रैल, 1939 ई. को जोधपुर महाराजा व डूँगरपुर महारावल क्रमश: इसके अध्यक्ष एवं उपाध्यक्ष बने जो 1947 ई. तक पद पर रहे। वाल्टर कृत राजपुत्र हितकारिणी सभा की समाज–सुधार में सफलता के संकेत इसके 1924 ई. व 1934 ई. के अधिवेशनों से मिलते हैं। 19 मई, 1936 ई. के आबू अधिवेशन में तो सभा ने स्वयं अपनी सफलताओं को स्वीकार किया जिसकी अध्यक्षता कार्यवाहक ए.जी.जी. सर जॉर्ज ऑग्लीवी द्वारा की गई थी।

1941 ई. में इस संगठन को केवल राजपूतों के लिए औपचारिक रूप से घोषित कर दिया गया। इसकी मिश्रित प्रतिक्रिया हुई और राव बहादुर दुर्जनसिंह जावली ने यह कहकर आलोचना की कि 'टीके' पर प्रतिबन्ध एक मजाक बनकर रह गया है क्योंकि लोग पिछले दरवाजे से इसे अपना रहे हैं। इसमें शोचनीय सत्य निहित था और दिसम्बर, 1944 ई. में नकद या उपहाररूप में 'टीके' के प्रचलन पर प्रतिबन्ध हेतु कदम उठाकर इस आलोचना का प्रत्युत्तर देने का प्रयास किया।[69]

वाल्टर कृत राज पुत्रहितकारिणी सभा की बीकानेर, जैसलमेर व जोधपुर शाखाओं की कुछ वार्षिक रिपोर्ट्स[70] में यद्यपि तथ्यों की एकरूपता के अभाव में हम कोई निष्कर्ष नहीं निकाल सकते, पर कालिक दृष्टि से लम्बे समय और क्षेत्रीय

विस्तार वाली इस सभा की सफलता को समग्रत: केवल इन आँकड़ों के माध्यम से मूल्याँकित करना ठीक नहीं माना जा सकता। वहीं राजपूतों जैसे कठोर सामाजिक ढाँचे एवं परम्पराओं में हस्तक्षेप कर समाज-सुधार करना एक सरल एवं सहज प्रक्रिया तो थी नहीं, धीरे-धीरे समाज-सुधार के लिए पृष्ठभूमि तैयार करने में वाल्टर सभा की सीमित भूमिका रही है।

आर्य समाज

राजस्थान में महिलाओं से सम्बन्धित समाज-सुधार के लिए योगदान देनेवाला सबसे महत्त्वपूर्ण संगठन आर्य समाज था।[71] यह उल्लेखनीय है कि पुनर्जागरण के प्रणेताओं में स्वामी दयानन्द ही एकमात्र सुधारक हैं जिन्होंने बार-बार राजस्थान की रियासतों से सीधा सम्पर्क स्थापित किया और राजस्थान में विभिन्न स्थानों पर आर्य समाज की स्थापना की। स्वाभाविक रूप से अन्य सुधार आन्दोलनों की अपेक्षा आर्य समाज का गहरा प्रभाव पड़ा। दयानन्द के संघर्ष और आर्य समाज की गतिविधियों का गहरा प्रभाव रियासतों में राजनीतिक जनजागरण, धर्म सुधार, समाज-सुधार एवं शिक्षा के कार्यक्रमों में दीख पड़ता है।[72]

मिशनरियों के प्रचार को रोकने की दृष्टि से स्वामी दयानन्द ने अजमेर की ओर विशेष ध्यान दिया। उन्होंने स्थानीय निवासियों को ईसाई बनाए जाने की गतिविधियों को रोकने के लिए सहायक कमिश्नर मेजर डेविड्सन से आग्रह किया, किन्तु इसका कोई परिणाम नहीं निकला। इसी तरह जयपुर में कई चर्चों की स्थापना हो रही थी, किन्तु पंडित एवं महाराजा भी इस स्थिति को नियन्त्रित नहीं कर रहे थे। 1864 से 1883 के बीच दयानन्द ने अजमेर के अतिरिक्त जोधपुर के महाराजा जसवंत सिंह, उदयपुर के महाराणा सज्जनसिंह और किशनगढ़ के पृथ्वीसिंह से सम्पर्क किया। कई प्रमुख जागीरों के मुखियाओं–जिसमें अचरोल के रणजीतसिंह, बनेड़ा के गोविन्द सिंह, सरदारगढ़ के ठाकुर मनोहरसिंह, खरवा के राव गोपालसिंह, मसूदा के बहादुर सिंह आदि प्रमुख हैं, ने आर्य समाज का समर्थन किया। प्रारम्भ में जयपुर के महाराजा ने आर्य समाज की स्थापना में रुचि नहीं दिखाई थी। जयपुर के सनातनियों ने आर्य समाज को अपनी सर्वोच्च स्थिति के समक्ष चुनौती माना, अत: वे इसके पक्ष में नहीं थे। महाराजा रामसिंह शैव मतावलम्बी थे। अत: वे भी दयानन्द के सामाजिक व धार्मिक सुधारों के समर्थक नहीं थे।[73]

आर्य समाज की सफलता के लिए प्रारम्भिक वर्षों में कुछ प्रमुख जागीरदारों एवं आर्य समाज के समर्थित अनुयायियों ने निरन्तर प्रतिबद्धता के साथ सुधार कार्य

किए।[74] स्वामी दयानन्द के अनुयायियों की संख्या यद्यपि उदयपुर, जोधपुर एवं चित्तौड़ में अधिक थी, किन्तु इन स्थानों पर आर्य समाज की इकाइयों की स्थापना स्वामी दयानन्द की मृत्यु के बाद हुई थी। 1911 ई. तक राजपूताना में आर्य समाज की 47 स्थानों पर स्थापना हो गई थी। राजपूताना में आर्य समाज की बढ़ती हुई संख्या के कारण 1888 ई. में आर्य प्रतिनिधि सभा का गठन किया गया, जिसके संस्थापकों में राजविलास शारदा, हरविलास शारदा आदि प्रसिद्ध थे।[75]

जोधपुर में आर्य समाज

मई, 1884 में मारवाड़ राज्य के जोधपुर में आर्य समाज की स्थापना हुई, जिसे प्रारम्भ से ही राजाश्रय प्राप्त था। महाराजा जसवंत सिंह इनके प्रधान और उनके छोटे भाई कर्नल प्रताप सिंह उपप्रधान नियुक्त किए गए थे।[76] 1888 ई. में कर्नल प्रताप सिंह ने अपना यज्ञोपवीत संस्कार वैदिक रीति से करवाया।[77] आर्य समाज की स्थापना के समय से ही राज्य में वैदिक धर्म प्रचार के लिए राज्य की ओर से पंडित ठाकुर प्रसाद, पंडित गणेशराम, स्वामी अचलेश्वर तथा स्वामी उमरदान आदि मासिक वेतन पर नियुक्त किए गए।[78] 1884 ई.–1902 ई. तक आर्य समाज की प्रगति कर्नल प्रताप सिंह के संरक्षण में होती रही। मई 1893 ई. में साधु ज्ञानदास जो बैपटिस्ट ईसाई बन गए थे, उसे राज्य की ओर से शुद्ध करवाकर[79] आर्य समाज का प्रचारक नियुक्त किया गया।[80]

राज्य में धार्मिक शंकाओं के समाधान के लिए राज्य द्वारा ईसाई पादरी व आर्य समाज के उपदेशकों के बीच धार्मिक विषयों पर शास्त्रार्थ का प्रबन्ध राज्य द्वारा करवाया गया था। स्वामी विश्वेश्वरानंद, स्वामी नित्यानन्द तथा भास्करानंद आर्य उपदेशकों को राज्य की ओर से आमन्त्रित किया गया। इससे जनता में वैदिक धर्म के प्रति विश्वास बढ़ने लगा और व्याख्यानों में अधिक संख्या में लोग उपस्थित होने लगे।[81] इससे ग्रामीण क्षेत्रों में भी वैदिक धर्म का प्रभाव बढ़ने लगा और लोग वैदिक रीति से संस्कार करवाने लगे। कर्नल प्रताप सिंह ने धर्मप्रचार के लिए 1890 ई. से 1902 ई. तक प्रान्तीय प्रतिनिधि सभा राजस्थान को नियमित रूप से आर्थिक सहायता प्रदान की।[82] 1902 ई. में कर्नल प्रताप सिंह के ईडर राज्य के नरेश बनने के बाद[83] आर्य समाज के धार्मिक कार्यों में गत्यावरोध आने लगा क्योंकि राज्य द्वारा प्रदत्त तथा सार्वजनिक चंदे से बने मकान के स्वामित्व के प्रश्न पर आर्य समाजियों में मतभेद उत्पन्न होने लगे जो 1937 ई. तक बने रहे।

1904 ई. में जोधपुर में वैदिक प्रचार में प्रगति लाने के लिए आर्य प्रतिनिधि सभा राजस्थान ने पं. ब्रह्मदत्त शर्मा को भेजा। इन्होंने वैदिक रीति से विवाह, मृत्यु, जन्म, नामकरण, विद्यारम्भ और यज्ञोपवीत आदि संस्कारों के माध्यम से धर्मप्रचार किया। उन्होंने संस्कृत शिक्षा के लिए आर्य समाज जोधपुर के संरक्षण में दयानन्द वैदिक पाठशाला स्थापित की, जिसका उद्‌देश्य संस्कृत भाषा को सिखाकर वेदों के अध्ययन में रुचि उत्पन्न करना था।[84]

नवम्बर, 1904 ई. में ईसाई पादरी डॉ. समरविले ने अपने अस्पताल में न्यू टेस्टामेंट की कक्षाएँ आर्य समाज के बढ़ते हुए प्रभाव को देखकर प्रारम्भ कीं तो आर्य समाज ने अपने भवन में उनके प्रचार को रोकने के लिए वैदिक धर्म की कक्षाएँ प्रारम्भ कीं, जिसमें संध्या, हवन विधि और मन्त्रोच्चारण आदि का अभ्यास करवाया जाता था, इसमें लड़कियों को भी प्रवेश दिया जाता था। ये कक्षाएँ प्रात: व संध्या दोनों ही समय लगती थीं।[85]

1906 ई. के बाद जोधपुर में आर्य समाज में कर्मठ, उत्साही, सदस्यों की कमी, राज्य संरक्षण का अभाव तथा उपदेशों में उत्तरदायित्व की भावना का अभाव होने के कारण सदस्यों की संख्या में कमी आने लगी जिससे धर्म सुधार आन्दोलन की गति धीमी होने लगी। दयानन्द सरस्वती ने वेद प्रचार करना ही आर्य समाज का प्रमुख उद्‌देश्य बताता था जिसकी पूर्ति के लिए कालान्तर में आर्य समाज ने जोधपुर में कई संस्थाएँ–आर्य पुत्री पाठशाला, अनाथाश्रम, गुरुकुल, मंडोवर गौशाला, डी.ए.वी. स्कूल आदि स्थापित कीं।

1914 ई. में आर्य समाज जोधपुर ने धर्म सुधार आन्दोलन की प्रगति के लिए वार्षिकोत्सव आयोजित करने तथा वेद प्रचार करने का निश्चय किया, किन्तु कर्नल प्रताप सिंह और जोधपुर नरेश सरदार सिंह के प्रथम विश्व युद्ध में चले जाने और मारवाड़ का प्रशासन अंग्रेजी रेजीडेंट के हाथ में होने के कारण उत्सव मनाने की अनुमति नहीं मिली।[86]

1921 ई. में आर्य समाज जोधपुर ने वैदिक प्रचार के साथ दलितोद्धार कार्य को भी अपना लक्ष्य बनाया और हिन्दू संगठन कुरीति निवारण तथा महापुरुषों की जयंतियाँ[87], हिन्दू पर्व[88] आदि मनाकर लोगों में वैदिक धर्म के प्रति आस्था उत्पन्न की।

सितम्बर, 1929 ई. में आर्य समाज ने देवीदयाल चंडहोक को स्थानीय सार्वजनिक पाठशालाओं में वैदिक धर्म की शिक्षा पृथक रूप से दिलवाने का प्रयास किया। फलत: दरबार स्कूल की समय-सारिणी में वैदिक धर्म की शिक्षा का एक कालांश प्रारम्भ हुआ जिसमें संध्या-हवन और वैदिक मन्त्रों को अर्थ सहित सिखाया जाने लगा।[89]

1938 ई. में हैदराबाद के निजाम राज्य में हिन्दू धर्म और संस्कृति की रक्षा के लिए आर्य समाज द्वारा किए गए सत्याग्रह आन्दोलन ने राजस्थान की रियासतों में एक बार फिर उत्तेजना उत्पन्न कर दी और आर्य समाज के धार्मिक कार्यों को संदेहास्पद समझा जाने लगा। हैदराबाद की मुस्लिम रियासत में 89 प्रतिशत हिन्दू थे जिनके धार्मिक संस्कारों, उत्सवों और जुलूसों पर निजाम सरकार ने कठोर प्रतिबन्ध लगा दिए। इसके अतिरिक्त हिन्दुओं का बलात् धर्म परिवर्तन किया जा रहा था। निजाम के इन कार्यों के विरुद्ध सत्याग्रह करने के लिए आर्य प्रान्तीय प्रतिनिधि सभा राजस्थान ने जोधपुर की ओर से लक्ष्मीनारायण, भोजसिंह और महीपाल के नेतृत्व में 12-12 सदस्यों के तीन जत्थे हैदराबाद भेजे।[90] अंजुमन इस्लामिया की जोधपुर कमेटी ने आर्य समाज को निजाम सरकार के विरुद्ध झूठा प्रचार करनेवाला बताया[91] तो आर्य समाज के सदस्यों का कहना था कि जोधपुर के मुसलमानों ने हिन्दुओं के विरुद्ध हैदराबाद निजाम की जन-धन से सहायता की थी।[92] 29 मई, 1939 ई. की रात को आर्य समाज के प्रचारक जयराम सुनार जब आर्य कन्या पाठशाला में हुई बैठक में भाग लेकर लौट रहे थे तो कुछ मुस्लिम युवकों ने लाठियों व सरियों से उन पर प्रहार किए जिससे 30 मई को उनकी मृत्यु हो गई। फलतः हिन्दू-मुस्लिम तनाव उत्पन्न हो गया।[93] राज्य के प्रधानमन्त्री डी.एम. फील्ड ने इस स्थिति के लिए आर्य समाज को ही दोषी ठहराया।[94] 2 जून, 1939 ई. को आर्य समाज के मन्त्री, कृष्णदत्त को गिरफ्तार कर राजद्रोह का मुकदमा चलाया और दो वर्ष की कठोर सजा दी।[95] 24 जुलाई, 1939 ई.[96] तथा 14 सितम्बर, 1939 ई. को आर्य समाज के धार्मिक जुलूसों, नगर कीर्तनों व सभाओं आदि पर प्रतिबन्ध लगा दिया गया।

24 जून, 1940 ई. को राज्य सरकार द्वारा प्रकाशित नोटिफिकेशन में महाराजा के आदेश पैरा 8 में हैदराबाद के निजाम के मामले का स्पष्ट उदाहरण दिया गया जिसमें आर्य समाज को राज्य में हिन्दू-मुस्लिम तनाव उत्तेजित करनेवाली संस्था बताया और इसके धार्मिक कार्यों को राज्य के संवैधानिक विकास में बाधक बताया।[97] प्रतिनिधि सभा राजस्थान के प्रयासों से अन्ततः 12 नवम्बर, 1943 ई. को आर्य समाज के धार्मिक कार्यों पर लगे प्रतिबन्ध को समाप्त कर दिया गया।[98] इसके बाद आर्य समाज के प्रचारक धार्मिक संगठन के रूप में कार्य करते रहे।

मारवाड़ राज्य के अन्य ठिकाने लाडनूँ, निमाज, सोजत, नागौर, पीपाड़, फलौदी, बाड़मेर आदि में आर्य समाज ने वैदिक धर्म-प्रचार किया। लाडनूं के ठाकुर रत्नसिंह रूढ़िवादी होने के कारण आर्य समाज के विरोधी थे।[99] किन्तु निमाज के

ठाकुर पृथ्वीसिंह (1888-1913) आर्य समाज से प्रभावित अवश्य हुए परन्तु अल्पायु में मृत्यु के कारण आर्य समाज को विधिवत् अपना नहीं सके।[100]

बाड़मेर में 1903 ई. में सेठों, व्यापारियों, राजकर्मचारियों और बुद्धिजीवियों ने मिलकर आर्य समाज स्थापित किया।[101] जहाँ नियमित रूप से यज्ञ हवन व नगर कीर्तन होते थे। बालकों को यज्ञ हवन संध्या आदि के मंत्रों को सिखाने के लिए एक वैदिक पाठशाला और एक पुस्तकालय स्थापित किए गए थे। जहाँ समाचार-पत्र आदि मँगवाए जाते थे, जिसे पढ़ने के लिए लोग आते-जाते थे।[102]

सोजत में आर्य समाज की स्थापना 1888 में होने के बाद 1904 में वहाँ के लोग तर्क की बातों पर बल देने लगे थे।[103] 1906 में जब आर्य प्रतिनिधि सभा के उपदेशक पंडित भोगदत्त सोजत में वैदिक धर्म के प्रचार के लिए गए, तो वहाँ उन्होंने लोगों की धार्मिक शंकाओं का समाधान किया, इससे लोग आर्य समाज में अधिक संख्या में आने लगे। इस समय आर्य समाज के सदस्यों की संख्या 14 से बढ़कर 68 हो गई। सोजत के मजिस्ट्रेट बख्तावर सिंह वैदिक धर्म से प्रभावित थे। उनके आर्य समाज में नियमित आने-जाने के कारण आर्य समाज के विरुद्ध रूढ़िवादियों का विरोध कम होने लगा।[104]

फलौदी में आर्य समाज की स्थापना मार्च, 1905 ई. में हुई किन्तु वहाँ पुष्करणा ब्राह्मणों और जैनियों की संख्या अधिक होने से आर्य समाज का धार्मिक प्रचार अधिक नहीं हो सका। आर्य समाज के यज्ञ हवन में विघ्न डालना, किराए पर मकान न देना, अमानवीय व्यवहार करना, उनका साइन बोर्ड फाड़ देना आदि घटनाएँ हो गई थीं। जबकि फलौदी में जैनियों के 20 उपासरे और एक सौ मुसलमानों पर तीन मस्जिदें थीं, आर्य समाज को ये सभी लोग पुलिस का भय दिखाते थे।[105]

नागौर में वैदिक धर्म प्रचार के लिए उपदेशकों ने शंका समाधान और वैदिक साहित्य का वितरण किया।[106] नागौर के हाकिम वाहेतुल्लाह खां ने मुसलमानों द्वारा किए जा रहे धर्म परिवर्तन का अप्रत्यक्ष रूप से समर्थन किया। जिसका आर्य समाज ने विरोध किया। नागौर के ग्रामीण क्षेत्रों, कस्बों में पिछड़े लोगों में आर्य समाज की, अनुयायियों में दयानन्द, रामायण-महाभारत, राजस्थान के महापुरुषों की तस्वीरों के माध्यम से प्रचार किया।[107] जिसका उद्देश्य हिन्दुओं को मुसलमान बनाने से रोकना था।

1935 ई.-1943 ई. की वार्षिक रिपोर्टों से ज्ञात होता है कि आर्य समाज ने ठिकानों और कस्बों में पुस्तकालय, वाचनालय, पाठशाला, ग्राम प्रचार समितियाँ और आर्य सेवा संघ की स्थापना की तथा इनके द्वारा अकाल, बाढ़, महामारी आदि में सहायता की और भजनों, प्रीतिभोजों, व्याख्यानों, वैदिक संस्थाओं आदि से मेलों और पर्वों में धर्म प्रचार किया।

बीकानेर में आर्य समाज

बीकानेर में आर्य समाज की स्थापना 1912 ई. में की गई थी, परन्तु धार्मिक प्रचार आन्दोलन को वह अधिक व्यापक नहीं बना सका। महाराजा गंगासिंह (1880 ई.-1943 ई.) निरंकुश राजतन्त्र के समर्थक और सनातन हिन्दू धर्म के अनुयायी थे। दरबार में रूढ़िवादी लोगों का प्रभाव अधिक था। अक्टूबर, 1914 में दो आर्य उपदेशक-नारायण सिंह और रामभज को राज्य में वैदिक धर्म-प्रचार के कारण निष्कासित भी कर दिया गया। फिर आर्य उपदेशक ग्रामीण क्षेत्रों में गुप्त रूप से संध्या हवन मन्त्रों का अभ्यास करते रहे।[108]

बीकानेर में आर्य समाज के धार्मिक कार्यों का प्रारम्भ से ही विरोध किया गया था। मार्च, 1934 में आर्य समाज के धार्मिक कार्यों-नगर कीर्तनों, व्याख्यानों और सत्संगों आदि को संदेहात्मक मानकर राज की ओर से प्रतिबन्ध लगा दिया गया।[109] यद्यपि 1 सितम्बर, 1927 ई. को राज्य में धार्मिक स्वतन्त्रता अधिनियम पास हो चुका था,[110] परन्तु आर्य समाज को धर्मप्रचार की स्वतन्त्रता नहीं दी गई।[111] उसे किसी व्यक्ति की शुद्धि करवाने के लिए अजमेर भेजना पड़ता था।[112]

आर्य समाज बीकानेर ने आर्य कुमार सभा, स्त्री आर्य समाज, व्यायामशाला और ग्राम पंचायत समिति आदि के द्वारा वैदिक धर्म प्रचार के कार्य को व्यापक बनाया। व्यायामशाला में हिन्दुओं के संगठन की प्रवृत्ति को दृढ़ बनाने के लिए कुश्ती, दंड, बैठक आदि शारीरिक बलवृद्धि के कार्यों के साथ तलवार व लाठी का प्रशिक्षण दिया जाता था।[113]

1940 ई. में हिन्दुओं की जनसंख्या बढ़ाने तथा उनमें संगठन की भावना लाने के लिए आर्य प्रतिनिधि सभा राजस्थान ने रियासतों के सभी आर्य समाजों को निर्देश दिए कि वे चीतों, महारावतों, रावतों, भीलों आदि जनजातियों को 1941 की जनगणना में अपने आपको हिन्दू लिखवाने के लिए प्रेरित करें। इस कार्य के लिए बीकानेर आर्य समाज में मन्त्री जयभगवान शर्मा को सभी रियासतों में भेजा गया।[114] उन्होंने दलितों, हरिजनों व भीलों आदि के ऐसे क्षेत्रों से जहाँ पादरी लोग उन्हें जनगणना में ईसाई लिखने के लिए प्रलोभन दे रहे थे, प्रचार किया। जनगणना फार्म में चार कॉलम थे-हिन्दू, इस्लाम, ईसाई व जैन और पाँचवें कॉलम में अन्य का उल्लेख था। जो व्यक्ति अपनी जाति, कार्य, धर्म, वैदिक और भाषा मारवाड़ी बताता उसे पाँचवें कॉलम में लिखा जाता था। जयभगवान ने नागौर के मजिस्ट्रेट से मिलकर हिन्दू कॉलम में ही आर्यों को कोष्ठक में दर्शाने और उनकी गणना हिन्दुओं के साथ करने को कहा।[115] इसलिए 1941 ई. की जनगणना रिपोर्ट्स में आर्य समाजियों की गणना पृथक न होकर हिन्दुओं के साथ ही की गई थी।[116]

महाराजा गंगासिंह की 1943 ई. में मृत्यु के बाद शार्दूल सिंह ने आर्य समाज पर लगे सभी प्रतिबन्धों को हटा दिया और उन्हें धार्मिक प्रचार की स्वतन्त्रता दे दी गई। 17 सितम्बर, 1943 ई. को आर्य समाज ने धर्म सुधार आन्दोलन में गति लाने के लिए वार्षिक उत्सव आयोजित किया।[117] जिसमें अन्य मतावलम्बी भी सम्मिलित हुए। इसके बाद आर्य समाज ने नगरों व गाँवों में धर्म सुधार आन्दोलन को व्यापक बताया।

श्रीगंगानगर में आर्य समाज की स्थापना 1919 ई. में हुई थी। पंजाब और राजस्थान की प्रान्तीय आर्य प्रतिनिधि सभाओं से उपदेशक भजनीक निरन्तर आते-जाते रहने के कारण यह समाज अधिक प्रगति कर सका। संस्कारों व शुद्धियों द्वारा ही इसने धर्म प्रचार किया।[118] आर्य समाज के धार्मिक उपदेशों की अपेक्षा बाल विधवाओं के पुनः विवाह, अछूतों के यज्ञोपवीत तथा शुद्धि कार्य ने लोगों को अधिक प्रभावित किया, जमींदार-महाजन और शिक्षित मध्यम वर्ग का झुकाव इस ओर बढ़ने लगा। धानक जाति के अछूतों को यज्ञोपवीत देकर वैदिक धर्म में शिक्षित किया गया।[119]

1938 ई.-39 ई. में हैदराबाद के सत्याग्रह में श्रीगंगानगर के आर्य समाज ने तीन जत्थे-12, 22 व 29 जून, 1939 ई. को भेजे और उनके साथ आर्थिक सहायतार्थ धन भी भेजा।[120] 2 अगस्त, 1939 ई. को हैदराबाद से बीकानेर के मैत्रीपूर्ण सम्बन्ध होने के कारण महाराजा गंगासिंह ने आर्य समाज द्वारा जत्थे भेजे जाने, व्याख्यान देने, चंदा एकत्रित करने और हैदराबाद से लौट सत्याग्रहों के स्वागत करने आदि कार्यों पर रोक लगाकर सभी सत्याग्रहियों को राज्य से निष्कासित कर दिया।[121] और साथ ही इसके विरुद्ध राज्य ने विशेष फरमान जारी कर इसके सत्संगों व प्रभात फेरियों पर दृष्टि रखने के लिए गुप्तचर पुलिस को नियुक्त किया।[122]

19 अगस्त, 1939 ई. को कृषि विभाग में 1924 ई. से कार्यरत आर्य समाज में मत्री दीनानाथ आर्य को इस धार्मिक सत्याग्रह में भाग लेने के कारण पदच्युत कर दिया गया।[123] 3 सितम्बर, 1939 ई. को आर्य समाज ने राज्य सरकार को लिखा कि उनका धार्मिक आन्दोलन किसी जाति विशेष के विरुद्ध न होकर यह तो निजाम सरकार और इस्लाम के कुछ धर्मांध अधिकारियों के उस काले आदेश के विरुद्ध था जो हैदराबाद राज्य के नब्बे प्रतिशत हिन्दुओं के धार्मिक अधिकारों पर कुठाराघात करता था।[124] इसी तरह 10 फरवरी, 1940 ई. को पी.डब्ल्यू.डी. विभाग के मोहन लाल को पदच्युत कर दिया तथा 10 अप्रैल, 1940 ई. को नगरपालिका में कार्यरत लिपिक संपतमल को जनेऊ पहनने पर राज्य से निष्कासित किया गया।[125] 1940 ई. में इस धार्मिक सत्याग्रह के कारण आर्य समाज द्वारा अछूत जाति के बच्चों के लिए स्थापित आर्य रात्रिशाला को जिसमें संध्या हवन के मन्त्रों को कंठस्थ करवा जाता था, को बंद करना पड़ा। इस पाठशाला के छात्रों ने इस सत्याग्रह के प्रति लोगों में जागृति

उत्पन्न करने का कार्य किया था, इसलिए राज्य सरकार द्वारा सेठों पर दबाव डालने से पाठशाला को मिलनेवाला आर्थिक अनुदान बन्द हो गया।[126]

1943 ई. के बाद महाराजा गंगासिंह की मृत्यु और सार्दूल सिंह के बीकानेर महाराजा बनने पर आर्य समाज आन्दोलन अधिक प्रगति करने लगा। सार्दूल सिंह की नीति आर्य समाज के प्रति उदार और सहानुभूतिपूर्ण थी। उन्होंने आर्य समाज के नए भवन निर्माण में आर्थिक सहायता प्रदान की।[127] राज की ओर सभी प्रतिबन्ध समाप्त कर दिए गए।[128] 1944 ई. में वैदिक धर्म प्रचार के लिए आर्य समाज ने प्रचार विभाग स्थापित किया और गाँवों में आर्य समाज व वेदों का प्रचार करते रहे।

आर्य समाज का महिला सुधार सम्बन्धी योगदान

राजस्थान में आर्य समाज के पूर्व के धर्म सुधार आन्दोलनों ने अध्यात्म और भक्ति भावना का प्रसार किया था, परन्तु परम्परागत सामाजिक ढाँचे एवं परिस्थितियों को बदलने की दिशा में महत्त्वपूर्ण कार्य भी आर्य समाज ने प्रारम्भ किया। राजस्थान में महिलाओं की सामाजिक समस्याओं के निवारण में आर्य समाज और स्वामी दयानन्द ने महत्त्वपूर्ण योगदन दिया। स्वामी दयानन्द का स्त्री विषयक दर्शन इसके मूल में अन्तर्निहित था।[129] दयानन्द ने यहाँ बाल विवाह के विरुद्ध प्रचार के साथ-साथ इसके कारण व दुष्प्रभाव भी बताए तथा इस पर पाबन्दी को राज्य सरकारों का कर्तव्य बताया।

राजस्थान में आर्य समाज के अग्रणी सुधारकों में हरविलास शारदा का नाम प्रमुख है, जो 1929 ई. के शारदा बिल के जनक माने जाते हैं, जिसमें बाल विवाह निषेध के लिए प्रभावी नियम बनाए गए, यह कानून भारत में बाल विवाह पर नियन्त्रण की दृष्टि से एक मील का पत्थर माना जाता है।[130]

अजमेर के एक प्रतिष्ठित परिवार में 3 जून, 1867 ई. को जन्मे[131] हरविलास शारदा 8 वर्ष की उम्र में 1875 ई. में स्वामी दयानन्द सरस्वती से मिलने गए, जब वे अजमेर आए थे।[132] स्वामी दयानन्द के विचारों से प्रभावित शारदा ने 1888 ई. में आर्य समाज की सदस्यता ग्रहण कर ली। उन्हें आर्य समाज अजमेर का अध्यक्ष बनाया गया साथ ही राजपूताना आर्य प्रतिनिधि सभा का अध्यक्ष भी। 1890 ई. में वे दयानन्द की इच्छानुरूप स्थापित परोपकारिणी सभा के सदस्य बने, 1894 ई. में इसके संयुक्त सचिव। तदनन्तर मोहनलाल पड्या द्वारा सचिव पद से त्यागपत्र पर उन्हें सचिव का पदभार सौंप दिया गया। 1924 ई.-30 ई. तक उन्हें तीन बार केन्द्रीय विधायिका में अजमेर-मेरवाड़ा के प्रतिनिधि के रूप में मनोनीत किया गया।[133] यहाँ वे एक सक्रिय सदस्य थे। यहाँ उन्हें तीन गैर-आधिकारिक (Non-official) बिल

पास कराने का श्रेय प्राप्त है। जिनमें से एक था–चाइल्ड मैरिज रेस्ट्रेंट एक्ट जिसे शारदा एक्ट के नाम से ही जाना जाता है। इसे 1927 ई. में उन्होंने सदन में प्रस्तुत किया। इसके समर्थन में उन्होंने 15 सितम्बर, 1927 ई. को शिमला में ऐतिहासिक भाषण दिया। सशक्त तर्कों तथा हिन्दू शास्त्रों को प्रासंगिक उद्धरणों के माध्यम से उन्होंने बाल विवाह के विरोध को सशक्त रूप में प्रस्तुत किया और सिद्ध किया कि यह मूल धार्मिक ग्रन्थों में नहीं है, यह मात्र समय के साथ विकसित कुप्रथा है। उन्होंने मनु और धन्वन्तरी को उद्धृत किया।[134]

शारदा ने कहा कि यह बिल किसी जाति या धर्म के विरुद्ध नहीं है, जबकि यह तो उनके अनुसार ही है। उन्होंने कहा कि यह तो स्त्री के सार्वभौम मूलभूत अधिकारों की स्वीकृति का उदारवादी प्रयास है।[135] उन्होंने 1921 ई. को जनगणना और डॉ. लैंचस्टर की पुस्तकों को उद्धृत करते हुए अपने इस मत को सही ठहराया कि बाल विवाह स्वास्थ्य के लिए हानिकारक है। उन्होंने इस कुप्रथा को सामाजिक, मनोवैज्ञानिक, जैविक एवं राष्ट्रीय आधारों पर अनुचित ठहराया।

15 सितम्बर, 1927 ई. को बिल विधायिका में प्रस्तुत किया गया। सितम्बर, 1927 ई. से जनवरी 1928 ई. तक जनता के सामने जनमत हेतु रखा गया। शारदा ने जनमत निर्माण में भी महत्त्वपूर्ण भूमिका अदा की थी। 28 जनवरी, 1928 ई. को दिल्ली में बुलाई गई विधायिका की सभा में पुनः उन्होंने एक महत्त्वपूर्ण भाषण दिया। उनके गम्भीर प्रयासों के कारण अनेक राष्ट्रीय संगठनों व जातीय संगठनों ने सरकार से शारदा द्वारा प्रस्तावित बिल को स्वीकार करने की अपील की।[136] अन्ततः इसे स्वीकार कर लिया गया। इस बिल के मुख्य बिन्दु इस प्रकार थे।[137]

1. नाबालिग बालक–बालिकाओं के विवाह का निषेध एवं दंडनीय।
2. नाबालिग बालक या बालिका हेतु संरक्षक दोषी होंगे और दंड के भागी भी।
3. विवाह के एक वर्ष तक मामला दर्ज हो सकता है।
4. ऐसे मामले केवल प्रथम श्रेणी मजिस्ट्रेट ही सुन पाएँगे।
5. शिकायतकर्ता को जमानत राशि के रूप में 100 रुपए जमा करवाने होंगे।

इस एक्ट के पास होने पर हजारों लोगों ने उन्हें बधाई के पत्र भेजे। यह एक्ट 1 अप्रैल, 1930 ई. से प्रभावी हुई।[138] हालाँकि इसमें लड़कों के लिए विवाह की न्यूनतम आयु 18 व लड़कियों के लिए 14 निर्धारित की गई, पर इस एक्ट की कुछ सीमाएँ थीं, जैसे–

1. प्रथम श्रेणी मजिस्ट्रेट द्वारा ही सुनवाई एक बड़ी सीमा थी, गाँवों में बाल विवाहों को रोकने के लिए ये उपलब्ध नहीं थे।

2. शिकायतकर्ता द्वारा जमानत राशि जमा करवाना भी एक बड़ी बाधा थी।
3. एक्ट केवल ब्रिटिश प्रान्तों में लागू होना था, देशी रियासतों में नहीं।
4. अनमेल विवाह को रोकने की कोई प्रभावी व्यवस्था नहीं की गई थी।[139]

पर इन सीमाओं के कारण शारदा के प्रयासों की महत्ता लेशमात्र भी कम नहीं होती। वे बाल विवाह रोकने की दृष्टि से एक महान सुधारक थे और उन्होंने इसके लिए व्यावहारिक समाधान प्रस्तुत कर लागू करवाने की चेष्टा की, यही उनके कार्यों की सबसे महत्त्वपूर्ण बात है।

इसी बिल से प्रभावित होकर जोधपुर व शाहपुरा आदि राज्यों में बाल विवाह सम्बन्धी कानून बने।

श्रीगंगानगर के कट्टर आर्यसमाजी, हरिश्चन्द्र नैण ने 1929 ई. में बाल रक्षा कानून पर अनमेल विवाह के सन्दर्भ में बीकानेर में भाषण दिए। इन भाषणों की सहज ही उनके समकालीन शारदा के भाषणों से तुलना की जा सकती है। हरिश्चन्द्र नैण इस दृष्टि से 'उत्तरी राजस्थान के हरविलास शारदा' कहे जाएँ तो सम्भवतः कोई अतिशयोक्ति नहीं होगी। क्षेत्र के सामाजिक सुधार विशेषकर जाटों में सुधार के लिए दृढ़कल्पित नैण का जीवन शिक्षा और समाज-सुधार के लिए किए गए कार्यों का ही पर्याय प्रतीत होता है। उन्होंने न केवल व्यक्तिगत रूप से बल्कि सामाजिक संगठन, धार्मिक मंचों, प्रशासनिक सभाओं व राजदरबार में अपने सुधार सम्बन्धी विचारों को रखा और उनके विचार केवल सैद्धान्तिक नहीं थे, उनकी व्यावहारिक क्रियान्विति को वे अनिवार्य मानते थे। इसकी पुष्टि उनकी जीवनी से होती है।[140] निः सन्देह वे एक कर्मठ एवं समर्पित आर्य समाजी थे जिन्होंने श्रीगंगानगर क्षेत्र में आर्य समाज और समाज-सुधार एवं शिक्षा प्रसार के लिए महत्त्वपूर्ण कार्य किया।[141]

हरिश्चंद्र नैण ने बाल विवाह और अनमेल विवाह में एक उपसंशोधन प्रस्तुत करते हुए कहा कि-

> *'हिन्दू विवाह एक्ट' (जो 6 सितम्बर, 1920 ई. में महाराजा द्वारा स्वीकृत हुआ था) में धारा 6 की मंशा वृद्ध विवाह पर कुछ रुकावट डालने की है। लेकिन इसमें रुकावट कुछ भी नहीं होती। इसमें 45 वर्ष से ऊपर वाले पुरुष और 14 वर्ष से कम उम्रवाली लड़की से विवाह करने पर लड़की के माँ-बाप के लिए सजा रखी गई है, 45 वर्ष की उम्र में दो चार वर्ष का गोलमाल हो जाना कोई बड़ी बात नहीं है। 45-50 वर्ष का मर्द*

और 13-14 वर्ष की लड़की, यह बिलकुल अनमेल विवाह है, ऐसे विवाह में स्त्री को ही नहीं, परन्तु पुरुष को भी सुख नहीं हो सकता। न्याय की दृष्टि से ऐसे विवाहों से अबोध बच्चियों के जीवन नष्ट होते हैं, उनकी रक्षा का भार राज्य पर है। बूढ़ों के साथ विवाह होने पर बच्चियों को जीवन भर कष्ट कितना उठाना पड़ता है, इसका अनुमान लगाना कठिन है। मैं पुरुषों से पूछना चाहता हूँ कि किसी 16 वर्ष के लड़के को 35 वर्ष की औरत से शादी करने को कहा जाए तो वह लड़का क्या कहेगा? मैं इन अबलाओं की दुर्दशा का वर्णन कहाँ तक करूँ? एक ओर दो-दो-चार-चार साल की लड़कियाँ विधवा बनी बैठी हैं, दूसरी ओर बूढ़ी-बूढ़ी लड़कियाँ कुंवारी बैठी हैं। एक महाजन की 25 वर्षीय लड़की इसलिए कुंवारी बैठी है कि उसके बदले में माँ-बाप अपने दो लड़कों की शादी करना चाहते हैं। इसलिए मैंने संशोधन पेश किया है कि 45 वर्ष के बजाय आयु 35 वर्ष तक सीमित की जाए''[142]

हरिश्चंद्र को ऐसे प्रकरणों से काफी दुःख हुआ और इस घटना का जिक्र तो उन्होंने अपनी डायरी में किया कि इस काम का भगवान ही मालिक है।[143]

उपर्युक्त प्रस्ताव पारित न होने के बावजूद आर्य समाजियों की प्रगतिशीलता का द्योतक है। हरिश्चंद्र नैण ने यहीं विराम नहीं लिया। उन्होंने 1930 में बीकानेर असेम्बली में अनमेल विवाह के बारे में कुछ प्रश्न पूछे, जो इस प्रकार थे-

1. किस-किस निजामत में कानून के विरुद्ध कितने विवाह हुए?
2. कितने विवाह नाजिमों ने समझा-बुझाकर करवाए?
3. कितनों पर मुकदमा चलाने की सिफारिश नाजिमों ने की?
4. सरकार ने कितनी मंजूरियाँ मुकदमे चलाने की दी?
5. चलाए गए मुकदमों के नतीजे क्या हुए?

पर बीकानेर रियासत के गृहमन्त्री नारायण सिंह ने इन महत्त्वपूर्ण प्रश्नों का उत्तर सिर्फ यह दिया कि ''सूचनाएँ माँगी गई हैं।''[144] ये इस बात का उद्घाटन है कि बीकानेर रियासत का प्रशासन एवं उत्तरदायी मन्त्री कितने उदासीन थे। ये तथ्य हमारे समक्ष आर्य समाजियों की सामाजिक कुरीतियों को दूर करने की प्रतिबद्धता एवं सरकारी अधिकारियों की निष्क्रियता एवं कुरीतियों के प्रति लापरवाही को भी प्रकट करता है।

राजस्थान में आर्य समाज के अनुयायी यह भली प्रकार जानते-समझते थे कि समाज-सुधार के लिए विधिक प्रयासों के साथ-साथ जनचेतना जरूरी है। आर्य समाजी पं. परमानन्द ने राजपूताना की विवाह व्यवस्था के विश्लेषण के तहत लिखा कि ऐसी कुप्रथाएँ राजपूताना के समाज को 50 साल पीछे ले जाती हैं। उन्होंने आदर्श विवाह की उम्र लड़के व लड़कियों के लिए 24 व 16 वर्ष बताते हुए बाल एवं अनमेल विवाह की बुराइयाँ गिनाईं।[145]

1939 ई. में नागौर में आर्य समाज भवन में रंगरूपलाल एडवोकेट की अध्यक्षता में बाल विवाह एवं बेमेल विवाह निषेधक कानून के सम्बन्ध में एक सभा हुई तथा यह प्रस्ताव पारित किया गया कि महाराजाधिराज बाल विवाह तथा बेमेल विवाह निषेधक कानून अवश्य लागू करे जिससे मारवाड़ी जनता का आर्थिक, सामाजिक एवं नैतिक विकास हो सके। इस प्रस्ताव का समर्थन चौधरी मूलचंद, मन्त्री मारवाड़ कृषक सुधारक, जोधपुर ने किया।[146]

इतना ही नहीं, आर्य प्रतिनिधि सभा ने बाल विवाह रोकने के लिए 'बाल विवाह निरोधक मंडल' रियासतों में भेजे, जिन्होंने वातावरण तैयार किया। कुल आठ मंडल भेजे गए। पहला मंडल मारवाड़ में 1 फरवरी, 1931 ई. को पाँच सदस्यों का भेजा गया।[147] आर्य समाज राजस्थान ने बाल विवाह रोकने के लिए साप्ताहिक सत्संग आर्य सम्मेलन, वार्षिक उत्सवों में व्याख्यान आदि द्वारा भी प्रचार कार्य किया था।[148]

बाल एवं अनमेल विवाहों को रोकने के लिए आर्य समाजियों के प्रयासों एवं प्रेरणा से कानून बनाए गए। पर इन प्रयासों एवं जनजेतना ने निःसन्देह अच्छा प्रभाव डाला और शनैःशनैः आर्य समाज के प्रभाव वाले परिवारों में, कुछ अन्य परिवारों में भी, बाल एवं अनमेल विवाह बन्द या प्रायः न्यूनतम हो गए।

स्वामी दयानन्द और आर्य समाज के आगामी अनुयायी विधवाओं की स्थिति सुधारने के भी प्रबल पक्षधर थे। वैधव्य को एक कारण मान लेने के कारण ही दयानंद बाल एवं अनमेल विवाह के विरोधी थे, इनका प्रचलन था और इसी के फलतः बाल वैधव्य की विकट समस्या विद्यमान थी। बाल विधवाओं के पुनर्विवाह को दयानंद जरूरी मानते थे। स्वामी दयानन्द ने विधवाओं की स्थिति सुधारने के तीन मार्ग सुझाए–

1. अक्षत योनि विधवाओं का पुनर्विवाह
2. क्षत योनि विधवाओं के लिए ब्रह्मचर्य, या
3. नियोग।

नियोग के मुद्दे पर उनकी तीखी आलोचना हुई थी।[149]

राजस्थान में विधवाओं का विवाह कुछ जातियों में प्रचलित था, जिसके रूप 'नाता', 'धरेजा' और 'करेवा' आदि थे। आर्य समाज ने इसमें बुनियादी परिवर्तन ये किया कि (इन प्रचलित प्रकारों से) सर्वथा भिन्न रूप में वैदिक रीति से फेरों द्वारा विधवाओं के विवाह प्रारम्भ किए, उनकी वकालत की।[150] 1920 ई. में सत्यदेव विद्यालंकार ने अकोला से 'राजस्थान' नामक समाचार-पत्र निकाला और उसमें विधवा विवाह के प्रचार की शुरुआत की। 1920 ई. के बाद इसे जैन समाज, मारवाड़ी समाज, प्रान्तीय अग्रवाल पंचायत, राजपूताना वीमन एसोसिएशन, भार्गव समाज, कायस्थ समाज का समर्थन मिलना शुरू हो गया।[151]

चांदकरण शारदा ने विधवा विवाह को प्रोत्साहित करने के लिए 'विधवा विवाह' नामक पुस्तिका लिखी। चांदकरण शारदा ने आर्य मार्तंड में भी एक पत्र 'गर्भवती विधवाओं की रक्षा करो' शीर्षक से प्रकाशित कर यह अपील की कि-

> *"विधवा विवाह के प्रचार के लिए स्वर्गीय सेठ गंगाराम ने 50 लाख से अधिक सम्पत्ति दान में दी है, जिसकी आय से सारे भारत में जोरों से काम चल रहा है। यदि आपको विधवा विवाह के प्रचार में किसी सेवा या सहायता की जरूरत है तो लिखिए, आपकी सेवा मुफ्त की जाएगी। यदि आपको गर्भवती या विवाह इच्छुक कोई विधवा मिले तो सर गंगाराम विधवा भवन अजमेर में भेज देवें। यहाँ सब प्रकार की मुफ्त सेवा करके उसका उचित प्रबन्ध किया जाएगा। विधवाओं को भवन में पहुँचाने वालों को दोनों तरफ का मार्ग व्यय दिया जाएगा।[152]"*

अपील सर्वथा निरर्थक नहीं रही। इस अपील व पत्र का राजस्थान की विधवा स्त्रियों, जो पुनर्विवाह की इच्छुक थीं, पर कुछ हद तक अच्छा प्रभाव पड़ा।[153]

विधवा विवाह का विरोध शासक वर्ग के अलावा आम जनता के कुछ वर्ग भी करते थे, पर आर्य समाजियों ने इसकी परवाह नहीं की। शाहपुरा, सांभर, भरतपुर, बीकानेर, बांदीकुई, जोधपुर आर्य समाजों ने विधवा विवाह सम्पन्न करवाए।

माहेश्वरी जाति में विधवा विवाह को प्रोत्साहन देने के लिए प्रमुख आर्य समाजी हरविलास शारदा के सभापतित्व में अखिल भारतवर्षीय वैश्य सभा बरेली में विधवा विवाह का प्रस्ताव स्वीकृत हुआ। इस प्रस्ताव का प्रभाव राजपूताना के माहेश्वरियों पर सकारात्मक रहा और जैसलमेर, जोधपुर व बीकानेर के माहेश्वरियों में विधवा विवाह प्रारम्भ हुए। पं. जयदेव शर्मा विद्यालंकार ने 'आर्य मार्तंड' में

अपने लेखों में शास्त्रों के माध्यम से विधवा विवाह का समर्थन किया।[154] उन्होंने विधवा विवाह के प्रति दृष्टिकोण बदलने की शीघ्र आवश्यकता बताई।

आर्य समाज ने विधवाओं के विवाह हेतु प्रोत्साहित करने एवं सामाजिक जागरूकता के साथ उनके संरक्षण एवं आवास का प्रबन्ध करने के लिए भी कार्य किए। सेठ रामगोपाल वर्मा ने वनिता आश्रम एवं अनाथाश्रम खोले। एक ऐसा ही संगठन था अजमेर का वनिता आश्रम।[155] जिसके प्रधान थे–चांदकरण शारदा और मन्त्री–घीसूलाल थे। सिद्ध कंवर ओसवाल इसकी सदस्य थी। आर्य मार्तंड ने आश्रम की गतिविधियों को सविस्तार प्रकाशित किया। आश्रम ने विधवाओं को ईश्वर भक्ति, सन्तान प्रेम और नैतिकता व सदाचार से जीवन जीने के लिए प्रेरित किया। वहीं ऐसी महिलाओं जो शारीरिक आवश्यकताओं पर नियन्त्रण में असमर्थ थीं, के पुनर्विवाह का प्रबन्ध किया। इसकी एक शाखा बीकानेर में फरवरी, 1928 में खोली गई।[156] इसके प्रधानमन्त्री मनु भाई शर्मा ने संस्थापक सेठ रामगोपाल वर्मा, अधीक्षक जयभगवान शर्मा की उनकी निस्वार्थ सेवा के लिए प्रशंसा की है।[157] इस वनिता आश्रम ने भी आर्य मार्तंड में विधवाओं के पुनर्विवाह हेतु विज्ञापन दिए।[158] यथा–

क. ब्राह्मणी, 28 वर्ष, बीकानेर निवासी, सिलाई–कढ़ाई, रसोई में निपुण आदि।

ख. 14 वर्षीय जोधपुर निवासी राजपूत, स्वस्थ, सामान्य घरेलू कार्यों को करने में सक्षम।

ग. 16 वर्षीय, मध्य प्रान्त निवासी, गौड़ ब्राह्मण, घरेलू कार्यों में निपुण, हिन्दी पढ़ने–लिखने में सक्षम।

घ. 24 वर्षीय मारवाड़ निवासी, नजर कमजोर पर सामान्य कामकाज में सक्षम।

इनमें सजातीय को प्राथमिकता दी गई थी।

मारवाड़ और बीकानेर में आर्य समाज का विधवा पुनर्विवाह आन्दोलन सम्भवतः बहुत प्रचलित नहीं रहा था। बीकानेर में यहाँ के ठिकाने श्रीगंगानगर में 2 अप्रैल, 1932 ई. को एक विधवा पुनर्विवाह करवाया और उपदेशक चंद्रभानु ने बाल विधवाओं को पुनर्विवाह हेतु प्रेरित किया। आर्य समाज के पुनर्विवाहों को देखने जनसमूह एकत्रित होता था।[159] बीकानेर के महाराजा सार्दूलसिंह ने 1946 ई. में विधवा विवाह को कानूनी मान्यता दी।[160]

आर्य समाज ने राजस्थान में पर्दा प्रथा के विरुद्ध भी महत्त्वपूर्ण योगदान दिया। स्वामी दयानन्द स्वयं भी महिलाओं को पर्दे में रखने के विरोध में थे। श्रीगंगानगर

आर्य समाज के वयोवृद्ध कार्यकर्ता शुद्धबोध शर्मा एवं बीकानेर आर्य समाज की वर्तमान प्रधान 78 वर्षीया पद्मावती चांदना ने बताया कि आर्य समाजीय आयोजनों में महिलाओं की बिना पर्दे के उपस्थिति चर्चा एवं प्रेरणा का विषय बनती थी और इसने क्रमशः सुधार का मार्ग प्रशस्त किया।[161] प्रायः सभी स्थानों पर आर्य समाज के सम्मेलनों, बैठकों में बिना पर्दे महिलाओं की उपस्थिति पर बल दिया गया। प्रायः आर्य समाजी परिवारों में पर्दा प्रथा कम होती चली गई। आर्य समाज के विवाहों में वधुओं को बिना पर्दे आना और स्वीकारना प्रारम्भ हुआ। इसके अतिरिक्त आर्य समाजियों ने कन्या विक्रय के खिलाफ भी आवाज उठाई।

द्वितीय, आर्य समाज ने महिलाओं की शिक्षा (इसकी चर्चा अगले अध्याय में की गई है) और समाचार-पत्रों को सुधार का साधन बनाया जो उनकी बहुविध रणनीति के सबसे प्रमुख भाग थे। 'आर्य मार्तंड', 'आर्य महिला', 'आर्य भूमि', 'त्याग भूमि' आदि पत्रों ने आन्दोलन को गति एवं दिशा प्रदान की। इन पर विस्तृत चर्चा प्रेस से सम्बन्धित अध्याय में की गई है।

अन्य प्रयास

इन प्रमुख संगठनात्मक प्रयासों के साथ-साथ कुछ सामाजिक एवं जातीय संगठनों/पंचायतों ने भी इस सुधार आन्दोलन को प्रोत्साहित किया। इन्होंने विधिक प्रयासों के लिए उपयोगी वातावरण तैयार करने और जागरूकता पैदा करने का कार्य कर आन्दोलन को लोकप्रिय बनाने में महत्त्वपूर्ण भूमिका निभाई।

19वीं-20वीं शताब्दी में राजस्थान में जातीय पंचायतों/संगठनों ने भी समाज-सुधार को गति एवं प्रेरणा देने का कार्य किया था। इनकी प्रेरणा थे-आर्य समाज तथा वाल्टर सभा के कार्य। जातीय पंचायतों से हमारा तात्पर्य उन व्यक्ति समूहों से है जो किसी समुदाय विशेष के लिए मिल-बैठकर चिन्तन-मनन क्रियान्वयन करते हैं। राजपूताना के इन जातीय संगठनों एवं पंचायतों ने आश्चर्यजनक रूप से बाल एवं अनमेल विवाह, बलात् वैधव्य, पर्दा आदि को रोकने के लिए प्रयास किए। इन्होंने विधि निर्माण के लिए माहौल बनाया वहीं देशी शासकों से सुधारों, विधिक प्रावधानों के लिए प्रार्थना की, उन्हें प्रेरित किया।[162]

1924 ई. में पारीक समुदाय द्वारा (संवत् 1978) मेड़ता में श्रीपारीक संस्कृत पाठशाला में एक तीन दिवसीय सभा का आयोजन किया गया था। जिसमें जोधपुर के पारीक सदस्यों ने भाग लिया था। कुल 36 नियम बनाए गए जिनमें नियम 4 यह था कि कोई भी व्यक्ति 40 वर्ष से अधिक आयु में विवाह न करे, नियम 5 कहता

था कि सगाई को कोई सदस्य नहीं तोड़ेगा। नियम 6 वर पक्ष को वधू पक्ष की ओर से नकद धन–राशि देने का निषेध करता था। सगाई या विदाई के समय केवल एक रुपया का नारियल वर पक्ष को वधू पक्ष द्वारा दस्तूर स्वरूप दिया जाएगा। सगाई के बाद 300 रुपए तक के वस्त्र, सोना, जेवरात आदि ही दिए जा सकते थे। नियम 27 के अन्तर्गत सदस्यों को वधू मूल्य लेने से निषेधित किया गया। यह भी कहा गया कि अगर कोई व्यक्ति अपनी कन्या का विवाह करने में सक्षम नहीं है तो पारीक पाठशाला, मेड़ता को अनुरोध करने पर वह 51 रुपए देगी तथा विवाह के आयोजन में मदद करेगी।

इसमें नियम 37 बाल विवाह से सम्बन्धित था तथा लड़कियों के लिए 10 व लड़कों के लिए 15 वर्ष से कम आयु में विवाह को निषिद्ध किया गया। यहाँ उल्लेखनीय है कि यह भी कहा गया कि पिता अपनी बेटी का विवाह अधिकतम 15 वर्ष की उम्र तक कर दे। यदि दो या अधिक कन्याओं का विवाह एक साथ कर रहा है तो छोटी बेटी की उम्र 8 से कम नहीं होनी चाहिए।

पारीक समुदाय के समाज–सुधार के प्रयास राजस्थान में विस्तृत हुए।[163] शीघ्र ही राजस्थान के अन्य क्षेत्रों के निवासी सदस्य सामाजिक मुद्दों पर सोचने लगे। संवत् 1982 (1925 ई.) में बीकानेर के गाँव गोगासर में लगभग 400 लोग इकट्ठे हुए तथा अपने लिए नियम बनाए। कुल 11 नियम गोगासर में बनाए गए। नियम 2 के तहत निर्धारित किया गया कि अगर कोई अपनी बेटी की सगाई बिना किसी पर्याप्त कारण तोड़ता है तो उसे पंचों को 2100 रु. का अर्थदंड देना पड़ेगा। यह वधू मूल्य तथा अनमेल विवाहों की परम्परा को रोकने के लिए किया गया था। नियम 3 द्वारा वधू मूल्य का निषेध किया गया। ऐसा पाए जाने पर जाति से बहिष्कार करने का प्रावधान किया गया। इसी प्रकार नियम 5 ने बाल, वृद्ध एवं अनमेल विवाह रोकने का प्रयास किया। यह निर्धारित किया गया कि कोई व्यक्ति 40 वर्ष की आयु के बाद विवाह नहीं कर सकता।[164]

पारीक समुदाय के प्रबुद्ध लोग नियम बनाने तक सीमित नहीं रहे, उन्होंने अपने सम्बन्धित शासकों को पत्र एवं अपीलें लिखीं तथा अन्य जातियों के लिए नियम बनाने का अनुरोध किया। जोधपुर निवासी देवीचंद्र जोशी 'विशारद' ने 5 नवम्बर, 1929 ई. को न केवल महाराजा को लिखा बल्कि एक पेम्फलेट भी जारी किया जिसमें उन्होंने ब्रिटिश भारत के बाल विवाह निषेधक कानून के लिए नैतिक समर्थन माँगा। उन्होंने जनता से अपील की कि वे जोधपुर महाराजा से ऐसा ही कानून मारवाड़ रियासत के लिए बनाने के लिए निवेदन करें। उन्होंने इस पेम्फलेट में बाल विवाह के मानसिक एवं स्वास्थ्य सम्बन्धी दुष्परिणामों की भी चर्चा की

थी। 5 सितम्बर, 1931 ई. को देवीचंद्र जोशी ने जोधपुर के उपाध्यक्ष को पत्र लिखकर राज्य में महिला शिक्षा के उचित प्रबन्ध की वकालत की थी।[165]

जब जोधपुर महाराजा ने मारवाड़ गजट (16 अगस्त, 1930 ई.) में बाल विवाह निषेधक कानून प्रकाशित किया तो अनेक प्रबुद्ध व्यक्तियों ने सन्तोष व खुशी व्यक्ति की। पर इस बिल को कुछ समुदायों के लोगों के विरोध का भी सामना करना पड़ा। देवीचंद्र जोशी ने लिखा कि 'यह बिल का स्थगन नहीं था, गरीब महिला की प्रगति का स्थगन था।' उन्होंने जोधपुर दरबार से निवेदन किया कि 'जब पूरी दुनिया में उसकी स्थिति को समझकर कानून बनाए जा रहे हैं तो आखिर मारवाड़ में किस आधार पर इसे रोका जा रहा है।' उन्होंने कहा कि 'अल्पायु में एक लड़की को माँ बनाकर उसके विकास को रोकना एक गम्भीर अपराध है और एक प्रशासक को दायित्व है कि इस अपराध को दूर करे।'[166]

पारीकों से पहले 1890 ई.-91 ई. में जोधपुर के राजगुरु पुरोहितों तथा बीकानेर के पुष्करणा ब्राह्मणों ने कुछ नियम बनाकर लड़के व लड़कियों की न्यूनतम विवाह आयु क्रमशः 15 व 11 निर्धारित की थी। जिसका अनुसरण जोधपुर के अन्य ब्राह्मण समुदायों ने भी किया था। करीबन 36 समुदायों ने वर-वधू की आयु सीमा निर्धारित की।[167] इसका अनुसरण माली समुदाय ने किया।[168]

1891 ई.-92 ई. के ये प्रयास अन्य स्थानों व समुदायों तक पहुँचे तथा जैनों ने भी अपने समुदाय को सामाजिक बुराइयों से निहत्त कराने का विचार किया तथा विभिन्न स्थलों पर राजस्थान में जैन सभाएँ, सुधार संगठन बने।[169] 1920 ई. में राय साहब कृष्ण लाल बाफना ने जोधपुर में एक मासिक समाचार-पत्र 'ओसवाल' निकाला। सुजानगढ़ के श्री पृथ्वीराज डागा और आगरा के श्री पद्मसिंह खुराना ने इसे सम्पादित किया।[170] लोगों को शिक्षित करने के लिए इसमें बाल विवाह, अनमेल विवाह, बहुविवाह, वृद्ध विवाह, मौसर आदि बुराइयों पर आलेख इसमें प्रकाशित किए गए थे। इसी प्रकार आबूरोड से भी जैन समाज का एक मासिक पत्र-'मारवाड़ जैन सुधारक' 1924 ई. में प्रकाशित हुआ था।[171] इसमें भी समाज-सुधार सम्बन्धी आलेखों का प्रकाशन हुआ था।

एक घटना मिलती है कि 26 अप्रैल, 1931 ई. को लोनकशाह जैन मिशन, जोधपुर के सचिव सुमेरमल जैन[172] ने जोधपुर दरबार के समक्ष प्रतिनिधि के रूप में कहा कि तीओन गाँव में 1 मई, 1931 ई. को एक बाल विवाह होनेवाला है। जिसमें लड़का नेमीचंद जो कि केशरीमल साँखलेचा का बेटा है, 11 साल का था और लड़की रूवा घेवरचंद्र पारेश की है, 14 बरस की थी। इसके माध्यम से बाल विवाहों के दुष्परिणाम पंचायत एवं अभिभावकों को बताए गए। सुमेरमल जैन ने दरबार को

कहा कि बिना कानून ऐसे विवाहों को रोकना सम्भव नहीं है। इसी प्रकार दाधीच मित्रमंडल[173] ने 4 जून, 1932 ई. को जोधपुर दरबार को कहा कि नित्यानंद शास्त्री जो 45 से कम आयु का नहीं है, 12 वर्षीया लड़की से विवाह करनेवाला है। मंडल ने कहा कि शास्त्री हमारी जाति में है और वह तीसरी शादी कर रहा है। यह शादी 8 जून, 1931 ई. को होनेवाली थी। मंडल ने कहा कि सम्भवत: शादी कहीं बाहर जाकर की जाएगी। उन्होंने दरबार से मामले में हस्तक्षेप करने तथा बाल एवं अनमेल विवाह रोकने का अनुरोध किया। 20 मार्च, 1933 ई. को श्री जैन सुधारक प्रेस, अजमेर के केसरीमल भंडावत ने महकमाखास जोधपुर को लिखा कि पोरवाल परिवार में जोधपुर रियासत की सीमा में हुए अनमेल विवाह के बारे में क्या कार्यवाही की गई है। 31 जनवरी, 1934 ई. को अखिल भारतीय अग्रवाल महासभा के सहसचिव आर.सी. अग्रवाल ने जोधपुर महाराजा के निजी सचिव से पत्र लिखकर अनुरोध किया कि 1929 ई. के बाल विवाह निषेध एक्ट को लागू करना चाहिए। उन्होंने लिखा कि बाल विवाह अनेक सामाजिक बुराइयों की जड़ हैं। उन्होंने बड़ौदा, मैसूर, इंदौर आदि रियासतों की तरह जोधपुर दरबार से इस बारे में प्रभावी कदम उठाने का भी अनुरोध किया।[174]

1939 ई. में श्री पुष्करणा नवयुवक मंडल के सचिव कुंवर सरदारमल थानवी ने आम जनता को खुला पत्र लिखा कि वे जोधपुर महाराजा पर दबाव डालें कि बाल विवाह पर ब्रिटिश भारत के कानून की तरह कानून बनाएँ। पुष्करणा नवयुवक मंडल ने महाराजा को कहा कि बाल विवाह कोई शास्त्र सम्मत परम्परा नहीं है। उन्होंने सुझाव दिया कि–

1. 21 वर्ष से पहले लड़के और 13 वर्ष से पहले लड़की का विवाह दंडनीय अपराध हो तथा सम्बन्धित पक्ष को 1000 रुपए का अर्थदंड लगाया जाए।
2. अपने से 27 वर्ष छोटी लड़की से विवाह करनेवाले व्यक्ति को 1000 रुपए के अर्थदंड व 1 महीने की सजा हो।
3. बाल व अनमेल विवाह के लिए प्रेरित करनेवालों पर भी दंड लगाया जाए, उन्हें जेल भेजा जाए।
4. इसे बाल विवाह एवं अनमेल विवाह निषेध एक्ट (Child Marriage & Ill-matched Marriage Restraint Act) पुकारा गए।[175]

बम्बई के श्री मारवाड़ नवयुवक जैन मंडल ने 23 जनवरी, 1936 ई. को 'जैन ज्योति' समाचार-पत्र में एक खुला पत्र मारवाड़ के लोगों के नाम लिखकर अपील की कि वे मारवाड़ महाराजा से निवेदन करें कि बाल व अनमेल विवाह व स्त्री क्रय-विक्रय को रोकने के लिए कानून बनाएँ।[176] एक पुणे निवासी पुन्नीलाल

फौजमल धजेड़ ने 10 जनवरी, 1934 ई. को जोधपुर दरबार को बाल व अनमेल विवाह तथा वधू क्रय रोकने का अनुरोध किया। उन्होंने बड़ौदा, इंदौर व ब्रिटिश भारत के समान कानून बनाने का सुझाव दिया।[177] हुबली निवासी आसूराम रूपचंद्र रामनियावाला ने भी महाराजा उम्मेद सिंह को पत्र लिखकर बाल व अनमेल विवाह की बुराइयों, इन्हें दूर करने के लिए किए जा रहे व्यक्तिगत, सामाजिक प्रत्यनों को बताया तथा महाराजा से भी उन्हें दूर करने के लिए कदम उठाने का अनुरोध किया।[178] पूना निवासी 170 युवा मारवाड़ियों ने भी बाल विवाह रोकने के लिए जोधपुर महाराजा से एक पत्र द्वारा अनुरोध किया।[179] उन्होंने 14 व 18 लड़कियों व लड़कों के न्यूनतम विवाह आयु सुझाते हुए एक विवाह रजिस्टर लगाने की भी बात कही। ये उदाहरण प्रवासी मारवाड़ियों की समाज-सुधार के प्रति चेतना और प्रयासों के प्रति उत्कंठा एवं उत्साह के स्पष्ट उद्घाटन हैं।

युवा मारवाड़ियों के सन्दर्भ में उल्लेखनीय है कि जोधपुर के ओसवाल युवक 1922 ई. में अखिल भारतीय नवयुवक महामंडल की स्थापना सामाजिक संस्थाओं पर विमर्श, उनको दूर करने के लिए चिन्तन तथा सामाजिक उत्थान हेतु कर चुके थे।[180]

जोधपुर की राजवंश हितकारिणी सभा ने राजवंश समुदाय में महिलाओं की सामाजिक समस्याओं के निराकरण के लिए महत्त्वपूर्ण प्रयास किए। मारवाड़ प्रान्तीय जैन कांफ्रेंस में मणिलाल कोठारी ने कहा-"मारवाड़ में कन्याओं के लिए रुपया लिये जाने की बात से दु:ख होता है, पैसा लेकर बच्चों को बेचना, अनमेल विवाह वगैरह कितनी ही बातें हैं।" सभा में इस बारे में प्रस्ताव भी पारित किया गया।[181]

महिलाओं की सामाजिक समस्याओं के लिए किए गए सुधार प्रयासों के निष्कर्ष स्वरूप कह सकते हैं कि विधिक प्रयास 19वीं शताब्दी में अधिक दिखाई देते हैं, यद्यपि उनकी प्रभावी क्रियान्विति नहीं होने के कारण उन पर प्रभावी रोक नहीं लग पाई, इसका अन्य कारण समाज में जनजागरूकता का न होना भी था। इसी कारण बीसवीं शताब्दी में भी ये सामाजिक समस्याएँ बनी रहीं और सुधारकों एवं शासकों ने प्रयास किए-विधिक एवं गैर विधिक दोनों ही स्तरों पर। सती के मुद्दे पर विधिक प्रयास अधिक महत्त्वपूर्ण रहे।

गैर विधिक स्तर पर कार्य करनेवाले देश हितैषिनी सभा व वाल्टर कृत राजपुत्र हितकारिणी सभा ने पृष्ठभूमि तैयार की फिर आर्य समाज तथा जातीय पंचायतों, जातीय सभाओं एवं युवा संगठनों ने प्रमुख भूमिका निभाई। आर्य समाज की भूमिका इस दृष्टि से सर्वाधिक महत्त्वपूर्ण कही जा सकती है। आर्य समाज के प्रभावत: घर के कार्यक्षेत्र की सीमा लाँघना और बाहरी कार्यक्षेत्र में प्रवेश एक क्रान्तिकारी कदम था। यह कार्य विभाजन की परम्परागत धारणाओं को स्पष्टत: चुनौती थी और आर्य

समाज ने इस परम्परागत धारणा के विरुद्ध सफल आवाज उठाई। बीकानेर के सामाजिक परिवेश में विधवा विवाह (पुनर्विवाह), चाहे वे अपवाद ही रहे हों, किन्तु शताब्दियों से वर्जित पुनर्विवाह की सम्भावनाओं को मजबूती से स्थापित करने में आर्य समाज ने पहल की है। ये कदम सहज ही क्रान्तिकारी कदम माने जा सकते हैं।

ये भी महत्त्वपूर्ण है कि राजस्थान के परम्परागत सामाजिक ढाँचे की अभेद्य दीवारों में सेंध लगाने का जो भागीरथ कार्य आर्य समाज ने किया, वह वास्तव में महत्त्वपूर्ण है। राजस्थान ब्रिटिश भारत का अंग नहीं था (अजमेर को छोड़कर) इसलिए वहाँ के सुधार प्रयास यहाँ प्रभावी नहीं थे, ऐसे में आर्य समाज की भूमिका का ऐतिहासिक प्रसंग में मूल्यांकन करें तो उनका योगदान निःसंदेह रेखांकित करना आवश्यक है।

आर्य समाज से इतर जातीय पंचायतों की भूमिका सीमित पर अत्यन्त महत्त्वपूर्ण कही जा सकती है। उनमें से अनेक सजग थीं और उन्होंने सामाजिक सुधारों-विशेषकर महिलाओं की समस्याओं के सन्दर्भ में अपनी चिन्ताएँ प्रकट कीं, उन्हें दूर करने के उपाय सुझाए, नियम बनाए, दंड विधान बनाए। कुछ ने पहल की तो कुछ ने अनुसरण किया। कुछ का मानना था कि शिक्षा के प्रसार से ये समस्याएँ स्वतः दूर हो जाएँगी। प्रवासी मारवाड़ियों के समूहों ने अपने मूल क्षेत्रों के लिए प्रयास किए, यह बात महत्त्वपूर्ण रूप से उभरती है।

सन्दर्भ एवं पाद-टिप्पणियाँ

1. देसाई, नीरा एवं कृष्णराज, मैत्रेयी, वीमन इन इंडिया, वोरा एंड कम्पनी पब्लिशिंग प्रा. लि., बम्बई, 1957, पृ. 167
2. फॉरेन एंड पॉलिटिकल, 17-4-1847, नं. 47-49, पृ., NAID
3. अजमेर कमिश्नर ऑफिस, बस्ता नं. 26, RSAB
4. एफ. करी द्वारा सदरलैंड को पत्र, दिनांक 10-3-1847, नं. 297/1847, फॉरेन एंड पॉलिटिकल, क्र. सं. नं. 47, तारीख 17-4-1847, NAID
5. जोधपुर रिकॉर्ड, विवाह बही नं. 1, सं. 1820; महाराजा तख्तसिंह की ख्यात, सं. 1909; कोटा रिकॉर्ड, भंडार नं. 1, बस्ता नं. 57, सं. 1815 और भंडार नं. 3, बस्ता नं. 28/2, सं. 1888; रिपोर्ट मर्दुमशुमारी राजमारवाड़ 1891 और 1902, RSAB.
6. जोधपुर के वकील राव राजा रिधमल द्वारा कैप्टन लुडलो को लिखे पत्र का अनुवाद, तारीख 4-11-1841, फॉरेन एंड पॉलिटिकल, कन्सल्टेशन नं. 40, तारीख 22-6-1842 NAID.
7. वही

8. वही
9. एफ. करी को सदरलैंड, तारीख 6-6-1845, फॉरेन एंड पॉलिटिकल, कन्सल्टेशन नं. 70, तारीख 12-9-1845, NAID
10. वही
11. एफ. करी को सदरलैंड, तारीख 8-6-1945, फॉरेन एंड पॉलिटिकल, कन्सल्टेशन नं..70 तारीख 12-9-1845
12. हरविलास शारदा कॉमेमोरेशन वॉल्यूम, वैदिक यंत्रालय, अजमेर, 1937, पृ. 522-23, यद्यपि एक अन्य दस्तावेज में मानसिंह नियम प्रस्ताव तैयार करने की तिथि नव. 1839 बताई गई है। Memo. Regarding Female Infanticide in Marwar, Encl. No. 10 in No. 477 of 1842 Cons. No. 40 dated 22-6-1842
13. Memo, वही
14. वही
15. वही
16. वही
17. रेऊ, विश्वम्भरनाथ पूर्वोक्त, पृ. 522-23
18. वही
19. वही
20. Formulation to Sutherland, dated 29-6-1842, No. 250 of 1842, F & P. Cons. No. 294-295, dated 28-12-1842, लुडलो का मानना था कि ढोली व राणा कन्यावध के लिए उत्तरदायी नहीं थे।
21. वही
22. From Sutherland to H.M. Illiot, dated 14-6-1847, No. 645 of 1847, F & P. Cons. No. 132, dated 24-12-1844
23. वही
24. जोधपुर महाराणा की घोषणा का अनुवाद, तारीख आषाढ़ सुदी 1, वि.सं. 1903 (12 जुलाई, 1847), R.R. लिस्ट नं. 1, फाइल नं. 43/1844, जनरल III, NAID.
25. थोर्स्बी का पत्र एफ. क्यूरी को, तारीख 7-11-1847, R.R. लिस्ट नं. 1, (मेवाड़), फाइल नं. 3/184, NAID
26. भारत सरकार के सचिव क्यूरी को सदरलैंड का पत्र तारीख 11-1-1848, फॉ. व. पो., Cons. No. 74, तारीख 11-2-1848 NAID
27. मेवाड़ रेजीडेन्सी कान्फ्रेंस, फाइल नं. 3, 23-3-1888, पृ. 136, NAID
28. वही, एवं क्र. सं. 20, सोशल एंड रिलिजियस, जनरल, 1934 NAID; वाल्टरकृत राजपुत्र हितकारिणी सभा, फाइल नं. 150, RSAB
29. सोशियोलोजी नं. 43, भरतपुर सोशल रिफॉर्म एक्ट ऑफ 1926, RSAB
30. वही
31. लॉ फाइल नं. 22 & 31 बीकानेर स्टेट हिन्दू मैरिज एक्ट, 1928, RSAB
32. आर्य मार्तंड, सितम्बर, 18, 1928; यंग राजस्थान 1-8-1924, RSAB
33. R.R., लिस्ट नं. II, फाइल नं. 279/1844, NAID

34. बारा महाराज का नाम नहीं दिया गया है।
35. R.R., लिस्ट नं. II, फाइल नं. 279/1844, तारीख श्रावण सुदी 12, 1901, विक्रम संवत्, NAID
36. वही, तारीख श्रवण सुदी 8, 1910 वि.सं. NAID
37. वह पोष सुदी 4, वि.सं. (20-1-1837) को गया पहुँचा था। दयालदास की ख्यात, वोल्यूम 2, पृ. 150; ओझा, जी.एच., बीकानेर राज्य का इतिहास, भाग 2, अजमेर, 1940, पृ. 431
38. थोर्स्बी का लुडलो का पत्र, तारीख 21-7-1844, संलग्न क्र.नं. 6 फाइल नं. 230/1844, फा. व पो. कन्स नं. 157, तारीख 30-11-1844, NAID
39. दयालदास की ख्यात, पूर्वोक्त; ओझा, पूर्वोक्त
40. वही
41. विस्तार हेतु द्रष्टव्य-गोस्वामी संबोध, इन्फेटीसाइड एंड चाइल्ड मैरिज इन राजपूताना अप्रकाशित शोध प्रबन्ध, राजस्थान विश्वविद्यालय, जयपुर. 2004
42. महकमा खास, जोधपुर रिकॉर्ड्स, सोशल लेजिस्लेशन, फालि 7C/511RSAB व ला. फाइल नं. 22, नं. 66, 1937, RSAB
43. महकमा खास, वही
44. वही
45. वही
46. इसकी विस्तार से चर्चा अध्याय के अगले खंड में की गई है।
47. न. 43, सोशियोलोजी, फाइल नं. 24, 1926, RSAB
    इसमें विधवा विवाह को कानून वैध ठहराने के साथ-साथ विधवा विवाह द्वारा विधवा के साम्पतिक अधिकारों के अप्रभावित रखने की बात कही गई पर अन्तर्जातीय विधवा विवाह को मान्यता नहीं दी गई।
48. राजस्थान गजेटियर-बीकानेर, राजस्थान सरकार, 1960, पृ. 182-186
49. फॉरेन, 17-10-1846, नं. 266, पृ. NAID
50. इसको रावल श्योसिंह नाथावत, भूपसिंह राजावत, सूर सिंह चतुरभुजोत, भीमसिंह खंगारोत तथा राजा हनुदेवराय बंकावत आदि ठिकानेदारों ने स्वीकार कर अपने इलाकों में न होने का वचन दिया (राजपूताना एजेंसी ऑफिस, जनरल, वोल्यूम II नं. 43, 1846, पृ. 7-8, NAID)
    इससे उत्साहित होकर मेवाड़, हाड़ौती में भी इस पर रोक के लिए विधानात्मक प्रयास किए गए।
51. राजपूताना एजेंसी ऑफिस, 43, जनरल, वोल्यूम नं. 5 (1855-57), पृ. 2 NAID
52. वही, पृ. 6
53. वशिष्ठ वी.के., पूर्वोक्त, पृ. 135
54. फॉरेन डिपार्टमेंट, 28-12-1842, नं. 293-295, पृ. 13-14
    यही वजह थी कि 1843 में महाराजा मानसिंह के मरने पर उसके पीछे 6 स्त्रियाँ सती हुईं। इसी कारण सदरलैंड को मारवाड़ में सती से सम्बन्धित विधान बनाने के प्रभारी के पद को छोड़ना पड़ा।

55. फॉरेन एंड पॉलिटिकल, 25-4-1846, नं. 118-121, पृ. 11, NAID
56. फॉरेन एंड पॉलिटिकल, 14-1-1848, नं. 62-66, पृ. 425-26, NAID
फॉरेन एंड पॉलिटिकल, 27-5-1849, नं. 45-47, पृ. 18-19, NAID
फॉरेन डिपार्टमेंट 21-10-1843, नं. 4586-91, पृ. 2, NAID
57. फॉरेन एंड पॉलिटिकल, 10-3-1848, नं. 27-29 पृ. 8, 11, NAID
-राजस्थान एजेंसी ऑफिस, जन. 43, वोल्यूम III (1849-1852), पृ. 18-19, NAID
-फॉरेन एंड पॉलिटिकल, 14-1-1848, नं. 62-66, पृ. 425
-फॉरेन डिपार्टमेंट 19-11-1852, नं. 222-224
58. फॉरेन एंड पॉलिटिकल, 7-12-1852, नं. 307-10, पृ. 78
59. बारहठ, कृष्ण सिंह, राजपूताना का इतिहास, वोल्यूम I, पृ. 84,
विस्तार हेतु द्रष्टव्य-
-गोस्वामी, संबोध, पूर्वोक्त।
-वशिष्ठ, वी.के., रोल ऑफ कास्ट रिफॉर्म एसोसियेशन्स (समाज) इन सोशल रिफॉर्म्स अमंग द राजपूत्स एंड चारण कम्यूनिटिज इज राजपूताना-1877-1949 (आलेख) द इंडियन आर्कइव्ज, वोल्यूम XXXVIII, नं. 2 जुलाई-दिसम्बर 1989, नेशनल आर्काइव्य ऑफ इंडिया।
60. विस्तार हेतु द्रष्टव्य-जैन, एम-एस., आधुनिक राजस्थान का इतिहास, पूर्वोक्त, पृ. 239-240
61. द्रष्टव्य-गोस्वामी, संबोध, पूर्वोक्त एवं जैन, एम-एस., पूर्वोक्त
62. वही
63. वही, पृ. 240-241, जैन ने वाल्टर के द्वारा इस सभा की स्थापना का प्राथमिक उद्देश्य सुधार की बजाय पदोन्नति एवं पेंशन लाभ पाना बताया है।
64. वही, पृ. 244, सम्पूर्ण 22 नियमों हेतु द्रष्टव्य,-गोस्वामी संबोध, इंफेटीसाइड एंड चाइल्ड मैरिज इन राजस्थान, पूर्वोक्त
65. विवाह निश्चित होने पर वे उपहार जो लड़की के पिता पक्ष की ओर से भेजे जाएँ, टीका कहलाते थे।
66. टीका के विपरीत अगर लड़के के पिता पक्ष की ओर से उपहार भेजे जाएँ तो रीत कहलाते थे।
67. वही, पृ. 244
एम.एस. जैन के इस निष्कर्ष कि 'वाल्टर के प्रयासों ने राजपूत समाज को गहरे गड्ढे में धकेल दिया' को एस.एस. रत्नावत ने अस्वीकार किया है। द्रष्टव्य-उनका आलेख-'एन अप्रेजल ऑफ सोश्यल रिफॉर्म्स इन राजपूताना ड्यूरिंग दा ब्रिटिश पीरियड' (1877-1949 A.D.), न्यूक्लियस, वोल्यूम II, नं. 2, जुलाई-दिसम्बर, 2002, जयपुर, पृ. 64
68. जी-20, फाइल नं. 150, RSAB; रत्नावत, पूर्वोक्त, पृ. 64
-1921 में चारणों ने अपनी पृथक सभा बना ली और 1 जनवरी, 1939 में इसकी सदस्यता वाल्टर सभा से निलम्बित कर दी गई।

69. रत्नावत, वही, पृ. 65
70. वाल्टर सभा की गतिविधियों को प्रतिवर्ष राज्य की 'रिपोर्ट ऑन द एडमिनिस्ट्रेशन' में शामिल किया जाता था।
–रिपोर्ट ऑन दी एडमिनिस्ट्रेशन ऑफ मारवाड़–1904–05, 1906, 1906–97, 1910–11, 1912–13, 1913–14, 1914–15, 1915–16, 1916–17, 1917–18, 1918–21, 1921–22, 1922–23, 1923–24, 1924–25, 1925–26, 1927–28, 1929–30, 1930–31, 1931–32, 1942–43, 1945–46, RSAB
–रिपोर्ट ऑन दी एडमिनिस्ट्रेशन ऑफ जैसलमेर--1925–26, 1926–27, 1927–28, RSAB
–रिपोर्ट ऑन दी एडमिनिस्ट्रेशन ऑफ बीकानेर–1904–05, 1905–06, 1906–07, 1907–08, 1908–09, 1909–10, 1910–11, 1911–12, 1912–13, 1913–14, 1914–15, 1915–16, 1916–17, 1917–18, 1918–19, 1919–20, 1920–21, 1921–22, 1924–25, 1925–26, 1926–27, 1927–38, 1928–29, 1929–30, 1930–31, 1931–32, 1932–33, 1935–36, 1936–37, 1937–38, 1938–39, 1939–42, 1943–44, 1944–45, 1946–47, RSAB
71. द्रष्टव्य–जैन प्रतिभा–'स्योत्थान–आर्य समाजीय दृष्टिकोण' आलेख, दुबे, एस.एन. (सम्पादित), 'रिलिजियन मूवमेंट्स इन राजस्थान–आइडियाज एवं एंटीक्विटीज', राजस्थान अध्ययन केन्द्र, राजस्थान विश्वविद्यालय, जयपुर, 1996, पृ. 242–248
72. वही, पृ. 243
73. वही, पृ. 244
74. नगर परिक्रमा, राजस्थान पत्रिका, 10–10–1979, 16–10–1979, जैन, प्रतिभा द्वारा उद्धृत, वही, पृ. 244
प्रतिभा जैन के अनुसार आर्य समाज की सफलता में अचरोल के ठाकुर रघुनाथ सिंह, चौमू के ठाकुर गोविन्द सिंह, जोबनेर के ठाकुर मरणसिंह, मुंशी बिहारीलाल, मुंशी श्याम सुन्दर लाल, डॉ. किशन लाल ने महत्त्वपूर्ण भूमिका निभाई।
75. ग्राहम, जे. रीड, आर्य समाज एन रिफॉरमेशन इन हिन्दूज विद स्पेशल रेफरेंस टू कास्ट (अप्रकाशित शोध प्रबन्ध), येल विश्वविद्यालय, 1943; जैन, प्रतिभा द्वारा उद्धृत, वही, पृष्ठ 244
76. ए रिपोर्ट ऑफ आर्य समाज जोधपुर 1905, पृ. 12, जोधपुर, 1906
77. मारवाड़, राज गजट 25–3–1888, वोल्यूम 21, मारवाड़ प्रेस, जोधपुर
78. वही
इसके साथ आर्य समाज प्रचारक पं. भास्करानन्द को लंदन, न्यूयार्क में वैदिक धर्म–प्रचार के लिए स्वयं के खर्चे से भेजा जहाँ उन्होंने आर्य समाज स्थापित कर प्रचार किया। मई 1888 में लंदन तथा जनवरी, 1890 में न्यूयार्क में आर्य समाजें स्थापित की गईं। ट्रिब्यून 10–6–1888, 25–1–1890; भास्करानन्द–मेरी विदेश यात्रा, पृ. 1–8
79. फॉरेन एंड पॉलिटिकल (कंसल्टेशन) नं. 105–107, ग्रुप B, जून 1893, NAID
80.. आर्य समाज जोधपुर का विवरण (संकलनकर्ता–हरिसिंह), पृ. 5, वैदिक यंत्रालय, अजमेर

81. वही, पृ. 67, प्रकाशन, 1910–11
82. हकीकत बही नं. 34, वि.सं. 1947, आर्य प्रतिनिधि सभा राजस्थान रिपोर्ट
83. वाणव्रत, सरप्रतापसिंह, पृ. 71
84. आर्य समाज मन्दिर जोधपुर का न्याय निर्णय, पृ. 56, आदर्श प्रिन्टिंग प्रेस, अजमेर 1937, ए रिपोर्ट ऑफ समाज, जोधपुर, 1905, पृ. 2
85. आर्य प्रतिनिधि सभा राजस्थान फाइल नं. 9, 8 मार्च, 1906, क्र. 128
86. आर्य समाज जोधपुर, फाइल नं. 5, एस., 1–9–1914 को रेजिडेंट के सचिव एस. मेहता का लिखा पत्र, क्र. 490/J.
87. प्रताप, दुर्गादास राठौड़, छत्रपति शिवाजी, दयानन्द आदि।
88. रक्षा बन्धन, रामनवमी, वसन्त पंचमी, कृष्ण जन्माष्टमी, आदि इन दिनों आर्य समाज भवन में यज्ञ हवन कर 31 पर्व आयोजित किए जाते थे।
89. एन एनुअल मैग्जीन ऑफ दरबार स्कूल, जोधपुर, 1935–36, पृ. 10
90. आर्य प्रतिनिधि सभा राजस्थान वार्षिक वृत्तान्त–1938–39, पृ. 21–30, प्रथम जत्था, अप्रैल, 1939, दूसरा जत्था मई 1939, तीसरा जत्था 4–10–39
91. आर्य समाज जोधपुर फाइल 11, अंजुमन कमेटी जोधपुर का 6 जून, 1938 पत्र नं. 80
92. वही, 10–6–1939, क्र. 115
93. द हिन्दुस्तान टाइम्स, 5–6–1939
94. आर्य समाज जोधपुर, फाइल नं. 938–43, 3 जून, 1939
95. आर्य मार्तंड, 30–6–1939
96. जोधपुर राजगजट (असाधारण) वॉल्यूम 77, नं. 50 24–7–39, पृ. 1799, आदेश सं. 699/L
97. वही, वो 63, 14–9–39, आदेश 807
98. वही, नोटिफिकेशन, वॉल्यूम 75, नं. 52, 25–6–40, पृ. 1546
99. मारवाड़ गजट, 12–11–1943
100. आर्य समाज जोधपुर फाइल नं. 3, 1904–11, 30–11–1904, पृ. 287
101. वही, 2 मार्च, 1903 को निमाज में आर्य समाज की स्थापना हुई पर प्रचार 1909–10 में ही प्रारम्भ। 21–11–09, पत्र क्रमांक 63
102. आर्य समाज बाड़मेर, फाइल 15बी, 27–8–1926
103. वही, जुलाई 1932, क्रमांक 162
104. आर्य समाज सोजत फाइल, 2, ए रिपोर्ट–1904–06, समाज प्रधान सूरजमल द्वारा हस्तलिखित रिपोर्ट
105. वही, 8–5–1906, पत्र सं. 27
106. आर्य समाज, जोधपुर फाइल, 12, 15–10–1930 आर्य समाज फलौदी का वार्षिक विवरण हस्तलिखित।
–मारवाड़ जनसंख्या–एक समीक्षा–लघु पुस्तक, संपादक–अभयमल जैन पृ. 5
–फलौदी में कुल 1790 लोगों में 762 जैन, 120 मुसलमान, 233 शेष अन्य जातियों के थे।

107. नागौर फाइल नं. 1, 18-6-1926, 13-8-1926, 25-5-1930 के पत्र,
108. आर्य मार्तंड-17-3-1938, नागौर में आर्य समाज
109. बीकानेर स्टेट गजट, घोषणा पत्र 1027/B.H., 3-3-1934, अमोलक चंद्र-आर्य समाज बीकानेर का संक्षिप्त इतिहास (हस्तलिखित), पृ. 2, आर्य समाज बीकानेर में उपलब्ध
110. बीकानेर स्टेट गजट, 1-9-1927
111. आर्य समाज बीकानेर फाइल, 17ए, राज-सचिव का 14-9-1927 पत्र क्र. 2501
112. फाइल वही,
छोटूसिंह ईसाई बनकर रिचर्ड एंथोनी बने जिन्हें बीकानेर आर्य समाज ने शुद्धि के लिए अजमेर भेजा, 4-10-1927 को शुद्ध किया गया।
113. आर्य समाज, बीकानेर, एक प्रतिवेदन, 1935-36, पृ. 3 हस्तलिखित
114. आर्य प्रतिनिधि सभा राजस्थान सेन्सस फाइल, 21c, 5-8-1940, क्र. 238
115. वही, 28-8-1940 को जयभगवान द्वारा दी गई रिपोर्ट एवं 1-9-1940
116. सेन्सस ऑफ इंडिया, राजपूताना एजेंसी, 1941, पृ. 108, गवर्नमेंट प्रेस, अजमेर 1943
117. प्रजासेवक, 20-9-1943
118. आर्य समाज, श्रीगंगानगर एक रिपोर्ट 1932, पृ. 1-2, वैदिक यंत्रालय, अजमेर 1933
119. वीर अर्जुन 8-1-1934
120. आर्य समाज की श्रीगंगानगर फाइल नं. 8, 350/-आर्थिक सहायता भेजी।
121. बीकानेर स्टेट गजट (असाधारण) 2-8-39 नोटिफिकेशन न. 41
122. बीकानेर कॉन्फीडेंशियल रिकार्ड नं. 39 RSAB
123. कृषि विभाग के अधिकारी एस.एम. सिमलोट का गुप्त विभाग का पत्र, 20-8-39, क्रम. 3022
124. आर्य समाज श्रीगंगानगर फाइल बही, 19 अगस्त 1939, क्र. 329
125. 1. बीकानेर रिकार्ड (कॉन्फीडेंशियल) नं. 38-39, बस्ता नं. 7-9-1939
2. आर्य समाज श्रीगंगानगर फाइल नं. 11, पी.डब्ल्यू डी. के अधीक्षक का आर्य समाज को 10-2-1940 को लिखा पत्र, क्र. सी.पी. 355
126. बीकानेर कॉन्फीडेंशियल रिकार्ड नं. 39, 3-12-1940, को आदेश नं. 102/S.M., RASB
127. नवजीवन 6-1-1944
128. आर्य प्रतिनिधि सभा राजस्थान, वार्षिक रिपोर्ट, 1945-46, पृ. 9 अजमेर 1946, RSAB.
129. द्रष्टव्य-जोर्डन्स, जे.टी.एफ., दयानन्द सरस्वती : हिज लाइफ एंड आइडियाज, ऑक्सफोर्ड यूनिवर्सिटी प्रेस, दिल्ली, बम्बई, कलकत्ता, मद्रास, 1978
शर्मा, संगीता-'इंडियन रेनेसा-कॉन्सेप्ट ऑफ वीमनहुड एंड दयानन्द सरस्वती', आलेख, 'जैन, प्रतिभा, महान, राजन (सं.), वीमन इमेजेज, रावत पब्लिकेशन, जयपुर, दिल्ली, 1996
-शर्मा, संगीता, आर्य समाज एंड वीमन इमेनसिपेशन (अप्रकाशित शोध प्रबन्ध), राज. विश्वविद्यालय, जयपुर, 1989
130. विस्तार हेतु शर्मा, संगीता, 'आर्य समाज...', वही।

इसमें लड़के व लड़कियों के लिए विवाह की आयु क्रमश: 14 व 18 वर्ष न्यूनतम निर्धारित की गई। यह केवल ब्रिटिश प्रान्तों में लागू हुआ था।

(गजट ऑफ इंडिया, 1-4-1929 एवं शारदा एक्ट, सं. शिवशंकर, राजपूताना प्रेस, अजमेर, 1936), 1938 में इस एक्ट में यह संशोधन किया गया कि ब्रिटिश प्रान्तों के निवासियों द्वारा रियासतों में जाकर बाल विवाह कर इसी प्रान्त में लौटने पर उसे दंडित किया जाएगा। (गजट ऑफ इंडिया, 15-3-1938, एन एमेंडमेंट इन चाइल्ड मैरिज रेस्ट्रेंट एक्ट, नं. 7)

131. हरविलास शारदा कॉमेमोरेशन वॉल्यूम, वैदिक यंत्रालय, अजमेर, 1937, पृ. 196
132. भाटी, नारायण सिंह; समाजरत्न हरविलास शारदा, परम्परा (सं.) राजस्थानी शोध संस्थान, जोधपुर 1985-86, पृ. 17
133. वही, पृ. 21
134. 'My bill does not go against the spirit or the letter of any religious behest, for no shastras, ancient or modern enjoin that a girl must be married before she attains puberty. 'Harbilas Sharda, Speeches and Writings, p. 34.
135. Sarda remarked that the primary aim of the bill he proposed, was to put a stop to child widowhood on the secondary was to remove the principal impediment to the physical and mental growth of the youth of both sexes the chief cause of their premature death and decay.

     Haribilas Sarda, Speeches in Writings, p. 57
136. शारदा, हरविलास-रिफ्लेक्शंस ऑफ आर्य समाज इन द मेकिंग ऑफ मॉडर्न इंडिया, पृ. 147
137. हरविलास शारदा कॉमेमोरेशन वॉल्यूम, पूर्वोक्त, पृ. 177
138. गोस्वामी संबोध, पूर्वोक्त, अध्याय IV
139. वही
140. विस्तार हेतु दृष्टव्य

     देशराज ठाकुर बीकानेरीय जागृति के अग्रदूत चौधरी हरिश्चंद्र नैण, प्रकाशक श्रीभगवान श्रीगंगानगर, 1964
141. साक्षात्कार डॉ. मदनगोपाल, इतिहासकार एवं निदेशक आर्य समाज संस्थान, श्रीगंगानगर एवं श्री राजाराम बिश्नोई, इतिहासकार एवं प्राचार्य, भोपालवाला आर्य सीनियर सैकेंडरी स्कूल, श्रीगंगानगर।
142. ठाकुर देशराज, पूर्वोक्त पृ. 85-86
143. वही, पृ. 87-88
144. वही
145. आर्य मार्तंड, 2-7-1931, पृ. 3
146. आर्य मार्तंड, 20-10-1939, पृ. 8
147. आर्य प्रतिनिधि सभा राज, फाइल नं. 21, B, 1931-35
148. आर्य प्रतिनिधि सभा राज, वार्षिक रिपोर्ट्स, 1890-1908 वैदिक यंत्रालय, अजमेर

149. शर्मा, संगीता, 'आर्य समाज...', पूर्वोक्त
150. सेन्सस ऑफ राजपूताना एजेंसी, मारवाड़ स्टेट 1893, पृ. 85-95, गवर्नमेंट प्रेस 1895; इंपीरियल गजेटियर राजपूताना, वॉल्यूम 2, पृ. 240
151. 'राजस्थान' (समाचार-पत्र) 1-3-1922, हिन्दुस्तान टाइम्स 1-11-1932
152. आर्य मार्तंड, 1-4-1930, अंक 6, भाग 8, प्रकाशित पत्र
153. आर्य मार्तंड में ही 'विधवा विवाह की धूम' शीर्षक आलेख में लिखा गया कि इस वर्ष आश्रम द्वारा 41 विधवा विवाह हुए, दस स्त्रियाँ जो भागकर आई थीं, उन्हें सम्बन्धियों के यहाँ पहुँचा दिया। ग्यारह बच्चों को आश्रम में प्रवेश कराया गया। (आर्य मार्तंड, 28-1-1931, अंक 31)
154. आर्य मार्तंड, 22-11-1927, पृ. 4-5
155. आर्य मार्तंड, 26-10-1926; 1-11-1927, पृ. 9 व 15-11-1927, पृ. 14
156. आर्य मार्तंड, 8-8-1929, पृ. 4
157. वही
158. वही, 9-3-1929, पृ. 20
159. राजस्थान, 30-4-1932

इसकी चर्चा शोधार्थी के दादा स्व. पं. ठाकरसी राम शर्मा ने शोधार्थी से की जो इस समय श्रीगंगानगर में पटवारी पद पर 22 अप्रैल, 1932 तक कार्यरत थे।
160. राजस्थान गजेटियर बीकानेर, राजस्थान सरकार, 1960, पृ. 102-06
161. व्यक्तिगत साक्षात्कार क्रमशः 1-11-2003, श्रीगंगानगर व 25-6-2005, बीकानेर

पद्मावती चांदना 2002 से बीकानेर के रथखाना आर्य समाज की प्रधान हैं। मिडिल कक्षा तक शिक्षित हैं, जिनका जन्म 1927 में बरेली (यू.पी.) में हुआ जहाँ उनके पिता मियाँ वाली, (पाकिस्तान) से व्यवसाय हेतु गए थे।

इन्होंने प्रारम्भ में आर्य समाज के यज्ञादि आयोजनों में भाग लेना शुरू किया और फिर पति की मृत्यु के बाद अधिक सक्रिय होकर कार्य करना प्रारम्भ किया, इसी के परिणामतः 2002 में उन्हें रथखाना शाखा का प्रधान बनाया गया। वे मूलतः एक पर्दे वाले परिवार से आई थीं पर आर्य समाज के प्रभावतः धीरे-धीरे पर्दा छोड़ दिया।
162. जातीय पंचायतों के राजस्थान में कार्यों के विस्तार हेतु द्रष्टव्य

गोस्वामी, संबोध, इन्फेंटीसाइड एवं चाइल्ड मैरिज इन राजस्थान, पूर्वोक्त, अध्याय 5, वे जातीय पंचायतों की दृष्टि से शुरुआत का श्रेय साँगानेर जयपुर के पारीक समुदाय को देते हैं।
163. विस्तार हेतु द्रष्टव्य-वही

एवं तिवारी रघुनाथ प्रसाद, पारीक जाति का इतिहास, रिचा प्रकाशन, जयपुर 1992, पृ. 54-73
164. वही
165. महकमा खास, जोधपुर रिकॉर्ड्स, फाइल नं. सी/एस/1, वॉल्यूम II, सोशल मैरिज लेजिस्लेशन, RSAB
167. कोठारी, रीटा, फीमेल इन्फेंटीसाइड एंड चाइल्ड मैरिज इन द नाइन्टीथ एंड ट्वेन्टीथ

सेंचुरी इंडिया, एम. फिल. डिजर्टेशन, राजस्थान विश्वविद्यालय, जयपुर पृ. 178

168. सेवन्थ रिपोर्ट ऑफ द इंडिया नेशनल सोशल कांफ्रेंस, 1893, भाग 3, पृ. 41 एवं गोस्वामी, संबोध, पूर्वोक्त, अध्याय 5

169. सिंह, सीताराम, नेशनलिज्म एंड सोशल रिफॉर्म इन इंडिया, 1885-1920, पृ. 163, जैनों ने अपने समाचार-पत्र निकालकर सुधार के प्रयास किए।
द्रष्टव्य-भानावत, संजीव, सांस्कृतिक चेतना एवं जैन पत्रकारिता, सिद्ध श्री प्रकाशन, जयपुर 1990, पृ. 60-79

170. गोस्वामी, संबोध, पूर्वोक्त, वे पाँच ओसवाल वार्षिक सभाओं के कार्यों पर भी प्रकाश डालते हैं।

171. भानावत संजीव, पूर्वोक्त, पृ. 83

172. महकमा खास, जोधपुर रिकॉर्ड्स, फाइल नं. सी.एस./1, भाग II, सोशल मैरिज लेजिस्लेशन (1-1-1936 से 1-1-1939)

173. वही

174. वही

175. वही

176. महकमा खास, जोधपुर रिकॉर्ड्स, फाइल नं. सी-2/10-1926-36 सोशल बस्ता नं. 6, दिनांक, 31-1-1934

177. वही

178. वही

179. वही

180. गोस्वामी, संबोध, पूर्वोक्त

181. 'राजस्थान', ब्यावर, ज्येष्ठ कृष्णा 2, संवत् 1992 RSAB

अध्याय : 5

स्त्री-जीवन में सुधार के प्रयास-2

महिला शिक्षा और प्रेस की भूमिका

शिक्षा और प्रेस न केवल भारत बल्कि वैश्विक दृष्टि से राजनीतिक-आर्थिक-धार्मिक-सांस्कृतिक परिवर्तनों के वाहक रहे हैं। विश्व के अनेक प्रमुख आन्दोलन, क्रान्तियाँ, शिक्षा और प्रेस की नींव पर निर्मित हुए। इतना ही नहीं, समाज-सुधार और विशेषकर महिलाओं की सामाजिक समस्याओं के निराकरण में इनकी भूमिका महत्त्वपूर्ण रही है।

I

समाज-सुधार की दृष्टि से शिक्षा की भूमिका प्रेस से थोड़ी भिन्न है, शिक्षा अप्रत्यक्ष रूप से सामाजिक सुधार प्रक्रिया को प्रभावित, प्रेरित करने का माध्यम है, पर यह अप्रत्यक्ष भूमिका अत्यधिक महत्त्वपूर्ण एवं प्रभावी मानी गई है। दूसरे, शिक्षा की भूमिका एवं प्रभाव प्रायः एक समय साध्य प्रक्रिया का भाग हैं, दूसरे शब्दों में यह अतिशीघ्र प्रभाव दिखानेवाला माध्यम नहीं है, पर अधिक गहरे एवं स्थायी प्रभाववाला माध्यम अवश्य है। यहाँ यह भी उल्लेखनीय प्रतीत होता है कि महिलाओं की सामाजिक समस्याओं के निराकरण की दृष्टि से महिला शिक्षा तो महत्त्वपूर्ण है ही, साथ ही इसमें पुरुषों की शिक्षा की भूमिका एवं महत्ता सर्वस्वीकृत तथ्य है। महिलाओं की शिक्षा को तो समाज-सुधारकों ने समाज-सुधार के लिए अत्यधिक उपादेय स्वीकार किया है। हालाँकि उनकी दृष्टि में महिला शिक्षा के स्वरूप एवं विस्तार के बिन्दु पर कतिपय मतभेद दिखाई देते हैं पर महिला शिक्षा की आवश्यकता पर कोई मतभेद नहीं है। राष्ट्रवादी, पुनरुत्थानवादी या परम्परावादी तीनों ही प्रकार के सुधारक महिला शिक्षा के पक्ष में रहे हैं।

19वीं शताब्दी के भारतीय पुनर्जागरण के प्रणेताओं ने भी शिक्षा की महत्ता व समाज-सुधार में इसकी अनिवार्यता एवं प्रासंगिकता पर बल दिया। उनमें प्रमुख रूप से स्वामी विवेकानन्द, स्वामी दयानन्द सरस्वती, राजा राममोहन राय आदि रहे हैं। स्वामी विवेकानन्द महिला शिक्षा को भारतीय महिलाओं की समस्त समस्याओं के निराकरण का माध्यम मानते थे। उन्होंने देशवासियों से हर गाँव में बालिका विद्यालयों की स्थापना का आग्रह किया।[1]

राजा राममोहन राय ने बंगाल में महिला शिक्षा के विकास में रुचि ली। उनके द्वारा स्थापित ब्रह्म समाज के एक प्रमुख सदस्य ईश्वरचन्द्र विद्यासागर, (जो बालिका स्कूलों के निरीक्षक रहे) की कोशिशों से कलकत्ता में लड़कियों के लिए स्कूल खुले।

स्वामी दयानन्द सरस्वती ने वैदिक मूल्यों पर आधारित शिक्षा प्रणाली पर बल दिया। उनके द्वारा स्थापित आर्य समाज ने महिला शिक्षा के क्षेत्र में महत्त्वपूर्ण कार्य किया। लाला देवराज, उन प्रमुख आर्य समाजियों में थे, जिन्होंने महिला शिक्षा हेतु कार्य किए। आर्य समाज के महिला शिक्षार्थ प्रयासों का वैचारिक आधार यह था कि स्वामी दयानन्द शिक्षा को स्त्रियों के उत्तम जीवन के लिए अपरिहार्य मानते थे।[2]

इसी प्रकार एनी बेसेंट ने भी माना कि भारत का पुनरुत्थान महिलाओं की उचित शिक्षा द्वारा ही सम्भव है। उन्होंने अनुभव किया कि लड़कियों को शिक्षित बनाया जाना चाहिए तथा अतीत के गौरव की शिक्षा दी जानी चाहिए। एनी बेसेंट ने बाल विवाह को यह कहकर समाप्त करने पर बल दिया कि बालिकाओं को उस समय जबकि उनके गुड़ियों से खेलने और विद्यालय में पढ़ने के दिन होते हैं, बाल विवाह, बाल-वधू एवं माँ बना देता है।[3] होमरूल आन्दोलन एवं कांग्रेस की अध्यक्षता के काल में भी उन्होंने महिला शिक्षा प्रसार के कार्य करने पर बल दिया। उन्होंने इसे अपने राजनीतिक कार्यक्रम का अंग बनाने का प्रयास किया।[4] उन्होंने महिलाओं को अपने संगठन बनाकर शिक्षा प्रसार हेतु प्रोत्साहित किया।

लाला लाजपत राय ने भारतीय महिलाओं की प्रगति के अवरुद्ध होने के तीन कारण बताए-जन उपेक्षा, स्कूलों व कॉलेजों में संकीर्ण एवं सीमित शिक्षा तथा गहरे स्थापित भावनात्मक पूर्वाग्रह। उन्होंने पुरुषों के समान महिलाओं को शिक्षा के अधिकार की वकालत की।[5] इसी क्रम में महादेव गोविन्द रानाडे बाल विवाह के विरोधी इसीलिए थे कि वे इसे बालिकाओं की शिक्षा में बाधक मानते थे। वे भारत में हिन्दू और मुस्लिम दोनों सम्प्रदायों को महिला शिक्षा में पिछड़ेपन के लिए दोषी एवं पापी मानते हुए इसे जीवन स्तर में सुधार न हो पाने का आधारभूत कारण मानते थे।[6]

प्रसिद्ध राजनीतिक नेता गोपालकृष्ण गोखले ने अपनी संस्था 'सर्वेन्ट्स ऑफ इंडियन सोसायटी' के उद्देश्यों में महिला शिक्षा को विशेष स्थान दिया।[7] इनके अतिरिक्त पंडित रमाबाई, महर्षि कर्वे आदि सुधारकों ने भी महिला शिक्षा को समाज-सुधार का माध्यम मानते हुए महिला शिक्षा प्रसार हेतु अत्यन्त महत्त्वपूर्ण कार्य किए।

गांधीजी ने सहशिक्षा की वकालत करते हुए शिक्षा को राजनीतिक, सामाजिक परिवर्तन का आधार माना और महिला शिक्षा को अपरिहार्य माना। वे शिक्षा को मानव के सर्वांगीण विकास का साधन मानते थे। प्लेटो के समान उन्होंने भी स्वीकार किया कि एक सार्थक और उद्देश्यपूर्ण शिक्षा प्रणाली व्यक्ति और समाज दोनों के हितों की पूर्ति करती है। गांधीजी का दृढ़ मत था कि शिक्षा की दोषरहित प्रणाली के माध्यम से ही एक ऐसे समाज की कल्पना की जा सकती है, जिसमें घृणा, अन्याय और शोषण के लिए कोई स्थान नहीं हो तथा शाश्वत कर्तव्यबोध, सहिष्णुता और सौहार्द्रपूर्ण सामाजिक जीवन को अनुप्राणित करे।[8]

राजस्थान में महिला शिक्षा

राजस्थान में महिलाओं की शिक्षा की पिछड़ी स्थिति[9] का अनुमान इस तथ्य से लगाया जा सकता है कि 1930 ई. तक राजपूताना की किसी भी रियासत में एक भी गर्ल्स हाई स्कूल नहीं था।[10] 1931 ई. में पहला गर्ल्स हाई स्कूल जयपुर में बना, जब रियासत के केन्द्रीय गर्ल्स स्कूल को क्रमोन्नत किया गया था। बीकानेर और उदयपुर में बीसवीं सदी के पहले दशक में केवल 6 या 7 लड़कियाँ स्कूलों में अपर प्राइमरी तक पहुँची थीं।[11] शिक्षा के लिए इच्छुक और सक्षम जातियों में पूरे राजपूताना में पर्दा प्रथा का कठोर प्रचलन था, वहीं बाल विवाह भी बच्चियों को स्कूलों से अल्पायु में हटाने का कारण बनते थे। शिक्षित एवं सम्माननीय महिला शिक्षक वर्ग ही संरक्षकों के मन में विश्वास पैदा कर सकता था, जिससे बालिका शिक्षा में बेहतर परिणाम मिलते, पर ऐसी शिक्षा सहजता से उपलब्ध नहीं थी। ब्रिटिश प्रान्तों में उपलब्ध कुछ प्रशिक्षित शिक्षिकाएँ स्थानीय जरूरतों को पूरा करने के लिए ही पर्याप्त नहीं थीं। फिर उनका राजपूताना की दूर की रियासतों में जाने का तो प्रश्न ही नहीं उठता था। ये स्पष्ट करता है कि बीसवीं शताब्दी के प्रथम पच्चीस सालों तक राजपूताना की रियासतों में महिला शिक्षा पर्याप्त गति नहीं पकड़ सकी।

राजस्थान में महिलाओं की शिक्षा की शुरुआत और प्रसार का समाज में महिलाओं की स्थिति से गहरा सम्बन्ध रहा है। राजस्थान में उनकी शिक्षा के प्रसार

की प्रक्रिया संकटपूर्ण रही है। इसने प्रचलित सामाजिक बुराइयों एवं प्रथाओं के कारण बहुआयामी समस्याओं का सामना किया है। ऐसा प्रतीत होता है कि ऐसी स्थिति में ही यहाँ महिला शिक्षा के क्षेत्र में व्यवस्थित प्रगति नहीं हो पाई। अन्य भारतीय क्षेत्रों के समान ही राजस्थान के रियासती राज्यों में भी सुधारकों ने महिला शिक्षा की ओर ध्यान दिया। राजस्थानी भाषा के प्रथम उपन्यास माने जानेवाले 'कनक सुन्दर' (1903, वि. सं. 1960) में लेखक शिवचंद भरतिया ने शिक्षा की महत्ता पर लिखा था–

> *"विद्या बिना आप दुःखी, कुल दुःखी, गाँव दुःखी और देश दुःखी। विधा बिना आदमी पूँछ बिना को पशु जाणणो। घास घरै नहीं, जो पशु को मोटे भाग छै, नहीं तो पशु बापड़ा भूखा मर जाता।" (पृ. सं. 5)*

पर इससे जुड़ा हुआ तथ्य यह भी है कि राजस्थान में महिला शिक्षा की प्रक्रिया अन्य भारतीय राज्यों की अपेक्षा देरी से प्रारम्भ हुई। यहाँ उल्लेखनीय है कि हम औपचारिक रूप से स्कूली शिक्षा की बात कर रहे हैं, पर घर पर शिक्षा या परम्परा और संस्कृति से परिचय के तरीके सम्पूर्ण समाज में तो नहीं पर कुछ तथाकथित उच्च जातियों–ब्राह्मण, राजपूत व जैनों आदि में अवश्य प्रचलित थे। उदाहरणस्वरूप चुरू के प्रसिद्ध स्वतन्त्रता सेनानी पं. चंदनमल बहड़ की पत्नी शारदा देवी ने बिसाऊ में अपने पीहर में घर पर ही साधारण हिन्दू और धार्मिक ग्रन्थों की शिक्षा प्राप्त की थी। फिर ससुराल में सास गुलाबदेवी से धार्मिक अभिरुचि व पारिवारिक परम्पराओं की शिक्षा ली।[12] इस प्रकार के अनेक दृष्टांत मिलते हैं।

19वीं शताब्दी के आरम्भ में राजस्थान की रियासतों के शासक कुछ अपवादों को छोड़कर अत्यधिक रूढ़िवादी थे। उन्होंने अब तक सामान्य शिक्षा और बालिका शिक्षा की महत्ता को अनुभव नहीं किया।[13] 19वीं सदी के मध्य में स्थानीय शिक्षा के प्रसार के आँकड़े उपलब्ध नहीं हैं। पर इतना अवश्य है कि शिक्षा संस्थाएँ, जातियों और धर्म के अनुसार होती थीं। इन संस्थाओं को दो भागों में बाँटा जा सकता है–प्रारम्भिक व उच्च। प्रारम्भिक संस्थाएँ कई प्रकार की थीं–चटशालाएँ तथा पाठशालाएँ जो सामान्यतः हिन्दुओं तथा मन्दिरों द्वारा चलाई जाती थीं, 'उपासरे' जैनियों द्वारा चलाए जाते थे और 'मकतब' वे संस्थाएँ थीं जहाँ उर्दू और फारसी पढ़ाई जाती थी।[14]

1863–64 में कुछ आँकड़े राज्यों की राजधानी के स्कूलों के सम्बन्ध में मिलते हैं, जैसे जयपुर में 110, जोधपुर में 94, अलवर में 101 स्कूल थे।[15] ये स्कूल जनता

की आवश्यकताओं को पूरा करते थे और व्यापार-वाणिज्य के लिए पर्याप्त शिक्षा प्रदान करते थे। उच्च शिक्षा धार्मिक ज्ञान को बढ़ावा देनेवाली होती थी। इन संस्थाओं में अध्यापकों को मन्दिरों-मस्जिदों अथवा सामाजिक संगठनों द्वारा वेतन दिया जाता था। कुछ स्थानों पर विद्यार्थियों को फीस आदि भी देनी होती थी। अध्यापक ही शिष्यों की योग्यता को परखते थे और शिष्य अपने गुरु की प्रतिष्ठा से जाने जाते थे। वे अध्यापक में अपने गुरुओं की परम्पराओं को प्रचलित रखते थे। लड़कियों के लिए प्रारम्भिक शिक्षा पृथक नहीं होती थी लेकिन उच्च शिक्षा घरों पर ही होती थी। इसका एक भाग मौखिक और औपचारिक शिक्षा होता था जिसके माध्यम से धार्मिक और सांस्कृतिक मूल्यों को सिखाया जाता था। गायन और नृत्य की शिक्षा भी दी जाती थी। इसी शिक्षा का दूसरा भाग ऐतिहासिक और साहित्यिक रचनाओं का अध्ययन होता था, उच्च वर्गों में पर्याप्त संस्था में ऐसी स्त्रियों के उदाहरण मिलते हैं जिनकी साहित्यिक अभिरुचियाँ एवं उपलब्धियाँ बहुश्रुत हैं। राजकुमारी कौल ने एक लम्बी सूची राजकुमारियों व रानियों की दी है, जिनका साहित्यिक ज्ञान व अभिरुचि के प्रमाण मिलते हैं।[16] उसमें से कुछ की मौलिक रचनाएँ जयपुर संग्रहालय में हस्तलिखित ग्रन्थों के रूप में उपलब्ध हैं। इन ग्रन्थों से उनके उर्दू, फारसी, संस्कृत भाषाओं के ज्ञान का पता चलता है। राजकीय अभिलेखागार में जनानी ड्योढ़ी तहरीर के नाम से एक अलग वर्ग है जिसमें पासवानों, बडारणों, उपपत्नियों और रानियों के पत्र तथा लेख उपलब्ध हैं। जोधपुर में जनानी ड्योढ़ी में शिक्षा की उचित व्यवस्था देखकर पॉलिटिकल एजेंट मेजर निक्सन को आश्चर्य हुआ था।[17] जयपुर संग्रहालय के चित्रों से स्त्रियों की घुड़सवारी, तलवारबाजी की योग्यता ज्ञात होती है। रानियों के प्रशासन संचालन की क्षमता का तो बहुत स्थानों पर वर्णन है।[18] उनकी अपनी जागीरों का पृथक प्रबन्ध करने की बात तो 19वीं सदी के आलेखों में भी मिलती है। राजस्थान के शासकों से यह आशा नहीं की जा सकती थी कि वे शिक्षा के प्रसार को प्रोत्साहन देकर समाज में क्रान्तिकारी परिवर्तनों के वाहक या सहायक बनें। वे स्वयं उस मध्यकालीन सामंती ढाँचे का एक अंग थे। अंग्रेजों के साथ संधियों के बाद क्रमश: आधुनिक शिक्षा प्रणाली का प्रसार एवं विकास हुआ।[19] बाद में रियासतों में ब्रिटिश पॉलिटिकल एजेंटों की नियुक्ति हुई तो महिला शिक्षा के लिए प्रयास प्रारम्भ हुए। पर 19वीं शताब्दी के अन्त तक महिला शिक्षा के क्षेत्र में बहुत अधिक प्रगति नहीं हुई। यहाँ तक कि 1860 ई. तक राजस्थान में कोई बालिका स्कूल नहीं था। 19वीं शताब्दी की इस सन्दर्भ में सबसे बड़ी उपलब्धि ये थी कि महिला शिक्षा के पक्ष में शनैः-शनैः जनमत का निर्माण हुआ और ब्रिटिश अधिकारियों, शासकों और

मिशनरी तथा कुछ समाज–सुधारकों के अथक प्रयासों से अन्तिम दशकों में महिला शिक्षा की प्रक्रिया प्रारम्भ हो पाई।

20वीं शताब्दी में राजस्थान में महिला शिक्षा के क्षेत्र में उल्लेखनीय प्रगति दिखाई देती है। पुरुषों में शिक्षा प्रसार के कारण सामाजिक परिवर्तन दृष्टिगत होते हैं जो सम्भव है कि स्त्री शिक्षा के प्रारम्भ में सहायक सिद्ध हुए। कुछ समाज–सुधारकों के प्रयासों एवं उनके द्वारा चलाए गए आन्दोलनों ने भी शिक्षा के प्रसार का मार्ग बनाया। आर्य समाज ने महत्त्वपूर्ण रूप से महिला शिक्षा की प्रगति को प्रशस्त किया।

आर्य समाज के प्रणेता स्वामी दयानन्द सरस्वती महिलाओं से समान एवं मानवीय व्यवहार के पक्षधर और महिला शिक्षा के कट्टर हिमायती थे। हालाँकि राजस्थान में महिला शिक्षा की दिशा में मिशनरीज की पहल महत्त्वपूर्ण थी किन्तु इसे हिन्दुओं में लोकप्रिय बनाने का काम स्वामी दयानन्द सरस्वती और आर्य समाज ने किया। आर्य समाज ने महिला शिक्षा को शास्त्र एवं वेदसम्मत बताते हुए शिक्षा के प्रति राजस्थान के समाज में प्रचलित पूर्वाग्रहों को दूर करने का महती कार्य किया। दयानन्द का कहना था कि ''पर्दा और अन्य अक्षमताओं के साथ भारत कभी प्रगति नहीं कर सकता, भारत की प्रगति के लिए शिक्षा का प्रसार जरूरी है। पर्दा समाप्त होना चाहिए, इसलिए प्रत्येक बालिका को शिक्षित बनाया जाना चाहिए और प्रसन्न जीवन तथा राष्ट्रसेवा में सक्षम बनाने के लिए उसे सुविधाएँ प्रदान की जानी चाहिए।''[20]

जहाँ तक गांधीजी और गांधीय आन्दोलन का प्रश्न है, गांधीजी की नवीन सामाजिक व्यवस्था की अवधारणा ने भी उन्हें सार्वजनिक जीवन में सहभागिता हेतु प्रेरित किया। राजस्थान में 20वीं शताब्दी के दूसरे एवं तीसरे दशक में राजपूताना की रियासतों में न केवल आन्दोलनों में भागीदारी बल्कि सामाजिक स्थिति सुधार एवं उत्थान में भी गांधी और गांधियन आन्दोलनों की उपस्थिति ने योगदान दिया। इस दृष्टि से गांधीजी की महत्त्वपूर्ण देन है। उन्होंने महिलाओं की क्षमता का समाज के उत्थान के लिए क्रान्तिकारी परिवर्तन में उपयोग करने का यथासम्भव प्रयास किया। यहाँ अधिक महत्त्वपूर्ण यह है कि उन्होंने स्त्रियों को घर से बाहर निकालकर मुख्य धारा से जोड़ा। यह राष्ट्रीय आन्दोलन का ही अवदान था कि वे घर की चारदीवारी से निकलकर सार्वजनिक जीवन में आईं, जो स्वतः समाज में उनकी नई भूमिकाओं का मार्ग खोलता है। यहाँ यह भी उल्लेखनीय है कि गांधी मानते थे–''स्त्री की शिक्षा से सम्पूर्ण परिवार शिक्षित होता है।''

राजस्थान में आधुनिक शिक्षा की शुरुआत का श्रेय ब्रिटिश सरकार और ईसाई मिशनरियों को जाता है। उन रियासतों में शिक्षा का प्रसार तेजी से हुआ जहाँ शासक महिला शिक्षा के समर्थक थे। निजी एजेंसियाँ इस क्षेत्र में कहीं बाद में जाकर आईं, तब तक राजस्थान के विभिन्न हिस्सों में सरकार और मिशनरी शैक्षणिक संस्थाओं के तन्त्र जड़ें जमा चुके थे।[21]

जोधपुर में 1883 ई. में मिशनरी गतिविधियाँ प्रारम्भ हुईं। 1887 में एक वर्नाक्यूलर स्कूल स्थापित हुआ, पर धार्मिक शिक्षण के कारण इसे बन्द करना पड़ा। अगले साल एक ब्वॉयज और एक गर्ल्स स्कूल खोलने का प्रयास किया गया, पर बाद में इन्हें भी सफलता नहीं मिली। 19वीं शताब्दी के आखिर में मिस समरविले ने फिर गर्ल्स स्कूल खोला, ब्यॉयज स्कूल भी खोला गया। अन्य स्कूल नहीं चल सके पर यही दो स्कूल जोधपुर में मिशनरी गतिविधियों के शैक्षिक केन्द्र रहे और इनमें भी अंग्रेजी शिक्षा के प्रबन्ध का कोई प्रयास नहीं किया गया।[22] विशेष बात यह है कि लिखने की मारवाड़ी प्रणाली के शिक्षण की व्यवस्था अवश्य की गई। 1901 ई. में मिस समरविले ने गर्ल्स स्कूल दुबारा खोला।[23]

मिशनरी गतिविधियों के अतिरिक्त 1886 ई. में जोधपुर में पहला गर्ल्स स्कूल ह्यूसन के नाम पर खोला गया जो महाराज कुमार सरदार सिंह के संरक्षक थे और जिनकी मृत्यु 1886 ई. में हुई थी। 1891-92 ई. तक यहाँ छात्राओं की संख्या 44 थी।[24]

बीसवीं सदी के प्रथम दशक में शिक्षा का पुनर्गठन किया गया जिसमें मुख्य बात यह थी कि ह्यूसन गर्ल्स स्कूल में स्टाफ बढ़ाया गया।[25] राज्य सरकार के प्रयासों की बानगी ये है कि 1911 ई. तक राज्य संस्थाएँ 65 हो गईं और कुल विद्यार्थी 3482। 2136 विद्यार्थियों के साथ राज्य द्वारा अनुदानित स्कूलों की संख्या 25 थी। इस समय दो स्कूल निरीक्षक थे और दो उपनिरीक्षक थे।[26] इसी वर्ष शैक्षिक सुधारों के लिए भारतीय शिक्षा सेवा के अधिकारी एच.टी. वॉल्टन की सेवाएँ ली गईं जिसने अनेक सुझाव दिए, जिसमें ह्यूसन गर्ल्स स्कूल के पुनर्निर्माण एवं शाखा स्कूलों के निर्माण की बात प्रमुख थी। उसकी प्रायः माँगें मान ली गईं।[27]

1938 में यहाँ सरदारपुरा में सेंट एंड्रयूज हॉल बना और 23 फरवरी, 1938 को राज्य के प्रधानमन्त्री डोनाल्ड फील्ड द्वारा शुरू किया गया, इसमें गर्ल्स स्कूल को स्थानान्तरित किया गया, जो आनेवाले सालों में सफलतापूर्वक चलता रहा। यहाँ महाराजा उम्मेद सिंह के आमन्त्रण पर सोफिया स्कूल खुला, जिसने 17 मार्च, 1937 से कार्य करना प्रारम्भ किया। प्रारम्भ में विद्यार्थियों की संख्या 25 थी। इसे सेंट पैट्रिक स्कूल का नाम दिया गया। प्रारम्भ में विद्यार्थियों को कैम्ब्रिज परीक्षा के लिए

तैयार किया गया।[28] कुल मिलाकर देखा जाए तो मिशनरी गतिविधियाँ प्रत्यक्षत: शिक्षा तक ही सीमित थीं, सामाजिक बुराइयों को दूर करने में इन्होंने बहुत अधिक रुचि नहीं दिखाई। तीसरे दशक में राज्य व अन्य प्रयासों के फलत: राज्य गर्ल्स स्कूलों की संख्या 5 व राज्य अनुदानित गर्ल्स स्कूलों की संख्या 4 हो गई। 1931 तक आते-आते छात्राओं की संख्या 1626 हो गई जबकि छात्रों की संख्या थी-15023। इतना ही नहीं इसी समय महिला शिक्षण प्रशिक्षण स्कूल की स्थापना अक्टूबर, 1930 में की गई।[29] 1940-41 में गर्ल्स स्कूलों की संख्या बढ़कर 46 तक पहुँच गई जिसमें से 36 राज्य के, 8 राज्य अनुदानित और 2 मान्यता प्राप्त स्कूल थे। इस समय 24463 छात्र थे जबकि 3965 छात्राएँ अध्ययनरत थीं।[30] 1943-44 में छात्रा स्कूलों के लिए पृथक निरीक्षक पद सृजित किया गया और छात्र स्कूलों की संख्या 48 हो गई जिनमें राज्य के अनुदानित व मान्यता प्राप्त क्रमश: 38, 7 और 3 स्कूल थे और छात्राओं की संख्या 4899 थी जबकि छात्रों की संख्या 28570 थी।[31]

जोधपुर में बीसवीं सदी में रियासत द्वारा ह्यूसन गर्ल्स स्कूल का पुनरुद्धार किया गया। इसके स्टाफ में वृद्धि की गई, शहर में इसकी शाखाओं का विस्तार किया गया, वहीं साथ ही उन स्थानों पर जहाँ एंग्लो-वर्नाक्यूलर ब्वॉयज स्कूल थे, वहाँ गर्ल्स प्राइमरी स्कूल भी खोले गए तथा अभिभावकों को अपनी लड़कियों को वहाँ भेजने के लिए प्रोत्साहित-प्रेरित किया गया। जोधपुर शहर में लड़कियों के लिए दो एंग्लो वर्नाक्यूलर गर्ल्स स्कूल खोले गए। पूर्व स्थापित ह्यूसन स्कूल में विधवाओं के लिए 'ए विडोज होम' (विधवा गृह) स्थापित किया गया तथा उन्हें आजीविका के लिए अध्यापनवृत्ति अपनाने के लिए प्रोत्साहित किया गया। 1929 में कु. शंकुतला तातके जसवंत कॉलेज में नियमित प्रवेश लेनेवाली पहली लड़की थी। जुलाई, 1945 में नियमित छात्राओं की संख्या 31 तक जा पहुँची। यह संख्या उत्तरोत्तर बढ़ती चली गई।[32]

जोधपुर में बीकानेर की अपेक्षा महिला शिक्षा के विकास की गति धीमी रही, इसका कारण रियासत के शासकों में दृढ़ निश्चय का अभाव व अरुचि के अतिरिक्त यहाँ की जनमानसिकता में रुढ़िवादी विचारों की जड़ों का गहरा एवं व्यापक होना था।

जैसलमेर में शिक्षा के आरम्भिक प्रयास 1890 ई. में महारावल शालिवाहन द्वारा किए हुए प्रकाश में आते हैं जबकि तीन पाठशालाएँ-दो जैसलमेर व एक बाप में खोली गई। जैसलमेर की दो पाठशालाओं में से एक दुर्ग स्थित ईसरलाल की हवेली में चलती थी, जो शुरू में प्राथमिक स्तर तक थी, तदन्तर उच्च प्राथमिक हो गई।[33] यहाँ अध्ययन काल का बहुत बड़ा समय महारावल जवाहर सिंह का है।

महान स्वतन्त्रता सेनानी सागरमल गोपा ने अपनी प्रसिद्ध पुस्तक–'जैसलमेर का गुंडा राज' में लिखा था–

> *''शिक्षा प्रसार वहाँ नहीं के बराबर है और वहाँ 'रावलजी' स्वयं शिक्षित नहीं हैं।...शिक्षा प्रसार में महारावल की कतई रुचि नहीं है।''*[34]

महारावल ने पूर्व स्थापित दो ब्यॉयज स्कूलों में से एक जो दुर्ग स्थित ईसरलालजी की हवेली में चलता था, क्रमोन्नत कर 1934 में हाई स्कूल बना दिया था[35] पर आजादी से पहले जैसलमेर रियासत में कोई भी पृथक बालिका स्कूल नहीं था। बालिकाओं को घर पर ही 'पोशाला' में अध्ययन-अध्यापन की व्यवस्था थी। धीरे-धीरे ब्यॉयज स्कूलों में भेजने की परम्परा हुई, पर जहाँ शिक्षा के प्रति सकारात्मक दृष्टिकोण अत्यन्त नीचे के स्तर पर हो, वहाँ सहशिक्षा विद्यालयों में बच्चियों को भेजना स्वाभाविक रूप से प्राय: सम्भव था, हालाँकि सम्पन्न व्यक्ति–रियासत के शासक, सामंत वर्ग के लोग बालिकाओं को शिक्षार्जन के लिए रियासत से बाहर भेजा करते थे।[36] इसके पार्श्व में इस क्षेत्र में महिलाओं की स्थिति का अत्यन्त दयनीय एवं उनके प्रति रूढ़िवादी दृष्टिकोण का होना देखा जा सकता है।

बीकानेर में 20वीं शताब्दी की पूर्व संध्या पर 1897–98 में दो कन्या विद्यालय थे–एक, राजधानी स्थित लेडी एल्गिन गर्ल्स स्कूल एवं मोहता मूलचंद विद्यालय से जुड़ा एक निजी गर्ल्स स्कूल। इनमें दो अध्यापिकाएँ व 60 अध्ययनरत छात्राएँ थीं। यह संख्या 1942–43 में 41 कन्या विद्यालयों के साथ 4077 अध्ययनरत छात्राओं तक जा पहुँची।[37] 1898–99 में एक विशेष योजना बनाकर स्वीकृत की गई जिसके अन्तर्गत कठोर पर्दे की अनुपालना करने के कारण विद्यालय न जा सकनेवाली कन्याओं को घर जाकर पढ़ाने हेतु भ्रमणशील अध्यापिकाओं की नियुक्ति की गई।[38] यहाँ यह द्रष्टव्य है कि पर्दे की मुक्ति हेतु प्रयास के स्थान पर शासन की कोशिश रही कि प्राथमिकता पर शिक्षा को रखा जाए और पर्दे में कोई हस्तक्षेप न हो। पर्दे के बावजूद शिक्षा के ऐसे उदाहरण अन्यत्र प्राप्त नहीं होते। आज तक शिक्षाविद् इस समस्या से ग्रस्त हैं। यह पर्दे को दरकिनार कर शिक्षा की रणनीति स्त्री शिक्षा को प्रोत्साहित करने की दृष्टि से महत्त्वपूर्ण कदम था। इस योजना के परिणाम इस सीमा के बावजूद सन्तोषजनक रहे।

महिला शिक्षा को ग्रामीण क्षेत्रों में प्रसारित करने की दृष्टि से यह अत्यन्त महत्त्वपूर्ण कदम था कि राज्य के प्रत्येक भाग में व्यापक बनाने हेतु 2000 या उससे

अधिक जनसंख्या वाले प्रत्येक खालसा ग्राम में एक गर्ल्स स्कूल स्थापित किया गया।[39] जबकि हम प्राय: देखते हैं कि प्रयास शहरी क्षेत्रों में हुए हैं।

महाराणा गंगासिंह के शासन काल के आखिरी वर्षों के आँकड़ों[40] पर नजर डालें तो ज्ञात होता है कि छात्राओं की संख्या व राज्य का महिला शिक्षा पर व्यय क्रमश: इस प्रकार था–

वर्ष	छात्रा संख्या	राज्य का महिला शिक्षा पर व्यय
1938–39	3,419	39,469 रु.
1939–40	3,329	43,330 रु.
1940–41	3,653	38,769 रु.
1941–42	3,410	42,430 रु.
1942–43	4,077	55,919 रु.

यहाँ स्पष्टत: देखा जा सकता है कि छात्रा संख्या एवं महिला शिक्षा पर व्यय का ग्राफ उत्तरोत्तर बढ़ते हुए क्रम में नहीं है, न ही स्थिर है।

बीकानेर की विशेषताओं की बात करें तो हर हाइनेस दी महारानी नोबल्स गर्ल्स स्कूल राज्य के राजपूत सरदारों व उमरावों की कन्याओं को पर्दा प्रथा की कठोर व्यवस्था के अन्तर्गत शिक्षा प्रदान करने हेतु स्थापित सम्पूर्ण राजपूताना में जयपुर स्थित महारानी गायत्री देवी स्कूल के बाद अपनी तरह की विशिष्ट संस्था थी।[41] 1934–35 ई. में 92, 459 रु. की राशि से इस विद्यालय के लिए एक परिसर का निर्माण किया गया व 1935 में इस परिसर का उपयोग शुरू किया गया।[42] यह विद्यालय न केवल अंग्रेजी–हिन्दी उच्च प्राथमिक स्तर तक की शिक्षा बालिकाओं को देता था, बल्कि यूनाइटेड प्रोविन्स बोर्ड की सम्बन्धित परीक्षाओं की तैयारी भी कराता था।[43] यूनाइटेड प्रोविन्स बोर्ड की परीक्षा का केन्द्र भी यहाँ स्थापित किया गया। इसके अलावा लेडी एल्गिन गर्ल्स हाई स्कूल प्रमुख विद्यालय था जो कि स्थापना की दृष्टि से राज्य का सबसे पुराना स्कूल था। ये प्रारम्भ में वर्नाक्यूलर उच्च प्राथमिक स्तर तक ही अध्यापन कराता था, फिर जुलाई, 1940 में न केवल विद्यालय परिसर का विस्तार किया गया, बल्कि हाई स्कूल की कक्षाएँ भी प्रारम्भ कर दी गईं।[44] 1942–43 तक इस विद्यालय में छात्रा संख्या 352 तक पहुँच गई। इस वर्ष इस विद्यालय की तीन छात्राएँ हाई स्कूल परीक्षा में प्रविष्ट हुईं जिनमें से दो सफल रहीं।[45]

इनके अलावा राजकीय गर्ल्स स्कूल, श्रीगंगानगर, अनुदान प्राप्त भेरूरतन मातृ पाठशाला व औद्योगिक क्षेत्र राजकीय गर्ल्स स्कूल, बीकानेर अंग्रेजी हिन्दी स्तर तक एवं शहर स्थित सिटी गर्ल्स अपर मिडिल कक्षा तक के अध्ययन अध्यापन से जुड़ी हुई थीं। सरदार शहर, सुजानगढ़, राजगढ़ नोहर के राजकीय कन्या विद्यालयों के साथ चुरू में दो निजी अनुदान प्राप्त विद्यालय हिन्दी निम्न मिडिल परीक्षा के लिए प्रारम्भ हुए थे। नोखा व गंगाशहर में भी तदन्तर दो नए हिन्दी प्राथमिक विद्यालय प्रारम्भ किए गए।[46]

यहाँ यह भी उल्लेखनीय जान पड़ता है कि बालिका विद्यालयों में नियुक्ति हेतु अध्यापिकाओं की आवश्यकता को दृष्टिगत रखते हुए उदारता से अध्ययनवृत्तियाँ दी गईं जिससे प्रौढ़ महिलाओं को विद्यालयों में शिक्षा प्राप्त कर यूनाइटेड प्रोविन्सेज बोर्ड की निम्न मिडिल परीक्षा उत्तीर्ण कर पाए, यह कार्यक्रम व प्रयोजन सफल रहा।[47]

महाराजा गंगासिंह के शिक्षा सम्बन्धी प्रयासों की दो विशेष बातें ये हैं कि एक तो ये अन्य दबाव की अपेक्षा सम्भवतः स्वयं ही किए गए। दूसरे, शिक्षा प्रणाली निःशुल्क थी। हालाँकि बालिका शिक्षा के प्रयास पर्याप्त नहीं थे, पर शुरुआत एवं चेष्टा की दृष्टि से महत्त्वपूर्ण अवश्य ही कहे जा सकते हैं। ये प्रयास 1910 में शिक्षा की प्रगति पर रिपोर्ट के बाद क्रमशः स्कूलों की स्थापना, 1929 में प्राथमिक शिक्षा की अनिवार्यता का कानून बनने तथा अन्तिम दशक में के.एन. पणिक्कर के नेतृत्व में फलीभूत हुए थे। 1950 के बाद बीकानेर रियासत में स्वामी केशवानन्द ने कुछ बालिका विद्यालयों की स्थापना की।

शुरुआती प्रयासों में कुछ महत्त्वपूर्ण बिन्दु द्रष्टव्य हैं। जैसे छात्रों व छात्राओं के अनुपात में अन्तर दीख पड़ता है। इसके अतिरिक्त जहाँ शासकों का प्रोत्साहन एवं एजेंट के प्रयास मिले वहाँ शिक्षा का प्रसार अधिक सहज हुआ।

आर्य समाज का योगदान

स्वामी दयानन्द ने समाज-सुधारों के लिए शिक्षा की भूमिका एवं महत्ता को स्वीकार किया था। उनके समय और उनके बाद आर्य समाज में सामान्य एवं बालिका शिक्षा के प्रसार हेतु महत्त्वपूर्ण कार्य किए। राजस्थान में अपने प्रमुख केन्द्र अजमेर के अलावा जोधपुर और बीकानेर में भी आर्य समाज की शैक्षणिक संस्थाओं की शैक्षिक व सामाजिक सुधार में महत्त्वपूर्ण भूमिका रही। आर्य समाज के महिला शिक्षा सम्बन्धी प्रयासों से पहले इन क्षेत्रों में आर्य समाज की स्थापना पर दृष्टिपात करना प्रासंगिक होगा।

जोधपुर

मारवाड़ में बाइबिल की शिक्षा के बढ़ते हुए प्रसार को रोकने के लिए 'आर्य प्रतिनिधि सभा' राजस्थान ने अपने उपदेशकों को भेजकर वेदों की शिक्षा के लिए आन्दोलन चलाया। मारवाड़ में कर्नल प्रतापसिंह के संरक्षण में प्रारम्भ से ही वैदिक धर्म को राज्याश्रय प्राप्त था, किन्तु 1902 में उनके ईडर चले जाने के बाद राज्याश्रय समाप्त होने पर आर्य समाज ने वैदिक सिद्धान्तों की पुनर्स्थापना के लिए शिक्षा को माध्यम बनाकर जोधपुर, सोजत, फलौदी और पाली आदि में आर्य विद्यालय स्थापित किए और दरबार स्कूल में वैदिक शिक्षा के विषय को अनिवार्य बनाने में सफल रहा।

जोधपुर में आर्य प्रान्तीय सभा के उपदेशक ब्रह्मदत्त शर्मा ने जून, 1904 में दयानन्द संस्कृत वैदिक पाठशाला प्रारम्भ की जिसमें संस्कृत भाषा में वेदों की शिक्षा देना उद्देश्य रखा गया था।[48] नवम्बर के महीने से सप्ताह में दो दिन मंगलवार और शुक्रवार को हवन विधि, मंत्रोच्चारण आदि का अध्ययन कराया जाता था, जिसमें लड़कियों को भी सम्मिलित किया जाता था, 1913 में इस पाठशाला में 65 छात्र थे।[49]

जोधपुर में स्वामी दर्शनानंद ने 4 फरवरी, 1912 को मारवाड़ गुरुकुल मंडोर में स्थापित किया। जोधपुर आर्य समाज का एक महत्त्वपूर्ण कार्य यह था कि 20 फरवरी, 1912 ई. को अछूत बस्ती में आर्य अछूत पाठशाला और वाचनालय स्थापित किए।[50] 15 मई, 1913 ई. को मंडोर में 13 छात्रों से दयानन्द एंग्लो वैदिक मिडिल स्कूल स्थापित हुआ जिसमें अगस्त में छात्रों की संख्या 35 हो गई।[51] सितम्बर, 1913 ई. को इसे आर्य समाज भवन, जोधपुर में स्थानान्तरित कर दिया गया। यहाँ प्रारम्भ से ही छात्रों से शिक्षा शुल्क सरकारी स्कूलों के बराबर लिया जाता था। 1 जून, 1936 ई. से शिक्षा विभाग जोधपुर द्वारा 50/–मासिक अनुदान देना प्रारम्भ किया था।[52] मई, 1939 ई. में हैदराबाद सत्याग्रह में आर्य समाज जोधपुर द्वारा जत्थे भेजे जाने के कारण 1940 ई. में यह अनुदान बन्द कर दिया गया।[53]

दयानन्द संस्कृत वैदिक पाठशाला के अध्यापक पंडित देवीदयाल चंदोक ने दरबार स्कूल व एक अन्य स्कूल में वैदिक धर्म की शिक्षा देने की अनुमति प्राप्त की। जनवरी, 1929 ई. में पंडित चंदोक महाराजा उम्मेद सिंह के पुत्रों के शिक्षक बने, उन्हें वैदिक धर्म के साथ मनुस्मृति, अष्टाध्यायी, स्वामी दयानन्द द्वारा द्वारा रचित विभिन्न ग्रन्थों का अध्ययन कराकर वेदों के प्रति रुचि उत्पन्न की।[54]

जोधपुर के सोजत ठिकाने में दिसम्बर, 1904 ई. में श्रीमद् दयानन्द आर्य वैदिक पाठशाला 35 छात्रों से सोजत के आर्य समाज ने प्रारम्भ की, जहाँ निः शुल्क

शिक्षा दी जाती थी। क्योंकि यहाँ निर्धन, मजदूर व किसान परिवारों के बालक अधिक थे। 1912 ई. में छात्रों की संख्या 52 हो गई। यहाँ सरकारी स्कूलों के समक्ष ही पाठ्यक्रम का अध्ययन करवाया।[55] जून, 1925 ई. में शिक्षा विभाग जोधपुर द्वारा छात्रों की संख्या 143 हो जाने के कारण इसे मिडिल स्तर देकर इलाहाबाद विश्वविद्यालय से संबद्ध कर दिया गया।[56]

फलौदी में मार्च, 1931 ई. में दयानन्द वैदिक स्कूल, सरदारपुरा में 1931 ई. में दयानंद प्राथमिक स्कूल व आर्य कला विद्यालय स्थापित किए गए। पाली में मई, 1934 में आर्य वैदिक पाठशाला आर्य समाज पाली ने स्थापित की, किन्तु धनाभाव के कारण अगस्त, 1938 में बन्द कर दी गई।[57] इस प्रकार मारवाड़ राज्य में स्थानीय आर्य समाज ने अपनी पाठशालाओं के द्वारा हिन्दी-संस्कृत भाषा में यज्ञ-हवन की विधि और वेदों के प्रति लोगों में आस्था उत्पन्न की, किन्तु साथ ही शिक्षा का प्रसार भी हुआ।

बीकानेर

बीकानेर राज्य में 1907-08 में आर्य समाज के उपदेशक गंगासिंह ने मूलचंद के सहयोग से एक रात्रि पाठशाला प्रारम्भ की जिसमें अक्षर ज्ञान के साथ संस्कृत वैदिक मन्त्रों का अभ्यास कराया जाता था। परन्तु महाराजा गंगासिंह का आर्य समाज के प्रति विरोधी दृष्टिकोण (इसके कारण थे-उनकी सामंती मनोवृत्ति तथा आर्य समाज के प्रसार से लोकतांत्रिक चेतना के प्रसार का भय) और धनाभाव के कारण बीकानेर में 1912 में आर्य समाज की स्थापना के उपरान्त भी शैक्षिक प्रचार में सफलता नहीं मिली। इसलिए अछूतों में स्वावलम्बन की भावना उत्पन्न करने के लिए 21 फरवरी, 1928 में रामदेव अछूत पाठशाला प्रारम्भ की, जहाँ निःशुल्क शिक्षा दी जाती थी।[58] जहाँ बालकों को हिसाब-किताब सिखाकर होटलों, दुकानों आदि पर छोटे-छोटे धंधों पर लगवाकर आजीविका के साधन उपलब्ध करवाए जाते थे। 1931 में छात्रों की संख्या 52 थी इसका व्यय आर्य समाज स्वयं वहन करता था। 1943 में आर्य समाज भवन में आर्य उपदेशकों ने 8 छात्रों को संस्कृत भाषा में शिक्षा देकर गुरुकुल कांगड़ी, हरिद्वार भेजा।[59] 1947 के बाद ही आर्य समाज यहाँ शिक्षा संस्थाओं का स्वतन्त्र रूप से विकास करने में सफल रहा क्योंकि आर्य समाज के धार्मिक कार्यों पर राजद्रोह के सन्देह के कारण दरबार पुलिस की कड़ी दृष्टि रहती थी।

बीकानेर राज्य के श्रीगंगानगर क्षेत्र में जुलाई, 1920 में 17 छात्रों से आर्य प्राइमरी स्कूल की स्थापना की। इसी भवन में निम्न अछूत व पिछड़ी जाति के

बालकों के लिए रात्रि पाठशाला का प्रबन्ध भी किया जाता था जिसमें मन्त्रोच्चारण व अक्षर ज्ञान कराया जाता था। शिक्षा निःशुल्क होने के कारण छात्रों की उपस्थिति 55–60 प्रतिशत रहती थी। आर्य समाज की ओर से बालकों में स्लेट-पेंसिल आदि शैक्षिक सामग्री निःशुल्क वितरित की गई। फरवरी, 1945 में यह आर्य लोकल मिडिल स्कूल बना।[60] 2 मार्च, 1945 को आर्य समाज हिन्दी भाषा को प्रोत्साहित करने के लिए हिन्दी प्रचार समिति गठित की जिसने सरकारी व निजी स्कूलों में शिक्षा का माध्यम हिन्दी व लिपि देवनागरी रखने का प्रचार किया।[61]

आर्य समाज और स्त्री शिक्षा

मारवाड़ में आर्य समाज जोधपुर ने स्त्रियों में वैदिक मूल्यों की पुनर्स्थापना के लिए 1908 में 10–12 कन्याओं के साथ आर्य पुत्री पाठशाला स्थापित की, जिसे 1931 में मिडिल स्तर तक मान्यता मिल गई।[62]

बीकानेर राज्य में आर्य समाज ने 8 फरवरी, 1914 को निजी भवन में वैदिक कन्या पाठशाला प्रारम्भ की। लेकिन राज्य का समाज के प्रति संदेहपूर्ण दृष्टिकोण होने के कारण जनवरी, 1915 में ही पाठशाला बन्द कर देनी पड़ी।[63] इसके अतिरिक्त राज्य के अन्य ठिकानों रतनगढ़ में 12 जनवरी, 1928, चुरू में दिसम्बर, 1972, सुजानगढ़ में मार्च, 1933 (जिसे 1945 में लोअर मिडिल का दर्जा दे दिया गया) आदि में आर्य कन्या पाठशालाएँ स्थापित कर स्त्री शिक्षा को प्रोत्साहन दिया गया।[64]

श्रीगंगानगर के सन्दर्भ में एक तथ्य प्राप्त हुआ–"यह तथ्य बिलकुल सही है कि श्रीगंगानगर के आबाद होने से पूर्व आर्य समाज की स्थापना रामनगर (पुरानी आबादी) में हो चुकी थी, जो आर्यपुत्री पाठसाला (कन्या पाठशाला) के नाम से प्रचलित थी।"[65] श्रीगंगानगर की स्थापना गंगानहर आगमन (1927) से मानी जाती है। इससे प्रतीत होता है कि श्रीगंगानगर में एक गर्ल्स स्कूल 1927 से पहले स्थापित हो चुका था। यहाँ अक्षर व गणितीय ज्ञान के अलावा घरेलू उपयोगी-सिलाई-कढ़ाई की शिक्षा दी जाती थी।[66]

हमारे अध्ययन के क्षेत्रों में स्पष्ट तौर पर महिला शिक्षा के क्षेत्र में तीन स्थितियाँ दिखाई पड़ती हैं। बीकानेर में गंगासिंह के प्रयास कहें या जनचेतना, महिला शिक्षा का स्तर अपेक्षाकृत बेहतर एवं सकारात्मक दिशा में दिखाई देता है जबकि जोधपुर में शैशवावस्था में। जैसलमेर की स्थिति अपेक्षाकृत रूप से अधिक शोचनीय प्रकाश में आती है।

यहाँ यह भी उल्लेखनीय है कि बीकानेर की तुलना में जोधपुर व जैसलमेर में शिक्षा के लिए प्रयासों की कमी लगती है। अनेक शिक्षित महिलाओं ने स्वतन्त्रता आन्दोलन में भाग लिया और फिर शिक्षा के प्रसार में भी योगदान दिया। अनौपचारिक शिक्षा की प्रणाली अल्प ही सही, पर प्रचलित थी, श्रवण परम्परा से भजन, गीत आदि का पीढ़ी-दर-पीढ़ी स्थानान्तरण होने की सूचनाएँ भी मिलती हैं। बीकानेर में प्रचलित चलविद्यालयों की पहल महत्त्वपूर्ण थी।

निष्कर्षत: महिलाओं की सामाजिक समस्याओं के समाधान की दृष्टि से देखें तो यद्यपि प्रत्यक्ष सहभागी नहीं है पर अप्रत्यक्ष रूप से यह प्रेरक भी है, कतिपय रूप से सूत्रधार भी है।

II

सामाजिक सुधार में प्रेस की भूमिका को भारतीय पुनर्जागरण के प्रमुख सुधारकों ने भी स्वीकार किया था। यथा-मिरात उल अखबार (राजा राममोहन राय), 'सुधारक' और 'इंडियन सोशल रिफॉर्मर'[67] कालान्तर में इसी उद्देश्य को दृष्टिगत रखते हुए गांधी ने अपने कालजयी समाचार-पत्रों-'नवजीवन' तथा 'यंग इंडिया' में कई लेख लिखे।[68] उन्होंने प्रेस का राजनीतिक, सामाजिक चेतना के सशक्त माध्यम के रूप में प्रयोग किया। जोधपुर, जैसलमेर व बीकानेर समाज-सुधार में भूमिका की दृष्टि से प्रेस का मूल्यांकन करने से पूर्व यहाँ पत्रकारिता के विकास पर दृष्टिपात करना प्रासंगिक होगा।

राजस्थान में पत्रकारिता की शुरुआत 1849 से मानी जाती है जब पहला अखबार 'मजहरूल सरुर' भरतपुर के शासक के संरक्षण में द्विभाषी मासिक (Bilingual Monthly) के रूप में निकला था। जोधपुर में पहला अखबार 1866 में 'मारवाड़ गजट' शुरू हुआ जो 1912 तक प्रकाशित हुआ। इसकी भाषा हिन्दी-उर्दू थी और पहले सम्पादक हीरालाल थे और बाद में डोरीलाल उर्फ कृष्णानंद। यह सरकारी गजट था। इसमें सरकारी आदेश, इश्तहार विज्ञप्ति आदि का प्रकाशन होता था। इसमें राजनीतिक लेख भी छपते थे। बरेली निवासी डोरीवाल के बाद रामस्वरूप इसके सम्पादक बने। वे स्वतन्त्र और निर्भीक पत्रकार थे। महत्त्वपूर्ण बात यह है कि एक औरत को डायन समझकर उसे एक ठाकुर द्वारा मरवा देने का समाचार इस पत्र में छपने से बवाल मच गया। रामस्वरूप नौकरी छोड़कर चले गए। यह समाचार-पत्र पहले उर्दू एवं हिन्दी में छपता था, फिर प्रथम पृष्ठ अंग्रेजी व शेष हिन्दी में छपने लगे। इसका सरकारी गजटवाला रूप बन गया। प्रेस लाइन में

'मुकाम जोधपुर श्री दरबार के छापेखाने में पं. माधोप्रसाद गवर्नमेंट स्कूल एहतमाम से छपा' अंकित रहता था।[69]

1866 में ही हीरालाल के ही सम्पादन में उर्दू पत्र 'मुहिबे मारवाड़' का प्रकाशन जोधपुर से हुआ, बाद में सम्पादक हो गए–डोरीलाल। इसका हिन्दी संस्करण 'मरुधर मित्र' नाम से निकला था।

1887 में बीकानेर राजपत्र (गजट) का प्रकाशन हुआ। यह भी द्विभाषा पत्र था (हिन्दी और उर्दू में)। इसमें सरकारी समाचार, इश्तहार, अपीलें आदि प्रकाशित होती थीं।[70]

जनवरी, 1890 में जोधपुर से 'प्रसिद्ध चित्रावली' का प्रकाशन हुआ। यह पहला सचित्र मासिक हिन्दी, उर्दू पत्र था। यह जीवनी प्रधान विशिष्ट पत्र था। इसके सम्पादक मुंशी देवीप्रसाद थे। इसमें जनोपयोगी समाचार भी छपते थे। यह राज्याश्रय प्राप्त पत्र था।[71] 1893 ई. में जोधपुर से भारत मार्तंड मासिक का प्रकाशन हुआ। इसके सम्पादक रामकर्ण–श्यामकर्ण शर्मा थे। 32 पृष्ठ के इस पत्र का एक वर्ष तक नियमित प्रकाशन हुआ था।[72] जोधपुर निवासी प्रसिद्ध स्वतन्त्रता सेनानी लोकनायक जयनारायण व्यास ने ब्यावर से 1937 में राजस्थानी भाषा का प्रथम पाक्षिक पत्र निकाला–आगीवाण। सम्पादक के रूप में लालकृष्ण उपाध्याय का नाम छपता था। इसमें रियासती समाचार, साहित्य, नुकीली सम्पादकीय टिप्पणियाँ होती थीं। यह समाचार-पत्र स्वाधीनता संघर्ष का पक्षधर था। इसलिए सरकारी दमनचक्र का शिकार हुआ। इसने सरकारी दमन का विरोध किया। व्यास ने इस पत्र के माध्यम से सामाजिक कुरीतियों पर प्रहार किया। व्यास ने इस पत्र के माध्यम से सामाजिक कुरीतियों पर प्रहार किया। दो वर्ष प्रकाशित होकर यह पत्र बन्द हो गया।[73] स्वतन्त्रता सेनानी अचलेश्वर प्रसार शर्मा 'मामा' ने जोधपुर से ही 10 अक्टूबर, 1940 में 'प्रजासेवक' का प्रकाशन प्रारम्भ किया।

एल.पी. माथुर के अनुसार बीकानेर में 1943 में 'सेनानी' का प्रकाशन प्रारम्भ हुआ[74] जबकि विष्णु पंकज इसका प्रकाशन 1953 में स्वतन्त्रता सेनानी शंभू दयाल सक्सेना द्वारा मानते हैं।[75] अध्ययन क्षेत्र के अन्य प्रमुख समाचार-पत्रों में–'रियासती', 'प्रेम प्रभाकर', 'लोकयुद्ध', 'राजस्थान भारती' आदि प्रमुख हैं।[76]

अध्ययन क्षेत्र के पत्रकारों में पं. अचलेश्वर प्रसाद शर्मा,[77] जयनारायण व्यास,[78] गणेशीलाल व्यास (उस्ताद),[79] सुमनेश जोशी,[80] सागरमल गोपा,[81] अमृत नाहटा,[82] ओंकार पारीक,[83] गणेशचंद जोशी 'मन्वन्तर',[84] चंपालाल रांका,[85] देवनारायण

व्यास,[86] नेमीचन्द्र चंद्र जैन 'भावुक',[87] भागीरथ रंगा,[88] लपसा बेडवाल,[89] सूरज प्रकाश पापा[90] प्रमुख हैं जिन्होंने पत्रकारिता के युग का आरम्भ किया और उल्लेखनीय रूप से गति दी।

महिला पत्रकारों के सन्दर्भ में ज्ञात हुआ कि अध्ययन काल में जोधपुर में लक्ष्मीदेवी व्यास ने मासिक प्रेरणा पत्रिका और दैनिक 'तरुण राजस्थान' का प्रकाशन किया था।[91] ऐसे समय जब महिला साक्षरता अत्यल्प थी और सार्वजनिक जीवन में महिलाओं का प्रवेश लगभग न के बराबर था, पत्रकारिता में महिलाओं का होना लगभग असम्भव बात थी, लक्ष्मी देवी व्यास का एक स्वतन्त्रता सेनानी जयनारायण व्यास के घर से होना इस भागीरथ कार्य में निश्चय ही प्रेरक व सहायक हुआ होगा।

अध्ययन क्षेत्र में पत्रकारिता का विकास मंथर गति से हुआ, पर तदंतर इसने प्रमुखतः स्वतन्त्रता आन्दोलन और गौण रूप से सामाजिक समस्याओं के सम्बन्ध में जनचेतना प्रसार का कार्य किया।

19वीं शताब्दी के उत्तरार्द्ध में राजस्थान में प्रेस अधिक प्रभावी नहीं रहा क्योंकि जनता शिक्षित नहीं थी। बीसवीं शताब्दी के आरम्भिक दो दशकों में पत्रकारिता शैशवावस्था में थी, हालाँकि आर्य समाज और हिन्दू समाज के कुछ संगठनों द्वारा प्रकाशित कुछ पत्र-पत्रिकाओं ने अपने तरीके से समाज-सुधार को गति देने के प्रयास किए। इनके साथ यहाँ से प्रकाशित कुछ अन्य पत्रों ने भी समाज-सुधार के कार्य के लिए जनचेतना जगाने की कोशिश की।

इन समाचार-पत्र-पत्रिकाओं ने महिलाओं से सम्बन्धित समस्याओं के सन्दर्भ में दो तरीकों से अपना योगदान दिया, एक तो समस्याओं से सम्बन्धित समाचारों का प्रकाशन के साथ समाचार-पत्रों ने सम्पादकीय एवं अन्य टिप्पणियों के माध्यम से जनचेतना एवं जागृति हेतु कार्य किया।

बाल एवं अनमेल विवाहों के विरोध में राजस्थान के समाचार-पत्रों ने अनेक समाचार व टिप्पणियाँ प्रकाशित कीं। 'यंग राजस्थान' ने 'चाइल्ड मैरिज-ए सोशल क्राइम' शीर्षक आलेख के साथ हरविलास शारदा द्वारा इस मुद्दे पर दिए गए भाषण को प्रकाशित किया। इसने बीकानेर में बाल विवाहों की बढ़ती संख्या पर चिन्ता जताई।[92] 'त्याग भूमि' ने भी इस विषय पर हरविलास शारदा के विचार प्रकाशित किए। इसने भारतीय महिला परिषद् के प्रतिनिधियों के बाल विवाह तथा अन्य समस्याओं पर विचार-विमर्श को प्रमुखता से छापा।[93] 1929 में बाल विवाह निषेधक कानून पारित होने पर इस पत्र ने खुशी व्यक्त की। 'भारतवीर' ने अपने सम्पादकीय में कोटा, धौलपुर, भरतपुर, बड़ौदा द्वारा बाल

विवाह के सन्दर्भ में पारित कानूनों की चर्चा की और बाल विवाह व शिक्षा के सम्बन्ध पर प्रकाश डाला।[94] 'राजस्थान' ने 14 वर्ष से कम आयु में बाल विवाह के विरुद्ध आवाज उठाते हुए एक आलेख प्रकाशित किया।[95] 'नवज्योति' ने 1929 के एक्ट का पुरजोर समर्थन किया। 1940 में इसने बाल विवाह के दुष्परिणामों पर लाजवंती मदान व सूर्यराज द्वारा लिखित दो आलेख प्रकाशित किए।[96] 'प्रजासेवक' ने बाल विवाह की बढ़ती संख्या पर चिन्ता जताते हुए इसके दोषी लोगों के खिलाफ कार्यवाही की माँग की। यहाँ समाचार-पत्रों की चौकस भूमिका का पता चलता है।

'तरुण राजस्थान' में 'पालासणी' के एक अनमेल विवाह के बारे लिखा गया–

> *''देखना है वाल्टर कृत राजपूत हितकारिणी सभा की नींद इससे खुलती है या नहीं।''*[97]

'तरुण राजस्थान' में ही जोधपुर राज्य द्वारा बाल विवाह रोकने हेतु कानून बनाने के लिए विचार-विमर्श पर प्रसन्नता जताई गई।[98]

'नवज्योति' ने जैसलमेर में एक सम्भावित अनमेल विवाह के लिए लिखा–

> *''यदि ये सत्य है तो जनता को इसका घोर विरोध करके यह विवाह रोकना चाहिए।''*[99]

'तरुण राजस्थान' में जोधपुर में अनमेल विवाहों के लिए लिखा गया–

> *''यदि इस सम्बन्ध में राज्य की ओर से कोई प्रतिबन्धक कानून हो तो बड़ा अच्छा हो! क्या महाराजा साहब इस ओर ध्यान देकर शीघ्र ही ऐसा कानून बनाएँगे।''*[100]

कानून निर्माण के प्रति उनका आग्रह और प्रेरक भूमिका यहाँ उजागर होती है।

'राजस्थान' ने एक वृद्ध द्वारा बालिका से विवाह पर समाज के लोगों से अपील की–

> *''क्या हम स्थानीय माहेश्वरी जाति के पंचों एवं युवकों से आशा करें कि उक्त पेशकार साहब (वृद्ध) को समझाकर बालिका के जीवन को नष्ट करने से बचाने का प्रयास करेंगे,'' साथ ही उक्त बालिका की माता को भी समझाते हुए लिखा कि 'अपनी प्यारी पुत्री का जीवन नष्ट करने से बचाएँगे।'*[101]

इसी समाचार-पत्र ने एक अनमेल विवाह पर इस तरह टिप्पणी की कि-

> *ऐसा जान पड़ता है कि कन्या के पिता और भाई रुपए के लोभ में कन्या का सर्वनाश करके ही रहेंगे।''*[102]

स्पष्ट है कि राजकीय हस्तक्षेप और पारिवारिक रवैये में बदलाव की आकांक्षा रखते हुए यह लेख लिखा गया था।

'तरुण राजस्थान' में एक सम्भावित अनमेल विवाह पर यह टिप्पणी की गई-

> *''क्या सम्बन्धित अधिकारी ध्यान देंगे।''*[103]

इसी पत्र ने जोधपुर के माहेश्वरी समाज में बाल विवाह पर एक माहेश्वरी युवक का पत्र छापा जिसमें कहा गया-

> *''इस समाज-सुधार के युग में भी जोधपुर का माहेश्वरी समाज बाल विवाह करने में संलग्न है। हजारों रुपया खर्च किया जा रहा है और सैकड़ों की आतिशबाजी फूँकी जा रही है।...क्या माहेश्वरी समाज के सुधार प्रेमी युवक इसे रोकने की चेष्टा करेंगे।''*[104]

'त्यागभूमि' ने अपने एक सम्पादकीय में बाल विवाह के बारे में लिखा-

> *''बाल विवाह अस्वाभाविक ही नहीं बल्कि शरीर, मन और आत्मा एवं व्यक्ति, समाज, राष्ट्र सबकी जड़ को खोखला कर देनेवाला है।...मेरी राय में तो लड़की की उम्र 12 की जगह 15 और लड़के की 20 से कम न होनी चाहिए थी।''*[105]

बाल विवाह के सन्दर्भ में यह एक उपयुक्त टिप्पणी है जिसमें विविध पक्षों को समाहित किया गया है। अन्य अंक में यही पत्र लिखता है-

> *''बाल विवाह तो मानो हमारे पापों का फल ही हमारे सत्यानाश के लिए ईश्वर ने भेजा है।''*[106]

इसी पत्र में बाल विवाह पर एक आलेख कृष्णचंद्र विद्यालंकार का प्रकाशित हुआ जिसमें शारदा बिल का समर्थन किया गया।[107] इस समाचार-पत्र के अन्य अंक में 'आधी दुनिया' स्तम्भ में 'स्त्रियों का प्रश्न' शीर्षक आलेख में मुकुट बिहारी वर्मा ने बाल विवाह पर तुरन्त एवं सर्वथा रोक लगाने की बात कही।[108] यह स्तम्भ निरन्तर नारी प्रश्नों को उठाता था।

'त्यागभूमि' के ही अन्य अंक में 'आधी दुनिया' स्तम्भ में 'सहवास की वय मर्यादा' शीर्षक से मुकुटबिहारी वर्मा ने लिखा–

> *''15 वर्ष से कम उम्र की पत्नी के साथ पति का समागम अपराध माना जाए, 14 वर्ष से पहले लड़की का विवाह न किया जाए, 12 वर्ष से कम उम्र की पत्नी के साथ बलात्कार करने वाले को 10 साल की कैद व जुर्माना, 12–15 वर्ष की पत्नी के साथ बलात्कार करने वाले पति को 1 वर्ष की कैद व जुर्माना। ...बाल विवाह ही वह प्रथा है जो सामाजिक क्षेत्र में हमारी अन्य अनेक बुराइयों को आश्रय में लेने का साधन बन रही है।''*

वर्मा ने इस आलेख में एम.के. आचार्य व कुछ मुस्लिम सदस्यों के विरोध व मालवीय की तटस्थता के बावजूद असेंबली में बिल पास होने पर बिल के रचयिता हरविलास शारदा को बधाई दी व उनके चार साल के प्रयत्नों की प्रशंसा की। वर्मा ने लिखा–

> *''सुधारकों से हम यह कहना चाहते हैं कि दरअसल उनका काम तो अब शुरू हुआ है, कानून ने तो उनका रास्ता थोड़ा सरल किया है।''*[109]

त्यागभूमि के समकालीन समाचार-पत्र 'सौरभ' ने महिलाओं की दयनीय, पतनोन्मुख अवस्था के लिए दोषी मुख्य कारण बताया।[110]

पत्रकारिता कन्यावध जैसे जघन्य अपराध के विवरण से अछूती नहीं रही। विभिन्न समकालीन अखबारों में ऐसे उल्लेख व प्रेरक प्रसंग मिलते हैं। 'क्षात्रधर्म' में ठा. कल्याण सिंह शेखावत ने 'राजपूतों में कन्यावध' शीर्षक आलेख में लिखा–

> *''राजपूत जाति में कन्यावध की प्रथा अधिकता से पाई जाती है और इसके सम्बन्ध में सामयिक पत्रों में प्रकाश भी डाला गया है।...हमारे राजपूत भाई तो आए दिन नवजात बालिकाओं की हत्या करते रहते हैं। वह बड़ा भयानक ह्रदय होता है, अब लड़की पैदा होते ही गला दबोचकर उसे मार डाला जाता है और लोगों से कहा जाता है कि गर्भपात हो गया या मरा हुआ बच्चा पैदा हुआ।'' वे इसी आलेख में आगे लिखते हैं– ''कन्यावध का समस्त पाप राजपूत समाज पर है। समाज ने ही*

ऐसे कारण उपस्थित कर रखे हैं कि एक राजपूत भाई को विवश होकर अपने हृदय के टुकड़े लड़की को पैदा होते ही मार डालना पड़ता है। इस पाप का अन्त करने की शिक्षित समाज पर अधिक जिम्मेदारी है। अतएव हम सजातीय गणमान्य, सुशिक्षित एवं प्रभावशाली व्यक्तियों का विशेषत: युवक समुदाय का ध्यान इस अन्धकार की ओर आकर्षित करते हैं। आशा है कि सज्जन वृंद इस पाप को समूल नष्ट करने की प्रतिज्ञा करते हुए शीघ्र क्रियात्मक कार्य प्रारम्भ कर देंगे।''[111]

इसी समाचार-पत्र के अगले अंक में हमें इस सन्दर्भ में एक आलेख प्राप्त होता है जो ठाकुर हरिसिंह शेखावत, डाबड़ी द्वारा लिखा गया 'कन्यावध' शीर्षक आलेख में कहा गया-

''कतिपय राजपूतों में विशेषत: शेखावतों को ही लीजिए जिनके घरों में पुत्रीवध सोत्साह चल रहा है। अनेकों राजपूत कुल कलंक माँ-बाप अपनी निर्दोष कन्याओं को पैदा होते ही अथवा कुछ कालपर्यन्त भिन्न-भिन्न रूप से वध कर देते हैं।...सचमुच ही पाषाण हृदया हैं वे माताएँ जो नवन्मासपर्यन्त गर्भभार सहन कर एवं प्रसवादिक वेदनाओं को झेलने के बाद भी अपनी नवजात कन्याओं को प्रसव शैया पर ही गला घोंटकर मार देती है।''[112]

यह विवरण अत्यन्त मार्मिक रूप से कुप्रथा का वर्णन करता है।

वे आगे लिखते हैं-

''यह कन्यावध समस्त राजपूताने में ईश्वर जाने किस हद तक होता है परन्तु जहाँ तक मेरा निज का अनुभव है, शेखावटी में विशेषकर सुल्ताना, टांई, डाबड़ी, मंडेला, गांग्यासर और उन्हीं के रिश्तेदार मौजास, काली पहाड़ी, ख्याली, भोड़की और पाटौदा आदि गाँव में इस पैशाचिक कुकर्म का बाजार खूब ही गर्म है।''[113]

इस तरह के प्रसंग हमें अन्य समाचार-पत्रों में भी मिलते हैं।

राजपूताना में प्रचलित एक अन्य समस्या बहुविवाह की ओर समाचार-पत्रों ने न केवल ध्यानाकर्षित किया बल्कि इसकी आलोचना भी की। बहुपत्नीत्व की अवस्था में पहली पत्नी कोर्ट, पंच और समाज की स्वीकृति से सारे अधिकार पाती

थी। ऐसा करना पति का कर्तव्य था। ऐसा न करने पर पंच या कोर्ट से राहत के लिए अपील की जा सकती थी। ऐसा प्राय: नहीं था कि पति कर्तव्य मानकर प्रथम पत्नी को सारे अधिकार दे। राजस्थान के राजपरिवारों में इसके बहुप्रचलन एवं दुष्परिणामों के मद्देनजर 'भारत वीर' ने अपने सम्पादकीय में ऐसे विवाहों पर रोक के लिए कानून बनाने की जरूरत पर बल दिया।[114] इतना ही नहीं समाचार-पत्रों ने पूर्व विवाहित व्यक्तियों के अनमेल विवाहों की घटनाओं को प्रमुखता से स्थान देकर समाज को जगाने का प्रयास किया।[115]

दास प्रथा एवं स्त्री क्रय-विक्रय की घटनाओं पर भी प्रेस ने पर्याप्त प्रकाश डाला। 'राजस्थान' ने मारवाड़ प्रान्तीय जैन कॉन्फ्रेंस में इस सम्बन्ध में मणिलाल कोठारी के भाषण को 'सट्टा कन्या विक्रय छोड़ो' शीर्षक से प्रकाशित किया।[116]

'तरुण राजस्थान' ने स्त्री व्यापार पर विस्तृत सम्पादकीय टिप्पणी की, जिसमें प्रेरक शब्दों में यह कहा गया–'यह प्रथा जितनी जल्दी मिटे, उतना ही उत्तम है।'[117] 'राजस्थान' ने भी इस तरह की टिप्पणियाँ कीं–'अग्रवाल बन्धू इस ओर शीघ्र ही ध्यान देवें।'[118] और 'क्या अधिकारी वर्ग इस तरफ ध्यान देने की कृपा करेंगे।'[119] अन्य स्थान पर 'राजस्थान' ने आम जनता से अपील करते हुए कहा–'लोगों का कर्तव्य है कि इस अन्याय को रोक कर लड़की की रक्षा करे।'[120] 'त्यागभूमि' में 'स्त्रियों का सौदा' शीर्षक से मुकुट बिहारी वर्मा ने 'हैदराबाद गजट' की कतरन की चर्चा करते हुए राजपूताना की औरतों के बाहरी क्षेत्रों में क्रय-विक्रय पर विस्तार से प्रकाश डालते हुए कराची के 'डेली गजट' अखबार को भी उद्धृत किया जिसमें बीकानेर व जोधपुर आदि स्थानों की महिलाओं के क्रय-विक्रय की सूचना दी गई थी।[121] यहाँ सूचना देकर चेतना जगाने का प्रयास दिखाई देता है। त्यागभूमि के एक अन्य अंक में 'आधी दुनिया' स्तम्भ के अन्तर्गत 'स्त्रियों का प्रश्न' शीर्षक से आलेख में मुकुट बिहारी वर्मा ने ही देवदासी जैसी प्रथाओं के उन्मूलन की रोक जताई।[122] दासी प्रथा पर 'तरुण राजस्थान' ने जोधपुर के घाणेराव ठिकाने के ठाकुर के सन्दर्भ में इस तरह से टिप्पणी की–'समय बदल रहा है, किन्तु ये लोग राग रंग में मस्त हो रहे हैं, देखना है कब इनके ठोकर लगती है और कब ये होश सम्भालते हैं।'[123] त्यागभूमि में 'रजवाड़ों का कलंक' शीर्षक आलेख में बंशीलाल लुगाड़िया ने रजवाड़ों में दास-दासियों की दयनीय अवस्था का चित्रण करते हुए लिखा कि–'देशी रजवाड़ों में तथा उनके अधीनस्थ ठिकानों में शायद ही कोई ऐसा हो, जो इस घोर पाप से बचा हो।'[124] 'तरुण राजस्थान' ने रामपुरा, जोधपुर में एक दासी विक्रय पर आश्चर्यजनक रूप से मात्र यह टिप्पणी की–'सुना है ठाकुर साहब से भी जवाब-तलब हुआ है। देखें क्या होता है।'[125]

'नव राजस्थान' ने 'देशी राज्यों में प्रचलित भयंकर गुलामी और पापाचार' शीर्षक से पूरे एक पृष्ठ का आलेख प्रकाशित किया। इसके लेखक थे–श्याम उपाध्याय। लेखक ने स्थिति के विशद् चित्रण के बाद सुधारात्मक उपाय बताते हुए लिखा–

> *'विद्या और ज्ञान ये सबसे सरल और सुगम उपाय हैं। इनके प्रताप से ही इस जाति में किंचित् जागृति हुई है। अब उन्होंने अपने को गुलाम, गोला, खवास, दारोगा, चाकर, चेला, रावण राजपूत न कहकर राजपूतों से अपने को सम्बोधित प्रमाणित करके अपने को राजपूत कहना आरम्भ कर दिया है, पर यह उपाय जितना सरल–सुगम है, उतना शीघ्रगामी नहीं है। इसकी गति अति मन्द है। अतः हमको अन्य उपायों का अवलम्बन लेना पड़ेगा क्योंकि कहने को सन् 1833 से गुलामी प्रथा संसार से उठ गई है, पर भारतवर्ष की देशी रियासतों, रजवाड़ों, जागीरों, ठिकानों, ठाकुरों, राजा–महाराजा, राव राजाओं के समीप उनकी सत्ता में गुलामी उसी रूप में भयंकर परिणाम को लेकर प्रस्तुत है।'* [126]

'तरुण राजस्थान' ने ही अपने एक आलेख में दास प्रथा की बुराइयों की ओर ध्यान इंगित किया।[127] 'लोक सेवक' के एक आलेख में शिवदयाल राजावत ने दासों के प्रति राजशाही के व्यवहार पर खेद प्रकट किया और दास व्यवस्था की समाप्ति की माँग की।[128] 'प्रजासेवक' ने एक अन्य आलेख में दास व्यवस्था की बुराइयों पर प्रकाश डाला।[129] 'यंग राजस्थान' ने जोधपुर में ठिकानों में राज्य की बजाय दास व्यवस्था के अधिक प्रचलन की सूचना प्रकाशित की।[130]

'राजस्थान' ने बीकानेर में सेवक जाति में कन्या विक्रय कर शादी का समाचार प्रकाशित करते हुए लिखा कि 'सेवक के पंचमहानुभावों को चाहिए कि वे ऐसी शादियों का विरोध करके बन्द करावें ताकि कन्या बिक्री की प्रथा बन्द हो जावे और बाल विधवाओं की संख्या भी कम हो जाए।'[131] यहाँ सुधारात्मक उपदेश की प्रवृत्ति उभरती है।

विधवाओं की स्थिति के बारे में कई उदाहरण टिप्पणियों सहित समकालीन समाचार–पत्रों में प्राप्त होते हैं। 'क्षात्रधर्म' में एक कहानी के माध्यम से विधवाओं की स्थिति सामने आती है। रूपसिंह भाटी, जोधपुर द्वारा लिखित इस कहानी 'समाज का अत्याचार' में विधवा प्रभा के देवर पृथ्वी से सम्बन्ध और फिर गर्भधारण, तदन्तर सास द्वारा जहर देने की चेष्टा और फिर पुनर्विवाह पति के मित्र जयसिंह से बनारस जाकर करना बताया गया है।[132]

'त्यागभूमि' में 'स्त्रियों का सौदा' शीर्षक आलेख में कहा गया कि–

'बड़ी जातियों में उठाई (विक्रय हेतु अपहरण) जानेवाली ज्यादातर स्त्रियाँ विधवा होती हैं।'[133]

इसी समाचार-पत्र में 'राजस्थान की समस्या–सामाजिक समस्या' शीर्षक से हरिभाऊ उपाध्याय ने लिखा–

'विधवाओं के दुःख व दुर्दशा देखकर करुणा के आँसू, क्रोध की लपट में जहाँ के तहाँ जल जाते हैं।'[134]

यहाँ अनुमान लगाया जा सकता है कि विधवाओं की स्थिति कितनी दयनीय एवं क्षोभपूर्ण रही होगी।

त्यागभूमि में ही जमनालाल बजाज ने 'स्त्री सुधार का प्रश्न' शीर्षक के अन्तर्गत लिखा कि–

'कन्याओं की अपेक्षा गृहणियों और विधवाओं का प्रश्न और भी जटिल है।...विधवाओं के दुःखों पर अभी समाज के एक बड़े हिस्से का ध्यान नहीं दिया गया है।'[135]

इस तरह उन्होंने समाज का ध्यानाकर्षित करने का प्रयास किया। इन दो उदाहरणों से लगता है कि सम्भवतः राष्ट्रीय आन्दोलन में सक्रिय भागीदारी रखने वाले राजस्थान के नेता स्त्री सुधार के क्षेत्र में पहल करने वालों में शामिल थे, वे निरन्तर सक्रिय रहे।

इसी समाचार-पत्र में अपने स्तम्भ 'आधी दुनिया' में 'स्त्रियों का प्रश्न' शीर्षक आलेख में मुकुट बिहारी वर्मा कुछ निर्देश देते हैं, उनमें से एक विधवाओं के सम्बन्ध में है कि–"विधवाओं को अमंगल रूप नहीं, वन्दनीय माना जाए।"[136] स्पष्टतः प्रेस के माध्यम से इस सामाजिक दुष्प्रवृत्ति को दूर करने के लिए आह्वान किया गया।

'रियासती' ने बीकानेर में बढ़ते बाल विवाहों एवं बाल विधवाओं की बढ़ती संख्या पर चिन्ता जताते हुए लिखा–

"इस विषय में समाज के कार्यकर्ता उदास होकर मौन धरे बैठे हैं। यह समाज के लिए बड़ी शर्म की बात है कि ब्राह्मण समाज में बाल विवाह होते रहें। एक दर्दनाक घटना है कि शादी होने के तीसरे ही दिन एक बालक की मृत्यु हो गई जिसकी स्त्री करीबन 7–8 वर्ष की अबोध अबला है। कुछ समझ में नहीं आ रहा कि दूधमुँही बच्चियों का जीवन कैसे गुजरेगा। ब्राह्मण

समाज को चाहिए कि इन बालिकाओं के लिए कोई उचित मार्ग ढूँढ़ निकालें।''[137]

अबोध बालिका की हृदयविदारक स्थिति यहाँ उद्घाटित की गई है जो अत्यन्त मार्मिक है।

विधवाओं के पुनर्विवाह के मुद्दे पर प्रभूत मात्रा में लिखा गया। दूसरे स्थानों पर हो रहे विधवा विवाहों के समाचारों के प्रकाशन ने सम्भवत: सकारात्मक माहौल बनाने में अध्ययन के क्षेत्रों में मदद की होगी–जैसे–'तरुण राजस्थान' ने अजमेर में विधवाओं के विवाह के प्रचार का समाचार प्रकाशित किया।[138] 'राजस्थान' ने सिरोही में एक विधवा द्वारा स्वेच्छा से पुनर्विवाह की घटना प्रकाशित की।[139]

'तरुण राजस्थान' ने लाहौर की विधवा सहायक सभा की रिपोर्ट प्रकाशित की जिसके अनुसार 'सभा की विभिन्न शाखाओं तथा सहयोगियों द्वारा गत अप्रैल में देश भर में 357 विधवा विवाह हुए। इससे पूर्व तीन महीनों में 831 विवाहों की रिपोर्ट और आ चुकी है अर्थात् इस वर्ष जनवरी से अप्रैल तक केवल सभा द्वारा 1168 विवाह हुए। इसमें जातियों के हिसाब से ब्राह्मण 260, खत्री 156, अरोड़ा 141, अग्रवाल 163, कायस्थ 66, राजपूत 111, सिख 122 तथा 189 विभिन्न जातियों के थे।'[140]

'त्यागभूमि' ने अपने एक अंक में लुधियाना के एक विधवा विवाह को श्रेष्ठ विधवा विवाह बताया जिसमें वर भानपुर निवासी नवलकिशोर भरतिया बी.ए. तथा वधू लुधियाना निवासी श्रीमती सिंघानिया थे। इसके प्रकाशन के साथ सम्पादक हरिभाऊ उपाध्याय ने टिप्पणी की कि 'समाज की वर्तमान दुरावस्था में जो बाल विधवाएँ अपना विवाह करना ठीक समझती हैं, उन्हें जबरदस्ती रोकना हम बुरा और अन्याय समझते हैं।'[141] आर्य मार्तंड ने अजमेर में हुए विधवा विवाहों का समाचार प्रकाशित किया जो भार्गव समाज में हुए।[142] आर्य मार्तंड ने अलवर व बाँदीकुई के विधवा विवाह के भी समाचार प्रकाशित किए।[143]

विभिन्न समाचार-पत्रों में विधवाओं के शारीरिक सम्बन्ध, गर्भधारण, गर्भपात अथवा प्रेम सम्बन्धों के अनेक उदाहरण प्राप्त होते हैं, यह महत्त्वपूर्ण है कि ऐसे हर समाचार के साथ प्राय: सम्पादकों ने विधवा विवाह की जरूरत पर बल दिया है। जैसे–'क्या हतभागा समाज चेतेगा'[144]

'क्या हमारे कट्टर विचारों के सज्जनगण शिक्षा हासिल करेंगे,'[145]
'ऐसे कुकर्मों से तो यह अच्छा है कि वे लोग विधवा विवाह करके पुनर्विवाह की प्रथा को प्रोत्साहन दें,'[146]
'बाल विधवाओं का विवाह न करने का यही परिणाम है'[147]
आदि–आदि।[148]

'नवज्योति' ने विधवाओं के पुनर्विवाह के लिए कानून बनाने की वकालत की।[149] 'त्यागभूमि' ने लिखा कि यह हिन्दू शास्त्रों के विरुद्ध नहीं है।[150] 'त्यागभूमि' ने ही हरविलास शारदा को उद्धृत करते हुए बाल विधवाओं के पुनर्विवाह की बात कही।[151]

विधवा पुनर्विवाह की आवश्यकता और महत्ता को रेखांकित करने के साथ-साथ समाचार-पत्रों ने पुनर्विवाह के विरोध के समाचार भी प्रकाशित किए जो समाज में विधवा विवाह के सन्दर्भ में गहरे स्थापित नकारात्मक मानसिकता को स्पष्ट करते हैं।[152]

विधवाओं के पुनर्विवाह हेतु अनेक समाचार-पत्रों ने विज्ञापन भी प्रकाशित किए जैसे 'तरुण राजस्थान'[153], 'आर्यमार्तंड'[154] 'विधवा बन्धु'[155] आदि। इतना ही नहीं जातीय सभाओं की पुनर्विवाह एवं स्थिति सुधारने की अपील भी समाचार-पत्रों में प्रकाशित की गईं। जैसे 'क्षात्रधर्म' सन्देश, जोधपुर ने राजस्थान क्षत्रिय महासभा की अपील प्रकाशित की जिसमें कहा गया था कि-

> *''जाति की विधवाओं के प्रति महासभा का विशेष कर्तव्य है। विशेषकर पर्दे की प्रथा के कारण उनको निर्वाह करने में कठिनाइयों का सामना करना पड़ता है। वे बाहर नहीं जा सकतीं और न ही बाहर का कोई काम कर सकती हैं जिससे उनकी स्थिति कभी-कभी बड़ी विषम और दयनीय हो जाती है। उनकी सहायता करना हमारा प्रथम कर्तव्य होना चाहिए।''*[156]

'तरुण राजस्थान' ने इससे भी एक कदम आगे बढ़ते हुए सम्भावित भावी बैठक के मद्देनजर अग्रवाल महासभा के लिए एक अपील प्रकाशित कर दी जिसमें यह कहते हुए विधवा पुनर्विवाह को स्वीकारने पर बल दिया कि-

> *''विवाह न होने के कारण समाज में गुप्त व्यभिचार, गर्भपात आदि द्वारा कितना अत्याचार फैल रहा है और कितनी विधवाएँ विधर्मियों के पंजे में फंस कुलधर्म को तिलांजलि दे रही हैं।''*[157]

'तरुण राजस्थान' का यह सुधारवादी कदम इस दृष्टि से क्रान्तिकारी जान पड़ता है।

'रियासती' ने बीकानेर के सेवक समाज के पंचों के निर्णय के विरोध में अपनी बात कही–

> *"अन्य जातियों के भाँति सेवक जाति में भी काफी व्यभिचार है। जब सुहागन स्त्रियाँ ही अपने परिवृत को कायम नहीं रख सकती हैं तब बेचारी विधवाओं पर टीका करना नामुनासिब है। हाल ही में पंचों ने इस अपराध में एक-दो विधवाओं को जाति-बहिष्कृत किया है। हम इस अपराध के अपराधी को दंड देने के विरोधी नहीं है। ऐसे अपराधियों को अवश्य दंड मिलना चाहिए। लेकिन इससे पहले कि दंड दिया जाए पंचों को भी उचित है कि अपराध करने के कारणों पर भी ध्यान दें। यदि अपराध काम वासना से नहीं, अपितु आर्थिक संकट में किया गया है तो पंचों का कर्तव्य है कि दंड देने के बाद उसके निर्वाह भी उचित व्यवस्था कर दी जाए। अन्यथा व्यवस्था के अभाव में पापाचार और भी अधिक बढ़ जाने का भय है।"* [158]

वेश्यावृत्ति के तरीकों तथा समाप्ति के उपायों के बारे में 'त्यागभूमि' ने विस्तार से चर्चा की।[159] 'राजस्थान' ने इस प्रथा की समाप्ति हेतु कठोर कार्यवाही की अपील की।[160]

समाचार-पत्रों ने पर्दा प्रथा का कठोर विरोध किया। 'त्यागभूमि' ने लिखा कि पर्दा शास्त्रसम्मत नहीं है और प्राचीन काल में प्रचलित नहीं था।[161] इस समाचार-पत्र ने भारतीय महिला परिषद् की पर्दा समाप्ति की अपील का पुरजोर समर्थन किया।[162] 'नवज्योति' ने अपने स्तम्भ 'हमारा मन्तव्य' में पर्दे की समाप्ति की बात उठाई।[163] शाहपुरा महारानी के पर्दा छोड़ने की भी उसने प्रशंसा की।[164] 1 नवम्बर, 1937 में पर्दा निवारक दिवस की सूचना एवं समाचार देते हुए सम्पादक ने महिलाओं से पर्दे को छोड़ने का आह्वान किया।[165] इसमें लिखा गया कि–

> *"पर्दा महिलाओं की गिरती हुई स्थिति का अहम् कारण है। यह हमारी आबादी के आधे हिस्से का मानसिक एवं शारीरिक रूप से बीमार बनाता है, क्योंकि महिलाएँ परिवार की धुरी होती है, उनका पिछड़ापन परिवार, समाज और फिर राष्ट्र की प्रगति में बाधक है। जिन्होंने पर्दा छोड़ा है, उन्होंने महान कार्य किया है।"*

'त्यागभूमि' के सम्पादकीय में टर्की, यूरोप और चीन की महिलाओं का उदाहरण देते हुए पर्दे से मुक्ति की वकालत एवं अपील की गई।[166]

महिलाओं की समस्याओं के समाधान की दृष्टि से समाचार-पत्रों की एक बहुत महत्त्वपूर्ण भूमिका उनके द्वारा महिला शिक्षा की जरूरत को रेखांकित करना एवं उसके लिए आह्वान करना है। ब्रह्मवती देवी भटनागर ने अपने आलेख में 'नवज्योति' में निश्चयपूर्वक कहा कि "आखिर कैसे शिक्षा महिला को चरित्रहीन बना सकती है।" उन्होंने लिखा कि शिक्षा का मुख्य कार्य समाज और राष्ट्र की महत्त्वपूर्ण इकाई मनुष्य के चरित्र एवं व्यक्तित्व का निर्माण करना है, महिलाओं की शिक्षा तो उनमें आत्मविश्वास पैदा करती है, उनकी छुपी हुई क्षमताओं को गतिमान कर समाज एवं राष्ट्र की सेवा हेतु तैयार करती है।[167]

सूर्य नारायण व्यास ने 'त्यागभूमि' में प्राचीन काल में स्त्रियों की स्थिति को तुलनात्मक रूप से रखते हुए कहा कि उस समय महिलाओं की स्वतन्त्रता, अधिकार और शिक्षा की वर्तमान स्थिति की अपेक्षा व स्थिति कहीं बेहतर थी।[168]

'राजस्थान' समाचार-पत्र में राजेन्द्र प्रसाद ने 'हमारी स्त्री समाज' शीर्षक आलेख में लिखा कि शिक्षा व्यक्ति के चरित्र, व्यक्तित्व, मानसिकता, व्यवहार एवं मनोवृत्ति में बदलाव ला सकती है, इसलिए हमें महिलाओं की शिक्षा के लिए खुले दिल से संस्थाओं की स्थापना करनी चाहिए।[169] 'त्यागभूमि' ने महिला सुधारों के प्रयासों के क्रियान्वयन के लिए जरूरी मानते हुए महिला शिक्षा को विशेष महत्त्व देने की बात कही। उसने भारत में महिला शिक्षा की गति को जापान की अपेक्षा मंद बताते हुए क्षोभ जताया तथा इसे ही भारत के पिछड़ेपन का कारण बताया।[170] 'नवज्योति' ने शेखावटी के सेठों की आलोचना की कि अनेक शैक्षणिक संस्थानों की स्थापना की जा रही है, पर उनमें महिलाओं के लिए अत्यल्प है।[171] 'नवज्योति' ने लड़कियों के माँ-बापों को भी इसके लिए दोषी ठहराया कि वे महिला शिक्षा के प्रति सकारात्मक एवं प्रगतिवादी रुख नहीं रखते।[172]

समाचार-पत्रों ने समाज में महिलाओं की स्थिति सुधारने के लिए समाचार, अपील, आलेख प्रकाशित किए। 'त्यागभूमि' ने 'आधी दुनिया' नाम से स्तम्भ के अन्तर्गत निरन्तर विविध प्रयासों और उपायों की चर्चा की। ब्रिटिश भारत में महिलाओं की राजनीतिक भागीदारी पर खुशी व्यक्त की।[173] एक आलेख में रूस व ईरान में महिला जागृति की चर्चा की, तो एक में मुस्लिम देशों में महिलाओं की प्रगति को रेखांकित किया।[174] इसी पत्र में जमनालाल बजाज ने 'स्त्री सुधार का प्रश्न' शीर्षक आलेख में लिखा-

'सबसे आवश्यक बात यह है कि स्त्री-पुरुषों का पारस्परिक सम्बन्ध अधिक स्वाभाविक, अधिक सरल, अधिक पवित्र, अधिक प्रेममय हो। स्त्री-पुरुषों की शिक्षा-दीक्षा में इस बात पर सबसे पहले ध्यान दिया जाए। पैर की जूती, भूख की

वस्तु, शोभा की पुतली या अबला मानने की बजाय हम उन्हें समाज की पूजनीय देवी बनाने का उद्योग करें। ...इसका सबसे अच्छा उपाय यह है कि मित्र लोग आपस में मंडलियाँ बना लें जो अपने-अपने हलके में इन कुरीतियों को दूर करने का निश्चय कर लें। ...पर यह सब अच्छी तरह तभी हो सकेगा जब स्त्रियाँ ही अपने प्रश्न को अपने हाथ में ले लें।[175]

त्यागभूमि में ही शारदा कुमारी बिड़ला ने 'स्त्रियों की ओर से' शीर्षक से लिखा-

> *"आज सारे भारत में स्त्री सुधार की आवश्यकता को समझकर स्त्रियों को सुशिक्षित, उन्नत और स्वतन्त्र करने का प्रयास किया जा रहा है। ...स्त्री सुधार प्रेमी पुरुषों को चाहिए कि अपनी स्त्रियों की त्रुटियाँ शान्ति और प्रेम से बताकर दूर करने की कोशिश करें, उनकी त्रुटियों पर क्रोध करने और बुरा-भला कहने की जरूरत नहीं। ...स्त्री सुधारकों से मेरी एक और प्रार्थना है, वह यह कि उन्हें इस आन्दोलन में स्त्रियों के भावों की उपेक्षा नहीं करनी चाहिए। आन्दोलन करने या सुधार में भिन्न कार्य करने से पहले हमारी इच्छाओं, हमारी आवश्यकताओं और हमारे भावों को जान तो लेना चाहिए। ...हमारे साथ विवाह में जो प्रतिज्ञाएँ की जाती हैं और उस समय हमें जो अधिकार दिए जाते हैं उनका आजीवन स्मरण रखते हुए वैसा ही हमारे साथ व्यवहार करना चाहिए। यही मेरी पुरुषों से प्रार्थना है। यही हमारे सुधार का मूल सिद्धान्त है।'"[176]*

ये सुधारों के प्रति स्त्रियों के नजरिए का प्रतिबन्ध तो है ही, साथ ही प्रेस को माध्यम बनाने की जरूरत को उनके द्वारा महसूस करने का उद्घाटन भी है।

'नवजीवन' ने समाज में महिलाओं को समान रूप से स्वीकारने के दृष्टिकोण से टिप्पणी इस तरह से की कि समाज के कमजोर तबके के रूप में महिलाओं को देखने की प्रवृत्ति निन्दनीय है। यह सच है कि शारीरिक शक्ति की दृष्टि से यह पुरुषों से कमजोर है पर नैतिक एवं आध्यात्मिक दृष्टि से वह पुरुष से कहीं श्रेष्टतर है। उसे पुरुष की ताकत और प्रेरणा माना जाता है। उसमें बलिदान, धैर्य एवं संरक्षण की अन्तर्निहित भावना होती है जिसके बिना पुरुष का अस्तित्व असम्भव है क्योंकि महिला परिवार समाज और फिर देश का आधारस्तम्भ है।'[177]

राजस्थान के समाचार-पत्रों ने महिलाओं की सामाजिक समस्याओं, घटनाओं को पर्याप्त स्थान देने के साथ-साथ अपनी सामाजिक भूमिका का भी निर्वाह किया।

उन क्षेत्रों की समस्याएँ पत्र-पत्रिकाओं में उजागर हुई हैं या उन समाचार-पत्रों की पहुँच उन क्षेत्रों में रही। ये समस्त सन्दर्भ इस बात की पुष्टि करते हैं कि प्रेस ने भी महिलाओं में सामाजिक समस्याओं एवं उनमें सुधार की सम्भावना एवं प्रयासों की जरूरत को निरन्तर समझा तथा आम जनता एवं सुधारकों को अपील की, प्रशासन और राज्य को चेताया। कई बार प्रेस का विरोध का स्वर पर्याप्त मुखर नहीं था, सती के सन्दर्भ में आश्चर्यजनक रूप से महिमामंडन के उदाहरण प्राप्त होते हैं,[178] पर इतना नि:सन्देह कहा जा सकता है कि शिक्षित लोगों ने समस्याओं के प्रति सदैव सुधारात्मक रवैया दिखाया, वहीं साथ ही सुधारकों के लिए उपादेय वातावरण तैयार करने में महत्त्वपूर्ण भूमिका का निर्वहन किया।

सन्दर्भ एवं पाद-टिप्पणियाँ

1. स्वामी विवेकानन्द वर्क्स, वॉल्यूम V, कलकत्ता, 1964, पृ. 167, 218
2. विद्यालंकार, सत्यकेतु, आर्य समाज का इतिहास, वॉल्यूम III, नई दिल्ली, 41, पृ. 237
3. भाषण अंश, प्रकाशित-'द बर्थ ऑफ न्यू इंडिया', कलकत्ता 1904, पृ. 390-91
4. सीतारमैया, बी.पी., 'द हिस्ट्री ऑफ द इंडियन नेशनल कांग्रेस', वॉल्यूम I, मसुलीपट्टम, 1935, पृ. 52
5. नागर, पुरुषोत्तम-'लाला लाजपत राय-द मैन एंड हिज आइडियाज' दिल्ली 1977, पृ. 238-239
6. रानाड़े, एम.जी., 'एसेज', बम्बई 1968. पृ. 248
7. नटेसन, जी. ए., ''गोपाल कृष्ण गोखले 'ज स्पीचेज'', बम्बई, 1972, पृ. 238
8. चतुर्वेदी, एम.एस., प्रमुख भारतीय राजनीतिक विचारक, कॉलेज बुक हाउस, जयपुर, 2001, पृ. 338
9. **राजस्थान में महिला साक्षरता**

वर्ष	कुल महिलाएँ	साक्षर महिलाएँ	महिला साक्षरता का प्रतिशत	पुरुष साक्षरता का प्रतिशत
1901	48,90,101	10,444	0.21	6.42
1911	52,27,303	15,682	0.30	6.24
1921	48,63,270	20,415	0.42	5.78
1931	55,87,364	33,373	0.60	7.01
1941	65,89,180	76,928	1.16	9.36
1951	76,56,891	1,92,263	2.52	13.09

स्रोत-राजगुरु, इरादास, वीमन एजूकेशन इन राजस्थान, जयपुर, 2000

10. वही
11. वही
12. भारद्वाज, द्वारकेश, राजस्थान में स्वतन्त्रता संग्राम के अमर पुरोधा-पं. चंदनमल बहड़, राजस्थान हिन्दी ग्रन्थ अकादमी, जयपुर, 2000, पृ. 2
–शोधार्थी की दादी उमा देवी आत्मशिक्षित थीं, संस्कृत ग्रंथों तथा रामचरितमानस का पारायण करती थीं जिनका जन्म बीसवीं सदी के दूसरे दशक के शुरू के वर्षों में बीकानेर रियासत के मिर्जेवाला (रेलवे स्टेशन–पृथ्वीराजपुर) में हुआ था।
13. 19वीं सदी में महिला शिक्षा के उद्भव एवं प्रसार हेतु द्रष्टव्य–वर्मा जी.सी., मॉडर्न एजूकेशन इन राजस्थान, पब्लिकेशन स्कीम जयपुर, 1984
14. जैन, एम.एस., आधुनिक राजस्थान का इतिहास, पंचशील प्रकाशन, जयपुर, 1995, पृ. 251
15. फॉरेन, जनरल ए. जुलाई 1864, नं. 10-10 NAID
16. द्रष्टव्य–कौल, राजकुमारी राजस्थान के राजघरानों की हिन्दी सेवा, जयपुर,
17. वर्मा, जी.सी., मॉडर्न एजूकेशन, पूर्वोक्त, पृ. 332
18. द्रष्टव्य–पूनिया, प्रमिला, (शोध प्रबन्ध), राजस्थान विश्वविद्यालय, जयपुर
19. जैन एम.एस., पूर्वोक्त पृ. 252
20. 1857 के विद्रोह की पृष्ठभूमि में 3 मार्च, 1860 को स्कॉटलैंड की यूनाइटेड प्रेसवेटेरियन मिशनरी की स्थापना शूलब्रेदु द्वारा की गई। तदन्तर ब्यावर का यह केन्द्र हैडक्वार्टर बन गया जिसने राजस्थान में 12 केन्द्र स्थापित किए–
1.ब्यावर 1860, 2. नसीराबाद 1861, 3. अजमेर 1862, 4. तोडगढ़ 1863, 5. जयपुर 1866, 6. आशपुरा 1870, 7. देवली 1871, 8. उदयपुर 1877, 9. अलवर 1880, 10. जोधपुर 1885, 11. कोटा 1889, 12. पिपलोदा 1905
स्रोत : यूनाइटेड प्रेसवेटेरियन मिशनरी रिपोर्ट्स–1862, 1864, 1867, 1871, 1872, 1878, 1880, 1886, 1890, 1906
21. रिपोर्ट ऑन पोलिटिकल एडमिनिस्ट्रेशन ऑफ राजपूताना स्टेट्स 1889–90, पृ. 11, विस्तार हेतु द्रष्टव्य–वर्मा जी.सी., पूर्वोक्त
22. वही
23. स्कूल की प्राचार्य से बातचीत 3 फरवरी, 2004 पर आधृत एवं कोनल्टन, एच.टी., रिपोर्ट ऑन दी कंडीशन ऑफ एजूकेशन
24. महकमा खास, जोधपुर, फाइल नं. 3/8 भाग I इन जोधपुर स्टेट (1914), अध्याय सात, पृ. 66–67 RSAB
25. मारवाड़ एडमिनिस्ट्रेशन रिपोर्ट (1910–11), पृ. 52–53, RSAB
26. वही, (1920–21), पृ. 81, RSAB
27. वही, (1930–31), पृ. 52, RSAB
28. अर्सिकीन राजपूताना गजेटियर वोल. III पृ. 157
29. वही, (1940–41), पृ. 49, RSAB

30. वही, (1943-44), पृ. 89, RSAB
31. राजगुरु, इरादास, पूर्वोक्त, पृ. 122 एवं
   -व्यक्तिगत साक्षात्कार, डॉ. शक्तिदान कविया, जोधपुर, 5-2-2004
32. अर्सकीन, राजपूताना गजेटियर, जैसलमेर, द्रष्टव्य-
   शर्मा, नंदकिशोर, युगयुगीन वल्लप्रदेश-जैसलमेर का राजनीतिक इतिहास, सीमांत प्रकाशन, जैसलमेर, 1993, पृ. 291
33. वही
34. आचार्य, श्याम सुन्दर, राजस्थान में स्वतन्त्रता संग्राम के पुरोधा-सागरमल गोपा, राजस्थान हिन्दी ग्रन्थ अकादमी, जयपुर, 2001, पृ. 27 व 29
35. नंदकिशोर शर्मा से व्यक्तिगत साक्षात्कार, 5-9-2004, जैसलमेर
36. एजूकेशन फाइल, बंडल नं. 75, फाइल सं. 200, फोर डिकेड्स ऑफ प्रोग्रेस इन बीकानेर, 1937, पृ. 43, 48, आरेख क्रम. 42 ए, 42 बी; रिपोर्ट ऑन दी एडमिनिस्ट्रेशन ऑफ दी बीकानेर स्टेट, 1898-99, पृ. 32,; 1942-43, पृ. 110, RSAB
37. एडमिनिस्ट्रेटिव रिपोर्ट, 1898-99, पृ. 32; 1918-19, पृ. 45; 1919-20, पृ. 68, RSAB
38. वही, 1937-38, पृ. 78; 1938-39, पृ. 73; 1939-42, पृ. 109; 1942-43, पृ. 110, RSAB
39. वही, RSAB
40. एजूकेशन फाइल, बंडल सं. 22, फाइल सं. 3; फोर डिकेड्स ऑफ प्रोग्रेस इन बीकानेर, पूर्वोक्त, पृ. 48, एडमिनिस्ट्रेटिव रिपोर्ट 1939-42 पृ. 109; 1942-43, पृ. 110, RSAB
41. फोर डिकेड्स ऑफ प्रोग्रेस इन बीकानेर, वही, पृ. 48; एडमिनिस्ट्रेटिव रिपोर्ट, 1935-36, पृ. 75, RSAB
42. एडमिनिस्ट्रेटिव रिपोर्ट, 1939-42, पृ. 109; 1942-43, पृ. 111 RSAB
43. वही, 1935-36, पृ., 76, 1939-42, पृ. 110, 1942-43, पृ. 111, फोर डिकेड्स, पूर्वोक्त, पृ. 48, RSAB
   यह स्कूल सार्दूल सिंह के समय इंटरमिडिएट तक कर दिया गया (1947)
44. एडमिनिस्ट्रेटिव रिपोर्ट, 1942-43, पृ. 111, RSAB
45. वही, 1939-42, पृ. 110, 1942-43, पृ. 111, RSAB
46. आर्य महासम्मेलन, श्रीगंगानगर, 8-9-10 अक्टूबर, 1989, स्मारिका में शुद्धबोध शर्मा का "आर्य समाज श्रीगंगानगर की विविध प्रवृत्तियों की झलक" आलेख।
47. यंग राजस्थान, 3-3-1929, 9-5-1929, 16-8-1929, RSAB
48. एडमिनिस्ट्रेटिव रिपोर्ट ऑन राजपूताना स्टेट्स (मारवाड़ स्टेट) 1906-07, पृ. 21, RSAB
49. आर्य समाज जोधपुर फाइल-32, 6-2-1973
50. वही, एक प्रतिवेदन पृ. 3-4, वैदिक मंत्रालय, अजमेर 1915

51. RAR (मारवाड़ स्टेट) 1913-14, पृ. 22

52. वही, 1937-38, पृ. 18

53. आर्य समाज जोधपुर रिपोर्ट 1946, पृ. 7-8, वैदिक मंत्रालय, अजमेर 1946 श्रीमद् दयानन्द वैदिक पुस्तकालय एवं परोपकारिणी सभा अनुसंधान विभाग, अजमेर

54. 1. आर्य समाज जोधपुर फाइल-10, 15-1-1929
2. दरबार स्कूल जोधपुर, वार्षिक पत्रिका, 1929-30, पृ. 11-12, वार्षिक प्रतिवेदन।

55. आर्य समाज सोजत फाइल नं. 1, 3 अगस्त 1912, क्र. 8

56. RAR (मारवाड़ स्टेट) 1927-28, पृ. 19

57. आर्य समाज जोधपुर ए रिपोर्ट, 10-1-1939, क्र. 1-03

58. (1) शिक्षा फाइल बीकानेर नं. 37, बस्ता न. 18/28, 19-3-1929, क्र. 11
(2) राजपूताना डिस्ट्रिक्ट गजेटियर-बीकानेर स्टेट, पृ. 269, गवर्नमेंट प्रेस, बीकानेर 1970, व्यक्तिगत साक्षात्कार, भवानीलाल भारतीय, जोधपुर, 22-1-06

59. आर्य प्रतिनिधि सभा फाइल, निल, 5-6-1931

60. आर्य प्रतिनिधि सभा, राजनीतिक का पाइल ए. 27-7-1922, क्र. 94

61. आर्य मार्तंड (समाचार-पत्र) 20-3-1915

62. आर्य समाज जोधपुर ए रिपोर्ट (हस्तलिखित) 8-3-1931, पृ. 2
1928 में स्थापित रामदेव अछूत पाठशाला का प्रवेश रजिस्टर नगर आर्य समाज बीकानेर में मिला जिसमें 1 मार्च, 1928 से 10 मई, 1950 तक प्रवेश लेने वाली 24 लड़कियों के मिले-राधा, विद्या, गोबरां बाई, धावली, बरमला, सुरजिया, नारायणी देवी, हेलन, विद्यावती, राधा, मीरकी, जमना बाई, रामा/शिववती, जमनाबाई, चंदोदेवी, किशनादेवी, मिंद्रोदेवी, शान्ति देवी, जमना देवी, चंदो, धापो, हुस्ना, मायादेवी, त्रिवेणी देवी जिसमें मिंद्रो देवी सिक्ख, हेलन ईसाई तथा हुस्ना मुस्लिम थी और दो-दो लड़कियाँ राजपूतों और ब्राह्मणों की थीं। जबकि अन्य प्राय: पिछड़ी जातियों की थीं।

63. आर्य समाज, बीकानेर, वार्षिक प्रतिवेदन, 1914-15, 1915-16, पृ. 3-4

64. वही, 1928-29, 1932-33, 1945-46
आर्य समाज, बीकानेर की वयोवृद्ध कार्यकर्ता सुश्री शान्ति भंडारी ने बताया कि बीकानेर में उन्होंने साढ़े चौदह वर्ष की उम्र में 1940 में महारानी स्कूल में शिक्षक की नौकरी प्रारम्भ की। उनकी माँ विद्यावती को सेठ रामगोपाल मोहता ने वनिता आश्रम में पढ़ाने के लिए उदयपुर से बुलाया था। वे बताती हैं कि महारानी स्कूल में राजपूतों की बच्चियों को लाने के लिए महाराजा द्वारा पर्दे वाली बसें चलाई गई थीं। जिनमें पहले बालिकाओं को और फिर शिक्षिकाओं को लाए जाता था। महाराजा की ओर से महारानी स्कूल के छात्रावास का भी निर्माण करवाया गया था। पर किसी भी अभिभावक ने अपनी लड़कियों का प्रवेश नहीं करवाया। वे गौरांदेवी नामक महिला जो भादूमल कच्छावा की पत्नी थी, के बारे में बताती हैं जो आर्य समाज की कार्यकर्ता थी और लेडी एल्गिन स्कूल की आरम्भिक शिक्षिकाओं में से थीं।
-सुश्री शान्ति भंडारी से व्यक्तिगत साक्षात्कार, बीकानेर जुलाई 10, 2005

65. शुद्धबोध शर्मा से व्यक्तिगत साक्षात्कार 24-12-2004, श्रीगंगानगर
66. एजूकेशनल फाइल्स, बंडल नं. 45, फाइल नं. 1-8 फोर डिकेड्स, पूर्वोक्त, पृ. 45,
67. द्रष्टव्य:तलवार, वीर भारत, फेमिनिस्ट कंशियसनेस इन वीमेंस जर्नल्स इन हिन्दी 1910-20 (आलेख) सांगरी, कुमकुम, वैद्य सुदेश-रीकास्टिंग वीमन (सम्पादित), काली फॉर वूमन, दिल्ली, 1953, पृ. 204-232
68. जैन, प्रतिभा, गांधी चिन्तन:ऐतिहासिक परिप्रेक्ष्य, राजस्थान हिन्दी ग्रन्थ अकादमी, जयपुर, 1984, पृ. 85।
69. पंकज, विष्णु, राजस्थान के पत्र और पत्रकार, राजस्थान प्रकाशन, जयपुर, 1999, पृ. 164
70. वही, पृ. 166
71. वही, पृ. 166
72. वही, पृ. 167
73. वही, पृ. 168
74. माथुर, एल.पी. रोल ऑफ प्रेस इन द ग्रोथ ऑफ रिप्रेजेंटेटिव इंस्टीट्यूशन्स इन राजपूताना, बुक ट्रेजर, जोधपुर, 1995 पृ. 152 (परिशिष्ट)
75. पंकज, पूर्वोक्त, पृ. 187
76. विस्तृत सूची परिशिष्ट के रूप में दी गई है।
77. पंकज, पूर्वोक्त, पृ. 78

    अचलेश्वर प्रसाद शर्मा (1908-1965) ने 1928 में साप्ताहिक तरुण राजस्थान, 1930 में राजस्थान (अजमेर), 1937 में सैनिक (आगरा) 1935-37 में नवराजस्थान (अकोला) में सम्पादन का कार्य किया। 1940 में जोधपुर से साप्ताहिक प्रजा सेवक का प्रकाशन सम्पादन किया। वे अंग्रेजी पत्र हिन्दुस्तान टाइम्स, फ्री प्रेस जर्नल, अमृत बाजार पत्रिका का एवं दैनिक हिन्दुस्तान के जोधपुर में संवाददाता भी रहे।
78. वही, पृ. 82, द्रष्टव्य-राजस्थान में स्वतन्त्रता संग्राम के अमरपुरोधा जयनारायण व्यास, लेखक-सूरज प्रकाश पापा, राजस्थान हिन्दी ग्रन्थ अकादमी, 2001

    लोकनायक जयनारायण व्यास (1899-1964) ने ब्यावर से 'तरुण राजस्थान' का प्रकाशन सम्पादन किया। 1935 में उन्होंने बम्बई से दैनिक पत्र अखंड भारत का प्रकाशन सम्पादन किया। इस पत्र का मुख्य उद्देश्य मध्य भारत और राजस्थान की जनता पर राजाओं द्वारा किए जा रहे अत्याचारों का भंडाफोड़ कर विभिन्न जनआन्दोलनों को शक्ति प्रदान करता था। आर्थिक संकट के कारण कुछ समय बाद इस पत्र का प्रकाशन बन्द हो गया। उन्होंने 1937 में ब्यावर से 'आगीवाण' के अतिरिक्त जोधपुर से 'लोकराज' और अंग्रेजी में एक समाचार-पत्र का सम्पादन-प्रकाशन भी किया। उल्लेखनीय है कि मारवाड़ी हितकारिणी सभा द्वारा लोक परिषद् के आयोजन पर पाबंदी लगाए जाने पर व्यास ने तरुण राजस्थान में छपे एक लेख में जोधपुर महाराजा की कटु आलोचना की। इस लेख पर उन पर राजद्रोह का मुकदमा चलाकर 6 वर्ष की सजा दी गई।

79. वही, पृ. 89
जोधपुर में जन्मे गणेशलाल व्यास 'उस्ताद' (1907-1965) ने जोधपुर से प्रकाशित 'रियासती' में अपने लेखों के माध्यम से तत्कालीन राजशाही और सामंतशाही से जकड़े हुए जन-जन की दशा व आवाज को बुलंद किया। उन्होंने तरुण राजस्थान, वीर अर्जुन, अखंड भारत, सैनिक आदि पत्रों में सम्पादकीय विभाग में कार्य किया।

80. वही, पृ. 89
जोधपुर में जन्मे सुमनेश जोशी (1916-1974) ने पत्रकारिता की शुरुआत 1932-33 में 'कर्मवीर' 'सैनिक' के जोधपुर संवाददाता के रूप में की। उन्होंने 1942 में प्रकाशित 'राजबंदी', जोधपुर से प्रकाशित 'रियासती' दैनिक व साप्ताहिक का 1946-51 तक, दैनिक 'राष्ट्रदूत' का 1951-57 तक सम्पादन किया। उन्होंने 1957 से 62 तक 'आयोजन' का प्रकाशन-सम्पादन किया। वे जयपुर से प्रकाशित राष्ट्रदूत के प्रथम सम्पादक थे।

81. वही, पृ. 97
जैसलमेर के प्रसिद्ध स्वतन्त्रता सेनानी सागरमल गोपा (1900-1941) ने 'जैसलमेर का गुंडा शासन' जैसी क्रान्तिकारी पुस्तिका के लेखन के साथ-साथ विजय सिंह पथिक के साप्ताहिक 'राजस्थान केसरी' व 'नवीन राजस्थान' के सम्पादन में सहयोग किया था।

82. वही, पृ. 102
जोधपुर के अमृत नाटा (1928) ने साप्ताहिक रोशनी, (जोधपुर, 1950) व नया राजस्थान (जयपुर, 1954) में उपसम्पादक के रूप में कुछ वर्षों तक काम किया।

83. वही, पृ. 104
बीकानेर में जन्मे ओंकार पारीक (1934) जोधपुर के दैनिक 'तीसरा प्रहर' से सम्बद्ध रहे हैं।

84. वही, पृ. 109
जोधपुर के गणेशचंद जोशी 'मन्वन्तर' ने कई जातीय पत्रों का सम्पादन करने के साथ 'कल की दुनिया' नामक साप्ताहिक का सम्पादन-प्रकाशन किया।

85. वही, पृ. 112-113
मूलतः देशनोक (बीकानेर) निवासी चंपालाल रांका (1927) ने साप्ताहिक 'आज का बीकानेर', 'रियासती आवाज' (कलकत्ता), 'सेनानी' (बीकानेर), में सम्पादन, 'नई चेतना' (बीकानेर) में प्रबन्ध सम्पादन, मासिक पत्रिका 'हिन्दी प्रकाशक' का सम्पादन किया है।

86. वही, पृ. 117
जयनारायण व्यास के पुत्र देवनारायण व्यास (1915-69) ने बम्बई में 'टाइम्स ऑफ इंडिया' व 'नवभारत टाइम्स' में प्रशिक्षण के बाद इनके संवाददाता के रूप में जोधपुर में काम किया। फिर 'प्रेरणा' साप्ताहिक निकाला। कुछ समय 'तरुण राजस्थान' का भी प्रकाशन- सम्पादन किया।

87. वही, पृ. 121

नेमीचंद्र जैन 'भावुक' (1928) ने नवभारत टाइम्स, साप्ताहिक प्रजा के जोधपुर प्रतिनिधि के अलावा मासिक 'झरना' (जोधपुर), त्रैमासिक 'नवनिर्माण' (जोधपुर), मासिक 'झंकार' (अमृतसर), 'दीपशिखा' (पटना), 'पपीहा' (सिवनी), 'पराग' (दिल्ली), 'क्रान्ति' (दिल्ली), 'पूर्वज्योति' (गोहाटी) में सम्पादन का कार्य किया। दैनिक 'राष्ट्रपताका' व दैनिक 'रियासत' (जोधपुर) में सहसम्पादक रहे।

88. वही, पृ. 129

जोधपुर में जन्मे भागीरथ रंगा (1932) ज्वाला साप्ताहिक (जोधपुर) के उपसम्पादक रहे वहीं छद्म नाम से 'सवेरा' दैनिक का संपादन-प्रकाशन किया। कुछ समय तक प्रजासेवक में काम करने के अलावा वे राष्ट्रदूत व लोकवाणी के जोधपुर में संवादाता भी रहे हैं।

89. वही, पृ. 144

लपसा बेड़वाल (1921) ने रियासती (जोधपुर), राष्ट्रदूत (जयपुर), लोकजीवन (जोधपुर), लोकमत (बीकानेर), सावधान (अजमेर) में कार्य करने के अलावा राजस्थानी साप्ताहिक 'मारवाड़' का जोधपुर से सम्पादन-प्रकाशन किया, वहीं कुछ समय लोकवाणी (जयपुर) में उपसम्पादक रहे।

90. वही, पृ. 154-55

जोधपुर में जन्मे सूरज प्रकाश पापा (1921) ने रियासती, रोशनी में कार्य करने के अलावा 'नया राजस्थान' का सम्पादन किया। वहीं 'वैज्ञानिक बालक' मासिक का सम्पादन व प्रकाशन दोनों किया।

91. वही, पृ. 99 (आलेख डॉ. सुषमा शर्मा)।
92. यंग राजस्थान, 3-3-1929, 9-5-1929, 16-8-1929, RSAB
93. त्यागभूमि, 30-11-1928, RSAB
94. भारतवीर, 24-11-1927, 6-12-1927, RSAB
95. राजस्थान, 11-12-1929, RSAB
96. नवज्योति, 9-1-1940, 22-1-40, RSAB
97. प्रजासेवक, 28-1-1942 RSAB
98. तरुण राजस्थान, 26-9-1927, पृ. 11, RSAB
99. तरुण राजस्थान, 27-9-1927, पृ. 12, RSAB
100. नवज्योति, 16-1-1938, RSAB
101. तरुण राजस्थान, 10-1-1927, RSAB

कोटा दरबार के लिए भी इसी प्रकार की अपील तरुण राजस्थान ने जारी की-8-8-1926, RSAB

102. राजस्थान, 3-5-1930, पृ. 17, RSAB
103. राजस्थान, 15-7-1935, RSAB
104. तरुण राजस्थान, 27-1-1928, पृ. 13, RSAB

105. तरुण राजस्थान, 10-1-1928, पृ. 14, RSAB
106. त्यागभूमि (मासिक), संवत् 1984, अंक, माइक्रो फिल्म नं. R 3297/1927-28, NMML
107. त्यागभूमि (मासिक), अंक 2, वि.सं. 1984, पृ. 74, NMML
108. त्यागभूमि (मासिक), अंक 3, वि.सं. 1984, पृ. 193-95, NMML
109. त्यागभूमि (मासिक), अंक 4, वि. सं. 1984, पृ. 306, NMML
110. त्यागभूमि 1986 वर्ष 3, खंड 1, पृ. 107-111, माइक्रोफिल्म नं. R3298/1929-30, NMML.
एक अन्य अंक (वर्ष 3, अंक 2) में शारदा बिल पर विस्तार से चर्चा मिलती है।
111. सौरभ, 10-5-1922
112. क्षात्रधर्म, मासिक, वर्ष 1, अंक 8, मई 1936, पृ. 37, NMML
113. क्षात्रधर्म, मासिक, वर्ष 1, अंक 9, जून 1938, पृ. 44-46, NMML
114. वही
115. भारतवीर, 28-2-1928, RSAB
116. तृतीय अध्याय में इसकी चर्चा की गई है।
117. राजस्थान, ज्येष्ठ कृष्णा 2, संवत् 1992, RSAB
118. तरुण राजस्थान, 13-5-1929, RSAB
119. राजस्थान, 17-5-1937, पृ. 17, RSAB
120. राजस्थान, 22-4-1935, RSAB
121. राजस्थान, 27-5-1935, RSAB
122. त्यागभूमि (मासिक), भाद्रपद, संवत् 1986, पृ. 678, माइक्रोफिल्म नं. R3298/1929-30 NMML
123. त्यागभूमि (मासिक), अंक, 4 संवत् 1984, वही, NMML
124. तरुण राजस्थान, 15-3-1927, पृ. 18 RSAB
125. त्यागभूमि (साप्ताहिक), 8-5-1931, पृ. 12, RSAB
126. तरुण राजस्थान, 26-9-1927, पृ. 11
127. नवराजस्थान, 23-1-1937, RSAB
128. तरुण राजस्थान, 10-4-1927, RSAB
129. लोकसेवक, 22-3-1943, RSAB
130. लोकसेवक, 28-1-1942, RSAB
131. यंग राजस्थान, 3-10-1929, पृ. 13, NMML
132. राजस्थान, 27-5-1935
133. क्षात्रधर्म, मासिक, वर्ष 2, अंक 6, मार्च 1939, पृ. 33-36, NMML
134. त्यागभूमि, भाद्रपद संवत्, 1986, पृ. 67-68, माइक्रो फिल्म नं. R3298/1929-30, NMML
135. त्यागभूमि, अंक 2, विक्रम संवत् 1984, पृ. 74, माइक्रो फिल्म नं. R-3297/1927-28, NMML

136. त्यागभूमि अंक 4, सं. 1984, वही, NMML

137. रियासती, 12-6-1940, पृ. 2 RSAB
1904 में सिकंदराबाद में जन्मे मुकुट बिहारी लाल वर्मा ने स्वतन्त्रता आन्दोलन के कारण पढ़ाई छोड़ी। 'कर्मवीर' से 1919-20 में पत्रकारिता की शुरुआत करने वाले वर्मा ने 'राजस्थान केसरी' (वर्धा), अर्द्धसाप्ताहिक 'प्रणवीर' (नागपुर), 'माधुरी' (लखनऊ), दैनिक 'आज' (वाराणसी) में सहायक सम्पादक के रूप में कार्य करने के साथ-साथ साप्ताहिक 'स्वदेश', गोरखपुर (1925-26), 'त्यागभूमि', अजमेर (1928) में भी कार्य किया। 1941 से 1963 तक वे दिल्ली में दैनिक हिन्दुस्तान में सम्पादक रहे। इसके अलावा उन्होंने अनेक पुस्तकों का लेखन-अनुवाद किया। 1958 में ब्रिटेन की यात्रा की। नवम्बर, 1990 में उनका निधन हो गया।

138. तरुण राजस्थान, 24-1-1927, पृ. 2, RSAB
इसमें एक विधुर मोहनलाल माहेश्वरी के श्री कन्हैयालाल चाँदड की विधवा बहिन से विवाह की भी जानकारी दी गई है तथा अन्य माहेश्वरी युवकों के इसके अनुसरण की अपेक्षा भी की गई है।

139. राजस्थान, 22-4-1935, RSAB
उल्लेखनीय है कि इस पुनर्विवाह को समाज द्वारा स्वीकार नहीं किया गया। पुलिस ने दोनों को गिरफ्तार कर लिया। माली युवक को छोड़ दिया गया और स्त्री को छोड़ने के लिए माली से धन मांगा गया पर इसी बीच स्त्री गायब कर दी गई।

140. तरुण राजस्थान, 22-5-1927, पृ. 9, RSAB

141. त्यागभूमि मासिक, अंक 3, वि.सं. 1984, पृ. 246-47, वही, NMML

142. आर्य मार्तंड, 12-1-1926, 25-2-1929, 23-5-1929।
8-8-1933 इसमें वैश्य समुदाय में विधवा विवाह का उल्लेख मिलता है।

143. आर्य मार्तंड, 10-7-1923, 6-4-1926, 5-10-1926, 12-12-1923, 13-10-1925

144. राजस्थान, 17-6-1935, पृ. 18, RSAB

145. वही

146. नवज्योति, 22-7-1938, RSAB

147. तरुण राजस्थान, 3-10-1927, पृ. 13, RSAB

148. विस्तार हेतु द्रष्टव्य-दुष्यन्त, वैधव्य का अभिशाप एवं नैतिकता का प्रसंग : बीसवीं सदी का राजस्थान, जिज्ञासा, वॉल्यूम IX, 2003, पृ. 145-150

149. नवज्योति, 14-2-1937, RSAB

150. त्यागभूमि, 24-9-1928, NMML

151. त्यागभूमि, 28-10-1928, NMML

152. जैसे-उपरोक्त सन्दर्भ 48 एवं
-बूंदी में एक अग्रवाल विधवा द्वारा सजातीय से पुनर्विवाह का अग्रवालों द्वारा विरोध किया गया और बात राज्य तक पहुँचा दी गई। इसमें लिखा गया है कि कहा जाता है, अधिकारियों ने उस लड़की और लड़के को बुलाकर उनके फेरे उधड़वा दिए और लड़के को हवालात कर दिया। तरुण राजस्थान 19-9-1926 RSAB

153. तरुण राजस्थान 8-5-1927, RSAB
इसमें खाड़ी भंडार, पुरानी मंडी, अजमेर के मूलचंद अग्रवाल की ओर से अपने एक मित्र के विवाह हेतु 16 से 22 वर्ष के बीच की बात विधवा की आवश्यकता बताई गई।

154. आर्य मार्तंड 29-5-1923 दो माहेश्वरी विधवाओं हेतु
–आर्य मार्तंड 26-6-1926 एक गौड़ ब्राह्मण विधवा हेतु
–आर्य मार्तंड 5-10-1926 दो राजपूत विधवाओं हेतु

155. विधवाबंधु, फरवरी 1927, इसमें ओसवाल विधवा हेतु वर के लिए विज्ञापन दिया गया।

156. क्षात्रधर्म संदेश, वर्ष 1 , अंक 11, NMML

157. तरुण राजस्थान, 17-3-1927, पृ. 4, यह एक सम्पादकीय टिप्पणी है।

158. रियासती, 12-6-1940, पृ. 2,RSAB

159. त्यागभूमि, वर्ष, 2 खंड 1, अंश 6, फाल्गुन संवत् 1985, NMML

160. 'राजस्थान', 11-12-1939, RSAB

161. त्यागभूमि, वर्ष 1, अंश 6, चैत्र संवत् 1984, NMML

162. वही

163. नवज्योति, 14-2-1937, RSAB

164. वही, 16-2-1938, 4-3-1938, 29-3-1938

165. वही, 9-11-1937, 9-11-1948, 30-11-1948

166. वही

167. नवज्योति, 11-11-1937

168. त्यागभूमि, 30-12-1929, NMML

169. राजस्थान, 24-11-1930, RSAB

170. त्यागभूमि 8-1-1930, 14-1-1930, NMML

171. नवज्योति, 28-12-1939 RSAB

172. वही, 2-1-1940

173. त्यागभूमि, वर्ष 1, अंक 5, फाल्गुन, संवत् 1984, NMML

174. वही, वर्ष 1, खंड 2, अंक 4, श्रावण संवत् 1985, NMML

175. वही, अंक 3, संवत् 1984, पृ. 188, 189, NMML

176. वही, अंक 4, संवत् 1984, पृ. 306-307, NMML

177. नवजीवन, 20-7-1941, RSAB

178. 1. क्षात्रधर्म सन्देश, वर्ष 1, संख्या 6 द्वि-ज्येष्ठ कृष्णा 2, वि.सं. 1999, पृ. 6, घटना विस्तार से चतुर्थ अध्याय की विषय-वस्तु है। इसमें अन्त में कहा गया है– 'घटना के वर्णन में चाहे अत्युक्ति हो, इससे कोई इनकार नहीं कर सकता कि वह वास्तव में सती स्त्री थी और उसने यह बता दिया कि राजपूत मर्दों में राजपूती है तो राजपूत स्त्रियों में भी उनका सतीत्व विनष्ट नहीं हुआ है।'

2. 10 जनवरी, 1927 के 'राजस्थान' में गवर्नमेंट कॉलेज, अजमेर के कवि सम्मेलन में पठित कविता को प्रकाशित किया गया जो इस प्रकार है–

1. सती प्रेम

हटा, मत छोड़ो, मग छोड़ो! बस दूर रहो;
आज सहर्ष मोद का उत्सव मनाऊँगी।
चलते चिता पै, अरु जलते चिता में साथ;
रत्न तज कंकर पै कैसे ललचाऊँगी।
अन्य वह पूर्व पुण्य जिनके प्रताप हंते;
आली चिता पै चल सर्वस चढ़ाऊँगी।
अब लौं रही हूँ साथ, साथ ही चलूँगी अब;
सुन्दर सयो; ऐसो और कहाँ पाऊँगी।

(2)

चिता नहीं तोरी, प्रेम की चितावनी है,
फूलों की शय्या सी है, शीतल सुख पाऊँगी
चिता रूप तो है संसार, यह उनके बिन,
जो पैरह जाऊँगी, तो यहाँ जल जाऊँगी
दैव का दिया यह अवसर अमूल्य और
प्रेमोपहार उनका कैसे ठुकराऊँगी।
घर बैठे तारने को आई जब प्रेम गंगा
क्यों न तब आली! प्रेम गंगा में नहाऊँगी।

अध्याय : 6

स्त्री-समस्याओं का साहित्य में प्रतिबिम्ब

साहित्य न केवल समाज को प्रतिबिम्बित करता है बल्कि सुधार का मार्ग भी प्रशस्त करता है। आधुनिक भारत में समाज-सुधार आंदोलन में भी साहित्य की इस दोहरी भूमिका को देखा जा सकता है। इस समय भारतवर्ष की विभिन्न भाषाओं में विविध साहित्यिक विधाओं में भारतीय समाज की तात्कालिक समस्यापूर्ण महिला छवियों की उपस्थिति दिखती है। हिंदी, बांग्ला और मराठी का साहित्य इस दृष्टि से विशेष उल्लेखनीय है।[1] प्रेमचंद जहाँ विधवाओं की स्थिति को प्रमुखता से उठाते हैं वहीं शरत्चंद्र पतित नारी की स्थिति को उनकी समस्याओं से रूबरू करवाते हैं, प्रेमचंद ने गोदान, प्रतिज्ञा, सेवासदन, कर्मभूमि, गबन आदि उपन्यासों में नारी पात्रों को समस्याओं के संदर्भ में इतना सुंदर तरीके से रचा है कि उनकी दुनिया मूर्त होकर उभरी है। वहीं 'निर्मला' में अनमेल विवाह की समस्या के विविध पक्ष उभरे हैं, 'कायाकल्प' में बहुविवाह की कुरीति का चित्रण है। 'प्रेमाश्रम' विधवा जीवन की अनेक परतें उधेड़ता है। वहीं समकालीन साहित्यिक पत्रिकाओं-'सरस्वती', 'माधुरी' और 'चांद' में भी स्त्री-विषयक आलेखों का प्रकाशन महत्त्वपूर्ण कहा जा सकता है।

यहाँ यह उल्लेखनीय जान पड़ता है कि साहित्यकार को स्वतंत्रता है कि वह कथानक, विषय, पात्र, वातावरण को चुने, पर दूसरी ओर इतिहासकार को ये स्वतंत्रता नहीं है, उसके नायक, घटनाक्रमादि निर्धारित हैं, फिर भी साहित्यकार देशकाल से प्रभावित है पर वैयक्तिकता यहाँ महत्त्वपूर्ण हो जाती है। वह किन रूपकों को चुनता है, किन संवादों को गढ़ता है, इसमें वह नितांत स्वतंत्र है, लेकिन साहित्यकार जिस जमीन पर स्थित है वह इतिहास की जमीन है, देश और काल की जमीन है।

इस संदर्भ में एक तो यह महत्त्वपूर्ण है कि समाज-सुधार की प्रक्रिया की पृष्ठभूमि में साहित्य की भूमिका एवं स्थान होता है और समाज-सुधार के प्रभाव भी

उस पर दिखाई पड़ते हैं, दूसरा यह है कि साहित्य–सृजन एक प्रवाह है, इतिहास की तरह जहाँ अगर संभव मान लिया जाए साहित्य को किसी सीमित समय की परिधि में नहीं बाँधा जा सकता। जहाँ तक समाज–सुधार में साहित्य की भूमिका का प्रश्न है प्रथमतः साहित्य सक्रिय या प्रत्यक्ष भूमिका का निर्वहन नहीं करता, द्वितीयतः साहित्य चेतना के स्तर पर प्रभाव डालता है और इस प्रभाव की गति धीमी होती है।

राजस्थान में साहित्य–सृजन की स्थितियों की विशिष्टता ये है कि पुनर्जागरण की समाज सुधारात्मक चेतना यहाँ कतिपय देर से पहुँची और जब पहुँची तो साहित्य प्रायः अपनी शैशवावस्था में था। हम पाते हैं कि समाज सुधार की चेतना से प्रेरित साहित्य–सृजन 20वीं सदी के पाँचवें दशक में होता है यद्यपि शुरुआत 20वीं शताब्दी के आरंभिक वर्षों में नाटकों, विशेषकर राजस्थानी नाटकों से हो जाती है और फिर क्रमशः गुणवत्ता, व्यापकता एवं गहराई की ओर उन्मुख होता है। इस समय जो रचनाकार सक्रिय हुए उनकी सृजनात्मक पृष्ठभूमि के निर्माण में स्वतंत्रता पूर्व राजपूताना की सामाजिक, आर्थिकादि परिस्थितियों का योगदान था।

राजस्थान में महिलाओं की सामाजिक समस्याओं के संदर्भ में साहित्य की भूमिका इस कारण सीमित हो जाती है कि लिखित साहित्य पढ़ने के लिए साक्षरता एक अनिवार्यता है और यहाँ साक्षरता की दर अत्यंत निम्न स्तर पर रही है और महिलाओं में तो और भी कम।[2] इस दृष्टि से कतिपय भूमिका अत्यंत सीमित हो जाती है और साहित्य में सामाजिक समस्याओं का प्रतिबिम्बन ही प्रमुख हो जाता है।

राजस्थान के साहित्य की इतिहास लेखन में भूमिका अथवा स्रोत के रूप में राजस्थान के साहित्य के मूल्यांकन की दृष्टि से एक महत्त्वपूर्ण कार्य सन् 1997 में राजस्थानी शोध संस्थान, चौपासनी, जोधपुर द्वारा प्रकाशित डॉ. हुकमसिंह भाटी की पुस्तक 'इतिहास लेखन में राजस्थानी संपादित ग्रंथों की उपयोगिता' है, जिसमें गद्य खंड में मुहनोत नैणसी री ज़्यात, जोधपुर हुकूमत री बही, महाराणा राजसिंह : पट्टा परगना बही, मारवाड़ रै परगना री विगत, मेवाड़ रावल राणाजी री बात, महाराजा मानसिंह री ज़्यात, बांकी दास री ज़्यात, ज़्यात देश दर्पण, जैसलमेर री ज़्यात, जोधपुर राज्य की दस्तूर व दारोगा दस्तूर बही, गोगुंदा री ज़्यात पर डॉ. हुकमसिंह भाटी, मोहब्बतसिंह राठौड़, डॉ. गोपाल व्यास, डॉ. भंवर भादानी, डॉ. राजेंद्र पुरोहित, डॉ. उषा कंवर राठौड़, भवानीसिंह पातावत, डॉ. गिरिजा शंकर शर्मा, डॉ. टीके माथुर व समुद्र सिंह जोधा, भंवरलाल सुधार व विक्रम सिंह भाटी के आलेख शामिल हैं। वहीं पद्य खंड में कान्हड़ दे प्रबंध, अचलदास जीची री

वचनिका, वीरवाण, गजगुण रूप बंध, राजविलास, सगत रासो, राजरूपक, सूरज प्रकाश, महावजस प्रकाश, भीम विलास, सोढ़ायण पर मथुरा प्रसाद अग्रवाल, डॉ. जगमोहन सिंह परिहार, डॉ. सद्दीक मोहम्मद, डॉ. वसुमती शर्मा, डॉ. मीना गौड़, डॉ. ब्रजमोहन जावलिया व सुशीला शक्तावत, डॉ. रामकृष्ण दूगड़, डॉ. जमनेश कुमार ओझा, प्रो. के.एस. गुप्ता व डॉ. शक्तिदान कविया के आलेख हैं।

इस अध्याय में साहित्य, विशेषत: हिंदी एवं राजस्थानी साहित्य में महिलाओं की सामाजिक समस्याओं के चित्रण का परीक्षण किया जा रहा है। जैसा कि अन्य ऐतिहासिक स्त्रोतों से ज्ञात होता है, अध्ययन काल में अध्ययन क्षेत्रों में प्राय: अन्य राजस्थान के समान ही कन्यावध, बाल एवं अनमेल विवाह, दाखी रखैल प्रथा, व्यभिचार, सती, विधवाओं की स्थिति, कन्या विक्रयादि समस्याएँ प्रचलित रही हैं।[3] कहना न होगा कि राजस्थान के साहित्य में 20वीं शताब्दी के पूर्वार्द्ध के आखिरी वर्षों में इन पर साहित्य की विविध विधाओं- कहानी, उपन्यास आदि में सृजन होना प्रारंभ होता है।

राजस्थानी साहित्य की एक विशेषता है कि प्रवासी राजस्थानी साहित्यकारों ने सामाजिक मुद्दे उठाने में उल्लेखनीय योगदान दिया। यहाँ यह भी उल्लेखनीय है कि गैर मारवाड़ी लोगों ने भी, जो कि व्यापारिक या अन्य कारणों से प्रवासी मारवाड़ियों के निकट संपर्क में थे और हृदय से मारवाड़ियों का उत्थान चाहते थे, मारवाड़ी समाज में सामाजिक चेतना उत्पन्न करने और राष्ट्रीय संस्कार भरने की दृष्टि से महत्त्वपूर्ण कार्य किया। एक ओर पंडित तिखाराम गणेश देउस्कर, पंडित छोटेलाल एवं माधव मिश्र जैसे गैर मारवाड़ी निरंतर मारवाड़ियों को विभिन्न सुधारों की प्रेरणा देते रहे और दूसरी ओर मारवाड़ियों के पैसे से संचालित या किसी न किसी रूप में मारवाड़ियों से संबंधित उस समय के हिंदी के 'भारत मित्र', 'वैश्योपकारक', 'मारवाड़ी बंधु' जैसे समाचार-पत्रों ने मारवाड़ियों की सामाजिक कुरीतियों को मिटाने और शिक्षा तथा राजनीतिक आंदोलनों के प्रति उनका आकर्षण जगाने के लिए भी प्रशंसनीय कार्य किया। इसके कारण (अन्य कारण भी रहे होंगे) मारवाड़ी समाज में जागृति, एक नई हलचल पैदा हुई, उसे सही दिशा देने के लिए मारवाड़ी समाज के कतिपय प्रमुख विचारशील विद्वानों ने मारवाड़ी समाज के मध्य शिक्षा प्रचार की सर्वाधिक आवश्यकता महसूस की।

राजस्थानी के भारतेंदु-शिवचंद्र भरतिया एवं भगवती प्रसाद दारुका जैसे विचारशील साहित्यकारों ने इस बात को भी बड़ी गहराई से अनुभव किया कि समाज-सुधार का साहित्य से अधिक सशक्त और उपयुक्त माध्यम कोई नहीं है। अत: उन्होंने ऐसे मनोरंजक और शिक्षाप्रद साहित्य-सर्जन का काम शुरू किया जो

कि 'सुगर कोटेड' दवा की तरह मीठा पर असरकारक हो। यही कारण है कि उस समय जिस साहित्य की रचना हुई उसमें ऐसे शिक्षाप्रद विषयों का चयन किया जिनमें अधिकांश बाल विवाह, वृद्ध विवाह, अनमेल, अशिक्षा, फिजूलखर्ची, आडंबर, सट्टाफाटका, स्त्री अशिक्षा, दहेजादि सामाजिक जीवन की तात्कालिक कुरीतियों तथा आवश्यकताओं से ही संबंधित थे। इसी हेतु रचनाओं के नाम भी अधिकांश में समस्याओं के आधार पर ही हुए। यथा–बुढ़ापा की सगाई नाटक व फाटका जंजाल नाटक (दोनों शिवचंद्र भरतिया), बाल विवाह नाटक व वृद्ध विवाह नाटक (दोनों भगवती प्रसाद दारुका), मारवाड़ी मौसर अर सगाई जंजाल नाटक (गुलाब चंद्र नागौरी) आदि। इस प्रकार इन आरंभिक कृतियों का मुख्य स्वर समाज-सुधार ही रहा। फलतः इन रचनाओं में किसी एक या एकाधिक सामाजिक कुरीतियों को आधार बनाया गया है और उनके कथानक परिणामों का विस्तार से अंकन हुआ है। इन रचनाओं में प्रायः एक ऐसे आदर्श पात्र या परिवार की सृष्टि की गई है, जो उन सब कुरीतियों के उन्मूलन के कारण अधिक सुखी और संतुष्ट जीवन यापित करता रहा है। शिवचंद्र भरतिया, भगवती प्रसाद दारुका, गुलाब चंद्र नागौरी एवं नारायण अग्रवाल प्रभृति उस समय के सभी प्रमुख प्रवासी राजस्थानी लेखकों की रचनाओं में यह प्रवृत्ति स्पष्टतः लक्षित की जा सकती है।[4]

बाल एवं अनमेल विवाह

अध्ययन क्षेत्र और उससे इतर राजस्थान के अनेक साहित्यकारों ने बाल एवं अनमेल विवाहों को विषय बनाया। राजस्थानी के आरंभिक उपन्यासों–'चंपा' में नारायण अग्रवाल और 'आभै पटकी' में श्रीलाल नथमल जोशी ने वृद्ध एवं अनमेल विवाह को विषयवस्तु के रूप में चुना।[5] 'चंपा' में सेठ भोंदूलाल को 50 हजार रुपए देकर युवती से विवाह करने पर अपयश का भागी बनते हुए दिखाया गया है।[6]

राजस्थान के लब्धप्रतिष्ठित कथाकार यादवेंद्र शर्मा चंद्र[7] ने इस संबंध में अनेक कहानियों व उपन्यासों का सृजन किया। उनकी कहानी 'लाश का बयान' की पात्र शकुंत शर्मा अपने बाल विवाह के कारण यौवन आने पर आत्महत्या करती है। इस पात्र के मुख से चंद्र ने कहलवाया है–

'अपनी आत्महत्या का विश्लेषण करती हूँ तो अपना हत्यारा अपने पिता को पाती हूँ और अधिक आगे बढ़ती हूँ तो रुढ़ियों को और इससे भी आगे अपने मारवाड़ी समाज को।'[8]

यह कथन हृदयविदारक है, जो उस लड़की की व्यथा को प्रतिबिम्बित करता है जिसने पिता की जिम्मेदारी के साथ स्वस्थिति का विश्लेषण किया और अपने जीवन की दुखद स्थितियों का भी चिंतन किया।

उनकी कहानी 'एक दुख अपना सा' का गंगला परंपरा के अनुसार अपनी बेटी की सगाई बचपन में करता है, परंतु बाद में पश्चात्ताप करता है, वह अपनी बेटी को ससुराल में भेजना नहीं चाहता।[9] 'खेल खिलौने' की नायिका छिन्नू बाल विवाह की शिकार होती है और अपने मित्र भंवर से कहती है–

'काका कहता है कि अब तू ब्याही गई है। अब दूसरे छोरों के साथ खेलोगी तो जूते मारूंगा।'

इतना ही नहीं कुछ समय बाद उसके पति का देहांत हो गया, उसके कानों में बालियाँ निकाल दी गईं, सफेद वस्त्र पहना दिए गए, वह अपने मित्र से कहती है–

'मेरा धणी मर गया है, भंवर। धणी मरने पर लोग इतने दिनों तक क्यों रोते हैं।'[10]

उस यह अबोध बालिका का विस्मय भरा प्रश्न है जो इससे अनभिज्ञ है कि उसका जीवन कितना त्रासद होगा। 'क्षण-भर की दुल्हन' की नायिका कोड़मदे का बचपन में विवाह हो जाता है, परंतु यौवन आने पर वह सादुल से विवाहेच्छुक है।[11] चंद्र इसी प्रकार अपने अन्य उपन्यास 'गुलाबड़ी' में तीन पात्रों–हंसा, आसूड़ी, गंगामासी को बाल विवाह का शिकार बताते हैं। हंसा बाल विधवा है।[12] वे 'रक्त और तख्त' उपन्यास में बाल विवाह की स्थिति का वर्णन करते हुए लिखते हैं कि–

'झुमर का विवाह बचपन में ही हो गया था, तब वह पाँच साल की थी और उसे विवाह के समय गहरी नींद ने आ घेरा था।

वही स्थिति उसके दूल्हे की थी। वह भी बैठा-बैठा ऊँघ रहा था।

कभी-कभी उसकी गर्दन इस तरह नीचे की ओर लटकती थी कि वह जोर का झटका खाकर चौंक पड़ता था।'[13]

'चंद्र' के ही उपन्यास 'जीवन युद्ध' की सोमवती का विवाह दस वर्ष की आयु में बताया है।[14] चंद्र ने बाल विवाह का वर्णन करते हुए इसके आत्महत्या तक के दुष्परिणामों को सामने रखकर समाज को झकझोरने एवं कुरीति के प्रति जागरूकता जगाने का प्रशंसनीय प्रयास किया है। उन्होंने अनमेल विवाह को विषय बनाकर भी अनेक सार्थक एवं प्रेरणास्पद कथाएँ बुनीं।

'एक मुस्कान-एक जिंदगी' में यादवेंद्र शर्मा चंद्र लिखते हैं–

'यह बारह साल की कन्या को अपनी अर्द्धांगिनी बनाएगा। इसकी उम्र 40 के लगभग है। यह एक विद्रूप सा लगता है। उसके सांसों की गर्मी बुझ गई है। इसका

यौवन इससे अलग होकर इसकी मृतक पत्नी की जवान संतान में चला गया है। फिर भी वह इस कन्या को वरण करेगा।'

इसी कहानी में वे लिखते हैं कि एक औरत बूढ़े से विवाहित होकर अप्रसन्न है। तब उसका पति उसे डांटते हुए कहता है–

घर गृहस्थी की औरतें जोबन को लेकर इस तरह हाय-हाय नहीं मचातीं। जवानी सबको आती है, बहुतों के पति भी बूढ़े होते हैं, पर तेरा नखरा तो सातों जहान से ही अलग है।[15]

उनकी कहानी 'जारिणी' की नायिका जारिणी कहती है–

'मैं तो चाहती थी कि एक चोखी लुगाई की जिंदगी जीऊँ...पर निगोड़े व लोभी माँ-बाप ने मुझे तबाह कर दिया...बूढ़े के हाथ बेच दिया...मन आहत हो गया, भीतर चक्की-यूँ घूमने लगा...लगा प्रभु ने जो कुछ दिया है, वह दो पाटों के बीच पिस रहा है। जब मन का सब कुछ पिस जाता है, तब मिनख बेमन का हो जाता है। बेमन का मिनख क्या कर सकता है।'[16]

यहाँ आहत मन की गहराइयों का सजीव चित्रण करने में कथाकार ने सफलता पाई है।

'बिल्ली मर गई' कहानी की नायिका मनीषा का विवाह अपने से दस पंद्रह साल बड़े व्यापारी के साथ तय हुआ पर उसने कोई एतराज नहीं किया। पर चंद दिनों के बाद जीवन की तलाश में असफल होकर उसका मन उद्विग्न हो गया। उसके और उसके पति के बीच खिंचाव जल गया।[17] 'एक सही स्वीकृति' की मिसेज गोपिका का पति उससे इक्कीस साल बड़ा है। उसकी शादी जब हुई वह 14 साल की थी और पति 33 वर्ष का है। आयु में अधिक अंतर होने के कारण दोनों में मेल नहीं हो पाता। वह प्रभु नाम के किसी युवक से चोरी-छिपे यौन संबंध स्थापित करती है।

इसी प्रकार 'स्थितियाँ और आदमी', 'बदलते संबंध', 'बंद दरवाजे', 'रेत से दबा सरोवर', 'खून रँगी मिट्टी' में भी चंद्र ने बेमेल विवाह की समस्या को उभारा है। इनमें 'खून रंगी मिट्टी' की फजा कहती है कि–

'उसे तो मैं कंधे पर बैठाकर सारे इलाके में दौड़ाती हुई घुमा लाऊँ। मगर वह तो सिर्फ दस वर्ष का है और मैं बीस वर्ष की। यह तो जुल्म है।'[18]

शिवचंद्र भरतिया ने सन् 1906 में बेमेल विवाह को विषय बनाकर 'बुढ़ापा री सगाई' नामक लोकप्रिय नाटक लिखा था।[19] इसी प्रकार 1903 में ही भगवती प्रसाद दारुका ने 'वृद्ध विवाह' नाटक लिखा।[20] बाल मित्र का संगीत कलियुगी कृष्ण रुक्मिणी नाटक वृद्ध विवाह को रोकने के लिए विशिष्ट प्रयास को सामने रखता है।

इसमें कृष्ण नामधारी युवक रुक्मिणी को एक वृद्ध के चंगुल में फँसने से बचाकर उसका उद्धार करता है।[21] इसी नाटक में वृद्ध जरासंध और उसकी युवा पत्नी की कहानी है जिसमें जरासंध की युवा पत्नी, पति से शारीरिक तृप्ति न पाकर गलत राह चल पड़ती है।[22]

'मारवाड़ी मौसर और सगाई जंजाल' नाटक का पूनम चंद जो कि सामाजिक प्रथाओं की विवशता के कारण अपनी युवा पुत्री को वृद्ध बालकिशन को बेचने का कदम उठाता है, सुधारकों की सहायता से पुनः सही रास्ते पर लौट जाता है और अपनी कन्या की शादी एवं समवयस्क होने पर नवयुवक से कर देता है। इसी नाटक की दूसरी कथा में अल्पवयस्क सती दान अपने साथियों, सुधारकों की सहायताओं अपने से अधिक उम्र वाली लक्ष्मी के साथ विवाह के अभिशाप से बच जाता है।[23] बाल विवाह को आधार बनाकर लगभग इसी समय नारायण दास सारड़ा नगर ने 'बाल ब्याह को फार्स', नाटक लिखा।[24] गोविंदलाल माथुर ने स्वतंत्रतापूर्व 'बाल विवाह', 'बाल विधवा' जैसे प्रभावी नाटक लिखे।[25]

इन सभी सामाजिक नाटकों में प्रायः उपदेश की प्रवृत्ति प्रधान रही है। लेखकों ने किसी न किसी पात्र के मुख से अपनी बात कहने का अवसर खोजा है। प्रायः प्रत्येक नाटक में समस्या पर दो चार पृष्ठ का उपदेश मिलता है। यह उपदेश प्रवृत्ति का प्रमाण है।

राजस्थान में अध्ययन क्षेत्र के इतर लेखकों में आचार्य चतुरसेन शास्त्री ने भी बाल एवं अनमेल विवाह पर लिखा। चतुरसेन शास्त्री[26] ने अनमेल विवाह के दो रूप–वय में असमानता और रुचियों में असमानता प्रस्तुत किए। यह उनकी विशिष्टता है जो अन्य किसी लेखक के साहित्य में प्रायः नहीं मिलती। 'धर्मपुत्र' व 'बहते आँसू' प्रथम रूप के प्रतिनिधि उपन्यास हैं जबकि 'नीलमणी' द्वितीय रूप का। बाल विवाह की विभीषिका के संदर्भ में वे लिखते हैं–किंतु इस निकृष्ट और घृणित प्रथा ने जितना बड़ा आघात हिंदू जाति को पहुँचाया है उतना किसी ने नहीं पहुँचाया।[27] 'बहते आँसू' उपन्यास में वर्णित छः विधवाओं–नारायणी, भगवती, सुशीला, बसंती, मालती और कुमुद में से केवल कुमुद को छोड़कर सभी बाल विवाह की शिकार हैं।[29] इसी में उन्होंने बाल विधवा बहनों–भगवी व नारायणी के पिता से कहलवाया है कि–

'देखो...बाल विवाह से विधवाएँ अधिक होती हैं और यह तो साफ बात है कि मैं जो नीरो का ब्याह अभी न करता तो वह विधवा कैसे होती?'[30]

आचार्य चतुरसेन शास्त्री भारत में अल्प आयु में कन्या के रजस्वला होने को बाल विवाह का कारण नहीं मानते, उनकी दृष्टि में देश में अज्ञानता एवं स्वार्थ की

अधिकता, स्त्रियों का अधिकार-वंचित होना, घरों में बालिकाओं के गुड्डे-गुड़िया के खेल को प्रोत्साहन, माता-पिता द्वारा शैशव से ही बालिकाओं के सम्मुख विवाह, दूल्हा, ससुराल आदि की बातें करना इसके कारण हैं। इसके दुष्परिणामों से व्यथित होकर वे कहते हैं-

हमारी नस्ल बर्बाद् हो गई, जिंदगी घट गई, तंदरुस्ती मिट्टी में मिल गई। रह गई हड्डी की गठरी, रह गई अधमरी देह, इसका क्या कारण है?[31] वही जातीय माँ-बापों की बहू देखने की लालसा।[32]

वे अपील भी करते हैं-

'भाइयो, यदि जाति और समाज को बल प्रदान करना हो तो इस भयानक प्रथा को दूर कर दो। अपने बच्चों पर तरस खाओ और उन्हें जीवित रहने दो। इस हत्यारे बाल विवाह से उनकी रक्षा करो।'[33]

पद्य साहित्य में देखें तो हिंदी के साहित्य में बाल एवं अनमेल विवाह की नगण्य उपस्थिति दिखाई देती है। राजस्थानी कविताओं, दोहों, लोकगीतों में इसे विषय या संदर्भवश स्थान दिया गया है। जैसे-

'सात बरस की कन्या थारै
थानै नींद कैयां आवै
आती जाती या थाली उलंघै
काया में कलंक चढ़ै राजा
ग्यारह बरस की कन्या ब्याहै
तो पाप अर पुण्य बरोबर हो।'[34]

इसमें सात वर्ष की कन्या होने पर ही चिंता जताते हुए विवाह की जरूरत बताई गई है, यह बाल विवाह की परम्परा की गहरी जड़ों की ओर संकेत करता है।

बाल विवाह के दुष्परिणाम नारी मन पर यहाँ दिखाए गए-

'थाल्यां पड़यों काचरो तौरै लावण से गुड़ जाए,
भंवर जी लावण से गुड़ जाए,
बिना अकल को मावो तो वो सेजां सूं उठ जाए,
सूवटा जंगल का वासी।'

इसी लोकगीत में अनमेल विवाह और विशेषत: दामाद से रुपए लेकर विवाह करने को भी स्थान दिया गया है-

'ज्यानी ज़्हारा मंरू जहर विष खाय,
बूढ़े ने बेटी क्यू देईये मेरी माय,
गोरी ज़्हारी दमड़ा रो लोभी थारो बाप

माया री लोभण भावड़ी अे मेरी ज्यान,

माया री लोभण मावड़ी बूढ़ै नै बेटी क्यूं दाई।'[35]

इसी प्रकार के उदाहरण के रूप में राजस्थानी की आरम्भिक कहानियों में गुलाब चंद नागौरी की कहानियाँ–'बेटी की बिक्री' व 'बहू की खरीद' उल्लेखनीय हैं। यहाँ उपदेशात्मक प्रवृत्ति स्पष्टतः दृष्टिगोचर होती है।[36]

बहुविवाह

बहुविवाह राजपूताना के सामंती जीवन की एक परम्परा रही है और न केवल राजघरानों और ठिकानों बल्कि आम जनजीवन में भी इसका प्रभाव एवं प्रचलन रहा है। बहुविवाह का एकपक्षीय रूप–बहुपत्नी प्रथा यहाँ प्रचलित रहा है। यहाँ के साहित्य सर्जकों ने इसे पर्याप्त प्रतिबद्धता के साथ विषय बनाया है।

यादवेंद्र शर्मा चंद्र का रचना-संसार इस दृष्टि से जीवंत दस्तावेज है। उनकी कहानी 'चौथी लुगाई' का लाज़ड़ा चार विवाह करता है। इस कहानी में इसके दुष्परिणाम भी पाठकों के समक्ष रखे गए हैं–

'अभी तक तीन-तीन लुगाइयाँ घर में लाया और तीनों से हाड़ तोड़ कमाई कराता, फिर रात को दारू पीकर मारा। वह उन्हें इतना सताता था कि पहली लुगाई मूलकी घर छोड़कर भाग गई, दूसरी सीतली को उसने गला मसोसकर मार डाला और बस्ती में रो-रोकर कह दिया कि रात को उसके पेट में जोर का दर्द उठा और वह लोटपोट होकर मर गई।'[37]

उनकी कहानी 'कहाँ है देवता' का पुजारी तीन पत्नियों के बाँझ रहने पर चौथा विवाह करता है। कथाकार के शब्दों में–

'पुजारी ने चार-चार शादियाँ कीं। पहली बाँझ थी, उसे छोड़ दिया, दूसरी के कोई संतान नहीं हुई, तीसरी भी बंजर धरती रही और चौथी ने ही वास्तविक वंशज एक पुत्र दिया।'[38]

'चंद्र' की 'अजीब दास' कहानी में तो सांवलिया की बेटी ससुराल पहुँचती है, उससे पहले ही दूल्हा दूसरी शादी कर लेता है।[39] चंद्र के उपन्यास 'दीया जला दीया बुझा' में राजा की दो रानियाँ बताई गई हैं।[40] उपन्यास 'रनिवास की रूपसी' में महाराजा के तीन रानियाँ तो थीं ही, कृष्ण कंवर से भी अभी-अभी विवाह हुआ बताया गया है। उनके शब्दों में–

'महाराजा के साथ तीनों रानियाँ सती होने लगी थीं, वे भी अपना सोलह सिंगार कर रही थीं। इसी बीच दुल्हन के भेष में कृष्णा पहुँची।'

इसी उपन्यास में महाराजा के हुलास महंत का वर्णन करते हुए चंद्र लिखते हैं –

'उसकी जनानी ड्योढ़ी का हिस्सा अलग था। उसमें तीस महल थे। तीसों महलों में तीस रानियाँ रहती थीं। उन महलों के नीचे छोटे-छोटे कक्ष थे, इसमें हुलास की पड़दायतनें, मरजीदानें, रखैलें और घाघरेवालियाँ रहती थीं। डावड़ियों के लिए चारदीवारी के पास दड़बों की तरह छोटी-छोटी कोठरियाँ बनी हुई थीं।'[41]

राजघरानों में बहुविवाह राज्य लिप्सा की नीति एवं दुश्मनों को कम करने की रणनीति का हिस्सा था। चंद्र ने अपने इसी उपन्यास में हुलास से जालिम को कहलवाया है--

'यह आपकी ही नीतियाँ हैं कि हमारे लगातार तीस ब्याह कराके आपने हमारे दुश्मनों के मुँह बंद करा दिए।'[42]

यह किस प्रकार सम्मान का विषय था, स्पष्ट होता है। राजनीतिक श्रेष्ठता को इससे जोड़कर देखा जाता था। वे इसका कटाक्ष करते हुए उद्‌घाटन करते हैं।

इसके अलावा भोग भी उद्‌देश्य था ही जो ढोलन 'कुंजकली' उपन्यास में चंद्र इस रूप में हमारे समक्ष रखते हैं–

'राजा जी बड़े भोगी हैं। ऐसा भोगी तो तिरलोक में नहीं मिलेगा। अपनी तीन सालियों से भी ब्याह कर रखा है क्योंकि वे फूटरी थीं और डावड़ियाँ, पासवानें, घाघरेवालियाँ, पर्दायतणें, राणियाँ अलग...। फिर ऊपर ही ऊपर आते-आते दूसरे शिकार।'[43]

राजा का प्रभाव प्रजा पर पड़ता हुआ इसी उपन्यास के पात्र किरपाराम से दिखाई देता है, ढोलन कुंजकली कहती है–

'मैं जानती हूँ इस चांडाल को, पाँवों से लाचार है, पर फिर भी इसके तीन-तीन बीवियाँ हैं।'[44]

'चंद्र' की एक कहानी बहुविवाह के अत्यंत दुर्लभ पक्ष स्त्री के बहुविवाह को प्रदर्शित करती है। इस कहानी 'उस्मानियाँ' की हुरनड़ी ने पाँच विवाह किए।[45]

लक्ष्मी कुमारी चूंडावत ने पौराणिक कथानक उठाकर 'मूमल' कहानी में लिखा–

'म्हेंदरे रे परणियोड़ी लुगायाँ आठ'

अर्थात् महेंद्र ने आठ औरतों से विवाह कर रखा था।[46]

यादवेंद्र शर्मा 'चंद्र' और लक्ष्मी कुमार चूंडावत के अलावा क्षेत्र के संभवतः किसी भी कथाकार ने बहुविवाह को आधार बनाकर सृजन नहीं किया।

राजस्थान की ऐतिहासिक पृष्ठभूमि पर लेखन करने वाले आचार्य चतुरसेन शास्त्री ने 'वयं रक्षामः', 'वैशाली की नगरवधू', 'पूर्णाहुति', 'धर्मपुत्र' और 'रक्त की प्यास' उपन्यासों में बहुविवाह को कथानक का भाग बनाया पर इसे समस्या के रूप में चित्रित करने से प्रायः बचे रहे।[47] 'धर्मपुत्र' में बहुविवाह के बाद उन स्त्रियों की दीन दशा एवं 'रक्त की प्यास' में कुमार भीमदेव की पत्नी लीलावती की मानसिक पीड़ा में बहुविवाह प्रथा की प्रतिक्रिया की झलक दिखती है।

काव्य में बहुविवाह की अनुगूँज सौतिया डाहयुक्त लोकगीतों में ही सुनाई देती है। जो कि अपने अधिकार छिनने पर स्वाभाविक ईर्ष्या एवं मानसिक क्षोभ को प्रकट करती है। यथा–

परण्यो रै परण्यो ढोला पूगल रै परदेश,
परणा पधारया रै इये पूगल गढ़ री पद्मणी रै ज़्हारा राज।
आडी रै आडी ढोला मतिडला रै चुगाय।
निजरां नहीं देखां रै इये सोकलड़ी रो मालती ज़्हारा राज।
गांगणिये रै ढोला हवद हरणाय पितकाल ने पये रै मांझी,
सैकण वैरण मानती रै ज़्हारा राज।
ना जाणरिये, वाजणिये ढोला धरहू मंडाय।
कानां नहिं सुणौ रै ये ई सोकडली नै बोलती ज़्हारा राज।[48]

व्यभिचार एवं वेश्यावृत्ति

व्यभिचार एवं वेश्यावृत्ति के संदर्भ में साहित्यकारों ने अपनी कलम चलाई। राजस्थानी लोकजीवन के सशक्त कथाकार यादवेंद्र शर्मा चंद्र की कहानी 'कितने सफेद : कितने स्याह' की वनलता व्यभिचारिणी होने की कथा सुनाते हुए रूपाली से कहती है–

'इस शराब और घर की मजबूरी ने मुझे मंत्री की रखैल सा बना दिया।'[49]

इसी प्रकार उनकी कहानी 'अपनी-अपनी मजबूरी' की कौशल्या अचेतावस्था में मंत्री की हवस का शिकार बनती है, किंतु वह जानबूझकर भी उसका विरोध नहीं करती है।

'चंद्र' लिखते हैं–

'वह सोच रहा था कि कौशल्या इस बलात्कार के बाद जोर से चीखेगी, चिल्लाएगी, मंत्रीजी व नंदिनी को गालियाँ देगी, आरोप लगाएगी। वह इतने जोर से आर्तनाद करेगी कि कमरे कमरे की दीवारें कांप उठेंगी, लेकिन कौशल्या ने ऐसा

कुछ नहीं किया। वह एकदम शांत संयत रही। हालाँकि उसकी आकृति पर एक उदास मैलापन सा पसर गया था, आँखों में विषाद् के घने मेघ और आँसू थे, वह अपने को आहिस्ता-आहिस्ता ढक रही थी।'[50]

यह सम्पूर्ण कहानी संग्रह-'नरक-दर-नरक' जबरन वेश्या बनाई गई स्त्रियों की व्यथा कथा है। उनकी 'कायर', 'गिद्ध', 'विपर्यय', 'आज की सीता', 'भीतरी औरत', 'दर्द का दायरा', 'ईश्वर' आदि कहानियाँ वेश्यावृत्ति की कारणात्मक पृष्ठभूमियों एवं पीड़ा को मजबूती से अभिव्यक्त करती हैं।[51] स्वव्यसनों की पूर्ति हेतु पत्नी को इस कार्य हेतु प्रवृत्त करने वाले पति का प्रतिनिधि उनके उपन्यास 'ढोलन कुंजकली' का गुलबिया है जो अपनी पत्नी को नंगा नाच करने के लिए बाध्य करता है और बड़े गर्व से कहता है-

'इसमें बर्दाश्त करने की क्या बात है? यह तो हमारी जात का धर्म है।'[52] इसी उपन्यास में छिणगारी गरीबी के कारण गुलबिया से एक रुपया उधार लेती है और उसके बदले अपना तन बेच देती है। वह कहती है-

'मुझे एक रुपया देगा? यह तेरा मुझपे उधार रहा। जब तेरे डील में टूटण ही टूटण होने लगे तो मेरे पास आ जाना तेरा हिसाब बरोबर हो जाएगा। आज घर में अनाज नहीं है, माँ भी भूखी है।'[53]

इसी प्रकार इसी उपन्यास में चांदकी कहती है-

'डील (शरीर) का क्या घिसता है, वह भी गरीब के डील का।'[54]

यह गरीबी और शोषण के कुचक्र की सशक्त अभिव्यक्ति है।

सामंतों और ठाकुरों की हवस का शिकार होने के संदर्भ में यही तथ्य उभरता है -

'हम गरीब ढोलिनें हैं, हमारा सत कठिनता से रह सकता है? ज़र-घर मांगती फिरती हैं। हमारे ये अजगरिय मरद औरतों की कमाई पर मजे लेते हैं। उनकी लुगाइयाँ सती नहीं हो सकतीं।'[55]

उनका उपन्यास 'गुनाहों की देवी' एक वेश्या के जीवन के विविध पहलू प्रस्तुत करता है। यह कहना अतिशयोक्तिपूर्ण नहीं होगा कि चंद्र ने इस सामाजिक समस्या को पूरी सशक्तता के साथ उभारा है, वहीं व्यापक फलक पर उठाते हुए सामंती समाज की क्रूरता को उजागर किया। स्त्री केवल देह मानी जाती थी, इसका जीवंत चित्रण किया। स्त्री होने एवं निम्नवर्गीय होने के दोहरे दबावों को उभारते हुए स्थानीय प्रसंगों को विस्तार दिया है। संवादों को राजस्थानीमय बनाकर सटीक अभिव्यक्ति दी है। जो मन-मस्तिष्क पर गहरे और दीर्घकालीन प्रभाव छोड़ने में सफल हुई है।

विजयदान देथा की कहानी 'समाधान' में राजपूत महिला की बेटी जब जवान हो जाती है तो ठिकाने के ठाकुर की कुदृष्टि पड़ने पर उससे बचाने के निमित्त उसकी माँ उसे लेकर कहीं दूर चली जाती है। अन्य रचनाकारों ने भी इस समस्या को अपनी कथाओं का विषय बनाया। शचींद्र उपाध्याय ने अपने उपन्यास 'ठकुराए हुए लोग' में बताया है कि गुलाबचंद्र स्वयं अपनी पत्नी को अफसर के बंगले पर अकेली छोड़ आता है।[56] पानू खोलिया की 'एक किरती ओर' व 'शीश कटी' कहानियाँ भी इस विषय पर हैं।[57] सत्येंद्र पारीक के उपन्यास 'एक और दायरा' में कथाकार बताता है कि चाहे महल हो या झुग्गी झोंपड़ी नारी देह के साथ वासना के भूखे भेड़िए सभी जगह एक सा ही व्यवहार करते हैं। पारीक कहते हैं–

'व्यक्ति और विडंबनाओं की उठापटकी आज के जीवन का कटु सत्य है। इसी सत्य को दर्शाने का प्रयत्न मैंने इस उपन्यास में किया है।'[58]

डॉ. नारायण दत्त श्रीमाली के 'एक डाल रजनीगंधा' की में भी जर्जर सामंत वर्ग की कामकुंठाओं का चित्रण किया गया है। श्रीमाली के अनुसार निरंतर वासना की उपासना करते रहने के बाद भी वे चिर अतृप्त हैं। इस उपन्यास के सभी नारी चरित्र विवाहेतर यौनाचार में लिप्त हैं।[59] राजानंद ने अपनी कहानी 'कब्र का दीया' में वेश्या के मन में वैयक्तिक, सामाजिक समस्याओं से उत्पन्न अंतर्द्वंद्व द्वारा उसके जीवन की विडंबना को उद्‌घाटित किया है।[60] मणिमधुकर का उपन्यास 'पत्रों की बिरादरी' वेश्या जीवन की कई परतें उधेड़ता है, इसमें वेश्या की पुत्री द्वारा देह समर्पण के माध्यम से महत्त्वाकांक्षाओं की पूर्ति का प्रयास दिखाया गया है।[61]

रांगेय राघव एवं आचार्य चतुरसेन शास्त्री का कथा--संसार इस दृष्टि से विपन्न नहीं है। रांगेय ने माना कि पुरुष ही स्त्री को वेश्या बनाता है। उन्होंने अवैध वेश्या संतानों को समाज में समान दर्जा दिलाने के लिए बदलाव और नई क्रांति की बातें की, किंतु दबे स्वर में। 'घरौंदा' में वेश्या नादानी युवा छात्र कामेश्वर से प्रेम करती है। उसके बच्चे की माँ बनने वाली है, पर समाज के भय से पुरुष भयभीत और पलायनवादी है। नादानी अपना सर्वस्व न्यौछावर करने को उद्यत है पर कमजोर कामेश्वर उसे दगा देकर छोड़ देता है।[62] उनका उपन्यास 'कब तक पुकारूं' वेश्यावृत्ति से जुड़ी कंजर स्त्रियों की व्यथा कथा है।

रांगेय राघव का उपन्यास 'घरौंदा' रखैल प्रथा पर आधारित है, इस उपन्यास का नायक भगवती गाँव का लड़का है, जिसकी माँ सुंदर जमींदार की रखैल है, जमींदार ही भगती को पढ़ाने बाहर भेजता है। भगवती की माँ 'सुंदर' अपने पति के रहते जमींदार के घर काम–धंधा करती है और विधुर बूढ़े जमींदार सर वृंदावन सिंह की अवैध पत्नी के रूप में जीवन जीती है।[64]

आचार्य चतुरसेन शास्त्री वेश्यावृत्ति को समाज और नारी जीवन की विशेष चिंतनीय समस्या नहीं मानते। उनकी दृष्टि में 'यह एक समस्या न होकर मनोवैज्ञानिक अनिवार्यता है।' इसका न निवारण हो सकता है और न ही उसके निवारण की चिंता करने की आवश्यकता है। आवश्यकता यह है कि समाज वेश्या वर्ग की विवशता के साथ-साथ उसकी महत्ता को भी समझे तथा उसे घृणा के स्थान पर आदर और प्यार का प्रसाद दें। इन विचारों की पुष्टि उनके उपन्यासों-'हृदय की प्यास', 'बहते आँसू', 'आत्मदाह', 'दो किनारे', 'मोती', 'खून और खून' आदि से होती है।[65] अन्य रचनाकारों से हटकर यह उनका दृष्टिकोण अत्यंत विशिष्ट है।

दासी प्रथा

वेश्यावृत्ति एवं व्यभिचार से जुड़ी स्त्री जीवन की समस्याओं में दासी प्रथा एवं कन्या विक्रय भी प्रमुख हैं, रचनाकारों ने इस पर भी पर्याप्त रूप से लिखा है। राजस्थान के कालजयी कथाकार यादवेंद्र शर्मा 'चंद्र' के रजवाड़ी जीवन से जुड़े विभिन्न उपन्यासों-'जनानी ड्योढ़ी', 'राजा महाराजा', 'रनिवास की रूपसी', 'ढोलन कुंजकली', 'रक्त कथा', 'सिंहासन और हत्याएँ', 'ठकुराणी', 'खम्भा अन्नदाता', 'मिट्टी का कलंक', 'दीया जला : दीया बुझा' आदि में दासी प्रथा की विभिन्न परतें हमारे समक्ष खुलती चली जाती हैं।

नारायण दत्त श्रीमाली का उपन्यास 'एक डाल रजनीगंधा की' भी इसी प्रथा के इर्द-गिर्द घूमता है।[66] चतुरसेन शास्त्री 'सोमनाथ', 'वैशाली की नगरवधू', 'देवांगना' आदि में दासी एवं देवदासी प्रथा पर लिखते हैं पर राजस्थान की गोली प्रथा उनके उपन्यास 'गोली' में पूरी जीवंतता के साथ उभरती है।

संभवत: यह कहना अतिशयोक्तिपूर्ण होगा कि आचार्य चतुरसेन शास्त्री ने सर्वप्रथम भारतीय रियासतों, विशेषत: राजस्थान में प्रचलित गोली प्रथा के कारण नारकीय कुत्सा से भरा जीवन व्यतीत करने वाली सहस्त्रों असहाय और विवश नारियों की वेदना को वाणी दी है। 'गोली' उपन्यास के प्रकाशन से पूर्व साधारण राजस्थानवासी भी इस प्रथा की भयावहता से प्राय: अपरिचित थे। इस उपन्यास की नायिका चंपा की व्यथा कथा से स्पष्ट होता है कि इस प्रथा से गोलियों का जीवन तो नष्ट होता ही था, साथ ही उनकी रानियों-महारानियों का जीवन भी चिरकुंठित और विषमय बन जाता था, गोलियों की दुर्दशा यहाँ उद्‌घाटित होती है-

'रंगमहल का एक खास भाग ड्योढ़ी कहलाता था। रंगमहल के इस भाग को ऊँची दीवार बनाकर पृथक कर दिया जाता था। वह ड्योढ़ी एक रहस्यपूर्ण स्थली

थी। ड्योढ़ियों में इन स्त्रियों की दशा कैदियों के समान होती थी। उन्हें सूखा-सूखा खाना मिलता, साल में केवल दो जोड़ा वस्त्र मिलता। महाराज के पास जाने के समय जो पोशाक और गहने दिए जाते, वे सब उधार होते थे। वापस आने पर वे तुरंत उतार लिए जाते थे, जो दूसरे दिन दूसरी औरतों के काम आते थे। ऐसा ही नारकीय जीवन ड्योढ़ियों का था। बहुधा औरतें अफीम या अन्य विष खाकर मरती रहती थीं। ऐसी अपमृत्यु की घटनाएँ तो यहाँ साधारण समझी जाती थीं।'[67]

यहाँ ड्योढ़ी का पृथक स्वरूप उभरता है, वहीं ड्योढ़ी के जीवन का सच भी प्रकट होता है। यह विवरण गोली प्रथा से आक्रांत नारियों की दुखद स्थिति का परिचयाभास मात्र है। यह पूरा उपन्यास ऐसे ही करुण प्रसंगों से ओतप्रोत है और गोली प्रथा का सांगोपांग वर्णन करता है। उल्लेखनीय है कि रांगेय राघव के उपन्यास 'घरौंदा' में भी दासी प्रथा की अनुगूँज सुनाई देती है।

विधवाओं की स्थिति

राजस्थान की विधवाओं का करुण जीवन भी पूरी जीवंतता के साथ साहित्यकारों ने अपनी कलम के माध्यम से अभिव्यक्त किया है। राजस्थानी उपन्यास 'आभै पंटकी' में श्री लाल नथमल जोशी विधवाओं की स्थिति का मार्मिक चित्रण करते हुए उनके विवाह की वकालत करते हैं।[68] इसकी नारी पात्र किसना अपने जैसी सहस्त्रों भारतीय विधवाओं के जीवन की दर्दभरी दास्ताँ कहती हैं।[69]

राजस्थान के लोक जीवन के कुशल चितेरे यादवेंद्र शर्मा 'चंद्र' का उपन्यास 'एक कली दो रंग' एक ऐसी विधवा की कहानी है जिसे जीवन में सर्वस्व अर्पण के पश्चात प्रत्यार्पण में घोर एकांत अवसाद और घुटन मिली। जीवन में चाहा वह उसे पूर्ण आस्था और विश्वास के साथ नहीं मिला। वह कस्तूरी मृग की तरह अनंत प्यास लिए भटकती रही, भागती रही, तड़पती रही, पर मन की प्यास अतृप्त रहकर उसे पंखहीन पखेरू की तरह निरुपाय और निःसहाय कर गई।[70]

विधवाओं के पुनर्विवाह को सामाजिक अस्वीकृति उनके उपन्यास 'चांदा सेठानी' में उभरी है। इसमें सेठानी की बहू सुलोचना जब बाल विधवा रामजी को पुनर्विवाह की सलाह देती है तो उसकी आत्मा स्वीकार नहीं करती। वह कहती है-

'नहीं बहुजी, मैं यह पाप नहीं कर सकती। मैं आपके चरणों में बैठकर मेहनत-मजदूरी करके अपना पेट पालूँगी। छिः-छिः आपको क्या हो गया है, बहुजी क्यों मुझे खराब रास्ते पर चलने के लिए कह रही हैं।'[71]

उसका इसे पाप समझना समाजीकरण की ही परिणति था। इसी उपन्यास में सधवा से विधवा होने का पहनावे पर शीघ्र प्रभाव चांदा सेठानी के विधवा होने पर बताया गया है कि–

'अपनी चूड़ियाँ, बिंदी और नाक का तिणखार कांटा खोल दिया। श्वेत परिधान पहन लिए।'[72]

जबकि उनके उपन्यास 'जग की रीत' की पार्वती वैधव्य जीवन के परंपरागत बंधनों को तोड़कर पुनर्विवाह कर क्रांतिकारी उदाहरण प्रस्तुत करती है, यह कथाकार की सुधारवादी दृष्टि का भी उद्‌घाटन है।[73]

जगदीश माथुर 'कमल' द्वारा लिखित 'संतौभौजी' एक विशिष्ट राजस्थानी कहानी है, जो एक ऐसी नारी की कथा है जो युवावस्था में पति के आकस्मिक निधन से एकदम सहज सिकुड़कर पूर्णतः आत्मकेंद्रित हो जाती है। उसके आचरण से ऐसा लगता है कि जीवन के प्रति उसमें कोई उत्साह नहीं बचा है, किंतु कालान्तर में वही संतौभौजी अधिकारपूर्वक जीवित रहने का जो साहस प्रकट करती है, वह उसके पूर्व आचरण से सर्वथा विपरीत होते हुए भी मनोविज्ञान सम्मत बन पड़ा है।[74]

क्षेत्रेतर कथाकारों में रांगेय राघव व आचार्य चतुरसेन शास्त्री ने वैधव्य जीवन की कष्टप्रद स्थितियों को उजागर किया है। रांगेय राघव के उपन्यास 'घरौंदा' में जमींदार के पुत्र राजेन की चीते का शिकार करते समय मृत्यु हो जाती है और उसकी विधवा लवंग अपनी शारीरिक आवश्यकताओं की पूर्ति हेतु अनेक पुरुषों से संबंध बनाती है। यहाँ तक कि कॉलेज की हाजिरी पूरी कराने के लिए प्रो. मिश्रा की अय्याशी का शिकार होकर अन्य छात्रों के बीच उजागर होती है। रँगे हाथ पकड़े जाने पर मिश्रा की पत्नी उसे डाँटकर घर से निकाल देती है।[75] रांगेय के अन्य उपन्यास 'कल्पना' में निर्दोष नीला को अपने पति की मृत्यु के बाद दुश्चरित्रता के लाँछन सहने पड़ते हैं।[76]

आचार्य चतुरसेन शास्त्री ने विधवा समस्या का प्रमुख कारण बाल विवाह को माना है। फिर भी उनके अनेक नारी पात्रों को अन्य परिस्थितियों में भी वैधव्य का दुख भोगना पड़ा है। उदाहरणार्थ, 'बहते आँसू' की कुमुद का दाम्पत्य जीवन हर प्रकार से आदर्श और आनंदमय है, किन्तु पति के प्लेग प्रकोप में परलोक सिधार जाने के कारण विधवा हो जाने पर इसके जीवन के सारे वरदान अभिशाप में बदल जाते हैं।[77]

इसी प्रकार 'रक्त की प्यास' में नायिका देवी[78] तथा 'वयं रक्षामः' में मंदोदरी और सुलोचना अपने-अपने पति के युद्ध में वीरगति प्राप्त करने के कारण विधवाएँ होती हैं।[79] 'खून और खून' में भी लगभग यही स्थिति है।[80] 'आत्मदाह' में सुधींद्र

की पत्नी माया की मृत्यु उसे आजीवन असंतुलित बनाए रखती है।[81] प्राय: स्त्री की मृत्यु पुरुष के लिए क्षणिक अवसाद की एक अस्थिर रेखा मात्र सिद्ध होती है। इसके विपरीत पुरुष की मृत्यु के पश्चात स्त्री के लिए जीवन, परिवार, समाज सभी कुछ विद्रूप हो जाता है। विधवा हो जाने के पश्चात नारी की जो दुर्दशा होती है, उसका मार्मिक चित्रण आचार्य चतुरसेन ने अपने उपन्यासों में किया है।

'बहते आँसू' में बाल विधवा नारायणी ससुराल में अपने साथ किए जाने वाले अमानुषिक व्यवहार की व्यथा कथा अपने पिता को सुनाती हुई कहती है–

'वे सब बात-बात में मुझे गाली देने, मारने और दुख देने लगे। चाचाजी ने तो मेरे हाथ का अन्न-जल त्याग दिया। जब मैं पीने का पानी लेकर जाती तो सैकड़ों गाली सुनाते- डायन, अभागिनी कहकर और लात मार कर गिलास फेंक देते। रसोई में मुझे कोई घुसने नहीं देता था। सबके खा-पी चुकने पर, दो तीन बजे रूखी-सूखी जो मिलती, खाती...चाहे जी अच्छा हो या न हो, रात को बारह बजे तक चौका बासन मुझे ही करना पड़ता था। अंत में खाट पर गिर गई। इस पर भी जेठानी ने मकर फरेब बताया। ...सास ने रस्सी लेकर ऐसी मार लगाई कि मैं अधमरी हो गई।'[82]

इस उपन्यास में ससुराल ही नहीं, मायके में दुर्दशा भी चित्रित हुई है, नारायणी की बड़ी बहन बताती है–

'मेरे माँ-बाप है ही कहाँ? मेरे माँ-बाप होते तो क्या मेरी यह गति बनती? मैं कुत्तों, जानवरों, भिखमंगों से भी अधिक दुख, अपमान और अवहेलना में स्नान कर-करके वर्षों से टुकड़े खा रही हूँ, खून पी-पीकर जी रही हूँ। बदनामी की स्याही से मुँह काला हो रहा है, लोग मेरा नाम लेने में घृणा करते हैं, सुहागिनें मुँह नहीं देखतीं, अपने बच्चों पर परछाईं तक नहीं पड़ने देतीं, भले घर की बेटियों को मेरी हवा लग जाती है तो उन्हें पाप लगता है। माँ-बाप के सामने संतान की ऐसी दुर्दशा हो सकती है क्या? मेरे माँ-बाप कहाँ हैं? मैं तो राक्षसों के बीच पड़ गई हूँ।'[83]

यहाँ विधवाओं की स्थिति का सजीव चित्रण हुआ है।

नारायणी और भगवती की इस दुर्दशा का कारण अधिकांशत: सामाजिक है। समाज में प्रचलित लोक विश्वासों और अन्य रूढ़ियों के कारण मायके और ससुराल दोनों जगह विधवा की स्थिति तिरस्कारपूर्ण मानी जाती थी। इसके अतिरिक्त कुछ आर्थिक और मनोवैज्ञानिक कारणों से भी विधवा को कदम-कदम पर मानसिक और शारीरिक यातनाएँ सहन करनी पड़ती थीं। इसी उपन्यास में जब कुमुद का पति प्लेग ग्रस्त हो मर जाता है तो कुमुद सहसा जैसे आकाश से गिरकर रसातल में पहुँच जाती है। ससुराल में एक तपस्विनी साध्वी का जीवन व्यतीत करते हुए भी जब

उसकी सधवा जेठानियाँ, देवरानियाँ अपने वागबाणों की वर्षा के कारण उसका जीना दूभर कर देती हैं, तो वह भाई और भाभी के घर शरण लेने का निश्चय करती है। किंतु उसे देखते ही उसकी भौजाई घृणा से मुँह सिकोड़ लेती है। वह कुमुद, डिप्टी साहब की स्त्री, जिसके घर आने पर गाँव भर में धूम मच जाती थी, एक मैली साड़ी पहने, गोद में बच्चे को लिये, नंगे पैर द्वार पर भिखारिन के वेश में खड़ी है। भाई ने उसे चुपचाप घर में ले लिया। कोई कुछ बोला नहीं। किसी ने कुछ पूछा भी नहीं। कुमुद ने देखा, यह क्या बात है? सारा संसार ही विमुख हो गया है।[84] अंतिम वाक्य विडंबनापूर्ण स्थिति की स्पष्टतम अभिव्यक्ति है।

इसी उपन्यास में सुशीला का वैधव्य आर्थिक विपन्नता के कारण उसके लिए अनेक संकट उपस्थित कर देता है। वह इस संसार में सर्वथा एकाकिनी और निराश्रिता है। कपड़े सीकर किसी प्रकार नित्य एक समय पेट की ज्वाला शांत कर पाती है। वह एक कुटिला बुढ़िया के मकान में किराए पर रहती है, परंतु कई-कई महीने तक किराया नहीं दे पाती। परिणामत: एक ओर वह बुढ़िया मकान खाली कराने की धमकियों के साथ उसे रूप और यौवन का विक्रय करने की परोक्ष प्रेरणा देती है। दूसरी ओर सिलाई कराने वाले रईस उसे सिलाई के दाम देने के बजाय अपनी कामुकता और लंपटता का प्रसाद देने को अधिक तत्पर रहते हैं। इसी उपन्यास की बाल विधवा वसंती यौवनागम की वेला में कुसंगति में पड़कर अनेक दुर्व्यसनों ने ग्रस्त हो जाती है। यौवन ढल जाने पर उसके रूप और शरीर के प्रशंसक और ग्राहक तो मुँह मोड़ लेते हैं, पर व्यसनों की आदत उसका पीछा नहीं छोड़ती। शास्त्रीजी के शब्दों में...

'एक समय था जब बड़े-बड़े रईस उसके तलुवे चाटा करते थे, पर समय बदलते ही, उसे गली-मुहल्लों में बुरे मतलब के लिए लड़कियाँ चुरानी पड़ती हैं क्योंकि पाँच रुपए रोजाना तो उसका शराब का खर्चा है। जिस मजिस्ट्रेट की अदालत में उसका मुकदमा जाता है, वह भी यह सोचकर चिंतित हो उठता है कि इस दोष का निराकरण द्वारा क्या करेगा, जिसमें सिर्फ नियंत्रण है? क्या दंड से ऐसी पतित आत्माओं का सुधार हो सकता है? ...न जाने कितनी स्त्रियाँ इस प्रकार नष्ट हो रही हैं, अवश्य ही यह इस अपराध की भागिनी नहीं। जिस समाज ने इन्हें पैदा करके यहाँ गिरने में सहायता दी है, प्रकृत अपराधी तो वह समाज है।'[85]

नारी की रक्षा में असमर्थ कानून की विवशता इसी मजिस्ट्रेट की अदालत में प्रकट होती है, जब विधवाश्रम की आड़ में नारी विक्रय का व्यापार करने वालों के चंगुल में फंसी हुई मालती का मुकदमा उसके सामने आता है। मालती आदि विपदग्रस्त स्त्रियों की रिहाई के आदेश के बाद सभी चले जाते हैं, पर मालती वहीं

खड़ी रहती है। उसकी समस्या है कि कानून ने उसे स्वतंत्र कर दिया परंतु समाज ने तो नहीं। वह अदालत से बाहर कहीं भी जाना सुरक्षित नहीं समझती, किंतु मजिस्ट्रेट का कथन है 'कानून तो अपना काम कर चुका।'[86] विडंबना का अंत यहीं नहीं हो जाता, मजिस्ट्रेट व्यक्तिगत नैतिक साहस का परिचय देते हुए मालती के पिता को तार देकर उसे ले जाने के लिए संदेश भेजता है और तब तक उसे अपनी माँ के पास ठहरा देता है। किंतु पिता का उत्तर मिलता है- उसे हम घर में नहीं रख सकते, जातीय मर्यादा बाधक है।'[87] उनके अन्य चर्चित उपन्यास 'सोमनाथ' की आठ वर्ष की आयु में विधवा हुई शोभना सामाजिक मान्यताओं से द्रोह करते हुए अंततः पिता के ही दासीपुत्र देवा से विवाह कर लेती है।[88]

आचार्य चतुरसेन शास्त्री के मतानुसार ऐसी अभागिनी विधवाओं की संख्या गणनातीत है, जिन्हें अकारण अपने मन-प्राण पर असीम संयम रखने पर भी मात्र विधवा होने के अपराध में जीवन भर यातनाओं की ज्वाला में जलना पड़ता है। 'खून और खून' उपन्यास में गोविंद की पत्नी गोविंद की असमय मृत्यु के बाद नित्य सास के वाग्बाणों के साथ शरीर पर रस्सी के कोड़ों की मार सहन करती है। उसकी स्थिति पर पात्र हमीद के मुँह से चतुरसेन शास्त्री कहलवाते हैं-

'यदि यही स्त्री आप में से किसी की बहन या बेटी होती और इस दुर्दशा में पड़ी होती तो क्या आप मृत्यु की कामना करते? क्या आप यह चाहते कि वह दिन भर दुखी रहे, रोती रहे और रस्सी की मार सहे, केवल इसलिए कि वह विधवा है। मैं आप सबसे यह प्रार्थना करता हूँ, विनती करता हूँ कि आप इस विधवा को जीवनदान दें, इसे जीने का अधिकार दें, इसे हँसने का अधिकार दें, वह जीवन, वह हास्य कैसे मिलेगा? इसे सम्मान और प्रेम देकर।'[89]

शास्त्री विधवाओं की स्थिति के चित्रण तक सीमित नहीं रहते, समाधान भी प्रस्तुत करते हैं। वे विधवाओं की समस्याओं का एकल समाधान-उनके पुनर्विवाह को घोषित करते हैं। 'बहते आँसू' में तीन विधवाओं, नारायणी, सुशीला व मालती के पुनर्विवाह का प्रसंग प्रस्तुत करके समाज के सम्मुख इस समस्या का एक आदर्श एवं व्यावहारिक समाधान रखा गया है।[90]

उन्होंने 'अदल-बदल' में विधवाओं के पुनर्विवाह की समस्या का और अधिक विस्तार से चित्रण किया है। इसमें विभिन्न संभ्रांत स्त्री पुरुषों की स्त्री अधिकार संबंधी बहस के अंतर्गत डॉ. कृष्ण गोपाल के माध्यम से, उसने विधवा विवाह संबंधी कुछ व्यावहारिक कठिनाइयों का निर्देश भी किया है-

'पहले आप हिंदू घरों की विधवाओं को ही लीजिए, चाहे वे किसी भी आयु की हों, जिस आसानी से मर्द पत्नी के मरने पर दोबारा ब्याह कर लेते हैं, उस

आसानी से पति के मर जाने पर स्त्रियाँ ब्याह नहीं कर पातीं। ...इसमें सिर्फ लज्जा समाज के धर्म ही का बंधन नहीं है और भी बहुत सी बातें हैं...पहली बात तो यही है कि जहाँ पुरुष ब्याह कर स्त्री को अपने घर ले आता है, वहाँ स्त्री ब्याह करके पति घर आती है। ऐसी हालत में वह विधवा होकर फिर ब्याह करना चाहे तो परिवार से उसे कुछ भी सहायता और सहानुभूति की आशा नहीं रहनी चाहिए। रही पिता के परिवार की बात। पहले तो माता-पिता लड़की की दोबारा शादी करना ही पाप समझते हैं, दूसरे वे इसे अपने खानदान की तौहीन भी समझते हैं। आम तौर पर यही ख्याल किया जाता है कि नीच जाति में ही स्त्रियाँ दूसरा विवाह करती हैं। यदि उनकी लड़की का दोबारा ब्याह कर दिया जाएगा, तो उनकी नाक कट जाएगी। तीसरे वे ब्याह के समय कन्यादान कर चुकते हैं और लड़की पर उनका तब कोई हक भी नहीं रह जाता। इसलिए यदि जब कभी ऐसा करने का साहस करते भी हैं तभी बहुधा पति के परिवार वाले विघ्न डालते हैं, क्योंकि इस काम में पिता के परिवार की अपेक्षा पति के परिवार वाले अधिक अपनी इज्जत समझते है। इसका कारण यह है कि स्त्रियों की न कोई अपनी सामाजिक हस्ती है, न उनका कोई अधिकार है। न उनमें कुछ कहने या आगे बढ़ने का साहस ही है। इन्हीं सब कारणों से हिंदू घरों में, खास कर उच्च परिवारों में, स्त्रियाँ चाहे जैसी उम्र में विधवा हो जाएँ, वे प्रायः ससुराल और पिता के घर में असहाय अवस्था में ही दिन काटती हैं।'[91]

आचार्य चतुरसेन शास्त्री का उपन्यास 'आत्मदाह' सुधार के नए प्रतिमान प्रस्तुत करता है। इसमें सुधींद्र के विधुर होते ही उसकी माँ कुछ ही दिन पश्चात एक सुंदर, सुशील, सुशिक्षित कन्या-सुधा के माता-पिता को वाग्दान कर आती है परंतु दूसरी ओर एक ब्राह्मण की बाल विधवा विदुषी कन्या सरला स्त्री होने के कारण अपने 'यौवन के चपल बाल' को सुधींद्र जैसे विवेकी युवकों की भी छाया से बचाने के लिए सतत आत्मसंघर्ष में रत रहती है।[92]

अपने उपन्यास 'शुभदा' ('चिता की लपटें' नाम से भी प्रकाशित) में तो आचार्य चतुरसेन शास्त्री भारतीय पुनर्जागरण के मसीहा राजा राममोहन राय को पात्र बनाकर अपने सुधारवादी विचारों को पराकाष्ठा पर पहुँचाते हैं। उनके मुँह से कहलवाया है-

'मैं तो इसके निवारण के तीन सूत्रों को महत्त्व देता हूँ...प्रथम, सती प्रथा का कानून विरोध। दूसरे पुनर्विवाह का कानून वैध माना जाना, तीसरे स्त्रियों के उत्तराधिकार का पुरजोर समर्थन। बिना इन तीन सूत्रों के भारतीय स्त्रियों की दशा नहीं सुधर सकती।'[93]

इसी उपन्यास में बाल विधवा शुभदा का पुनर्विवाह बड़ी धूमधाम से उसकी सती प्रथा के रक्षक कर्नल मैकडॉनल के साथ संपन्न होता है।

विधवाओं की स्थिति के संदर्भ में बीकानेर की स्फूर्णादेवी के उपन्यास 'अबलाओं का इंसाफ' का संदर्भ प्राप्त होता है। इस उपन्यास का कथानक विधवा समस्या पर आधारित है। उपन्यास की विधवा स्त्री पात्रों को एक ओर तो मानवीय अधिकारों से वंचित कर दिया जाता है, दूसरी ओर इनके चरित्र का मापदंड इतनी पैनी दृष्टि से किया जाता है कि मानो समस्त हिंदू धर्म इसी वैधव्य पर टिका हुआ है। उपन्यास के पुरुष पात्र सदैव विधवाओं को कलंकित करने की चेष्टा करते हैं। यही कारण है कि उपन्यास की अनेक विधवाएँ अंत में विवश होकर वेश्यावृत्ति को अपना लेती हैं। इस वृत्ति के पीछे जो मूल बात काम करती है, वह है उनका विधवा जीवन। एक अन्य कारण की ओर लेखिका भूमिका में संकेत भी करती हैं कि जब तक मनुष्य अपने जीवन के आधे अंग पर इस प्रकार अत्याचार करता रहेगा, वह कभी उन्नति नहीं कर सकता।[94] माना गया है कि यह उपन्यास बीकानेर में किसी समाज सुधारक ने छद्म नाम से लिखा था।[95] पर वैधव्य की सच्चाइयों को उजागर करने में यह बहुत महत्त्वपूर्ण है। इस उपन्यास में कहा गया है कि–

'संसार की किसी भी संस्था से हमको न्याय नहीं मिल सकता, क्योंकि हमारा झगड़ा है पुरुष जाति से, जो स्वयं तो हम पर अत्याचार करती है और उसका दोष उल्टे हमारे सिर मढ़ती है। सब न्यायकारी संस्थाएँ पुरुषों की ही स्थापित की हुई हैं और उनमें पुरुष ही हाकिम है। हमारा इंसाफ तो परमात्मा के घर की उस अदालत में होगा, जहाँ किसी का पक्षपात नहीं चल सकता।'[96]

माना जाता है कि उपन्यास के लेखक समाज सुधारक संभवतः इस बात को जानते थे या सोचते थे कि विधवा जीवन की समस्याओं का वर्णन स्त्री के छद्म नाम से करने पर संभवत् यथार्थ लगे, समाज की आँखें खुलें और समाज चिंतन एवं सुधार की दिशा में प्रेरित हो। पर हमें लगता है कि पुरुष नहीं यह किसी स्त्री की रचना हो सकती है, जिसने समाज में पहचान छुपाकर स्त्री जीवन के सच को अभिव्यक्ति दी है।

सती प्रथा के उदाहरणस्वरूप हमें यादवेंद्र शर्मा 'चंद्र' का उपन्यास 'संन्यासी और सुंदरी' मिला है। इसमें वर्णित कथा ही उनके चर्चित उपन्यास 'एक और मुख्यमंत्री' में आई है। इसी प्रकार उनके अन्य उपन्यास 'केसरिया पगड़ी' में भी सती का उल्लेख हुआ है।[97] इसी प्रकार अन्य लेखक ओंकारनाथ दिनकर के उपन्यास 'तापसी' में भोज की मृत्यु के बाद मीरां सती नहीं होती, यद्यपि उसे सती होने के लिए विवश तो बहुत किया जाता है।[98]

महिलाओं की सामाजिक समस्याओं को दृष्टिगत रखते हुए की गई राजस्थान के समकालीन साहित्यिक रचनाओं की इस पड़ताल से स्पष्ट होता है कि हिंदी और राजस्थानी दोनों में सृजित साहित्य में उन सामाजिक समस्याओं का सांगोपांग निरूपण हुआ है, कतिपय रूप से समाधान प्रस्तुत करने की भी कोशिश की गई है।[99] यहाँ यह विशेष रूप से उल्लेखनीय है कि राजस्थानी की अपेक्षा आरंभिक नाटकों को छोड़कर हिंदी में रचित साहित्य में महिलाओं की सामाजिक समस्याएँ अधिक उभरकर सामने आई हैं। यादवेंद्र शर्मा 'चंद्र' महिलाओं की सामाजिक समस्याओं के प्रमुख, कुशल एवं सुधार दृष्टि से ओतप्रोत चितेरे के रूप में महत्त्वपूर्ण स्थान के अधिकारी हैं। वे लोकजीवन से स्थानीय भाषा के पुट के साथ संवाद अदायगी के साथ कथाएँ बुनते हैं और स्त्री जीवन की विविध समस्याओं का संवेदनापूर्ण चित्रण करते हैं। उनके रचना संसार में कथा, प्रस्तुति एवं भाषा की प्रभावोत्पादकता अद्‌भुत है, संवेदना के स्तर पर उनका सृजन अत्यंत सफल है, समस्याओं का उन्होंने सफलता के साथ मार्मिक चित्रण किया है।

कहा जा सकता है कि राजस्थान के साहित्य में यादवेंद्र शर्मा 'चंद्र' को छोड़कर सामाजिक समस्याओं के प्रति चेतना एवं प्रतिबिम्ब 70 के दशक से प्रारंभ होते हैं। क्षेत्रीय समस्याएँ जब साहित्यकारों की लेखनी से निकलकर पाठक तक पहुँचती हैं तो टीस पैदा करती हैं। ये रचनाएँ पाठकों को झकझोरती हैं और सुधार की वाहक बनती हैं। जिन लेखकों ने लोकजीवन से कथाएँ, पात्र और बिम्ब चुने हैं, उनकी प्रभावोत्पादकता आश्चर्यजनक रूप से बढ़ी है तो उनके रचना-कार्य की विश्वसनीयता का भी यथेष्ट विस्तार हुआ है।

इस दशक की रचनाओं में बाल विवाह तथा विधवाओं की समस्याओं को सफलता से चित्रित किया गया है। कुछ रचनाओं में रनिवास की दीवारों के भीतर का सच उभरा है। उनके सपाट सरलीकरण की बजाय गहरी परतें अनावृत हुई हैं। उदाहरणतः रानियों ही नहीं बल्कि पासवानों, पड़दायतों की स्थिति का मूर्त चित्रण यादवेंद्र शर्मा 'चंद्र' प्रभृति साहित्यकारों के उपन्यासों एवं कहानियों में हुआ है।

एक बात विशेष रूप से उल्लेखनीय है कि बाल विवाह की विषादपूर्ण स्थिति जनसांख्यिकी आँकड़ों से ज्ञात नहीं होती पर उपन्यासों एवं कहानियों में अबोध बालिकाओं की व्यथा पात्रों एवं रूपकों में अभिव्यक्त होती है और यहाँ स्थिति का विशद एवं मार्मिक चित्रण हुआ है।

विडंबना की बात यह है कि महिलाओं की सामाजिक समस्याओं का साहित्य में चित्रण लेखिकाओं की लेखनी से प्रायः नहीं मिलता है, (बीकानेर की स्फूर्णा

देवी अपवाद है।) महिलाओं में साक्षरता न होना इसका कारण हो सकता है। 70 के दशक के बाद साहित्य में वर्णित समस्याओं का स्वरूप कतिपय पृथक् होता है जो 20वीं शताब्दी के पूर्वार्द्ध से भिन्न स्वातंत्र्योत्तर भारत में जन्मी नई सामाजिक परंपराओं एवं व्यवस्था के परिणामतः निर्मित हुई हैं।

संदर्भ एवं पाद-टिप्पणियाँ

3. दृष्टव्य-भाते, जीसी, हिस्ट्री ऑफ मार्डर्न मराठी लिटरेचर, बंबई, 1939
चटर्जी, एसके, लैंग्वेज एंड लिटरेचर ऑफ मॉडर्न इंडिया, 1963
डे एसके, हिस्ट्री ऑफ बंगाली लिटरेचर इन नाइंटींथ सेंचुरी, कलकत्ता, 1919
सेन, सुकुमार, हिस्ट्री ऑफ बंगाली लिटरेचर, कलकत्ता, 1960
मजूमदार, आरसी, रेनेसेंट इंडिया फर्स्ट फेज, कलकत्ता, 1976
मजूमदार, आरसी, द हिस्ट्री एंड कल्चर ऑफ द इंडियन पीपुल, भारतीय विद्या भवन सीरीज, वॉल्यूम 8, बंबई, 1965
नगेंद्र, हिंदी साहित्य का इतिहास, दिल्ली, 1999
तलवार, डॉ. स्वर्णकांता, हिंदी उपन्यास और नारी समस्याएँ, जयभारती प्रकाशन, इलाहाबाद, 1992
2. यादवेंद्र शर्मा 'चंद्र' से व्यक्तिगत साक्षात्कार 22-12-2004, बीकानेर
साक्षरता एवं शिक्षा की विस्तृत चर्चा हेतु पिछला अध्याय द्रष्टव्य एवं राजगुरु, इरा दास, वीमन एजुकेशन इन राजस्थान, जयपुर, 2000
3. यह तृतीय अध्याय की विषयवस्तु है।
4. विस्तार हेतु द्रष्टव्य डॉ. किरण नाहटा, आधुनिक राजस्थानी साहित्य, नाहटा प्रकाशन, श्री डूंगरगढ़ 1987 पृ. 19-21
5. चंपा प्रकाशन वर्ष वि. सं. 1982, मारवाड़ी भाषा प्रचारक मंडल, धामण गाँव
आभै पटकी प्रकाशन 1956, सादूल राजस्थानी रिसर्च इंस्टीट्यूट, बीकानेर
6. चंपा, वही एवं द्रष्टव्य-डॉ. किरण नाहटा, पूर्वोक्त, पृ. 52
7. 15 अगस्त 1932 को बीकानेर में जन्मे यादवेंद्र शर्मा 'चंद्र' हिंदी और राजस्थानी के विख्यात कथाकार थे। औपचारिक रूप से साहित्य रत्न, प्रथमा और मैट्रिक पर वस्तुतः जीवन संघर्षों से उच्च शिक्षित 'चंद्र' का रचना संसार राजस्थानी लोक जीवन का जीवंत दस्तावेज है। सामंती परिवेश, उभरते लोकतांत्रिक भारत के संक्रमणकाल को उन्होंने अपने रचना संसार में सफलतापूर्वक मूर्त रूप दिया था। 70 से अधिक उपन्यासों, 20 से अधिक कहानी संग्रहों, 7 नाटकों सहित सवा सौ पुस्तकों के सर्जक 'चंद्र' का 4 मार्च, 2009 को निधन हो गया।
उनका स्त्री विषयक दर्शन था-'मैं नारी को कठपुतली नहीं मानता हूँ, स्त्री-पुरुष में घनिष्ठता हो, मैत्री भाव हो। मेरी नारी के प्रति सहानुभूति है क्योंकि वह नारीत्व एवं सतीत्व के कारण महान होती है। मैं अपने रचना कर्म से नारी में विद्रोह उत्पन्न किया है। उसका

ही शोषण क्यों होता है? उसे आर्थिक रूप से समर्थ होना चाहिए। उसका जीवन, संघर्षों–समाज से और खुद से संघर्ष की ही गाथा है। यही कारण है कि मेरे अनेक उपन्यासों एवं कहानियों के केंद्र में वही हैं।'

व्यक्तिगत साक्षात्कार, बीकानेर, 15-4-2004

8. आदिम संस्कार (कहानी संग्रह), 1992, पृ. सं. 18
9. जमीन का टुकड़ा (कहानी संग्रह), 1993, पृ. सं. 43
10. मेहंदी के फूल (कहानी संग्रह), 1995, पृ. सं. 25, 27
11. श्रेष्ठ ऐतिहासिक कहानियाँ, (कहानी संग्रह), 1995 पृ. सं. 44
12. गुलाबड़ी, 1998, पृ. 50
13. रक्त और तख़्त, पृ. 68, 69
14. जीवन युद्ध, 1988, पृ. 110
15. एक इंसान की मौत, एक इंसान का जन्म, (कहानी संग्रह), 1970, पृ. सं. 156
16. जनक की पीड़ा, (कहानी संग्रह), पृ. 45
17. मेहंदी के फूल, (कहानी संग्रह), पृ. 55-59
18. इक्यावन कहानियाँ, 1984, पृ. 234
19. किरण नाहटा, आधुनिक राजस्थानी साहित्य (शोध प्रबंध, हिंदी विभाग, राजस्थान विश्वविद्यालय, नाहटा प्रकाशन, श्री डूंगरगढ़, 1987, पृ. 13)
20. वही, पृ. 13
21. द्रष्टव्य- डॉ. किरण नाहटा, पूर्वोक्त, पृ. 88
22. वही, पृ. 88
23. वही, पृ. 88
24. राजस्थान का हिंदी साहित्य, उदयपुर, 1993, पृ. 164
25. वही, पृ. 167-168
26. आधुनिक भारत के हिंदी के लब्ध प्रतिष्ठित कथाकार आचार्य चतुरसेन शास्त्री (1891-1960) का सामंती जीवन के लेखन में विशेष योगदान रहा है। मूलतः उत्तर प्रदेश के रहने वाले शास्त्री ने अपने जीवन का कुछ हिस्सा राजस्थान में अजमेर में बिताया था। यही कारण है कि उनकी रचनाओं में राजस्थान का सामंती जीवन बहुत प्रवाह एवं जीवंतता के साथ उभर कर सामने आया है।
27. धर्मपुत्र, राजपाल एंड संस, दिल्ली, छठा संस्करण, 1970
    'बहते आँसू, चौधरी एंड संस, वाराणसी, चतुर्थ संस्करण, 1965
    नीलमणि, हिंद पॉकेट बुक्स प्रथम संस्करण, 1961
28. नारी, दिल्ली, 1965, पृ. 113
29. बहते आँसू, पूर्वोक्त
30. वही, पृ. 58
31. नारी, पूर्वोक्त, पृ. 126
32. वही, पृ. 116
33. वही, पृ. 128

34. वंदना जैन, राजस्थानी काव्य में नारी चित्रण, अप्रकाशित शोध प्रबंध, हिंदी विभाग, राजस्थान विश्वविद्यालय, 1991, पृ. 79-80
35. वही
36. पंजराज वर्ष 2, (वि.सं. 1973) अंक 3, पृ. सं. 90
यहाँ डॉ. किरण नाहटा का दृष्टिकोण उल्लेखनीय है कि आधुनिक राजस्थानी कहानी के प्रारंभिक चरण में सामाजिक धरातल पर लिखी गई सुधारवादी कहानियों का बोलबाला रहा।
37. नरक-दर-नरक, कहानी संग्रह, पृ. 10
38. आदिपर्व तथा अन्य कहानियाँ, कहानी संग्रह, पृ. 107
39. इक्यावन कहानियाँ-कहानी संग्रह, 1934, यादवेंद्र शर्मा 'चंद्र' साक्षात्कार, 22-12-2004, बीकानेर
40. दीया जला : दीया बुझा, 1952, 1955 पृ. 28
41. रनिवास की रूपसी, 1996 पृ. 31
42. वही, पृ. 33
43. ढोलन कुंजकली, 1982 (दूसरा संस्करण), पृ. 85
44. वही, पृ. 77
45. यादवेंद्र शर्मा 'चंद्र' से व्यक्तिगत साक्षात्कार, 22-12-2004, बीकानेर
46. जहूर खां मेहर, संपादक, लक्ष्मी कुमारी चूंडावत ग्रंथावली, राजस्थानी ग्रंथागार, जोधपुर, 1994, पृ. 323
47. वयं रक्षामः, राजपाल एवं संस, दिल्ली, 1988
वैशाली की नगरवधू, दोभाग, चतुरसेन साहित्य सामिति, दिल्ली, 1993
पूर्णाहुति, जयप्रकाशन, वाराणसी, 1997
धर्मपुत्र, राजपाल एंड संस, दिल्ली, 1992
रक्त की प्यास, चौधरी एंड संस, वाराणसी, 1993
48. राजस्थानी काव्य में नारी चित्रण, पूर्वोक्त, पृ. 323
49. जमीन का टुकड़ा, (कहानी संग्रह), 1993, पृ. 62
50. नरक-दर-नरक (कहानी संग्रह), 1980, पृ. 65
51. नरक-दर-नरक (कहानी संग्रह)
पीटर बहुत बोलता है (कहानी संग्रह), 1981
नाजायज कब्जा, (कहानी संग्रह), 1986
52. ढोलन कुंजकली, उपन्यास, 1972 पृ. 65
53. वही, पृ. 93-94
54. वही, पृ. 11
55. वही, पृ. 14
56. गुनाहों की देवी, उपन्यास, 1961, पृ. 61
57. उजाले के मुसाहिब, भारतीय ज्ञानपीठ, 2000 पृ. 34

58. डॉ. राजेंद्र शर्मा, स्वातंत्र्योत्तर राजस्थान का हिंदी साहित्य, राजस्थान साहित्य अकादमी संगम, उदयपुर, 1977, पृ. 77
59. गर्ग, डॉ. भैंरुलाल, राजस्थान का हिंदी कहानी साहित्य, राजस्थान साहित्य अकादमी, उदयपुर, 1993, पृ. 74
60. वही, पृ. 82
61. वही, पृ. 82-83
62. शक्ति त्रिवेदी, मानवतावादी रचनाकार रांगेय राघव, दिव्यशक्ति प्रकाशन, नई दिल्ली, 1999, पृ. 44
    भैंरूलाल गर्ग, राजस्थान का हिंदी साहित्य, पूर्वोक्त, पृ. 68
63. वही, पृ. 90-98
64. वही, पृ. 52
65. हृदय की प्यास, राजपाल एंड संस, दिल्ली 1992
    बहते आँसू, पूर्वोक्त
    आत्मदाह, जय प्रकाशन, वाराणसी, 1994
    खून और खून, नवयुग प्रकाशन, दिल्ली, 1994
    दो किनारे, चौधरी एंड संस, वाराणसी, 1989
    मोती, हिंद पॉकेट बुक्स, दिल्ली, 1986
66. शर्मा, राजेंद्र, स्वातंत्र्योत्तर राजस्थान का हिंदी साहित्य, पूर्वोक्त, पृ. 82
67. गोली, हिंद पॉकेट बुक्स, दिल्ली, 2000 पृ. 137-39
68. द्रष्टव्य-नाहटा, किरण, आधुनिक राजस्थानी साहित्य, पूर्वोक्त, पृ. 50
69. वही, पृ. 56-57
70. एक कली दो रंग, (उपन्यास), 1965 पृ. 25
71. चांदा सेठानी, उपन्यास, 1985, पृ. 25
72. वही, पृ. 110
73. जग की रीत, उपन्यास, 1959
74. ओझा दीनदयाल (संपादक) राजस्थान के कहानीकार (राजस्थानी), प्रथम संस्करण, 1961, राजस्थान साहित्य अकादमी, उदयपुर, पृ. सं. 56
75. त्रिवेदी, शक्ति, पूर्वोक्त पृ. 54
76. वही, पृ. 68
77. बहते आँसू, पूर्वोक्त
78. रक्त की प्यास, पूर्वोक्त
79. वयं रक्षामः, पूर्वोक्त
80. खून और खून, राजपाल एंड संस, दिल्ली, 1993, भाग 1-4
81. आत्मदाह, पूर्वोक्त
82. बहते आँसू, पूर्वोक्त, पृ. 61-62
83. वही, पृ. 205
84. वही, पृ. 158

85. वही, पृ. 227-228
86. वही, पृ. 229
87. वही, पृ. 230
88. सोमनाथ, पूर्वोक्त, पृ. 32-32
89. खून और खून, पूर्वोक्त, पृ. 129
90. बहते आँसू, पूर्वोक्त, पृ. 50-52
91. अदल-बदल, हिंद पॉकेट बुक्स, दिल्ली, 1990, पृ. 138-139
92. आत्मदाह, जयप्रकाशन, वाराणसी, 1991
93. शुभदा (चिता की लपटें नाम से भी प्रकाशित, राजपाल एंड संस, नई दिल्ली, 2000) हिंदी प्रचारक पुस्तकालय, वाराणसी, 1992, पृ. 17
94. सहू, बनवारी लाल, राजस्थान का हिंदी उपन्यास साहित्य-एक अध्ययन, कृष्ण सेवी एंड कंपनी, बीकानेर, 1989, पृ. 123
95. सहू, वही, पृ. 78, सहू के अनुसार संभवतः इसके लेखक रामगोपाल मेहता थे। यह उपन्यास जुलाई 1927 में प्रकाशित हुआ था।
96. सहू, वही, पृ. 123
97. केसरिया पगड़ी, बीकानेर, 1980
98. सहू, पूर्वोक्त, पृ. 81-82
99. इस अध्याय के अवधारणात्मक पक्षों की अधिकाधिक स्पष्टता हेतु राजस्थान के अनेक साहित्यकारों-डॉ. शक्तिदान कविया, यादवेंद्र शर्मा 'चंद्र', विजयदान देथा, डॉ. लक्ष्मी कुमारी चूंडावत, डॉ. सुदेश बत्रा, डॉ. आनंद शर्मा, नंद भारद्वाज, मोहन आलोक, ओम पुरोहित कागद, डॉ. किरण नाहटा, कृष्ण बृहस्पति, जहूर खां मेहर आदि से विचार-विमर्श किया गया।

अध्याय : 7

निष्कर्ष

परम्परागत रूप से न केवल भारत के इतिहास लेखन में बल्कि क्षेत्रीय इतिहास लेखन, विशेषतः राजस्थान के इतिहास लेखन में भी स्त्री अध्ययन कम उभरा है। यद्यपि सामाजिक इतिहास में स्त्री की स्थिति को अध्ययन का विषय बनाया जाता रहा है, पर स्त्री अध्ययन के एक विशिष्ट अध्ययन क्षेत्र के रूप में उभरने के बाद नए सिरे से चर्चा प्रारम्भ हुई है। फलस्वरूप, स्त्री जीवन से संबद्ध अनेक अनछुए पहलू उद्घाटित हुए हैं।

राजस्थान में जयपुर, अजमेर, मेवाड़ आदि क्षेत्रों पर स्त्री समस्याओं की दृष्टि से कुछ विशिष्ट कार्य हुए हैं, पर जोधपुर जैसलमेर एवं बीकानेर में महिलाओं की स्थिति पर इस अध्ययन में दृष्टि केन्द्रित की गई है। इस अध्ययन के सन्दर्भ में विशेष उल्लेखनीय है कि 20वीं शताब्दी में राजमहलों से इतर महिलाओं (अर्थात् सामान्य महिलाओं) की स्थिति का दिग्दर्शन साहित्य एवं समाचार-पत्रों में होता है। अध्ययन में साधारण स्त्री की बात सायास उठाई गई है, उसकी स्थिति को केन्द्र में रखा गया है, इसलिए साहित्य एवं समाचार-पत्रों को स्रोत के रूप में लिया गया है। साथ ही महिलाओं की सामाजिक समस्याओं के सन्दर्भ में सामंती व्यवस्था की जटिलताओं और फलस्वरूप उत्पन्न घुटन और चुप्पी को अध्ययन में उभारा गया है।

यह अध्ययन मूलतः राजस्थान के पश्चिमी भाग की तीन रियासतों-जोधपुर, जैसलमेर एवं बीकानेर में 20वीं शताब्दी के पूर्वार्द्ध में महिलाओं की स्थिति पर केन्द्रित है, यद्यपि साहित्य से सम्बन्धित अध्ययन में यह कालगत सीमा लांघनी पड़ी है, क्योंकि साहित्य को किसी कालखंड में सीमित करके देखना, परखना असम्भव प्रतीत होता है। कतिपय स्वतन्त्रता का उपयोग करते हुए, कुछ क्षेत्रेतर अर्थात् जोधपुर, जैसलमेर एवं बीकानेर से इतर (पर राजस्थान में ही) साहित्यकारों की कुछ कृतियों को भी समाविष्ट किया है।

20वीं शताब्दी के पूर्वार्द्ध में जोधपुर एवं बीकानेर में महिलाएँ सामंती मानसिकता के कारण पर्दा, सती (विधवादहन), कन्यावध, बाल विवाह एवं अनमेल विवाह, दासी-रखैल प्रथा, स्त्री क्रय-विक्रय, अपहरण, व्यभिचार, कष्टपूर्ण वैधव्य तथा दोयम स्थिति जैसी समस्याओं से पीड़ित रही हैं। इस काल के जनगणना के आँकड़े उपलब्ध हैं, पर इनसे पूरी तस्वीर स्पष्ट नहीं होती, जबकि इसी अवधि के विभिन्न समाचार-पत्रों, यथा-नवीन राजस्थान, तरुण राजस्थान, राजस्थान, रियासती, नवज्योति, त्याग-भूमि, नवजीवन, क्षात्रधर्म सन्देश, क्षात्रधर्म, आर्य मार्तंड, लोक सेवक, सौरभ, भारतवीर, प्रजासेवक आदि से बाल विवाह एवं अनमेल विवाह के मर्मस्पर्शी मामले प्रकाश में आते हैं, ये समाचार-पत्र स्त्री जीवन से सम्बन्धित समस्याओं के स्वरूप एवं विस्तार को अधिक स्पष्टता से उजागर करते हैं। इन्हीं समाचार-पत्रों से स्त्री क्रय-विक्रय, दासी-प्रथा के प्रचलन की भी सूचनाएँ प्राप्त होती हैं, वहीं राजघरानों एवं ठिकानों में दासियों के विविध रूप में शोषण की भी जानकारी मिलती है।

व्यभिचार, अपहरण, बलात्कार के मामलों में प्राप्त विविध साक्ष्य यह प्रमाणित करते हैं कि राजपरिवारों एवं ठिकानेदारों के लोग भी इनमें लिप्त थे, सार्वजनिक स्थानों-धर्मशालाओं, मन्दिरों आदि में भी व्यभिचार, बलात्कार अथवा दुर्व्यवहार के उदाहरण हमें प्राप्त होते हैं। राज्य कर्मचारियों द्वारा भी व्यभिचार एवं बलात्कार की कुछ घटनाएँ मिलती हैं। कन्यावध के आँकड़े भी मिलते हैं, पर अप्रत्यक्ष सूचनाएँ एवं समकालीन बुजुर्गों से साक्षात्कार इस जघन्य प्रथा के प्रचलन की पुष्टि करते हैं। जैसलमेर में इसका प्रचलन अधिक था, अन्य क्षेत्रों में यह कुप्रथा बहुत प्रचलित नहीं थी। विधवाओं की स्थिति विविध नियमों-प्रतिबन्धों एवं पुनर्विवाह निषेध की परम्परा के कारण प्राय: अच्छी नहीं थी। यद्यपि अपवादस्वरूप कुछ विधवाओं की परिवार में अच्छी स्थिति साक्षात्कारों से ज्ञात होती है। विधवाओं का पुनर्विवाह न होने के कारण नैसर्गिक शारीरिक आवश्यकताओं की पूर्ति के निमित्त तथाकथित अवैध सम्बन्धों के अनेक उदाहरण समकालीन समाचार-पत्रों एवं राजस्थान वनिता आश्रम की एक छ: साला रिपोर्ट से विस्तार से प्राप्त होते हैं। ये उदाहरण विधवाओं के पुनर्विवाह की आवश्यकता को दृढ़ता से स्थापित करते हैं। जिस सती (विधवा दहन) प्रथा के लिए राजस्थान कुख्यात रहा है, 18-19वीं शताब्दी की अपेक्षाकृत 20वीं शताब्दी के पूर्वार्द्ध में बहुत कम मिलते हैं, पर उल्लेखनीय है कि सती-पूजा एवं सती प्रथा में जनास्था की उपस्थिति के अनेक साक्ष्य साहित्य एवं समाचार-पत्रों के साथ-साथ अभिलेखागारीय सामग्री में भी मिलते हैं।

अनेक सामाजिक समस्याओं से जूझती राजपूताना की महिलाओं की इन समस्याओं से मुक्ति हेतु उन्नीसवीं शताब्दी में प्रयास आरम्भ हो गए थे, पर इस शताब्दी में प्राय: विधिक प्रयास ही हुए, यद्यपि इनकी प्रभावी क्रियान्विति नहीं हो पाई, जिसके फलस्वरूप ये समस्याएँ, कुप्रथाएँ, जारी रहीं। 20वीं शताब्दी में देशी शासकों एवं सुधारकों ने न केवल प्रभावी एवं महत्त्वपूर्ण विधिक प्रयास किए बल्कि इस बारे में जनजागृति हेतु भी गैर विधिक प्रयास किए गए। सती (विधवा दहन) प्रथा के मुद्दे पर विधिक प्रयासों की महत्ता नि:सन्देह अधिक रही। ये प्रयास देशी शासकों की अपेक्षा ब्रिटिश एजेंटों एवं ब्रिटिश सरकार द्वारा अधिक हुए। विधिक प्रयासों की दूसरी अत्यन्त महत्त्वपूर्ण विशेषता यह है कि ये प्रयास सिद्ध करते हैं कि देशी शासकों ने अंग्रेजी प्रयासों से पहले महिलाओं से सम्बन्धित कुप्रथाओं के उन्मूलन हेतु स्वप्रेरणा से पहल की। कन्यावध हेतु सर्वप्रथम विधिक प्रयास (1731 ई.) करने का श्रेय जयपुर के सवाई जयसिंह को है, बाल-अनमेल विवाह पर रोकथाम के लिए आरम्भिक प्रयास बूंदी द्वारा किए गए। सती के लिए भी आरम्भिक प्रयास बूंदी में हुए जहाँ 1822 ई. में बिशनसिंह ने आदेश जारी किए। जोधपुर में 18वीं शताब्दी के पूर्वार्द्ध में महाराजा बख्तसिंह ने कन्यावध को रोकने की चेष्टा की। बाल एवं अनमेल विवाहों के सन्दर्भ में महत्त्वपूर्ण कार्य बीकानेर में 1928 ई. में पारित 'हिन्दू मैरिज एक्ट' था जबकि जैसलमेर में 1843 ई. में 'नोटिफिकेशन' जारी कर पहल की गई थी। इन प्रयासों की विशेष बात ये थी कि इनमें कन्यावध के मूल कारण 'त्याग' पर चोट की गई थी।

गैर विधिक स्तर पर देश हितैषिनी सभा वाल्टरकृत राजपुत्र हितकारिणी सभा द्वारा तैयार पृष्ठभूमि पर आर्य समाज, जातीय पंचायतों, युवा संगठनों तथा अन्य सुधारकों ने महिलाओं की सामाजिक समस्याओं के मूल में अन्तर्निहित मानसिकता को परिवर्तित करने के लिए प्रभावी प्रयास किए। इनमें आर्य समाज की भूमिका सर्वाधिक महत्त्वपूर्ण कही जा सकती है। 20वीं शताब्दी के पूर्वार्द्ध में स्वतन्त्रता आन्दोलन एवं आर्य समाज के प्रभावस्वरूप राजस्थान की स्त्रियाँ घर की चार दीवारी को लांघकर बाहरी कार्यक्षेत्र में आई, जिसे परम्परागत रूप से केवल पुरुषों का क्षेत्र माना जाता था। आर्य समाज ने बाल विवाह को रोकने तथा विधवा पुनर्विवाह के मुद्दों पर उल्लेखनीय पहल की, जनजागरूकता की दिशा में महत्त्वपूर्ण प्रयास किए, विधवा पुनर्विवाह हेतु समाचार-पत्रों में विज्ञापन प्रकाशित करवाए, विधवा पुनर्विवाह के आयोजन किए। आर्य समाज ने राजस्थान में विशेषकर अजमेर के अतिरिक्त बीकानेर एवं जोधपुर रियासतों में परम्परागत सामाजिक ढाँचे की अभेद्य दीवारों में सेंध लगाने का भागीरथ कार्य किया। इसी

क्रम में हरिश्चंद्र नैण जैसे आर्य समाजी सुधारकों के प्रयास भी महत्त्वपूर्ण कहे जा सकते हैं।

महिलाओं की सामाजिक स्थिति में सुधार एवं समस्याओं के निराकरण में महिला शिक्षा की भूमिका को जोधपुर, जैसलमेर व बीकानेर में उपेक्षित नहीं किया जा सकता। महिला शिक्षा की स्थिति के सन्दर्भ में तीन स्थितियाँ दिखती हैं। जोधपुर व जैसलमेर में शिक्षा हेतु प्रयास कम दिखाई देते हैं, बीकानेर में महाराजा गंगासिंह एवं महाराजा सार्दूलसिंह तथा सेठ रामगोपाल मोहता ने शैक्षणिक संस्थाओं की स्थापना एवं निरन्तरता में योगदान दिया, वहीं आर्य समाज ने महिला शिक्षा के क्षेत्र में उल्लेखनीय कार्य किया, विशेषकर सुश्री शान्ति भंडारी, श्रीमती पद्मावती चांदना जैसी कार्यकर्ताओं की भूमिका महत्त्वपूर्ण रही है। यहाँ चल विद्यालयों की परम्परा, पर्देवाली बसों से बालिकाओं एवं अध्यापिकाओं को लाने की अनूठी पहल महत्त्वपूर्ण कही जा सकती है। जबकि जोधपुर में ईसाई मिशनरियों तथा आर्य समाज ने महिला शिक्षा के क्षेत्र में महत्त्वपूर्ण कार्य किया। जैसलमेर रियासत की स्थिति अपेक्षाकृत रूप से अधिक शोचनीय थी। सम्भवत: यही कारण रहा कि महिलाओं की कुछ सामाजिक समस्याएँ जैसलमेर में अधिक शोचनीय दिखाई देती हैं। बीकानेर रियासत में महिला शिक्षा हेतु कुछ महत्त्वपूर्ण प्रयास 1950 ई. के बाद स्वामी केशवानंद द्वारा किए गए जो सामान्य शिक्षा के लिए संगरिया में ग्रामोत्थान विद्यापीठ की स्थापना पहले ही कर चुके थे।

समाचार-पत्रों की भूमिका राष्ट्रीय स्तर पर सामाजिक सुधार आन्दोलन में स्वीकारी एवं महत्त्वपूर्ण मानी गई है। राजस्थान में सामाजिक सुधारों विशेषकर महिलाओं की सामाजिक स्थिति के सन्दर्भ में समाचार-पत्रों का विशद् एवं व्यापक अध्ययन किया है। 1849 ई. में भरतपुर में प्रथम समाचार-पत्र की शुरुआत हुई थी, तभी से राजस्थान के पत्रकारों ने नि:सन्देह सामाजिक समस्याओं एवं उनमें सुधार की सम्भावना एवं प्रयासों की जरूरत को निरन्तर समझा तथा आम जनता से सुधार की अपील की, प्रशासन को जगाने की चेष्टा की। मुकुट बिहारी वर्मा जैसे सजग पत्रकारों के 'आधी दुनिया' स्तम्भ की महत्त्वपूर्ण भूमिका रही, वहीं कुछ समाचार-पत्रों जिनमें आर्य समाज के पत्र प्रमुख हैं, द्वारा विधवा पुनर्विवाह एवं पुनर्वास हेतु दिए गए विज्ञापन स्त्री समस्याओं के सन्दर्भ में समाचार-पत्रों की प्रत्यक्ष भूमिका के सशक्त उदाहरण हैं।

महिलाओं की स्थिति एवं समस्याओं की दृष्टि से समकालीन राजस्थानी और हिन्दी साहित्य का अध्ययन किया है। राजस्थानी की अपेक्षा, आरम्भिक नाटकों को छोड़कर, हिन्दी में रचित साहित्य में महिलाओं की सामाजिक समस्याएँ अधिक

प्रमुखता से उभरकर सामने आई हैं। इस सन्दर्भ में विशेष रूप से उल्लेखनीय है बीकानेर के यादवेन्द्र शर्मा 'चन्द्र' जिन्होंने महिलाओं की सामाजिक समस्याओं को संवेदनशीलता से उभारा है। वे स्त्री जीवन की विविध समस्याओं का भावपूर्ण चित्रण करते हुए लोक जीवन से स्थानीय भाषा के पुट के साथ संवाद प्रस्तुति के साथ कथानक बुनते हैं। उनके अनेक उपन्यासों के नाम उन उपन्यासों की नायिकाओं के नाम पर हैं, इनमें प्रायः उपन्यास पूर्णतः स्त्री केन्द्रित उपन्यास हैं। उनके रचना संसार में कथा प्रस्तुतीकरण एवं भाषा की प्रभावोत्पादकता अद्भुत है, संवेदना के स्तर पर उनका सृजन अत्यन्त सफल है। स्त्री जीवन की सामाजिक समस्याओं का मार्मिक चित्रण उन्होंने प्रशंसनीय ढंग से किया है। आचार्य चतुरसेन शास्त्री का उपन्यास 'गोली' गोली प्रथा का जीवन्त दस्तावेज है। उनके अतिरिक्त राजस्थान के साहित्य में सामाजिक समस्याओं के प्रति चेतना एवं प्रतिबिम्ब 20वीं शताब्दी के सातवें दशक में प्रारम्भ होते दिखते हैं। क्षेत्रीय साहित्यकारों द्वारा स्थानीय कथानक, भाषा और बिम्बों के साथ सृजित रचनाएँ पाठकों को झकझोरते हुए सुधार की वाहक बनती हैं।

राजस्थान के साहित्य में बाल विवाह तथा विधवाओं की समस्याओं का सफलता से चित्रण किया गया है, कुछ रचनाओं में रनिवासों (जनानी ड्योढ़ियों आदि) की दीवारों के भीतर के सच को सशक्त एवं सफल अभिव्यक्ति मिली है। यहाँ यह भी उल्लेखनीय प्रतीत होता है कि बाल विवाह की विषादपूर्ण स्थिति जनसांख्यिकीय आँकड़ों से स्पष्ट नहीं होती पर उपन्यासों एवं कहानियों में अबोध बालिकाओं की व्यथा पात्रों एवं रूपकों में उभरकर सामने आई है और यहाँ स्थिति का विशद् एवं मार्मिक चित्रण अत्यन्त प्रभावपूर्ण है। यहाँ यह भी द्रष्टव्य है कि किन्हीं कारणों–सम्भवतः अशिक्षा आदि के कारण स्त्री जीवन से जुड़ी समस्याओं का लेखन स्त्रियों द्वारा कुछ कम हुआ है।

स्त्रियों के सन्दर्भ में सीमित सामाजिक परिवर्तन होते हुए भी शिक्षा के प्रसार द्वारा नई सम्भावनाएँ और सामाजिक गतिशीलता के कुछ प्रमाण मिलते हैं। 20वीं शताब्दी के तीसरे और चौथे दशक में शिक्षण संस्थाओं की स्थापना और पत्रकारिता के माध्यम से सामाजिक सुधार एवं सामाजिक चेतना के प्रयास भी किए गए।

20वीं शताब्दी के पूर्वार्द्ध में राजस्थान में स्त्रियों की सामाजिक समस्याओं का स्वरूप विविध प्रकार का है। एक ओर जहाँ कुछ प्रथाएँ यथा–सती, कन्यावध, डाकण आदि अपने अवसान की ओर हैं, तो और कुछ प्रथाएँ जैसे बाल–अनमेल विवाह, कष्टपूर्ण वैधव्य, अपहरण, स्त्री क्रय-विक्रय, व्यभिचार आदि प्रायः यथावत रहीं, वहीं शिक्षा के प्रसार व आर्य समाज के प्रभाव से पर्दा–प्रथा के

कमजोर पड़ने के संकेत मिलते हैं। उल्लेखनीय है कि इस समय सती होने के उदाहरण बहुत कम प्राप्त होते हैं। किन्तु मानसिकता के स्तर पर सती प्रथा एवं महिमामंडन यथावत रहा। इसकी पुष्टि शेखावटी क्षेत्र में सती देवरों की उपस्थिति से होती है, बीकानेर में भी कुछ सती देवरों की उपस्थिति ज्ञात होती है, जहाँ श्रद्धा के साथ पूजा-अर्चना होती रही।

संप्रति 21वीं सदी के प्रथम दशक में भी राजस्थानी महिलाएँ सामाजिक समस्याओं से पीड़ित हैं। यद्यपि कुछ समस्याओं का स्वरूप बदला है, यथा-कन्या वध का स्थान कन्या भ्रूण हत्या ने ले लिया है, बाल विवाह के अनेक उदाहरण सुनने-पढ़ने को मिलते हैं, बलात्कार, छेड़छाड़, घरेलू हिंसा के मामले प्रकाश में आते हैं। महिलाओं के प्रति जनमानसिकता में महत्त्वपूर्ण परिवर्तन निःसन्देह अभी शेष है।

परिशिष्ट

प्रमुख समाचार-पत्र

यंग राजस्थान (अंग्रेजी)	–	ब्यावर फर. 1929, दिस. 1929
त्यागभूमि (हिन्दी)	–	अजमेर 1927–1931
भारतवीर (हिन्दी)	–	भरतपुर 1921–1931
राजस्थान (हिन्दी)	–	ब्यावर 1921–1931, 1934–1948
नवज्योति (हिन्दी)	–	अजमेर अक्टूबर 1936, अगस्त 1945 से लगातार
प्रजासेवक (हिन्दी)	–	जोधपुर, नवम्बर 1941 जून 1942; जून 1944–1948
क्षात्रधर्म (हिन्दी)	–	अजमेर 1937
लोकसेवक (हिन्दी)	–	कोटा, 1942–1948
रियासती (हिन्दी)	–	अजमेर 1938–1947, जोधपुर 1947–1948
आर्यमार्तंड (हिन्दी)	–	अजमेर 1924–1949, जयपुर–1949–1959, अजमेर 1959–73, अलवर–1953, अजमेर–1947–76, जयपुर 1976
नवजीवन	–	हिन्दी, अजमेर 1939, अगस्त 1942, उदयपुर 1944
सौरभ	–	हिन्दी, झालरापाटन 1920–1923
अनाथरक्षक	–	हिन्दी, अजमेर 1903
भारतमार्तंड (हिन्दी)	–	जोधपुर, हिन्दी 1896

मतवाला (हिन्दी)	–	जोधपुर, 1940–51
राष्ट्रभाषा (हिन्दी)	–	जोधपुर, 1947
मारवाड़ी (ओसवाल) (हिन्दी)	–	जोधपुर, 1918
जिनवाणी (हिन्दी)	–	जोधपुर, 1943 लगातार
वीरलोकशाह (हिन्दी)	–	जोधपुर, 1941
तर्जुमान (उर्दू)	–	झालावाड़ जोधपुर 1940–41
कल की दुनिया (हिन्दी)	–	जोधपुर, 1941–1942
सेनानी (हिन्दी)	–	बीकानेर, 1943 लगातार
प्रेम प्रभाकर (हिन्दी)	–	जोधपुर, 1943
गौरव (हिन्दी)	–	जोधपुर, 1945
लोकयुद्ध (हिन्दी)	–	जोधपुर, 1945
राजस्थान भारती (हिन्दी)	–	बीकानेर, 1946 से लगातार
ललकार (हिन्दी)	–	बीकानेर, 1946
लोकमत (हिन्दी)	–	बीकानेर, दिसम्बर 1947 से लगातार
मारवाड़ी समाचार (हिन्दी)	–	जोधपुर, 1947
राष्ट्रपताका (हिन्दी)	–	जोधपुर, 1947–48
गणराज्य (हिन्दी)	–	बीकानेर, 1947
आग (हिन्दी)	–	जोधपुर, 1947
ज्वाला (हिन्दी)	–	जोधपुर, 1947
लोकराज (हिन्दी)	–	जोधपुर, 1947
ललकार (हिन्दी)	–	जोधपुर, 1947
मारवाड़ी (हिन्दी)	–	जोधपुर, 1947
कलाधर (हिन्दी)	–	पाली, 1947
झरना (हिन्दी)	–	जोधपुर, 1947
मारवाड़ गजट उर्दू/हिंदी	–	जोधपुर, 1866–1912
बीकानेर राजपत्र, (हिन्दी)	–	बीकानेर, 1887–1948

सन्दर्भ सूची

प्राथमिक स्रोत (Primary Sources)

अभिलेखागारीय स्रोत

राजपूताना एजेन्सी रिकॉर्ड (कॉन्फीडेंशियल), 1864, स्लेवरी, नं. 2, NAID

फॉरेन डिपार्टमेन्ट, पॉलिटिकल एडमिनिस्ट्रेशन ऑफ दी राजपूताना स्टेट्स, 1882-82, 1883-84, NAID

राजपूताना एजेन्सी रिकॉर्ड, होम पॉलिटिकल, NAID

फॉरेन पॉलिटिकल डिपार्टमेन्ट, 22 अप्रैल, 1859, नं. 232, NAID

फॉरेन पॉलिटिकल डिपार्टमेन्ट, 26 जून, 1840, नं. 33-34, NAID

फॉरेन पॉलिटिकल डिपार्टमेन्ट, 17-10-1846, कंसल्टेशन नं. 254, NAID

राजपूताना एडमिनिस्ट्रेटिव रिपोर्ट, 1866-67, NAID

फॉरेन पॉलिटिकल प्रोसीडिंग्स, 4-5-1835, कंसल्टेशन नं. 43-45, NAID

फॉरेन पॉलिटिकल प्रोसीडिंग्स, दिसम्बर, 1941, कंसल्टेशन नं. 295, NAID

राजपूताना एजेन्सी रिकॉर्ड (कॉन्फीडेंशियल), 1881, स्लेवरी नं. 2, NAID

रिकॉर्ड्स ऑफ गवर्नमेंट ऑफ इंडिया, फॉरेन डिपार्टमेन्ट, नं. CCLXXI, नं. 32, NAID

पॉलिटिकल कॉन्फीडेंशियल, अप्रैल, 1881; फरवरी, 1853, क्र. नं. 121-23; जनवरी, 1833, जनरल; मई, 1860 क्र. 60, NAID

पॉलिटिकल व फॉरेन, मई 3 1853, नं. 60; 10-3-1848, नं. 27-29; 14-1-1848, नं. 42-66; NAID

पॉलिटिकल व फॉरेन, 16-2-1853, नं. 121-123; 25-4-1846, नं. 118-121; 14-1-1848, नं. 62-66, 27-5-1849, नं. 45=47; 7-12-1852, नं. 307-10; नं. 105-107, ग्रुप बी, जून 1893, NAID

होम डिपार्टमेन्ट, इन्टरनल बी, अगस्त 1915, फाइल नं. 275-76, नं. 20, NAID

फॉरेन एंड पॉलिटिकल, 17-4-1847, नं. 47-49; 22-6-1842, कन्सल्टेशन नं. 40; 12-9-1845, कन्सल्टेशन नं. 70; 28-12-1842, कन्सल्टेशन नं. 294-05 24-12-1844, कन्सल्टेशन नं. 132; 11-12-1848, कन्सल्टेशन नं. 74; 30-11-1844, कन्सल्टेशन नं. 157, NAID

राजपूताना रिकॉर्ड्स, लिस्ट नं. 1 फाइल नं. 43/1844, जनरल III; फाइल नं. 3/184; लिस्ट नं. 2, फाइल नं. 279/1844, NAID
मेवाड़ रेजीडेंसी कांफ्रेस, फाइल नं. 3 23-3-1888, NAID
फॉरेन 17-10-1846, नं. 266; 28-12-1842, नं. 293-95, 21-10-1843, नं. 587-91, 19-11-1852, नं. 222-224, NAID
राजपूताना एजेंसी ऑफिस, जनरल, वॉल्यूम II, नं. 43 1846, NAID
ए.सी.ओ., बस्ता नं. 27, फाइल नं. 324 (1891), 31-1-1891, NAID
ए.सी.ओ. बस्ता नं. 27, फाइल नं. B/93 (1891) 16-10-1891, NAID
ए.सी.ओ. बस्ता नं. 27, फाइल नं. B/120-C (1892) 18-7-1892, NAID
Seventh Report of Indian Social Conference, 1893, NMML
Census Reports of India for the year 1891, 1901, 1931, 1941, (Microfilms); NMML
Rajputana Dist. Gazetteers compiled by Maj K.D. Erskine (Microfiche), NMML
बही समस्त गावां री, वि. स. 1725 (1668 ई.) बीकानेर रिकॉर्ड्स, RSAB
बही पेशकशी रे लेखे री, बीकानेर, वि.सं. 1823 (1776 ई.), RSAB
कोटा भंडार, क्र.सं. 1, वि.स. 1743 (1686 ई.) बस्ता नं. 9, RSAB
कोटा भंडार, वि.सं. 1757, बस्ता नं. 35, RSAB
कोटा भंडार, अश्विन 10, वि.सं. 1777 (30-9-1720 ई.) बस्ता नं. 93, RSAB
कोटा भंडार, अश्विन 13, वि.सं. 1777 (4-10-1720 ई.) बस्ता नं. 93, RSAB
कागदो की बही, बीकानेर, वि.सं. 1828 (1781 ई.) नं. 5, सनद के कागद, RSAB
कागदो की बही, बीकानेर, वि.सं. 1840 (1783 ई.) नं. 7, सनद के कागद, RSAB
जो. स. प. ब., वि. सं. 1823 (1766 ई.) नं. 5, RSAB
जो. स. ब., वि. सं. 1826 (1769 ई.) नं. 9, RSAB
जो. स. प. ब., वि. सं. 1822 (1765 ई.) नं. 2, RSAB
जो. स. प. ब., वि. सं. 1830 (1773 ई.) नं. 13, RSAB
जो. स. प. ब., वि. सं. 1824 (1767 ई.) नं. 6, RSAB
जो. स. प. ब., वि. सं. 1825 (1768 ई.) नं. 8, RSAB
कोटा भंडार, नं. 1, वि. सं. 1743 (1666 ई.) बस्ता नं. 9, RSAB
बही पेशेकशी रे लेखे री, बीकानेर, वि. सं. 1833 (1766 ई.), RSAB
कोटा रिकॉर्ड, नं. 14, बस्ता नं. 12, वि. सं. 1895, RSAB
मेहता, संग्राम सिंह संग्रह, फाइल नं. 743, RSAB
कोटा रिकॉर्ड, नं. 3/2, बस्ता नं. 72, वि. सं. 1904, RSAB
कोटा रिकॉर्ड, नं. 15/15, वि. सं. 1889-90, RSAB
कोटा रिकॉर्ड नं. 22/168, वि. सं. 1919, RSAB
कोटा रिकॉर्ड नं. 3, बस्ता नं. 62, वि. सं. 1926, RSAB
कोटा रिकॉर्ड, नं. 2/2 बस्ता नं. 8/2 वि. सं. 1883, 1901, RSAB

कोटा भंडार, नं. 1 वि. सं. 1762 (1705 ई.) बस्ता नं. 53, RSAB
खरीता बही (मारवाड़), नं. 101, RSAB
रिपोर्ट ऑन द पॉलिटिकल एडमिनिस्ट्रेशन ऑफ राजपूताना स्टेट्स, 1883-84, 1886-87, 1874-75, RSAB
भरतपुर करौली रिपोर्ट 1885-86, RSAB
कोटा रिपोर्ट 1886-87, RSAB
कोटा रिकॉर्ड, भंडार नं. 3, 1874, खबिलादरों का, RSAB
खजांची संग्रह, RSAB
श्यामलाल दास संग्रह, RSAB
यूनाइटेड प्रेसबिटेरियन मिशनरी रिपोर्ट्स-1862, 1864, 1867, 1871, 1872, 1878, 1880, 1886, 1890, 1906, RSAB
वाल्टरकृत राजपुत्र हितकारिणी सभा की वार्षिक रिपोर्ट्स-1913, 1919, RSAB
उदयपुर कॉन्फीडेंशियल, बस्ता नं. 7, फाइल नं. 8, पृ. 729, RSAB
उदयपुर कॉन्फीडेंशियल, बस्ता नं. 2 क्र. सं. 13, फाइल नं. 20, RSAB
उदयपुर कॉन्फीडेंशियल, फाइल 7A, बस्ता नं. 1, (1941-42), RSAB
बूंदी कॉन्फीडेंशियल, क्र. सं. 59 (1946-47), RSAB
भरतपुर कॉन्फीडेंशियल, बस्ता नं. 10, एस.जी. 141, फाइल नं. I/1937-38, RSAB
छः साला रिपोर्ट, राजस्थान वनिता आश्रम, अजमेर, 1-4-1928 से 31-3-1934, प्रकाशक, घीसूलाल, एम.ए., एल.एल.बी., एडवोकेट, मानद् मन्त्री, वि.सं. 1992, अजमेर, RSAB
उदयपुर महकमाखास-पुलिस, बस्ता नं. 23, फाइल नं. 150/6 संवत् 1994/1939, RSAB
रिपोर्ट ऑन दी एडमिनिस्ट्रेशन ऑफ मारवाड़-1904-05, 1906, 1906-07, 1910-11, 1912-13, 1913-14, 1914-15, 1915-16, 1916-17, 1917-18, 1918-21, 1921-22, 1922-23, 1923-24, 1924-25, 1925-26, 1927-28, 1929-30, 1930-31, 1931-32, 1942-43, 1945-46, RSAB
रिपोर्ट ऑन दी एडमिनिस्ट्रेशन ऑफ जैसलमेर-1925-26, 1926-27, 1927-28, RSAB
रिपोर्ट ऑन दी एडमिनिस्ट्रेशन ऑफ बीकानेर-1904-05, 1905-06, 1906-07, 1907-08, 1908-09, 1909-10, 1910-11, 1911-12, 1912-13, 1913-14, 1914-15, 1915-16, 1916-17, 1917-18, 1918-19, 1919-20, 1920-21, 1921-22, 1924-25, 1925-26, 1926-27, 1927-28, 1928-29, 1929-30, 1930-31, 1931-32, 1932-33, 1935-36, 1936-37, 1937-38, 1938-39, 1939-42, 1943-44, 1944-45, 1946-47, RSAB
ए रिपोर्ट ऑफ आर्य समाज, जोधपुर-1905, जोधपुर, 1906, RSAB
मारवाड़ राज गजट, 25-3-1888 वॉल्यूम 21, मारवाड़, प्रेस जोधपुर, RSAB
पट्टे बिजोलिया, उदयपुरर महकमाखास, पुलिस, फाइल नं. 13/1, बस्ता नं. 16, मिस्लेनियस, RSAB
मेवाड़ सेन्ट्रल एडवायजरी बोर्ड, तीसरे अधिवेशन की रिपोर्ट, RSAB

जोधपुर गवर्नमेंट, सेन्ट्रल एडवायजरी बोर्ड, प्रोसिडिंग्स ऑफ द फर्स्ट सैशन, फरवरी 1939, RSAB
जोधपुर रिकॉर्ड्स, ख्यात री बही, वि.सं. 1921, RSAB
जोधपुर कॉन्फीडेंशियल, बस्ता नं. 12, क्र. सं. 32, फाइल नं. 11A वॉल्यूम IV, RSAB
अजमेर कमिश्नर ऑफिस, बस्ता नं. 26, RSAB
वाल्टर कृत राजपुत्र हितकारिणी सभा फाइल नं. 150, RSAB
सोशियोलॉजी नं. 43, भरतपुर सोशल रिफॉर्म एक्ट ऑफ 1926, RSAB
लॉ फाइल नं. 22 व 31, बीकानेर स्टेट हिन्दू मैरिज एक्ट, 1928, RSAB
महकमाखास, जोधपुर रिकॉर्ड्स, सोशल लेजिस्लेशन, फाइल नं. 7C/511; लॉ, फाइल नं. 22/1937, RSAB
नं. 43, सोशियोलोजी, फाइल नं. 24/1926, RSAB
जोधपुर राज गजट (असाधारण), वॉल्यूम 77, नं. 50, 24-7-1939; वॉल्यूम 63, 14-9-1939; वॉल्यूम 75, नं. 52, 25-6-1940, RSAB
बीकानेर कॉन्फीडेंशियल रिकार्ड नं. 38-39, बस्ता नं. 7-9-1939, 3-12-1940, RSAB
महकमाखास, जोधपुर रिकॉर्ड्स, फाइल नं. सी/एस/1, वॉल्यूम II सोशल मैरिज लेजिस्लेशन, RSAB
महकमाखास, जोधपुर रिकॉर्ड्स, फाइल नं. सी-2/10 (1926-36), सोशल, बस्ता नं. 6, 31-1-1934; फाइल नं. 3/8, भाग-I इन जोधपुर स्टेट (1914), RSAB
मारवाड़ एडमिनिस्ट्रेशन रिपोर्ट 1910-11, 1920-21, 1930-31, 1940-41, 1943-44, RSAB
शिक्षा फाइल नं. 37, बस्ता नं. 18/28, 19-3-1929; बस्ता नं. 45 फाइल नं. 1-8, RSAB
दस्तूर कौमवार, जयपुर (आमेर, वि.सं. 1817 (1760 ई.) भाग 24, RSAJ
तोजीस्वाहा, पोषबदी 2, वि. सं. 1797 (21-11-1740 ई.), RSAJ
तोजी विभिन्न संवतों की, जयपुर (आमेर) रिकॉर्ड्स, RSAJ
राजपूताना एडमिनिस्ट्रेशन रिपोर्ट-मारवाड़ स्टेट, 1894-95 से 1944-45, आबू संग्रह
राजपूताना एडमिनिस्ट्रेशन रिपोर्ट-जैसलमेर स्टेट 1895 से 1940 आबू संग्रह
राजपूताना एडमिनिस्ट्रेशन रिपोर्ट-बीकानेर स्टेट-1895 से 1940, आबू संग्रह

सेन्सस रिपोर्ट्स

1. सेंसट ऑफ इंडिया, 1901, वॉल्यूम 1A, इंडिया, पार्ट-II, टेबल्स, द्वारा एच.एच. रिजले व ई.ए. गेट, कलकत्ता, 1903 ज. का. नि. ज.
2. सेन्सस ऑफ इंडिया, वॉल्यूम XXV-B, राजपूताना, भाग 3, प्रान्तीय टेबल्स, द्वारा केप्टेन ए.डी. बेनरमैन (सुपरिन्टेंडेन्ट ऑफ सेन्सस ऑपरेशन्स), नवल किशोर प्रेस, लखनऊ, 1902,ज. का. नि. ज.
3. सेन्सस रिपोर्ट ऑफ मारवाड़ स्टेट, 1911, पार्ट 3, एडमिनिस्ट्रेटिव रिपोर्ट, जोधपुर, 1917, ज. का. नि. ज.

4. सेन्सस ऑफ इंडिया 1921, वॉल्यूम XXIV, राजपूताना एंड अजमेर, मेरवाड़ा पार्ट 3, टेबल्स, ज. का. नि.ज.
5. सेन्सस ऑफ इंडिया, 1921, वॉल्यूम XXIV, राजपूताना एंड अजमेर मेरवाड़ा, पार्ट 3, एडमिनिस्ट्रेटिव वोल्यूम, कलकत्ता, 1923, ज. का. नि.ज.

रिपोर्ट्स

- बीकानेर आर्य समाज की रिपोर्ट, 1914, द.वै.पु.
- जोधपुर आर्य समाज रिपोर्ट, 1926, 1946, द.वै.पु.
- आर्य प्रतिनिधि सभा, राजस्थान की वार्षिक रिपोर्ट्स, 1889–1950, द.वै.पु.
- आर्य कन्या पाठशाला, जोधपुर की रिपोर्ट, 1905–06, द.वै.पु.
- वनिता आश्रम अजमेर की रिपोर्ट्स–1927–47, द.वै.पु.

गजेटियर्स

राजस्थान–बीकानेर, राजस्थान सरकार, 1960
अर्सकीन, राजपूताना गजेटियर, वॉल्यूम IIIA
अर्सकीन, राजपूताना गजेटियर–जैसलमेर
राजपूताना डिस्ट्रिक्ट गजेटियर–बीकानेर
बीकानेर राजपत्र, गवर्नमेंट प्रेस, बीकानेर
मारवाड़ स्टेट गजट–1884, 1894, 1914, 1926, 1929–30, 1939–40, 1943
मारवाड़ मर्दुमशुमारी (मारवाड राज) 1891, लीथो प्रेस, मारवाड़ 1893

साक्षात्कार

डॉ. लक्ष्मी कुमारी चूंडावत (रावतसर, उदयपुर, जयपुर)
श्री यादवेन्द्र शर्मा 'चन्द्र' (बीकानेर)
श्री शुद्धबोध शर्मा (श्रीगंगानगर)
श्री नंद भारद्वाज (बाड़मेर, जयपुर)
श्री नंद किशोर शर्मा (जैसलमेर)
सुश्री शान्ति भंडारी (बीकानेर)
डॉ. रवीन्द्र कुलश्रेष्ठ (बीकानेर)
डॉ. किरण नाहटा (बीकानेर)
डॉ. मदन गोपाल (श्रीगंगानगर)
श्री राजाराम विश्नोई (श्रीगंगानगर)
श्री जहूर खाँ मेहर (जोधपुर)

श्री ओम पुरोहित 'कागद' (हनुमानगढ़)
भवानीलाल भारतीय (जोधपुर)

समकालीन समाचार-पत्र

अखंड भारत–7-3-1936, 15-12-1935, NMML
आज–अंक 16, आषाढ़ संवत् 1984, NMML
आर्य मार्तंड–12-1-1926, 25-2-1929, 23-5-1929, 8-8-1933, 10-7-1923, 6-4-1926, 5-10-1926, 12-12-1923, 13-10-1925, 29-5-1923, 26-6-1926, RSAB
भारतवीर–24-11-1927, 6-12-1927, 28-2-1928, NMML
दी बॉम्बे क्रॉनिकल–21-8-1925, 5-9-1927, NMM
दी राजपूताना मेल–3-3-1935, NMML
हिन्दुस्तान–29-4-1935 ESAB
क्षात्रधर्म मासिक, मई 1938, जून 1938, जून 1936, मार्च 1936
क्षात्रधर्म संदेह–वर्ष, संख्या 2, ज्सेष्ठ, कृष्णा 2, वि.सं. 1999; वर्ष 1, संख्या 11, NMML
लोकसेवक–22-3-1943, 28-1-1942, RSAB
नवीन राजस्थान–25-5-1937, RSAB
प्रकाश–2-1-1939, RSAB
नवज्योति–9-5-1938, 28-11-1936, 28-1-1937, 16-1-1938, 9-1-1940, 22-1-1940, 22-7-1938, 14-2-1937, 14-2-1937, 11-11-1937, 28-12-1939, 2-1-1940, RSAB
नवजीवन–27-7-1941, RSAB
प्रजासेवक–31-12-1941, 28-1-1942, RSAB
राजस्थान–22-3-1937, 21-5-1937, 27-5-1935, 22-3-1937, 3-5-1935, 19-4-1935, 3-5-1930, 29-4-1937, 28-3-1926, 22-4-1935, 3-6-1935, 13-5-1935, 10-6-1935, 24-6-1935, 17-6-1935, 23-9-1935, 17-5-1937, 3-6-1935, 3-3-1937, 11-12-1929, 3-5-1930, 15-7-1935
ज्येष्ठ कृष्ण 2, संवत् 1992, 17-5-1937; 22-4-1935; 11-12-1939, RSAB
रियासती–24-7-1940, 20-3-1940, 13-6-1935, 10-4-1940, 28-8-1940 14-4-1940, 12-6-1935, 12-6-1940, RSAB
सौरभ–10-5-1922, RSAB
तरुण राजस्थान–22-8-1921, 22-9-1926, 27-1-1928, 13-4-1929, 3-6-1935, 17-6-1935, 7-2-1928, 27-1-1928, 6-6-1927, 15-3-1927, 12-7-1929, 13-6-1927, 5-12-1927, 4-12-1927, 1-5-1927, 29-4-1935, 31-10-1927, 19-9-1926, 1-8-1926, 16-5-1927, 26-7-1926, 15-8-1926, 26-9-1927, 10-1-1928, 26-6-1927, 13-5-1929, 24-6-1929, 27-9-1927, 10-1-1927,

8-8-1926, 15-3-1927 10-4-1927, 24-1-1927, 22-5-1927, 3-10-1927, 8-5-1927, 27-3-1927, 4-4-1926, 19-4-1929, 30-5-1927, 3-10-1927 RSAB

त्यागभूमि (साप्ताहिक)-20-12-1927; 7-8-1931, 30-11-1928, 8-5-1931, RSAB

त्यागभूमि (मासिक)-अंक, वि. सं. 1984; अंक 2, वि. सं. 1984; अंक 3, वि. सं. 1984; अंक 4, वि. सं. 1984; वर्ष 3, खंड 1, वि. सं. 1986; वर्ष 3, अंक 2, वि. सं. 1986; अंक 3, वि. सं. 1984; वर्ष 1, अंक 6 NMML

The Indian Spectatar (Newspaper) 20-1-1895, NMML

The Voice of India (Newspaper) 20-1-1895, NMML

The Indian Social Reformre (Newspaper) 21-1-1900, Feb., 1896, NMML

The Pioneer (Newspaper) 16-1-1902, NMML

Tribune 10-6-1888, NMML

विधवाबंधु-फरवरी, 1927, NMML

यंग राजस्थान-10-3-1929, 3-3-1929, 25-4-1929, 9-5-1929, 16-8-1929, 3-10-1929, NMML

समकालीन साहित्य

अग्रवाल, नारायण चंपा (उपन्यास), मारवाड़ी भाषा प्रचारक मंडल, वि.सं. 1982.

'चंद्र', यादवेन्द्र शर्मा-दीया जला : दीया बुझा (उपन्यास) 1955; जग की रीत (उपन्यास), 1959; गुनाहों की देवी (उपन्यास) 1961; एक कली दो रंग (उपन्यास), 1965; चांदा सेठानी (उपन्यास), 1985; ढोलन कुंजकली (उपन्यास) दूसरा संस्करण, 1982; गुलाबड़ी (उपन्यास), 1998;रनिवास की रूपसी (उपन्यास), 1996; आदिम संस्कार (कहानी संग्रह); रक्त और तख्त (कहानी संग्रह) 1998; जमीन का टुकड़ा (कहानी संग्रह) 1993; एक इन्सान की मौत : एक इनसान का जन्म (कहानी संग्रह) 1970, मेहंदी के फूल (कहानी संग्रह) 1955; जनक की पीड़ा (कहानी संग्रह); इक्यावन कहानियाँ (कहानी संग्रह) 1984; श्रेष्ठ ऐतिहासिक कहानियाँ (कहानी संग्रह) 1985; नरक-दर-नरक (कहानी संग्रह) 1980; आदिपर्व तथा अन्य कहानियाँ (कहानी संग्रह) 1990; नाजायज कब्जा (कहानी संग्रह) 1986; पीटर बहुत बोलता है (कहानी संग्रह) 1986।

देथा, विजयदान-उजाले के मुसाहिब (कहानी संग्रह), भारतीय ज्ञानपीठ, दिल्ली, 2000

जोशी, श्रीलाल नथमल, आभै पटकी, सार्दूल राजस्थानी शोध संस्थान, बीकानेर 1956

शास्त्री, आचार्य चतुरसेन-धर्मपुत्र, राजपाल एंड संस, दिल्ली छठा संस्करण, 1999

-बहते आँसू, चौधरी एंड संस, वाराणसी, 1965 (चतुर्थ संस्करण);

-नीलमणि, हिन्द पॉकेट बुक्स, दिल्ली, प्रथम संस्करण, 1961;

-नारी, दिल्ली, 1965;

-वय रक्षामः, राजपाल एंड संस, दिल्ली, 1988;

–वैशाली की नगरवधू, राजपाल एंड संस, दिल्ली, 1993;
–पूर्णाहुति, जयप्रकाशन, वाराणसी, 1997;
–रक्त की प्यास, चौधरी एंड संस, वाराणसी, 1993;
–हृदय की प्यास, राजपाल एंड संस, दिल्ली 1992
–आत्मदाह, जयप्रकाशन वाराणसी, 1994;
–खून और खून, राजपाल एंड संस, दिल्ली, 1993;
–दो किनारे, चौधरी एंड संस, वाराणसी, 1989;
–मोती, हिंद पॉकेट बुक्स, दिल्ली, 1986;
–गोली, हिंद पॉकेट बुक्स, दिल्ली, 2000;
–अदल-बदल, हिंद पॉकेट बुक्स, दिल्ली, 1990
–शुभदा ('चिता की लपटें' नाम से भी, राजपाल, दिल्ली, 2000), हिन्दी प्रचारक पुस्तकालय, वाराणसी, 1992
मेहर, जहूर खाँ (सम्पादक) लक्ष्मी कुमारी चूंडावत ग्रन्थावली, राजस्थानी ग्रन्थागार, जोधपुर, 1994

अन्य

अथख्यात जोधपुर राज रा दस्तूर री बही, चोपासनी शोध संस्थान, जोधपुर, 1990 खींची गंगेव नींबावत रो दोपहरी राजा न राउतरो वातवगाव, राजस्थान पुरातन ग्रन्थमाला, उदयपुर, ग्रंथांक नं. 26.
आर्य समाज मंदिर जोधपुर का न्यास निर्णय, आदर्श प्रेस, अजमेर, 1937
ए रिपोर्ट ऑफ आर्य समाज, जोधपुर, 1905
स्मारिका आर्य महासम्मेलन, श्रीगंगानगर, 8-10 अक्टूबर, 1989, प्रकाशक-आर्य समाज श्रीगंगानगर फुटकर बस्ता नं. 200/2, अनूप संस्कृत पुस्तकालय, बीकानेर।

Ph.D. Thesis & M. Phil Dissertations

Gupta, G.P., Growth of Administration in Bikaner State from from 1818-1914, Deptt. of Pol. Sc., University of Rajasthan, Jaipur (Available at Center for Rajasthan Studies, Deptt. of History & Indian Culture, University of Rajasthan, Jaipur) Ph.D.
Goswami, Sambodh. Infanticide & Child Marriages in Rajputana. University of Rajasthan, Jaipur, 2004, Ph.D.
Sharma Sangeeta, Arya Samaj & Woman Emancipation, University of Rajasthan, Jaipur, 1989. Ph.D.
Kothari, Rita, Female Infanticide and Child Marriage in the Nineteenth & Twentieth Century India, Universtry of Rajasthan, Jaipur, M.Phil.

पूनिया, प्रमिला, जयपुर राज्य के शासन में रानियों की भूमिका (1768-1835) इतिहास एवं भारतीय संस्कृति विभाग, राजस्थान विश्वविद्यालय, जयपुर, Ph.D.

नाहटा, किरण, आधुनिक राजस्थानी साहित्य, हिन्दी विभाग, राजस्थान विश्वविद्यालय, जयपुर, Ph.D.

जैन, श्रीमती वंदना, राजस्थानी काव्य में नारी चित्रण, हिन्दी विभाग, राजस्थान विश्वविद्यालय, 1991, Ph.D,

लेख

अनामिका, 'कामना और वार्ता का द्वन्द्व न्याय', कथादेश (मासिक), सम्पादक-हरिनारायण, दिल्ली, अंक दिसम्बर, 2003

Agrawal, Vinita Historiography of Women Studies in India, Jijnasa, Deptt. of History and Indian Culture, Jaipur, Vol. VIII, 2002.

An Hardgrowe, Sati Worship & Marwari Public Identity in India, Journal of Asian Studies, Vol. 58, No. 3, Aug. 1999.

भाटी, एन.एस., समाज रत्न हरविलास शारदा, परम्परा, राजस्थानी शोध संस्थान, जोधपुर, 1985-86

दुष्यन्त, स्वतन्त्रतापूर्व राजपूताना में बाल विवाह, अनमेल विवाह निराकरण, वैचारिकी, बीकानेर, जुलाई सितम्बर, 2003, वॉल्यूम 19, भाग 2

-वैधव्य का अभिशाप एवं नैतिकता का प्रसंग : बीसवीं सदी का राजस्थान, जिज्ञासा, जयपुर, वॉल्यूम IX, 2003

-आधुनिक राजपूताना में कन्यावध-एक जघन्य प्रथा अवसान की ओर, जिज्ञासा, जयपुर, वोल्यूम X,2004

-Polygamy in Modern Rajputana—Some Issues & Problems, Nucleus, Vol III, No. 2, July, Dec., 2003, Jaipur.

Das, Ira-'Sati—A Henious System of Women Appression' Shodhak, Editor, Ram Pande, Jaipur, Vol. 17, Part A, No. 49, 1988.

—Female Infanticide in Rajputana, Shodhak, Vol. 18, Pt. A, No. 52, 1989.

गौड़ लक्ष्मण व शर्मा, मधु-राजस्थान में सती प्रथा का अन्त, शोधक, अंक 20, पार्ट 3, उ.स. 60, 1991

जैन प्रतिभा-'स्त्रियोत्थान-आर्य समाजीय दृष्टिकोण', एस. एन. दुबे (सम्पादक) Religious Movements in Rajasthan—Ideas & Antiquities. Center for Rajasthan Studies. UOR, Jaipur, 1996 खेतान, प्रभा, 'स्त्री विमर्श : इतिहास में अपनी जगह', हंस, सम्पादक-राजेन्द्र यादव, दिल्ली, अंक जनवरी-फरवरी, 2000

Mani, Lata—Contentions Traditoins—The Debate on Sati in Colonial India, in Sangari, Kumkim & Vaid, Sudesh, (ED.) Recasting Women—Essays in Colonial History, Kali for Women, New Delhi, 1953.

मांडोत, मिश्रीलाल, मध्यकालीन भारत में सती प्रथा, शोध पत्रिका, उदयपुर, वर्ष 37, अंक 1

Ratnawat, S.S. An Appraisal of Social Reforms in Rajputana during the British Period (1877-1949 A.D.), Nucleus, Vol. II. No. 2, July Dec. 2002, Jaipur.

Sharma, Sangeeta, Indian Renaissance, Concept of Womenhood and Dayanand Saraswati, in Jain Pratibha & Mahan Rajan (Ed.) Women Images, Rawat Publications, Jaipur & Delhi, 1996

Talwar, Veer Bharat, Feminist Consciousness in women's journals in Hindi, 1920-20, in sangri, Kumkum & Vaid Sudesh (Ed.) Eecastig Women, Kali for women, Delhi, 1953.

त्रिभुवन, 'एक क्रान्तिकारी आन्दोलन के आठ दशक–श्रीगंगानगर में आर्य समाज', राजस्थान पत्रिका बीकानेर, 11-5-1999, पृ. 8

Vashishtha, V.K.-Role of Cast Associations (Samaj). In Social Reforms Among The Rajputs and charans Communities in Rajputana (1877-1949) The Indian Archives, Vol. XXXVIII, No. 2. July-Dec. 1982. NAID & Proceedinge of Indian Historical Records Commission, April 1992, Rohtak, Vol. 54, P. 75 to 85.

द्वितीयक स्रोत (Secondary sources)

हिन्दी

अग्रवाल, दुर्गाप्रसाद, राजस्थान का हिन्दी साहित्य-उपन्यास, राजस्थान हिन्दी साहित्य अकादमी, उदयपुर, 1993

अरोड़ा, शशि, राजस्थान में नारी की स्थिति, तरुण प्रकाशन, बीकानेर, 1981

आचार्य, श्याम कुमार, राजस्थान में स्वतन्त्र संग्राम के अमर पुरोधा–सागरमल गोपा, राजस्थान हिन्दी ग्रन्थ अकादमी, जयपुर, 2001

एंग्रिस, प्रेम–मारवाड़ का सामाजिक एवं आर्थिक जीवन (महाराजा अभयसिंह के समय में), उषा पब्लिशिंग हाऊस, जोधपुर, 1991

बारहठ, कृष्ण सिंह, राजपूताना का इतिहास, भाग प्रथम, जोधपुर, 1985 भानावत, संजीव, सांस्कृतिक चेतना एवं जैन पत्रकारिता, सिद्धश्री प्रकाशन, जयपुर, 1990

भारद्वाज, द्वारकेश, राजस्थान में स्वतन्त्रता संग्राम के अमर पुरोधा–पं. चंदनमल बहड़, राजस्थान हिन्दी ग्रन्थ अकादमी, जयपुर, 2000

भारतीय, भवानीलाल, आर्य समाज के पत्र–पत्रकार, जोधपुर, 1985

भाटी, एन.एस. मारवाड़ रै परगना री विगत, राजस्थान प्राच्य विद्या संस्थान, जोधपुर, 1995

चतुर्वेदी, एम.एस., प्रमुख भारतीय राजनीतिक विचारक, कॉलेज बुक हाउस, जयपुर, 2001

चौपड़ा, पी.एन. पुरी, बी.एन. एवं दास, एम.एस. भारत का सामाजिक–सांस्कृतिक–आर्थिक इतिहास, भाग 3, मैकमिसन, दिल्ली, 2004

चौधरी, रामनारायण, बीसवीं सदी का राजस्थान, अजमेर, 1980

चूंडावत लक्ष्मी कुमारी एवं स्वर्णकार, रमेशचन्द, राजस्थान के रीतिरिवाज, पब्लिकेशन स्कीम, जयपुर, 2002

गहलोत, जगदीश सिंह, राजस्थान का सामाजिक जीवन, यूनिक ट्रेडर्स, जयपुर, 1983

देसाई, ए.आर., भारतीय राष्ट्रवाद की सामाजिक पृष्ठभूमि, मैकमिलन, मुम्बई, 1998

गर्ग, भैंरुलाल, राजस्थान का हिन्दी साहित्य–कहानी, राजस्थान साहित्य अकादमी, उदयपुर, 1993

गुप्ता, मोहनलाल, राजस्थान जिलेवार सांस्कृतिक एवं ऐतिहासिक अध्ययन, भाग 2, जोधपुर, 2004

घोष, बिनोय, ईश्वरचन्द्र विद्यासागर, (हिन्दी अनुवाद–देवीशंकर अवस्थी), प्रकाशन विभाग, भारत सरकार, नई दिल्ली, 1959

हरिसिंह (सम्पादक), आर्य समाज, जोधपुर का विवरण, वैदिक यंत्रालय, अजमेर

जैन, एम.एस., आधुनिक राजस्थान का इतिहास, पंचशील, जयपुर, 1995

जैन प्रतिभा, शर्मा संगीता (सम्पादक), भारतीय स्त्री–सांस्कृतिक सन्दर्भ, रावत पब्लिकेशन्स, जयपुर, 1998

जैन प्रतिभा, गांधी चिन्तन–ऐतिहासिक परिप्रेक्ष्य, राजस्थान हिन्दी ग्रन्थ अकादमी, जयपुर, 1984

जोशी बसन्त, उन्नीसवीं सदी का राजस्थान, जयपुर पब्लिशिंग हाऊस, जयपुर, 1988

कात्यायनी, दुर्ग द्वार पर दस्तक, परिकल्पना, लखनऊ, दिसम्बर, 1998

काणे, पी.वी., धर्मशास्त्र का इतिहास, भाग दो, खंड एक, उत्तर प्रदेश हिन्दी संस्थान, लखनऊ, 1988

कुन्छल, मंजु, 19वीं शताब्दी में सामाजिक परिवर्तन, पोइंटर पब्लिशर्स, जयपुर, 1998

कौल, राजकुमारी, राजस्थान के राजघरानों की हिन्दी सेवा, जयपुर, 1985 माथुर, मदनमोहन, राजस्थान का हिन्दी साहित्य, राजस्थान साहित्य अकादमी, उदयपुर, 1993

नगेन्द्र, हिन्दी साहित्य का इतिहास, दिल्ली 1999

नाहटा, किरण, आधुनिक राजस्थानी साहित्य, नाहटा प्रकाशन, श्री डूँगरगढ़, 1987

ओझा, दीनदयाल (सं.), राजस्थान के कहानीकार (राजस्थानी), प्रथम संस्करण, राजस्थान साहित्य अकादमी, उदयपुर, 1961

ओझा, जी.एच., बीकानेर राज्य का इतिहास, दो भाग, अजमेर, 1940–निबन्ध संग्रह, भाग, प्रथम, जोधपुर,

पंकज, विष्णु, राजस्थान के पत्र और पत्रकार, राजस्थान प्रकाशन, जयपुर, 1999

रेऊ, विश्वंभरनाथ, मारवाड़ का इतिहास, भाग–I,II, राजस्थानी ग्रन्थागार, जोधपुर, 1938

सरस्वती, स्वामी दयानन्द, सत्यार्थप्रकाश, आर्य स्वाध्याय केन्द्र, दिल्ली, 1986

साहू, बनवारीलाल, राजस्थान का हिन्दी उपन्यास साहित्य, कृष्णासेवी एंड कम्पनी, बीकानेर, 1989

श्यामलदास, वीर विनोद, मोतीलाल बनारसीदास, दिल्ली, 1975

शर्मा, गोपीनाथ, राजस्थान का सांस्कृतिक इतिहास, राजस्थान हिन्दी ग्रन्थ अकादमी, जयपुर, 1989

शर्मा, नंदकिशोर, युगयुगीन कल्ल प्रदेश–जैसलमेर राज्य का राजनीतिक इतिहास, जोधपुर, 2003

जैसलमेर का सामाजिक एवं सांस्कृतिक इतिहास, सीमांत प्रकाशन, जैसलमेर, 1993

शर्मा, राजेन्द्र, स्वातन्त्र्योत्तर राजस्थान का हिन्दी साहित्य, राजस्थान साहित्य अकादमी (संगम) उदयपुर, 1977

तलवार, डॉ. स्वर्णलता, हिन्दी उपन्यास और नारी समस्याएँ, जयभारती प्रकाशन, इलाहाबाद, 1992

त्रिवेदी, शक्ति, मानवतावादी रचनाकार रांगेय राघव, दिव्य शान्ति प्रकाशन, नई दिल्लो, 1999

तिवारी, रघुनाथ प्रसाद, पारीक जाति का इतिहास, रिचा प्रकाशन, जयपुर, 1992

ठाकुर देशराज, बीकानेरीय जागृति के अग्रदूत–चौधरी हरिश्चन्द्र नैण, प्रकाशक–श्रीभगवान श्रीगंगानगर, 1964

विद्यालंकार, सत्यकेतु, आर्य समाज का इतिहास, भाग 13, नई दिल्ली, 1991

वोल्सटनक्राफ्ट, मैरी, स्त्री अधिकारों का औचित्य साधन, राजकमल प्रकाशन, नई दिल्ली, 2003

यादव, सन्तोष, उन्नीसवीं–बीसवीं शताब्दी के राजस्थान में स्त्रियों की स्थिति, प्रिंटवैल पब्लिशर्स, जयपुर, 1987

अंग्रेजी पुस्तकें

Altekar, A.S. Position of Women in Hindu Civilization from Pre-historic times to the Present day, Motilal Banarsidas, Delhi, 1991

Bahadur, K.P. : History, Caste and Culture of Rajasthan, Delhi, 1978.

Baig, T.A. : Women of India, Publication Diviosn, Delhi, 1958.

Beasant, Annie : The Birth of New India, Madras, 1904.

Bhate, G.C. : History of Modern Marathi Literature, Bombay, 1939.

Boyd, Kelly (Ed.) : Encyclopedia of Historians & Historical Writings, Vol. 2, Fitz Pearborn Publishers, London, Chicago, 1999.

Brown, J.C. Indian Infanticide, Its origin, Progress and Suppression, W.N. Allen & Co., London, 1887.

Caste and Tribes of Marwar, Marwar State Publication, 1894.

Chaterjee, S.K. : Language & Literature of Modern India, Delhi, 1963.

Chattopadhyay, Kamla Devi : Indian Women's Battle for Freedom, Abhinav Publication, New Delhi, 1983.

Choudhary, P.S. Rajasthan between Two World Wars, Agra, 1968.

Dasgupta, B.N. : Life and Times of Raja Rammohan Roy, Ambika Pubications, Delhi, 1980.

Dave, R.K. Society and Culture of Marwar, Jodhpur, 1995.
Dayanand, Sarasati : Autobiography, Manohar, Delhi, 1976.
Desai, Neera & Krishnaraj, Mattreyi : Women in India, Vora & Co. Publishing Pvt. Ltd., Bombay, 1957.
Dewra , G.S.L. : Some Aspects of Social Economic History of Rajasthan, Rajasthan Sahitya Mandir, Jodhpur, 1979.
Dey, S.K. : History of Bengali Literature in Ninereenth Century, Culcutta, 1999.
Dube, S.N. : Religious Movement in Rajasthan, Ideas & Antiquities Center for Rajasthan Studies, University of Rajasthan, Jaipur, 1996.
Dutta, V.N. : Sati—Widow Burning in India, Manohar Books, Delhi, 1988.
Four Decades of Progress in Bikaner, 1937.
Gaur, Meena : Sati & Social Reform in India, Publication Scheme, Jaipur, 1989.
Gulati, Saroj : Women & Society : Northern India in 11th and 12th Centuries, Delhi, Chankya, 1985.
Gupta, Kamla : Social Status of Hindu Women in Northen India (1206-1707 AD), New Delhi, Inter-India Publicaitons, 1987.
Hebber, Reginald : Narrative of a Jourey through the Upper Provinces of India from Calcutta to Bombay (1824-25), 2 Vol. London, 1927.
Heimsath, C.H. : India Nationalism & Hindu Social Reforms, Princton University Press, Princton, 1964.
Indra, Devki : Status of Women in Ancient India : A Vivid and Graphic Survey of Women's Position, Social Religious, political. Legal in India, Lahore, Minerva, 1940; repinted 1955. in
Jain, Pratibha Mahan, Rajan (Ed.) : Women Images, Rawat Publication, Jaipur, Delhi, 1996.
Jorden, J.T.F. : Deyanand Saraswati—His Life and Ideas, Oxford Universti press, Delhi, Bombay, Calcutta, Madras, 1978.
Joshi, Varsha : Polygamy and Purdah, Rawat Publications, Jaipur,1998.
Kumar, Radha : The History of Doing : An Illustrated Account of Movements for Women's Rights and Feminists in India, 1800-1990, London New york, verso, 1993.
Majumdar, R.C. (Ed.) : British Paramountcy and Indian Renaissance Pt. II, Bhartiya Vidya Bhawan, Bombay, 1965.
Majumdar, R.C. : Renecent India—First Phase, Calcutta, 1976.
Majumadar, R.C. : The History and Culture of Indian People, Bhartiya Vidya Bhawan Series, Vol.8, Bombay, 1965.

Majumdar, V.P. Socio—Economic History of Northern India, Delhi, 1972.
Mathur, L.P. Role of Press in the Growth of Representative Institutions in Rajputana, Book Treasure, Jodhpur, 1998.
Mayo, Kathorine : Mother India, London and New York, Harcourt Brace, 1927.
Mehta, Y.S. : A Some of Study Aspects of Administration and Reforms (Jaipur, Jodhpur and Bikaner), 1901-1940, Chinmaya Prakashan, Jodhpur, 1973.
Melcom: Memories of Central India & Malwa, Delhi, 1972.
Nagar, Purushotam: Lala Lajpat the Men & His Ideas, Delhi, 1977.
Nanda, B.R. : Indian Women from Purdah to Modernity NMML, Radient Publications, delhi, 1990.
Panigrahi, Lalita : British Social Policy and Female Infanticide in India (Ph.D. Thesis, University of London, 1965), Munshi Ram Manoharlal, New Delhi, 1972.
Rai, Dhanapat : Life Study of Lala Lajpat Rai, Metropolitan Book Co., Delhi, 1976.
Rajguru, Ira das, Women Education in Rajasthan, Jaipur, 2000.
Ramabai Pandita : The High Caste Hindu Women, Maharashtra State Board for Literature and Culture, Bombay, 1981.
Ranade, M.G. : Essays, Bombay, 1934, 1968.
Sangri, Kumkum and Vaid, Sudesh : Recasting Women (Ed.) Kali for Women, Delhi, 1953.
Sarda, harbilas : Reflections of Arya Samaj in the Making of Modern India; Speeches and Writings, Vedic Yantralaya, Ajmer, 1935.
Saxena, R.K. : Education and Social Amelioration of Women (A Study of Rajasthan), Sanghi Prakashan, jaipur, Udaipur, 1978.
Saxena, RK. : Social Reforms, Infanticide and Sati, Trimurti Publication, New Delhi, 1975.
Sen, Sukumar : History of Bengali Literature, Calcutta, 1960.
Sharma, Arvind : Sati—Historical and Phenomenological Essays, Motilal Banarsidas, Delhi, 1988.
Sharma, Gopinath : Social Life in Medieval Rajasthan, Shivlal Agarwal and Co., Agra, 1968.
Sherring, M.A. : Hindu Tribes and Castes, Part-III, London, 1972.
Sheshadri, P. (Ed.) : Harbilas Sarda Comemoration Volume, Vedic Yantralaya, Ajmer, 1937.
Shivshankar (Ed.) : Sarda Act, Rajputana Press, Ajmer, 1936.

Shriniwas, M.N. : Social Change in Modern India, Delhi, Calcutta, Madras, 1972.

Singh, Sita Ram : Nationalism and Social Reform in India, (1885-1920), New Delhi, 1968.

Sitaramaiya, B.P. : The History of the Indian National Congress, Vol. I, Masulipattam, 1935.

Susane H. and Loyad I. Rudolph : Essays in Rajputana—Reflections on History, Culture and Administration, New Delhi, 1984.

Swami Vivekanand Works, Volume V. Calcutta, 1964.

Tharu, Susie and Ke Lalita (Ed.) Women Writings in India : 600 BC to the present, 2 Vols. New York, Feminist Press 1991-93; Oxford 1993-95.

Toodd, James : Annals and Antiquities in Rajasthan, Vol. I and II, Delhi, 1998.

Vashishtha, V.K. : Rajputana Agency (1832-58), Alekh Publications, Jaipur, 1978.

Verma, G.C., Modern Education in Rajasthan, Publication Scheme, Jaipur, 1984.

●●●